연세국학총서 105
방기중저작집 4

근현대의
지식인과 경제사상

연세대학교 출판부

방기중저작집 4

근현대의 지식인과 경제사상

지은이 방기중
펴낸곳 연세대학교 출판부
주 소 서울특별시 서대문구 연세로 50
http://www.yonsei.ac.kr/press
e-mail: ysup@yonsei.ac.kr
전 화 02)2123-3380~2
팩 스 02)2123-8673
등 록 1955년 10월 13일 제9-60호
인 쇄 (주)동국문화

2010년 11월 3일 1판 1쇄
2011년 6월 7일 1판 2쇄
ISBN 978-89-7141-942-7 (93300)
ISBN 978-89-7141-938-0 (세트)

값 35,000원

간행사

이 책은 지난 2008년 11월, 지병으로 타계한 고 방기중 교수의 연구업적을 모은 저작집이다. 그는 1980년 연세대학교 대학원 사학과에서 학문 연구를 시작한 이후, 거의 30년 동안 한국근현대사에 관해 주옥같은 연구업적을 남겼다. 그 가운데 이미 단행본으로 간행된 연구서나 편저서를 제외한 연구논문, 시론, 서문 등을 모아 이 저작집을 간행하게 되었다.

방기중 교수는 이 시대를 살았던 어느 연구자 못지 않게 시대의 아픔을 고민하고, 또 그 고민을 헤쳐나가기 위해 노력한 학자였다. 그가 학문 연구자로서 삶을 시작했던 1980년대는 격변의 시기였다. 해방 후 분단 한국사회의 각종 모순이 폭발하고, 이에 대한 다양한 해결책과 운동들이 터져 나오던 때였고, 또한 세계적으로 사회주의권이 무너지고 새로운 세계 질서가 만들어져 가던 때였다. 역사학계에서도 이런 국내외의 변화를 고민하였고, 그리하여 기존의 역사학계에서 분단체제를 옹호하는 반공주의적 태도나 비민주적 지배체제를 지지했던 점이 있었음을 비판하였다. 역사 주체로서 민중이 새롭게 인식·부각되었으며, 사회구성사적 역사인식에 기초한 '과학적 실천적 역사학'이 대두되었다. 방기중 교수는 이 움직임에 적극적으로 동참하였고, 또한 이를 자신의 학문세계로 체계화하였다. 한국근현대사 연구자로서 방 교수는 분단체제의 역사적 연원을 해명하고, 이를 극복하기 위해 노력했던 많은 사람과 논의들을 체계적으로 정리하였다. 연구자로서의 첫 발걸음은 조선 후기

경제사로 시작하였지만, 점차 그는 백남운을 비롯한 사회주의 사상사, 일제하의 농업개혁론과 남한 농지개혁의 사상사, 일제하 경제자립론과 물산장려운동, 식민지파시즘 등으로 연구주제를 확대하였다.

방기중 교수는 자신의 학문을 스스로 정리하지도 못하고 일찍 이 세상을 떠났다. 재직하고 있던 연세대학교 사학과는 물론, 한국역사학계에서도 커다란 손실이었다. 이에 그의 동료, 후배와 제자들은 방 교수의 연구업적을 하나로 모으는 일이 한국역사학계에 그나마 한 가닥 도움이 될 것으로 뜻을 모았다. 이런 작업은 평소 소탈하고, 권위를 싫어했던 방 교수의 성품에는 맞지 않는 일일 수도 있지만, 그를 일찍 잃은 후인들의 애석한 마음을 방 교수도 이해하리라 믿었다. 이에 저작집 편찬을 위한 작은 모임을 만들었고, 사학과 동료 교수 가운데 연장자인 본인에게 위원장의 일이 맡겨졌다.

이 저작집은 모두 5권으로 구성되어 있다.

제1권은 조선후기 경제사에 관한 글을 중심으로 하였다. 방기중 교수의 조선후기 조세연구는 1960·70년대 내재적 발전론을 계승하면서도 당시의 내재적 발전론이 한국 봉건제 해체과정에서 나타나는 특수성과 사회구성의 계기적 연관성을 충분히 해명하지 못한 한계를 극복하기 위한 것이었다.

제2권은 식민지시기 경제사상사 연구방법론과 민족주의세력의 경제사상에 관한 논문들을 묶었다. 특히 방기중 교수는 식민지시기 민족주의진영의 대표적 경제자립운동이었던 물산장려운동에 주목하여 이를 통해 일제하 한국 민족주의 정치경제사상의 전개와 그 내면을 본격적으로 해명하였다. 그의 연구는 기존 학계의 민족주의 연구방법에 대한 전면적 재검토를 추구하였다.

제3권은 '식민지 파시즘'에 관한 연구 논저들을 묶은 것으로, 방 교수는 일제하에서 해방 이후를 관통하는 한국근현대사의 기본 추이와 성격을 수탈과 저항, 친일과 반일, 종속과 자주, 반공과 통일이라는 이분법적 논리로 파악하는 일반적 연구시각을 극복하고, 분단 형성과 남한사회의 전개에 심대한 영향을 끼친 식민지 유산의 실체와 그 작동구조를 일제하 '식민지 파시즘' 체제에 초점을 맞추어 살펴보았다.

제4권은 백남운에 대한 글들과 함께 서북지방 기독교 세력들과 가까운 장로회 계열의 주요 경제론자이자 농촌운동가인 이훈구와 배민수에 관한 연구논문들을 묶었다. 이는 농지개혁과 남한 국가 수립으로 귀결된 기독교 계열의 민족·자본주의 진영의 사상과 이념, 농업개혁론과 경제건설론, 농촌문제 인식과 농민운동의 전반을 보여주는 것으로, 기존 보수적·진보적 연구경향 모두의 한계를 극복한 것이었다.

제5권은 분단국가의 사상사 해명에 관한 논문들과 분단극복의 역사인식에 관한 사론을 묶었다. 방기중 교수는 남한국가 수립에 직접 참여한 중간파 노선에 대한 해명과 함께 남한의 농지개혁이 내재적 사상 전통과 일제하 토지개혁론을 기반으로 이루어진 것이고, 근대국가 수립의 내재적 발전과정의 소산물이라는 것을 경제사상사의 측면에서 밝혔다. 그는 해방 후 국가건설문제에 역사학이 어떻게 대답했는가를 검토하면서 분단극복과 통일문제에 대한 한국 사학의 과제를 제시하였다.

방기중 교수는 내재적 발전의 시각 아래 한국근현대사의 흐름을 두 가지 근대화의 길로 정립한 김용섭 교수의 학문을 계승하면서도, 이에 머무르지 않고 한국근현대사 연구에서 제기되는 각종 역사적 사실과 문제를 직시하고 새롭게 해결하려고 노력하였다. 분단체제의 사상적 내적 배경과 분단체제 극복의 사상적 방향을 찾으려는 그의 연구는 좌·우 세력을 넘나들면서 다양한 소재와 주제에 걸쳐 진행되었다. 특히 그는 인물 연구와 사상사 연구를 결합시켜 큰 성과를 내었다.

방기중 교수의 연구는 한국근현대사상사를 새로운 경지에서 개척한 것이었다. 그렇지만 그는 그가 추구했던 연구 방향과 내용을 스스로 다 채우지 못하고 아쉽게도 우리 곁을 떠났다. 그는 후학들에게 여러 과제를 남겼다. 이 저작집 발간이 방기중 교수의 문제의식과 연구방법론을 새롭게 음미하고, 또한 후인들에 의해 계승되어 한반도 분단체제를 극복하고 통일의 새로운 사상적 지평을 만드는 데 일조하기를 바랄 뿐이다. 본 편찬위원회가 방교수의 2주기를 맞아 이 저작집을 발간하는 숨길 수 없는 바람이기도 하다.

이 저작집은 방기중 교수가 몸담았던 연세대학교의 배려 아래, 국학연구원의 연세국학총서로 발간하게 되었다. 이 저작집을 간행하기 위해 여러 사람들이 노력하였다. 편찬위원들은 저작집 전체의 체계와 간행 방향을 잡아주었다. 편찬위원회의 실무를 맡은 김성보 선생은 윤덕영 선생과 함께 방기중 교수의 학문여정을 체계 있게 정리해주었다. 또한 저작집에 수록될 원고에 대한 실무 작업을 추진한 박종린, 이태훈, 장신, 정용서, 정진아 박사에게 감사드린다. 실무위원들은 일일이 원고들을 정독하고 교정을 보았으며, 일부 파일이 없는 원고들에 대해서는 입력의 수고를 마다하지 않았다. 마지막으로 책을 모양 있게 만들어 간행해 주신 연세대학교 출판부에 감사드린다.

2010년 10월

편찬위원회를 대신하여

김도형 씀

일러두기

저작집은 저자가 발표한 원문 그대로 수록함을 원칙으로 삼았다. 다만 독자들의 편의를 위하여 다음과 같이 약간 손질하였다.

1. 모든 글의 '장'과 '절' 은 '1. – 1) – (1)'의 형식으로 통일하였다.
2. 본문의 한자는 고유명사와 인용 자료, 그리고 뜻을 명확하게 하기 위한 경우에만 처음에 한해 노출하였다. 각주의 한자 노출은 원래 글을 따랐다.
3. 오식이나 오자가 분명한 경우 이를 바로 잡았다.
4. 띄어쓰기와 맞춤법은 현재 사용하는 기준에 따랐다.
5. 각주의 참고문헌 표기 방식은 통일하였다.
6. 편집자 주는 '*' 표시로 구분하였다.
7. 원래 글의 출전을 논문 말미에 표기하였다.

차 례

| 제1부 | 백남운론

| 제2부 | 이훈구론

| 제3부 | 배민수론

제1부

백남운론

백남운과 한국 맑스주의 지성사의 원류

"일제에 의해 왜곡된 조선의 역사를 바로잡는 것이 필요하다. 이 작업은 역사적으로나 현실적으로 절실한 체험자인 조선인이 해야 한다."

이 말은 좌파 경제학의 대부로, 정치가로 커다란 족적을 남긴 東岩 白南雲(1894~1979)의 학문적 모토이자 화두였다. 동암은 동학혁명이 일어난 해인 1894년 2월에 전북 고창에서 태어나 엄격한 부친으로부터 한학을 배우며 排日의식을 체득했다. 東京商科大學을 졸업하고 서른둘의 나이로 延喜專門 상과 교수로 부임해 후학을 양성하며, 『朝鮮社會經濟史』(1933), 『朝鮮封建社會經濟史(上)』(1937)을 저술하면서도 늘 잊지 않았던 것이 '克日', '獨立'이었다.

21세기에도 남을 20세기의 빛나는 한국 고전의 하나로 등재된 동암의 역저는 일제에 의해 유포된 식민사관을 비판하고 자주성을 고취하려는 고민과 열망의 산물이었다. 같은 시기에 영웅사관에 입각해 민족혼을 일깨우려던 단재 申采浩와는 달리 유물사관에 바탕해 한국사의 보편성을 실증적으로 기술함으로써 조선독립을 위한 민중의 자각을 바랐던 것이다.

주어진 독립, 해방 공간의 혼란한 정치상황에서 동암은 정치가로 나선다.

"오늘날 좌익과 우익이 벌이고 있는 대립은 역사적으로 요구되는 연합성을 파괴하고 있다는 점에서 정당한 대립은 아니며 민중에게 불안을 줄 뿐이다."

"입장과 노선이 다르다고 해도 상대방에 대한 저열한 비방은 삼가는 것이 정치의 大道다."

미·소의 세계재편 전략이 충돌하던 한반도에서 좌우연합을 주도하지만 좌절하고 1948년 5월에 자진 월북한다. 비참한 최후를 맞이했던 대다수 월북인사들과 달리 동암은 북한의 요직을 두루 거치며 활약한다.

이러한 그의 행적 때문에 90년대 초까지 그의 이름과 저서를 거론하는 것조차 죄악시되었다. 무이념을 지향하는 실증주의 역사학이 뿌리내린 학계의 풍토와, 우리의 의식 깊숙이 자리잡은 냉전 논리 앞에서 백남운에 대한 '정당한 학문적 평가'는 불온한 발상으로 폄하되어 왔다.

20세기를 마감한 시점에서 순수 혹은 무이념의 논리 안에 도사린 권력지향을 새삼 밝혀내는 것은 무의미한 일이다. 하지만 한국 맑스주의 역사학과 사회과학을 개척한 백남운의 업적과, 인간 백남운을 탐구하는 일은 21세기를 바라보는 우리의 시야를 넓혀줄 의미 있는 모색임에 틀림없다.

1. 문제 인식의 출발점

한국에 과학적 사회주의 사상인 맑스주의가 본격 수용되기 시작한 것은 한국이 일제 식민지로 전락한 1910년대 말부터이다. 이후 맑스주의는 민족주의 사상과 함께 식민지 한국인의 정치적 삶과 의식을 가장 강력하게 규정한 민족해방 이념이자 사회혁명 사상으로 존재하였고,

나아가 해방 후 북한 사회주의 국가 건설의 사상적 기반이 되었다. 또 20세기 전반과 비교하여 그 지적 배경과 존재 양식을 달리하고 있지만 맑스주의는 1980년대 이후 남한 진보적 지식인의 현실 인식과 실천관에 많은 영향을 끼치면서 사회 변혁 운동의 주요 이론적 기반을 제공하였다. 따라서 식민지와 분단으로 이어진 20세기 한국 근현대 사상사·지성사의 기본 추이를 파악하고 분단의 사상 구조를 이해하기 위해서는 한국 맑스주의 사상의 역사적 전개와 단계적 특질에 대한 체계적인 이해가 필요하다.

이 글은 이러한 취지에서 일제하 저명한 맑스주의 역사가·경제학자인 동암 백남운(1894~1979)의 학문과 사상을 간략히 정리해본 것이다. 주지하듯이 당시 연전 상과 교수였던 백남운은 한국 맑스주의 역사학·사회과학의 개창자로서, 한국의 역사와 현실을 과학적으로 인식할 수 있는 새로운 역사상과 방법론을 개척함으로써 한국 근현대 학술사에 한 획을 그은 학계의 巨擘이었다. 내적 발전의 논리로서 한국사의 합법칙적 보편성과 한국적 특수성을 통일적으로 인식할 수 있는 역사적 안목과 연구 방법은 실로 그에 의해 문을 열게 되었고, 그의 학문적 고투를 통해 비로소 일제 관학자들의 한국사 연구와 식민지 근대화론의 제국주의 침략성·허구성을 이론적·실증적으로 타파할 수 있는 길을 찾을 수 있게 되었다.[1)]

요컨대 백남운은 한국 맑스주의 '지성'의 源流로서, 그의 학문과 지

---

1) 백남운의 사론과 과학방법론에 대해서는 金容燮, 「日本·韓國에 있어서의 韓國史敍述」, 『歷史學報』 31, 1966 ; 姜萬吉, 「日帝時代의 反植民史學論」, 『韓國史學史의 硏究』, 한국사연구회, 1986 ; 姜晋哲, 「社會經濟史學의 도입과 전개」, 『國史館論叢』 2, 1989 ; 정창렬, 「한국에서 민중사학의 성립·전개과정」, 『한국민중론의 현단계』, 돌베개, 1989 ; 방기중, 『한국근현대사상사연구』, 역사비평사, 1992, 제1, 제2장 등 참조.

적 세계는 형성기 한국 맑스주의 사상 像을 심층적으로 이해하고 한국 근현대 사상사 · 지성사의 역사적 특질을 정리하는 데 각별한 의미를 지니고 있다. 나아가 이러한 근현대 사상사 · 지성사의 재음미는 냉전 체제 해체 후 전환기적 혼돈을 거듭하고 있는 현 한국 사상계 · 지식계의 자기 성찰이라는 차원에서도 여러 가지 많은 것을 생각할 수 있는 계기가 될 것이다. 우리 근현대 학술 · 지성의 뿌리 인식과 역사적 맥락에 대한 이해가 부족하고 서구의 유행 사조나 이론에 대한 설익은 祖述과 논쟁에 익숙한, 따라서 사상 · 이론의 토착화나 다양성 모색에 실패하고 교조주의와 機變主義가 경계 없이 풍미하는 남한 지식계의 지적 풍토를 생각할 때 이러한 자기 성찰은 전환기의 사상적 혼돈을 극복하는 데 적지 않은 의미를 지닐 것이다.

2. 성장 배경과 학문 세계의 형성

백남운은 1894년 2월 11일 전북 고창군 아산면 반암리에서 빈한한 향촌 유자인 白樂奎의 차남으로 태어났다. 그의 부친은 노론 기호학파의 학통을 이은 宋秉璿 문하를 출입한 주자학자로서, 을사조약에 항거하여 자결한 송병선의 영향 아래 위정 척사 의식을 강하게 견지한 전형적인 봉건적 유교 지식인이었다. 경제적으로 극히 어려운 소년기를 보낸 백남운은 부친이 운영한 私塾에서 엄격한 주자가례 교육과 한학을 배우며 성장하였다. 이러한 성장 환경은 그의 성격 및 행동양식 형성에 적지 않은 영향을 주었는데, 특히 봉건적 의식세계에서나마 일제 침략에 비판적인 부친으로부터 민족현실에 대한 자각과 배일의식을 체득하였다.[2)]

백남운은 1912년 水原農林學校 진학을 계기로 봉건적 세계관을 벗어나 근대적 세계관을 형성하였다. 수원농림학교는 일제가 식민지 수탈을 기반으로 한국 농업을 지배하기 위해 설립한 관립 학교로서, 그 교육 목표를 농촌 현장에서 총독부의 수탈농정을 담당할 한국인 말단 관리·농업 지도자 양성에 두고 있었다. 이러한 교육 환경 속에서 그는 근대 자연과학적 소양과 자본주의 농학·경제학의 기본 이론을 습득하였고, 이 시기의 농촌 실상을 관찰하는 가운데 일제 강점 이후 모순이 더욱 심화되고 있는 조선 농업의 기본 문제를 파악할 수 있었다. 그가 민족 현실에 고뇌하며 학문에 뜻을 품은 것은 이때였다. 그는 1915년 졸업과 함께 江華公立普通學校에 부임하여 교편을 잡다가 江華森林組合 技手로 전직되자 사직하고 1918년 10월 일본유학길에 올랐으며, 1919년 3월 東京高等商業學校(1920년 東京商科大學으로 승격)에 입학하였다.

백남운이 유물사관 입장에서 '조선경제사' 전 체계를 정리하고자 결심한 것은 도쿄상대 재학 시기인 1920년대 초반이었다. 이는 그의 사상과 학문 세계의 근간이 대학 시기를 통해 형성되었음을 말하는 것이었다. 그는 이 시기의 치열한 학문적·사상적 편력을 통해 평생 견지하게 되는 세계관·학문관을 형성하고 학문적 과제를 설정하였다. 그것은 학문상의 민족적 주체의식을 바탕으로 맑스주의 이론에 입각하여 민족 현실 극복에 기여할 수 있는 과학적 '조선연구'의 진흥으로 요약되는 것이었다.

그가 도쿄상대에 입학한 시기는 세계사적으로 거대한 격동기였다. 러시아혁명이 성공하고 제1차 세계대전이 종결되면서 약소민족의 민족

---

2) 이하 백남운의 학문 형성 과정에 대해서는 방기중, 위의 책, 제1장 제1절 참조.

운동이 광범하게 전개되었고, 한국에서도 민족 독립의 기운이 3·1운동으로 폭발하였다. 이러한 변화는 일본에서도 나타나 이른바 '다이쇼(大正) 민주주의운동'이 대중의 정서를 사로잡은 가운데 서구의 각종 사조와 사회개조 주장이 유행하였고, 또한 노농 운동과 더불어 맑스주의를 비롯한 여러 유형의 사회주의 사상이 발달하였다. 도쿄상대는 '메이지(明治) 시기' 이래 일본 자본주의에 봉사하는 대표적인 관학이었지만 福田德三, 美濃部達吉, 上田貞次郎 등 '다이쇼 민주주의 운동' 주창자들이 재직하고 있어 새로운 사조를 받아들이는 지적 통로이기도 하였다. 학적으로도 상당히 영향력 있는 학풍을 형성하여 福田을 중심으로 일본 역사학파 경제학, 사회정책학파의 본산을 이루고 있었다. 요컨대 도쿄상대 학풍은 크게 보아 일본 자본주의 발달을 학문적으로 뒷받침하는 사회개량주의 입장의 부르주아 사회과학이었다.

백남운은 이러한 교수진과 학풍 속에서 부르주아 사회과학 전반에 대한 폭넓은 학문적 기초를 축적할 수 있었다. 그러나 그는 모교의 학풍을 자신의 학문관으로 삼지 않았고, 오히려 이를 비판적으로 소화하여 이로부터 자신의 연구과제를 정리하였다. 그것은 대학 재학기에 이미 맑스주의에 공명하여 이를 자신의 학문관으로 삼았기 때문이었다. 그가 모교의 학풍을 거부하고 맑스주의를 수용하게 된 배경은 여러 측면에서 살펴볼 수 있는데, 무엇보다도 그것은 이민족의 지배하에 놓인 조국의 민족적·사회적 현실을 극복하고자 하는 실천적인 문제의식에 연유하였다.

조선후기·한말을 거치며 누적되어 온 한국의 사회적 모순은 일제 강점 이후 민족적 모순과 중첩되는 가운데 더욱 심화되었다. 특히 지주제를 중심으로 한 농업문제는 그 핵심이었다. 지주제를 기반으로 자본주의 발전을 추구한 일제는 한국의 지주·자본가층을 식민통치의 협력자로 삼는 한편, 폭력적인 자본 이식을 꾀함으로써 한국을 일본 자본주의 원료공급지, 상품시장, 노동력 수탈지라는 이식자본주의 체제로 재편시켜 나갔다. 19세기에 성장한 한국의 내재적 자본주의 발전의 싹은 왜곡되었고, 민족의 대다수를 차지하는 영세 농민층은 생존의 기로에 놓여 있었다. 즉, 일제하의 민족문제는 단순한 민족해방 문제가 아니라 사회적 모순, 계급문제를 어떻게 해결할 것인가 하는 사회개혁 문제와 구조적으로 중첩되어 있었고, 이에 대한 인식방법이나 타개방안의 차이에 따라 민족해방과 '신국가'의 건설 전망이 다르게 나타날 수밖에 없었다.

당시 이러한 민족 현실에 고뇌하고 특히 농민적·민중적 입장에서 민족 문제·계급 문제의 해결을 고민하는 지식 청년들은 많은 경우 그 타개책을 사회주의 사상, 맑스주의 경제학에서 찾았다. 각종 자본주의 이념, 부르주아 경제학이 제국주의 체제의 일환으로 형성된 일제의 한국 강점과 그 수탈 논리를 옹호하고 학문적으로 대변하고 있는 이상, 그것은 하나의 시대 사조로서 자연스러운 현상이었다. 어려운 농촌 환경에서 성장하고 농림학교 시절 농촌의 실상과 수탈농정의 기만성을 구체적으로 체험한 백남운 역시 그러한 시대적 분위기에서 벗어나지 않았다.

이러한 가운데 특히 그가 모교의 학풍에 비판적 태도를 갖게 된 직접적인 요인은 역사학과 경제학이 본질적으로 일제의 한국 강점과 식민지배를 학문적으로 옹호하고 있는 제국주의 학풍이라는 것을 자각하였기 때문이었다. 봉건제 결여와 토지 소유권의 미발달이라는 날조된 한국사 인식으로부터 일제 침략을 한국의 자본주의 발전, 산업 혁명의 계기로 미화하고 합리화한 한국사회정체성론과 식민지근대화론이 그것이었다. 자신의 스승인 福田이 그 선구적 주창자였다. 당시에는 한국인에 의한 한국사회경제사 연구가 전무하였기 때문에 이 근거 없는 주장이 큰 영향을 끼치면서 널리 유포되어 있었다.

백남운은 이러한 모교의 학풍과 스승의 주장에 근원적인 비판 의식을 갖는 가운데 모교의 학풍과 대립하고 있는 맑스주의 철학과 경제학에 심취하였고, 일제 침략 이데올로기의 본질을 이해하고 한국의 역사와 현실을 과학적으로 인식하는 데에는 맑스주의의 유물사관 방법론만이 최선이라고 생각하기에 이르렀다.[3] 나아가 '조선연구'는 '조선인'의 손에 의해 민족 현실을 극복하기 위한 실천의 문제로서 이루어져야 한다는 학문상의 주체적 입장을 확립하고 과학적 '조선연구'의 진흥과 '조선경제사'의 체계화를 필생의 과제로 삼았다.

그러나 백남운이 대학 시기에 학습한 맑스주의 이론과 인식 수준은 계몽적 단계에 머무는 정도였다. 1920년대 전반기 일본에는 맑스주의 원전 번역조차 거의 이루어지지 못한 상태에서 일부 사회주의자들의 해설서나 잡지를 통해 맑스주의 이론이 보급되었다. 학적 체계를 갖춘 맑스주의 과학 · 학파가 성립될 수 있는 토대는 아직 미약하였고, 더욱이 유물사관에 입각한 본격적인 역사 연구도 존재하지 않았다. 따라서 그가 맑스주의를 자신의 학문관으로 삼고 '조선경제사' 연구를 필생의 과제로 설정했다는 것은 그야말로 원론적인 역사관의 정리와 연구시각의 정립에 불과하였다.

백남운이 인식론 및 사회과학 영역에서 맑스주의 이론을 완전히 내

---

3) 백남운은 예과 시절 헤겔 철학을 청강하면서 변증법적 세계관에 흥미를 갖게 되었고, 본과에 진학하면서 본격적으로 역사학과 맑스주의 경제학에 심취하였다. 특히 일본 초기 맑스주의 개척자의 한 사람인 교토제대 교수 河上肇의 영향을 많이 받았고, 福田의 경제학사 세미나에 참여하는 가운데 맑스주의 이론에 더욱 천착하고 '조선사회경제사'에 대한 비판적인 문제 의식을 세워나갔다(「被疑者 白南雲訊問調書 第一回」·「被告人 白南雲訊問調書 第二回」·「感想錄」, 『李順鐸外二人不起訴事件書類綴』).

면화하고 이를 역사학 방법론으로 구체화한 것은 1925년 4월 연전 상과 교수로 부임한 후인 1920년대 후반이었다. 이 시기에는 맑스(K. A. Marx), 엥겔스(F. Engels), 레닌(V. I. Lenin) 등의 저작이 본격적으로 일본어로 번역되어 맑스주의에 대한 이해도 전반적으로 발전하였다. 그는 한국 사회 경제사 연구를 위한 자료 수집과 분석에 심혈을 기울이는 한편, 맑스주의 원전을 두루 탐독하며 유물 변증법과 유물사관에 대한 포괄적인 이론적 검토를 진행하였다.[4] 특히 그는 레닌의 반영론과 변증법 이론, 국가론과 제국주의론, 농업론을 면밀히 검토하는 가운데 이로부터 많은 영향을 받았다.

3. 전환기 맑스주의 학문과 사상

1) 학문관과 과학 방법론

백남운이 본격적으로 맑스주의 학풍과 과학적 '조선인식'을 창도하며 왕성한 학술 활동을 전개한 것은 대공황 와중인 1930년부터였다. 그리고 오랜 각고의 노력 끝에 1933년 『조선사회경제사』를 출간하였다.[5] 이 저서는 좁게는 한국 맑스주의 역사학의 성립을 의미하였고, 넓

---

4) 당시 그가 탐독한 저서는 『자본론』, 『잉여가치학설사』, 『도이치 이데올로기』, 『경제학비판』, 『임노동과 자본』, 『중국 · 인도론』, 『반듀링론』, 『가족 · 사유재산 및 국가의 기원』, 『유물론과 경험비판론』, 『국가와 혁명』, 『철학노트』 등 맑스 · 엥겔스 · 레닌 등의 저작과 마자르 · 비트포겔 · 郭沫若 · 河上肇 등의 연구서였다(「被疑者 白南雲訊問調書 第一回」, 위의 書類綴).

5) 白南雲, 『朝鮮社會經濟史』, 東京: 改造社, 1933(하일식 옮김, 『백남운전집 1』, 이론과 실천, 1994).

계는 한국 맑스주의 학술사·지성사의 본격적인 전개를 뜻하였다. 그것은 이 시기 파시즘 체제로 향하는 일제의 수탈 강화, 이에 따른 사회적 모순의 심화와 사상적 변동을 배경으로 진행된 한국 사상계의 새로운 전환 과정이었다.[6)]

백남운은 1930년 「사회학의 성립 유래와 임무」를 『조선일보』(1930. 8. 20~24)에 발표한 이래 연이어 학계의 실정을 비판적으로 논한 일련의 글을 통해 과학의 사회적 성격과 존재 의미를 제시하고 식민지 현실을 극복하기 위한 과학 방법의 일대 전환을 촉구하는 이론적 작업을 선도하였다. 그것은 과학 일반론에서부터 역사학, 사회학, 경제학 등 인문 사회과학 전반을 포괄하는 광범위한 것이었다.[7)] 그는 대공황기 학계 상황을 역사인식, 사회인식상의 방법론 — 세계관·학문관 — 을 둘러싸고 혼돈과 청산이라는 두 조류가 대립하고 있는 비판적 청산기로 규정하였다. 혼돈은 관념론적·자본주의적 과학의 위기와 반동화를, 그리고 청산은 맑스주의 과학의 발전을 뜻하였다.

백남운이 대공황기 학계의 성격을 이와 같이 파악한 것은 이 시기의 사회적·사상적 변동과 밀접한 관련이 있었다. 당시 일제는 대공황기의 체제 위기를 타개하기 위해 군국주의 파시즘 체제를 준비하면서 만주 침략을 도발하고 한국에 대한 식민지 탄압을 강화하였다. 이에 따라 한국의 운동계·사상계·학계 내부에는 일제에 타협하거나 굴복하는 개량화 내지 반동화 경향이 현저하게 증대하였다. 민족협동전선 단체

---

6) 이 정황에 대해서는 방기중, 앞의 책, 84~125쪽 참조.

7) 「科學 發展의 歷史的 必然性」, 『東方評論』 2, 1932.1 ; 「朝鮮史觀 樹立의 提唱」, 『經濟研究』 4, 1933.2 ; 『朝鮮社會經濟史』, 1933.9, 緒論 ; 「朝鮮經濟史의 方法論」, 『新東亞』 3-2, 1933.12 ; 「理論經濟學의 再建」, 『中央』 2-10, 1934.10 (이상 하일식 편, 『백남운전집 4』, 이성과 실천, 1991 재수록).

였던 신간회가 해체되는 가운데 민족주의와 사회주의 양 세력간의 갈등도 심화되었다. 또한 일제의 사상 통제 속에 자유주의나 사회개량주의 사조는 점차 일제 파시즘 체제에 봉사하는 관제 이데올로기로 전락해 갔다. 이 경향은 학계에도 반영되어 흔히 순수학문이라는 이름 아래 일제의 식민지배를 학문적으로 뒷받침하는 관학 아카데미즘이 발달하였다. 이러한 변화에 당면하여 백남운은 부르주아 사상과 과학으로는 더 이상 민족문제, 민족해방의 과제를 해결할 수 없다고 보았다.

그는 다양한 분파를 형성하고 있는 부르주아 과학의 인식 기반을 개별 특수성과 민족성 및 우연성을 중시하는 관념론적 특수사관, 형이상학적 관념론이나 불가지론적 실증주의를 취하는 인식방법, 사회진화론과 자연법주의 및 자유경쟁주의에 기초한 자유주의 사회관 등 크게 세 가지로 일반화하고, 이에 입각한 부르주아 과학의 한계를 집중 비판하였다. 첫째, 과학의 존립 근거인 사회현실 생활과 단절된 관념적 절대세계나 인간성 등을 상정하고 있는 점, 둘째, 학문간의 내면적 통일이 단절되어 인식 방법의 통일성이 결여되어 있다는 점, 셋째, 인류사의 보편적·계급적 발전을 부인하는 동시에 학문의 당파성을 거부하고 있다는 점, 넷째, 자본주의 생산 관계, 제국주의 체제의 영속성을 합리화하는 계급적 이데올로기라는 점이 그것이었다. 더불어 제국주의 단계에서 독일 역사학파를 중심으로 출현한 사회개량주의, 국민경제학, 경제사관 역시 고전적 부르주아 과학의 아류이며 제국주의에 봉사하는 사상적 본질은 동일하다는 점을 명확히 하였다.

백남운은 과학·학문을 인류사회의 생활 요구에 적응한 경험의 조직적 총체로 파악하였다. 즉, 과학은 생활을 목적으로 자연과 사회에 대한 경험을 질서화하고 계획적으로 재현하여 인간 대 인간, 인간 대 자연의 진로를 조성하고 촉진하는 체계적인 수단이라는 것이다. 또한 과학은 사회적 존재로서의 인간 생활 과정에 기반을 두고 있는데, 이 생활 과정의 생물적 통일체인 지각과 행위라는 경험의 이중성에 입각한 경험 비판의 과정이 과학이 성립하는 근본조건이라고 보았다. 그리하여 과학의 본질은 사회적 생산관계의 반영물로서, 특정 시기의 특정 과학은 그 시기의 객관적 사회 관계의 산물이며, 같은 의미에서 과학자의 존재 역시 역사적이고 사회적이라고 파악하였다.

이러한 과학의 개념 규정은 맑스와 레닌의 소론을 요약한 것이지만, 이로부터 백남운이 특히 중시한 것은 과학의 법칙성 · 역사성 · 계급성이었다. 곧 맑스주의 학문관의 기본 관점이었다. 법칙성이란 경험 비판道程의 논리적 보편화로서, 혼돈된 제 현상으로부터 인과관계의 법칙을 추상화하는 것이다. 인과관계의 법칙은 현상과 현상 간의 필연적인 의존 관계, 변증법적 상호 작용을 말한다. 역사성은 자연과학과 달리 역사적 적응성을 갖는 사회과학의 법칙성을 말한다. 사회과학의 법칙은 한 사회형태가 다른 형태로 전화 발전해 가는 과정의 법칙이다. 따라서 이 법칙은 현재사회 출현의 역사적 필연성인 동시에 그것이 불가피하게 전환되어 갈 미래사회의 역사적 필연성을 논증하는 것이라 하였다. 계급성은 계급사회에서, 과학은 계급적 이해에 따라 계급적 통제하에서 발전한다는 의미이다. 즉 과학과 과학적 사유의 발달이 지배 양식을 파멸시킬 경우 지배계급은 과학을 탄압한다는 것이다.

이에 그는 궁극적으로 과학 발전은 각 시대의 발달 과정에서 이를 대표하는 진보적 계급이 장래사회를 위한 변혁에 착수하고 정신적 해방을 요구함으로써 이루어진다고 확신하였다. 여기에 과학 발전의 역사적 필연성과 과학의 당파성이 존재한다는 것이었다. 그리고 제국주의의 모순이 심화되고, 또한 한때는 진보적인 역할을 하였던 부르주아 과학이 제국주의에 봉사하는 지배 이데올로기로 반동화하고 있는 현

단계에서는 무산계급의 당파성을 대변하는 맑스주의 과학만이 유일한 '신흥과학'이라고 규정하고, "진정한 史學이 허구의 史眼을 질정하는 것과 같이, 과학적 국가론이 전통적인 국가 철학을 파괴하는 것과 같이, 자연과학이 전통 미신을 타파하는 것과 같이, 신흥사회학은 실로 사회 대 개인, 사회 대 사회의 전반적인 사회관계를 과학적으로 인식하는 동시에 현실 사회의 모순 관계를 폭로하고 통제의 관념적 근거를 비판하며 고급적 공동사회의 실천적 기능을 제시하는" 데 신흥과학의 역사적 임무가 있음을 강조하였다.[8)]

2) 역사인식과 한국 경제사의 체계화

백남운은 사회현실과 독립된 순수학문의 존재를 부정하고 학문의 실천적 역할을 중시하였다. 이러한 의미에서 그의 역사인식 · 역사연구는 무엇보다도 기존의 '조선사'가 실천성을 확보하지 못하였다는 사학사적 비판으로부터 출발하였다. 그리하여 한국사 연구의 당면 목표는 민족사에 대한 자기 비판과 함께 미래의 우리들을 전망할 수 있는 실천적인 역사학을 수립하는 데 있다고 주장하였다. 역사학의 실천성이란 다름 아닌 일제의 강점에 대해 절망을 모르는 적극적인 '갱생의 길'을 발견하여 민족해방에 기여하는 것이었다.[9)]

그는 1920 · 30년대 일반화된 모든 한국사 인식의 기본 성격을 역사의 보편적 발전을 인정하지 않는 특수 사관으로 파악하였다. 즉, 역사에서의 우연성을 중시하고 역사의 원동력을 인간의 자유의사에서 찾는 관념론적 입장을 취하여 역사적 사실을 현상적 · 특수적으로 관찰한다

---

8) 白南雲, 「社會學의 成立 由來와 任務(完)」, 『朝鮮日報』 1930년 8월 24일자.
9) 白南雲, 『朝鮮社會經濟史』, 緖論 및 總結論.

는 것이었다. 그는 이 특수사관을 자본주의를 영원 불변하는 사회 체제로 파악하는 부르주아 역사학의 공통된 본질로 보았다. 그리고 이러한 특수사관에 의해 한국사의 보편적 발전을 부정하는 '조선관'이 상식화되고, 식민지로 전락할 수밖에 없는 낙후되고 타율적인 민족적·문화적·경제적 특수성이 한국사의 본질이라는 주장이 일반화되었다고 비판하였다.

백남운이 지적하는 특수사관의 흐름은 크게 두 부류였다. 하나는 일제 관학자의 한국사 인식이었다. 일제 관학은 학풍에 따라 국사학파, 문화사학파, 역사학파(경제사학) 등 여러 계열로 나뉘는데, 그는 그 모든 것이 순수학문·실증주의라는 사이비 합리주의를 내세워 한국사를 인멸시키고 식민지 침략과 수탈을 합리화하고 있는 관제 특수성론이라는 점에서 그 본질은 동일하다고 간주하였다. 국사학파와 문화사학파는 일선동조론, 만선사관, 임나일본부설, 중국문화수입설 등을 날조하며 한국사의 주체성을 부정하고 민족 말살의 이데올로기를 제공한 일제 관학의 첨병이었다. 福田의 학설을 계승한 역사학파는 특히 경성제대 일본인 교수들이 중심이 되어 식민지 강점을 자본주의화의 은혜, 산업혁명의 약진으로 선전하는 조직적인 식민지 근대화론 생산에 주력하였는데, 백남운은 자신의 연구영역과 관련하여 역사학파 비판에 더욱 심혈을 기울였다.

다른 하나는 한국인 민족주의 역사가의 한국사 인식, 특히 1920년대 신채호와 崔南善의 단군 조선론이었다. 이들의 단군 조선론은 서로 그 내용과 의미가 다름에도 불구하고 당시 민족주의 지식인들의 사상 의식, 지적 구조에 큰 영향을 미치고 있었다. 백남운은 이들의 한국사 인식을 외관적 문화 양상을 기축으로 삼아 단군으로부터 한민족의 초월적 절대적인 관념을 연역하여 민족의 특수성을 강조하는 관념론적·국수주의적 특수문화사라고 비판하였다. 그는 우리 민족 스스로 특수성을 강조한다면 그것은 갱생의 길이 아니라 무의식적인 노예화의 길이라고 하면서, 그러한 단군인식으로는 계급·민족·국가의 본질을 이해할 수 없고 민족해방에 대한 어떠한 전망도 기대할 수 없다고 주장하였다. 그 연장에서 1930년대 전반 신채호의 한국사 인식을 계승한 安在鴻 등의 '조선학 운동론'에 대해서도 기본적으로 비판적인 입장을 견지하였다.

백남운은 이러한 입장에서 민족사의 통일적 발전 과정을 밝히고 민족 현실을 극복할 수 있는 실천적 전망을 갖기 위해서는 유물사관, 즉 역사적 유물론에 입각한 새로운 역사학이 수립되어야 한다고 주장하였다. 역사적 유물론의 역사이론은 주지하듯이 인간 역사의 발전과정을 계급투쟁의 역사로 파악하고 계급투쟁이 필연적으로 발생하는 합법칙성을 생산력과 생산관계의 모순 및 그 변증법적 해결이라는 사회구성체(social formation)의 계기적 발전 과정으로 설명하고 있는데, 백남운은 이 계급투쟁사론과 사회구성체의 역사이론만이 혼돈에 빠진 낡은 특수 사관을 청산하여 새로운 '조선관'을 수립하고 민족해방의 길을 전망할 수 있는 유일한 과학적 방법론이라고 주장하였다.

백남운의 역사인식에서 가장 두드러지게 나타나는 특징은 크게 두 가지였다. 하나는 한국사의 보편적 발전, 그 발전의 내적 필연성을 철저하게 견지한 점이었다. 그 스스로 역사법칙의 不退性이라고 표현한 바, 그는 역사과학에서 유일한 특수성은 시대적 특수성뿐이라 하면서 보편성을 벗어난 초시대적 특수성은 존재할 수 없다고 확신하였다. 이 점이 그가 한국사의 타율성과 정체성, 나아가 민족적·문화적·지리적 특수성을 주장하는 각종 특수성론을 거부하는 인식론적 근거였고, 식민지 현실에 절망을 모르고 비타협적 자세를 취할 수 있었던 사상적 기반이었다.

다른 하나는 그의 유물론적 역사인식 저변에서 끊임없이 한국사 인식의 실천성을 추동한 주체적인 관점이었다. 그는 역사적 유물론의 역사관과 방법론에 철저하였지만 이를 교조적으로 받아들이지 않았다. 그리하여 당시 일부 후배 맑스주의 지식인들이 과학이란 이름 아래 한국사 인식의 민족적 주체성을 몰각하거나 민족적인 旗幟 일체를 국수적인 것으로 매도하는 계급주의 편향을 보이는 것에 반대하였다. 그가 민족주의 역사학자들을 비판한 것은 그들의 인식방법과 사상적 본질이었지 그들의 비타협적인 민족의식까지 거부한 것은 아니었다. 그의 역사관은 민족문제의 해결을 대전제로 삼고 있었고, 이 점에서 그의 역사 인식은 어느 누구보다도 민족적이었다.

백남운의 한국 경제사 체계는 그의 첫 저서인 『조선사회경제사』와 그 속편인 『조선봉건사회경제사(상)』[10]을 통해 구체화되었다. 그는 첫 저서 서문에서 한국의 경제적 사회구성의 발전 과정을 원시공산제사회, 노예제사회(삼한~삼국시기), 아시아적 봉건제사회(삼국 말기~조선시기), 이식자본주의사회(일제하) 등 크게 네 단계로 설정하였다. 또한 조선후기·한말 아시아적 봉건제의 붕괴 과정과 자본주의 맹아 형성 문제를 별도의 분석 대상으로 설정하였고, 한국 이데올로기 발전의 총과정이라는 한국 사상사의 체계화도 구상하였다.

『조선사회경제사』는 서론 3장, 본론 3편 14장, 총 결론 등으로 구성되어 있는데, 백남운은 여기에서 씨족제에 기초한 원시공산제사회의 존재와 한국 최초의 계급사회인 노예제사회의 전 구조를 해명하여 한국사의 기원과 그 노예제적 발전 과정을 실증적·이론적으로 밝히고자

10) 白南雲, 『朝鮮封建社會經濟史(上)』, 東京: 改造社, 1937(하일식 옮김, 『백남운전집 2·3』, 이론과 실천, 1993).

하였다. 이를 통해 그는 1930년대 초 세계 맑스주의 진영에 일반화된, 이른바 아시아적 생산양식론에 입각하여 동양 사회는 노예제를 거치지 않고 아시아적 봉건제사회로 직접 이행하였다는 견해를 부정하였다. 또한 이러한 계급국가·민족국가 성립사를 통해 국가와 민족의 계급적 본질을 드러냄으로써 국가를 초계급적이고 영속적인 공동체로 인식하는 자본주의 국가론과 파시즘적 국가관, 그리고 민족을 초역사적인 존재로 관념화하여 숭배하는 부르주아 민족주의 민족관을 비판하였다.

전 13편 92장의 방대한 체계로 구성된 『조선봉건사회경제사(상)』은 신라 후기에서 고려시기에 이르는 봉건제사회의 발전과정과 사회 경제 구조를 해명한 것이었다. 백남운은 여기에서 토지국유제론과 농노경제론을 입론의 근거로 삼아 고려시기를 가장 전형적인 아시아적 봉건제 사회였다고 주장하였다. 그는 봉건제 사회의 존재와 그 아시아적 특수성의 실체를 이론적·실증적으로 해명하여 유럽 내지 일본형과 구별되는 아시아적 봉건제의 조선형을 제시함으로써 한국사의 합법칙적 발전을 논증하고, 福田 이래 일제 관학자들이 주장한 봉건제 결여론을 근본적으로 타파하고자 하였다. 그가 절대주의적 봉건제로 표현한 조선시기 이후에 대한 집필은 일제 탄압에 의해 중단되었지만, 위의 두 저서는 한국사회경제사에 관한 최초의 통사적 작업으로서, 이러한 문제의식과 스케일을 갖춘 한국 고대·중세에 관한 사회경제사 연구서는 반세기가 훨씬 지난 지금도 아직 찾아보기 어려운 실정이다.

한편 본격적인 연구성과로 제시한 것은 아니지만 백남운은 아시아적 봉건제사회는 조선후기 이래 해체 단계에 접어들었다고 파악하였다. 특히 1894년을 분기로 한국에서는 정치적·사회경제적 분화의 촉진, 자본주의 맹아의 형성, 자유사상의 발달, 신분해방 등에 의해 봉건제사회의 해체가 더욱 촉진되고 신흥 부르주아 계급이 성장하는 등 일정하게 내적 자본주의화 과정이 진전되었다고 보았다. 나아가 이러한 내적 발전은 일제 경찰국가의 폭력성과 이식자본에 의해 철저히 억압되어 일제하 한국의 사회구성은 일본 자본주의와 완전히 통일된 이식자본주의사회로 재편되었으며, 대공황 이후 일본 자본주의의 위기에 따라 이식 자본주의는 통제경제를 동반한 독점적 단계에 접어들었다고 주장하였다. 이와 같이 한국의 내적 자본주의화 과정의 존재를 주장함으로써 조선후기 · 한말을 정체된 사회로 부각시켜 한국 강점을 자본주의 근대화의 계기로 선전하는 일제 관학자의 식민지미화론 · 식민지근대화론의 침략적 본질을 폭로하고자 하였고, 또한 1930년대 일제의 日滿 블록경제, 통제경제 정책의 모순 구조와 기만성을 세계 자본주의 체제의 동향 속에서 비판하는 가운데 민족해방의 진로를 전망하고자 하였다.

4. 지성사적 의의와 재음미의 과제

이와 같이 백남운은 한국 맑스주의 역사학 · 사회과학을 개척함으로써 일제 관학의 식민주의 '조선인식'이 압도하고 있는 학계 현실에서 한국사 인식의 새로운 지평을 열고, 기존의 부르주아 · 민족주의 지식인과 민족의 진로에 대한 인식 방식을 전혀 달리하는 학풍 창출에 선구적인 역할을 하였다. 특히 그 학문의 진면목은 그가 맑스주의 이론을 祖述하지 않고 투철한 학문적 주체성을 견지하면서 전인미답의 방대한 실증적 연구를 통해 한국사의 합법적 발전과 그 단계적 성격을 이론화한 점에 있었다.

백남운의 한국사 인식·'조선인식론'이 일제 관학자의 한국사 인식·식민지근대화론을 그 근저로부터 타파하는 길을 열 수 있었던 所以가 여기에 있었다. 또한 아시아사회의 정체성을 선험적으로 규정한 맑스주의 종주국의 왜곡된 아시아관, 곧 아시아적 생산양식론을 교조적으로 추종한 그의 후배들이 자신을 공식주의자로 비판하며 타율적·정체적 한국사 인식을 새롭게 채색하는 경향에 대해 단호히 비판적일 수 있었다. 우리가 그의 학문을, 현재 그 개념 인식에 혼란을 야기하면서도 한국사학계의 주류 입장으로 인지되고 있는 내적 발전론의 한국사 인식의 원류로 파악하는 것은 이러한 의미에서이다.

이러한 학문적 의의를 지성사·사상사 차원으로 확장시키면 크게 두 측면의 의미를 발견하게 된다. 우선 백남운의 학문은 일제하 가장 깊이 있는 맑스주의 지적 수준을 보이는 가운데 최신 외래 사상인 맑스주의가 어떠한 역사적 현실과 지적 기반 위에서 수용되고 어떠한 인식체계와 논리로서 민족적 진로를 전망하고 있는가를 잘 설명해 주고 있다는 점이다. 그의 학문은 조선후기·한말 농민적·민중적 개혁사상의 전통에 바탕을 두면서도 그 舊殼을 벗고 지주적·부르주아적 문명개화론의 연장에서 식민지 근대주의의 세례를 받고 있는 민족·자본주의 이데올로기의 한계를 일거에 돌파하고자 한 형성기 한국 맑스주의 사상의 역사적 특수성을 반영하고 있다.[11)]

다른 하나는 백남운의 '조선인식'과 이를 둘러싼 맑스주의 내부 논쟁이 형성기 한국 맑스주의의 지적 구조와 그 지성사적 특질을 집약해서 보여주고 있다는 점이다. 1930년대 맑스주의 내부의 '조선인식'의 분화

11) 이러한 사상적 추이와 의미에 대해서는 金容燮, 『증보판 韓國近現代農業史研究』, 지식산업사, 2000 ; 방기중, 앞의 책, 1994 ; 김동춘, 「사상의 전개를 통해 본 한국의 '근대' 모습」, 『한국의 '근대'와 '근대성' 비판』, 역사비평사, 1996 등 참조.

는 맑스주의 수용의 인식론적 관점이나 역사적 유물론에 대한 이해방식의 차이로부터 발생하는 것이었고, 민족문제 인식을 포함한 한국의 역사와 문화, 그 지적 전통에 대한 본원적 인식자세의 차이와 결부된 것이었다. 이는 곧 한국 맑스주의의 사상적 토착화의 명암과 굴절을 이해하는 핵심적 관건이 되는 문제이며, 이 의미를 좀더 발전시키면 해방 후 국가건설을 둘러싼 맑스주의 진영 내부의 사상동향과 분단 정부 수립 후 북한 사회주의 건설의 사상사와 내면적으로 연결되는 것이기도 하다.[12]

물론 이러한 의의에도 불구하고 현 단계 한국사학의 학문적 성과에 입각해서 볼 때 백남운 역사학에는 간과할 수 없는 여러 한계와 문제점이 존재하고 있다. 이미 정리된 바와 같이 그의 연구의 총결론이라 할 수 있는 한국사 발전단계론의 논리적 모순, 청동기 문명과 고조선 사회의 역사성을 이해하지 못한 고대 계급국가 발생사론의 한계, 봉건적 토지국유제론과 아시아적 봉건제론의 오류 등이 그 가장 대표적인 예가 될 것이다.[13] 이러한 한계의 많은 부분은 당시 학문적 성과의 일천함과 역사적 유물론에 입각한 한국사 체계를 처음 개척하는 데 따르는 시대적 제약성에 연유하였다. 또 당시 맑스주의 지적 풍토와 관련하여 그가 맑스주의 지식인들에게 압도적 권위를 갖고 있었던 아시아적 생산양식론의 아시아관을 거부하면서도 종내 그 영향으로부터 벗어나지 못한 데에도 그 주요한 원인이 있었다. 그러나 사정이 여하하든 이러한

12) 방기중, 위의 책, 117~125쪽 ; 方基中, 「解放後 國家建設問題와 歷史學」, 『韓國史認識과 歷史理論』, 지식산업사, 1997 ; 김성보, 『남북한 경제구조의 기원과 전개』, 역사비평사, 2000.

13) 방기중, 위의 책, 150~160쪽, 173~176쪽 ; 方基中, 「白南雲의 學問과 思想」, 『연세경제연구』 1, 1994, 260~261쪽.

한계의 내면적 본질은 그가 한국사의 보편성과 특수성을 통일적으로 인식하고자 고투하면서도 결국 그 정합적인 해답을 찾지 못했다는 것이다. 그것은 그가 맑스주의 이론을 祖述하지 않고 실사구시의 주체적 입장에서 한국의 역사적·현실적 토양에 맞는 한국적 맑스주의 '조선인식론'을 창출하고자 노력하였지만 궁극적으로 그 독자적 이론화에는 성공하지 못하였다는 것을 뜻한다.

한국 근현대 지성사의 근원적 자기 성찰을 요하는 현 시점에서 백남운의 학문과 사상이 우리에게 환기시키고 있는 중요한 반성적 인식과제는 바로 이 지점에서 찾아진다. 그것은 곧 한국적 맑스주의 '조선인식론' 창출을 위한 백남운의 지적 고투와 이를 둘러싼 일제하 맑스주의 지적 토양의 역사성과 특수성을 한국의 내적 사상발전사 및 세계사적 사상 발전사 양면을 염두에 두면서 철저하게 재검토하는 것이다. 형성기 한국 맑스주의 지성사의 재인식과 재구성으로 압축되는 이 과제의 진전을 위해서는 무엇보다 백남운을 포함하는 한국 맑스주의 지식인에 대한 철저한 재검토와 계통적 정리가 필요할 것이다. 물론 여기에 대전제가 되는 것은 지식인 개개인의 의식구조·사유방식·인식체계에 대한 정확하고도 깊이 있는 독서와 이해이다. 더불어 그간 남한의 진보적 학계나 지식계에 보편화된 실천 운동 중심의 선부른 인물 평가나 현재적 실천관의 과도한 투영, 그리고 도식화된 운동론 정리에 익숙한 운동사 연구관행에서 벗어나는 것 또한 진지하게 음미할 필요가 있다.

백남운 연보

1894. 2. 11 전북 고창군 아산면 반암리에서 한학자였던 遂堂 백낙규

씨의 2남으로 태어났다. 그의 집안은 봉건 양반집안이었지만 매우 빈한했다. 그는 부친으로부터 배일의식과 한학을 배워 훗날 신학문을 연구하는 큰 토대를 쌓았다. 그가 불후의 역작 『조선사회경제사』, 『조선봉건사회경제사』를 집필하기 위해 『삼국사기』와 『삼국유사』 원전을 세 번씩이나 읽고 연구할 수 있었던 것은 바로 이 때문이다.

1911 18세의 나이로 기남섭 씨와 결혼해 슬하에 3남 2녀를 두지만 차녀 금기와 차남 홍기만 살아남고 나머지 자녀들은 어려서 죽고 만다.

1912. 3 수원농림학교에 입학해 새로운 세계와 신학문을 접한다. 근대과학적 정신과 지식, 자본주의 경제학, 농학의 기본이론을 배웠다. 그는 학창시절 활달하면서도 온화한 품성을 보였는데, 훗날 주변에 많은 소장학자와 학생들이 따랐던 것도 이런 품성에서 비롯되었다.

1915. 6 강화간이농림학교 겸 강화공립보통학교에서 교편을 잡고 강화삼림조합에서 기수로 재직했다. 이 기간 동안 일제하의 한국농업의 기본문제와 민족현실에 눈을 떠 훗날의 학문연구와 사상형성에 지대한 영향을 끼쳤다. 1918년 10월 스물 다섯이란 늦은 나이로 가슴 아픈 민족의 현실을 더욱 깊이 있게 연구하고자 직장을 그만두고 일본 유학길에 오른다. 일본 사회주의 운동에 크게 기여한 것으로 알려진 야마모토 자네히코 집에서 잠시 머물며 동경고등상업학교에 진학할 준비를 한다.

1919. 3 동경고등상업학교(동경상과대학의 전신)에 관비유학생으

로 입학한다.

1925. 3 동경상과대학 본과를 졸업한다. 재학 중인 1923년의 관동대지진 때 하숙집 밖으로 뛰쳐나왔다가 무너져 내리는 집 안으로 다시 들어가 귀중한 책 몇 권을 들고 나왔을 만큼 학문적인 욕구가 치열했다. 그는 이 시기에 사상적 토대와 학문적 골격을 형성했다. 당시 동경상대에 널리 퍼져 있던 학풍은 한국침략과 강점을 합리화하고 있었다. 따라서 그는 암울한 민족현실을 극복하기 위해서는 학문상의 주체성이 절실함을 자각했다. 이때 그는 '조선사회경제사'를 체계화시키고 한국인이 주체가 되는 조선연구의 진흥을 필생의 연구과제 및 실천과제로 설정한다. 그는 자연스럽게 일제하의 민족모순과 사회모순을 해결하기 위한 학문적 연구에 맑스주의를 도입하게 된다.

1925. 4 32세의 나이로 연희전문 상과 교수로 부임한다. 1938년 교수직을 사임하기까지 그는 맑스의 유물사관과 계급투쟁론의 관점에서 조선역사를 강의하는 한편 『조선사회경제사』, 『조선봉건사회경제사』 집필에 몰두한다.

1926. 1 「조선사회력의 동적 고찰」을 발표했다. 민족협동전선의 결성을 주장했다.

1930. 8 「사회학의 성립 유래와 임무」를 발표했다. 맑스주의 신흥과학론을 제창했다.

1933. 6 조선경제학회를 창립하고 대표간사를 맡았다.

1933. 9 『조선사회경제사』를 출간했다.

1934. 4 「조선경제의 현단계론」을 발표했다.

1936. 1. 1 중앙아카데미(학술원)의 창립을 제안했다.

1937.11 『조선봉건사회경제사(상)』을 출간했다.

1938. 3 연전경제연구회 사건을 기화로 치안유지법 위반('학내적화운동') 혐의로 피검되었으며 연희전문 교수직을 사임했다.

1940. 7 출감 뒤 칩거했다.

1945. 8 8 · 15 해방을 맞아 조선학술원을 창설하고 위원장을 맡았다. 물리화학의 김양하 교수와 이론경제학의 윤행중 교수, 철학의 김계숙 교수 등 중견지식인이 동참한 학술원은 '새국가 건설'에 대한 이론적 뒷받침을 제공했다.

1945. 12 경성대학(서울대학의 전신) 법문학부 경제학 교수로 부임했다.

1946. 2 모스크바 의정서가 규정한 신탁통치조항에 불만을 가졌으나 통일정부가 들어서면 민족자주적으로 해결되리라 믿었던 그는 비밀리에 월북해 북한의 조선독립동맹 김두봉 위원장을 비롯한 간부들을 만났다. 서울로 돌아온 그는 조선독립동맹(조선신민당) 경성특별위원회를 조직하고 위원장에 취임했다.

1946. 2 민주주의민족전선 의장단에 선출됐다.

1946. 4 「조선민족의 진로」를 발표했다.

북한의 조선독립동맹이 신민당을 발족시킴에 따라 남조선신민당을 창당하고 위원장에 취임했다. 하지만 그는 완전한 민족해방을 성취하려면 사회의 혁명세력이 연합성을 띠어야 한다는 '연합성 신민주주의론'을 제창했다. 이 같은 주장은 좌우익의 민족통일전선 수립을 가능하게 하는 이론이라는 점에서 중도파 지식인들의 호응을 얻었으나 과격성과 폭력성을 노골적으로 드러낸 조선공산당으로부터 이론적 비판을 받았다. 이 당시 북한에서는 김일성의 북조선공산당과 김두봉의 조선신민당이 합당해 북조선로동당을 발족시켰고 남한에는 좌익 3당인 여운형의 조선인민당과 박헌영의 조선공산당, 백남운의 남조선신민당이 존재하고 있었다. 북로당은 남한의 좌익 3당을 통합해 신당 곧 남로당을 만들 것을 요구했다.

1946. 5　『독립신보』 고문 및 논설위원장을 맡았다.

1946. 5　민족문화연구소 소장직을 맡았다.

1946. 11　권력의 암투과정에서 그는 남조선신민당 위원장직을 빼앗기고 여운형과 함께 사회노동당을 창당해 부위원장에 추대됐으나 박헌영이 지도하던 남로당의 10월 폭동에 반대했다. 하지만 이를 막지 못하고 오히려 분열주의자라는 비판을 받았다. 북한으로부터 우익기회주의자로 매도당했던 그는 사회노동당을 해체하고 만다.

1947. 5　「조선민족의 진로 재론」을 발표했다.
남로당과는 노선을 달리하는 근로인민당을 창당, 부위원장에 올랐으나 여운형이 암살돼 당을 힘겹게 이끌어야 했다.

1948. 4　5·10총선을 앞두고 갈등을 겪던 그는 총선을 비난하면서 자진 월북해 평양에서 열린 남북연석회의에 참가한 뒤 그대로 북한에 눌러앉았다. 시간이 지나면서 월북했던 인사들 거개가 숙청을 당했지만 그는 살아남아 평탄한 출세의 길을 걷게 된다.

1948. 9　북한 최고인민회의 대의원에 선출됐다.

1948. 9	조선민주주의인민공화국 교육상에 발탁돼 8년 동안 재직했다.
1952. 5	과학아카데미 창립준비위원회 부위원장을 겸임했다.
1956. 1	과학원 원장(상무위원회 위원장)에 취임하였다.
1961. 3	최고인민회의 상임위원회 부위원장을 맡았다.
1961. 9	노동당 중앙위원에 선출됐다.
1967. 12	73세로 최고인민회의 의장에 선출돼 5년 동안 자리를 지켰다.
1974. 1	조국전선 의장에 선출됐다.
1979. 6. 12	향년 85세의 나이로 사망했다.

(출전: 『비평』 통권 5호, 비평이론학회, 생각의 나무, 2001.)

백남운의 학문과 사상

본고는 일제하 延專 商科 교수로서 연전 경제학풍·국학풍을 수립하고 한국 맑스주의 역사학을 개척함으로써 한국근대사상사·학술사의 발전에 크게 기여한 東岩 白南雲의 사상과 학문을 그의 '탄신 100주년 기념'과 관련하여 개괄적으로 조명한 글이다. 그는 일제하 한국 맑스주의가 도달한 가장 높은 학문 체계와 인식 수준을 보여준 인물로서, 암울한 민족현실을 극복하기 위한 실천의 일환으로서 일제의 한국 강점을 학문적으로 옹호한 官學에 대항하여 과학적 국학연구의 진흥에 헌신하였다. 이러한 점에서 그의 학문과 사상에 대한 역사적 검토는 일제하 정치적 사회경제적 민족현실과 이에 조응하여 전개된 사상 동향을 이해하는 데 중요한 실마리를 제공하며, 한편으로는 延世學風의 계통을 세우는 기초작업이 될 것이다.[14)]

본고는 1994년 5월 26일 연세대학교 經濟研究所가 주관한 '東岩 白南雲 교수 탄신 100주년 기념 강연'에서 필자가 발표했던 원고를 보충한 것이다. 그 내용은 拙著, 『한국근현대사상사연구』, 역사비평사, 1992, 제1장·제2장을 요약한 것인데, 차제에 東岩의 학문형성 과정에 대해 미진하게 처리했던 몇 가지 사실을 脚註로써 보충하였다.

1. 머리말

일제의 가혹한 식민지 강점 아래 연희전문이 민족사학의 전통을 확립하고 항일적 국학연구 학풍을 형성한 데에는 여러 선각자들의 노력이 있었다. 이들 가운데 가장 이채를 띤 이는 일제하 역사학·경제학계의 巨擘으로 맑스주의 입장에서 한국근대학술사의 새로운 경지를 개척한 동암 백남운(1894~1979)이다. 1925년 4월 상과 교수로 부임하여 1938년 3월 일제에 의해 투옥될 때까지, 그는 동료 李順鐸, 盧東奎 등과 함께 연전 상과의 맑스주의 국학연구 학풍을 수립함으로써 민족주의 학풍을 주도한 문과 교수 鄭寅普, 崔鉉培 등과 더불어 연세학풍의 초석을 다졌다. 특히 사상적 입장을 달리하면서도 서로 깊은 인간적 교류를 맺은 東岩과 爲堂은 일제 식민사학이 횡행하는 1930년대 反植民史學의 두 전통을 확립함으로써 한국 현대역사학이 나아갈 방향을 제시하였다.

그러나 이러한 학문적 위치에도 불구하고 동암의 학문과 업적은 분단이라는 시대상황 때문에 연세학풍과 단절되어 왔다. 근년 延專 國學傳統의 진흥이 거듭 제기되는 터이지만, 이에 바로 부응하기 위해서는 연전 시기의 학문적 유산을 엄정한 과학적 정신으로 정리하고 그것을 새로운 차원으로 계승 발전시키고자 하는 노력이 있어야 할 것이다. 동암의 학문이 그러한 유산 가운데 가장 소중한 것의 하나라는 것은 재론할 필요가 없다. 더욱이 연전 시기의 학문적 동향은 일제하 한국의 지적 풍토, 사상적 동향과 밀접한 관련을 갖고 있기 때문에 이러한 노력은 단지 특정 대학의 학문적 전통을 복원하는 데 그치는 것이 아니라 그 자체가 곧 한국 근대지성사, 근대사상사의 한 내면을 밝히는 역사적 작업이 되는 것이다. 이러한 의미에서 연전 상과의 지적 유산을 체계화하는 사업의 일환으로 동암의 학문과 사상을 조명하고 있는 經濟硏究所의 일련의 작업은 그 중요한 첫 걸음이라고 하겠다.

2. 학문세계의 형성

동암은 1894년 2월 11일 전북 고창군 아산면 반암리에서 白樂奎의 차남으로 태어났다. 집안은 대대로 주자학 연마와 예학적 생활관을 중시한 노론 계열의 향반가였고, 그의 부친 백낙규 역시 노론 기호학파의 학통을 이은 宋秉璿 문하의 儒者였다. 경제적으로 극히 어려운 소년기를 보낸 동암은 부친이 운영한 私塾(書堂)에서 엄격한 봉건적 주자가례 교육과 한학을 배우며 성장하였다. 이러한 성장 환경은 그의 성격 및 행동양식 형성에 적지 않은 영향을 주었는데, 특히 그는 봉건적 의식세계에서나마 일제 침략을 비판적으로 인식한 부친으로부터 민족현실에 대한 자각과 배일의식을 체득하였다.

동암은 1912년 水原農林學校 진학을 계기로 봉건적 세계관을 벗어나 근대적 세계관을 형성하였다. 수원농림학교는 일제가 식민지 수탈 기반으로 한국농업을 지배하기 위해 설립한 관립학교로서, 농촌 현장에서 수탈농정을 실천할 한국인 말단관리 · 농업지도자 양성이 그 교육목표였다. 그러나 이러한 교육 환경 속에서도 그는 근대 자연과학적 소양과 자본주의 농학 · 경제학의 기본이론을 습득하였고, 특히 이 시기의 농촌 실상을 생생하게 관찰하는 가운데 일제 강점 이후 모순이 더욱 심화되고 있는 '조선농업'의 기본문제를 구체적으로 파악할 수 있었다. 그가 민족현실에 고뇌하며 학문에 뜻을 품은 것은 이때였다. 그는 1915년 졸업과 함께 江華公立普通學校에 부임하여 교편을 잡다가 1917

년 江華森林組合 技手로 전직되자 그 이듬해 사직하고 1918년 10월 일본유학 길에 올랐으며, 1919년 3월 東京商科大學의 전신인 東京高等商業學校(1920년부터 대학 승격)에 입학하였다.[1)]

동암이 유물사관 입장에서 '조선경제사' 체계를 바로잡고자 결심한 것은 동경상대 재학시기인 1920년대 초반이었다. 이는 그의 사상과 학문세계의 근간이 대학시기를 통해 형성되었음을 말하는 것이었다. "동경에서 8년이라는 세월을 지내면서도 극단의 극기생활, 긴장한 학구생활을 했기 때문에 여념이 없었다"는 회고에 잘 나타나 있듯이, 대학시절 치열한 학문적·사상적 편력을 통해 그는 평생 견지하게 되는 세계관·학문관을 형성하고 학문적 과제를 설정하였다.[2)] 그것은 학문상의 민족적 주체의식을 바탕으로 맑스주의 이론에 입각하여 민족현실 극복에 기여할 수 있는 '조선연구'의 진흥으로 요약되는 것이었다.

동암이 동경상대에 입학한 시기는 세계사적으로 거대한 격동기였다. 러시아혁명이 성공하고 제1차 세계대전이 종결되면서 약소민족의 민족운동이 광범하게 전개되었고, 한국에서도 민족독립의 기운이 3·1운동으로 폭발하였다. 이러한 변화는 일본에서도 나타나 이른바 大正民主主義運動이 대중의 정서를 사로잡는 가운데 자유주의 사조와 사회개조 주장이 유행하였고, 또한 노농운동과 더불어 사회주의사상이 발달하였

---

1) 東岩은 渡日 직후부터 山本實彦과 인연을 맺고 그로부터 여러 면에서 후원을 받았는데, 東岩을 山本에게 소개한 이는 통감부 시기 내무국장 石塚英藏의 屬官이었던 山本의 實弟 山本重彦과 친교가 있는 어느 친구였다고 한다(「被告人 白南雲訊問調書 第一回」, 『李順鐸外二人不起訴事件書類綴』〈이하 『書類綴』 생략〉).

2) 필자는 拙箸에서 東岩이 대학시절 조직활동에 거의 관여하지 않았다고 추정하였는데, 그는 一家인 白南奎의 권유로 東京市朝鮮人基督教青年會에 가입하였고, 東京商大 조선인 유학생 조직인 星友會 幹事를 지낸 바 있기에 바로 잡는다(「被告人 白南雲訊問調書 第一回」).

다. 바로 이러한 시점에 그가 동경상대에 재학하였다는 것은 여러 측면에서 의미심장한 것이었다. 동경상대는 '明治時期' 이래 일본자본주의에 봉사하는 대표적인 관학이었지만, 美濃部達吉, 福田德三, 上田貞次郞 등 대정민주주의운동 주창자들이 재직하고 있어 새로운 사조를 받아들이는 통로이기도 하였다. 학적으로도 상당히 영향력 있는 학풍을 형성하여 福田德三을 중심으로 사회정책학파, 역사학파 경제학의 본산을 이루고 있었다. 또한 反맑스주의자로서 1920년대 후반 이후 일본 부르주아 사회학·경제학을 대표하며 일제 파시즘 이론가로 활약한 高田保馬가 동암의 본과 지도교수로서 사회학과 경제학사를 담당하였다. 요컨대 동경상대 학풍은 크게 보아 일본자본주의 발달을 학문적으로 뒷받침하는 사회개량주의 입장의 부르주아 사회과학이었다. 이러한 교수진과 학풍 속에서 동암은 부르주아 사회과학 전반에 대한 폭넓은 학문적 기초를 축적할 수 있었고, 또한 역사학, 경제사를 자신의 연구 영역으로 삼게 되었다.[3)]

그러나 동암은 이러한 모교의 학풍을 자신의 학문관으로 삼지 않았고, 오히려 이를 비판적으로 소화하여 이로부터 자신의 연구과제를 정리하였다. 대학 재학시 이미 맑스주의에 공명하여 이를 자신의 학문관으로 삼고 있었기 때문이었다. 그가 모교의 학풍을 거부하고 맑스주의를 수용하게 된 배경은 여러 측면에서 살펴볼 수 있는데, 무엇보다도 그것은 이민족 지배에 놓인 조국의 민족적·사회적 현실을 극복하고자 하는 투철한 실천적 문제의식에 연유하였다.

조선후기, 한말을 거치면서 누적되어온 사회적 모순은 일제강점 이

3) 東岩은 자신이 역사학에 본격 흥미를 갖기 시작한 것은 본과 1학년 시절 經濟史와 文明史 강의를 담당한 三浦新七의 '歐洲古代文明史' 강좌를 청강하면서였다고 밝히고 있다(「感想錄」).

후 민족적 모순과 중첩되는 가운데 더욱 심화되었다. 특히 지주제를 중심으로 한 농업·농민문제는 그 핵심이었다. 지주제를 기반으로 자본주의 발전을 추구한 일제는 한국의 지주·자본가층을 식민통치의 협력자로 삼는 한편, 폭력적인 자본이식을 꾀함으로써 한국을 일본자본주의의 원료공급지·상품시장·노동력수탈지라는 移植資本主義體制로 철저히 재편시켜 나갔다. 19세기 이래 성장한 한국의 내재적 자본주의 발전의 싹은 왜곡되었고, 민족의 대다수를 차지하는 영세 농민층은 생존의 기로에 놓여 있었다. 즉 일제하 민족문제는 단순한 민족해방 문제가 아니라 사회적 모순, 계급문제를 어떻게 해결할 것인가 하는 사회개혁 문제와 구조적으로 연결되어 있었고, 이에 대한 인식방법이나 타개방안의 차이에 따라 해방된 '新國家'의 건설 전망이 다르게 나타날 수 밖에 없었다. 당시 이러한 민족현실에 고뇌하고 특히 농민적 민중적 입장에서 민족문제·계급문제의 근본적 해결을 추구하는 지식청년들은 많은 경우 그 타개책을 사회주의 이념, 맑스주의 경제학에서 찾았다. 각종 자본주의 이념, 부르주아 경제학이 세계자본주의체제·제국주의체제의 일환으로 형성된 일제의 한국 강점과 그 수탈논리를 옹호하고 학문적으로 대변하고 있는 이상, 그것은 하나의 시대사조로서 자연스러운 현상이었다.[4)]

어려운 농촌환경에서 성장하고 농림학교 시절 농촌의 참담한 실상과 일제 수탈농정의 기만성을 구체적으로 체험한 동암 역시 그러한 시대적 분위기에서 벗어나지 않았다. 이러한 가운데 특히 그가 모교의 학풍

---

4) 이는 당시 중국을 비롯한 弱小民族社會에 일반화된 세계사적 현상이지만, 더불어 한국에서는 부르주아민족주의 이념에 의해 전개된 3·1운동의 좌절이 새로운 民族解放運動 理念, 勞農運動의 理念으로서 사회주의 사상이 급속히 유포되는 주요한 계기가 되었다.

에 비판적 태도를 갖게 된 직접적인 요인은 역사학과 경제학이 일제의 한국 강점과 식민 지배를 학문적으로 옹호하고 있는 제국주의 학풍이라는 것을 자각하였기 때문이었다. 봉건제 결여라는 날조된 역사적 사실로부터 일제 침략을 '조선의 자본주의적 발전', '산업혁명'의 계기로 미화하고 합리화한 한국사회정체성론이 그것이었다. 자신의 스승인 福田이 그 선구적 주창자였다. 당시에는 한국인에 의한 한국사회경제사 연구가 전무하였기 때문에 이 근거 없는 주장이 큰 영향을 끼치면서 널리 유포되어 있었다. 이러한 학문적 편력 위에 동암은 모교의 학풍과 대립하고 있는 맑스주의 철학과 경제학에 심취하였고, 일제 침략 이데올로기의 본질을 이해하고 한국의 역사와 현실을 과학적으로 인식하는 데에는 맑스주의의 유물사관방법론만이 최선이라고 생각하기에 이르렀다.[5] 나아가 '조선연구'는 '조선인'의 손에 의해 민족현실을 극복하기 위한 실천의 문제로서 이루어져야 한다는 학문상의 주체적 입장을 확립하고 '조선연구'의 진흥과 '조선경제사'의 체계화를 필생의 과제로

---

5) 東岩은 예과시절 동경상대에 출강한 學習院 교수 紀平正美의 哲學槪論 강의(헤겔철학)를 청강하면서 辨證法的 世界觀에 흥미를 갖게 되었고, 본과에 입학하면서 본격적으로 맑스주의 경제학에 심취하기 시작하였다. 특히 당시 세간에 화제가 된 福田德三과 맑스주의자인 京都帝大 교수 河上肇 간의 價値論爭을 탐독하는 가운데 河上肇의 입장에 공명하고 맑스주의 이론 학습에 정진하였다. 나아가 高田保馬의 經濟學史 강의와 세미나에 참여하면서 맑스주의 이론에 더욱 천착하고 이를 바탕으로 '朝鮮社會經濟史'에 대한 검토를 시작하였다. 그리하여 조선의 '契'나 '奴隷制度'를 주제로 졸업논문을 작성하려고 하였는데, 지도교수인 高田이 병으로 사임하게 되어 논문을 쓰지 못하였다. 결국 이러한 世界觀·學問觀의 확립은 일제의 朝鮮 强占과 참담한 農村現實의 본질을 해명하기 위해서는 "朝鮮民族의 歷史的 自己批判이 필요하다"는 그의 말과 같이 實踐的 問題意識을 바탕으로 하는 것이었다(「被疑者 白南雲訊問調書 第一回」, 「感想錄」, 「被告人 白南雲訊問調書 第二回」).

삼았다.

그런데 당시 동암의 맑스주의 수용과 관련해서는 크게 두 가지 특징이 나타나고 있었다. 우선 그는 맑스주의를 수용하면서도 한국이 처한 현실문제를 계급적인 관점에서만 바라보는 극단적인 계급주의는 반대하였다. 그는 일제의 강점을 노예적 지배와 하등 차이가 없는 것으로 파악하는 철저한 反帝 民族意識을 견지하는 가운데 전 민족적 과제인 민족해방을 전제로 하지 않는 사회혁명은 있을 수 없다고 보았다. 그리하여 대학시기부터 1920년대 사회주의 사상이 급격히 보급되면서 대립 양상을 보이고 있었던 민족해방운동의 양대 세력인 민족주의운동과 사회주의운동이 상호 戰線統一을 이루어 일제와 투쟁해야 한다는 입장을 취하였다. 그리고 귀국 이후 그의 학술활동 역시 이러한 방향에서 전개되었다.

한편 동암이 일본에서 접하고 학습한 맑스주의 이론과 인식 수준은 계몽적 단계에 머무는 정도였다. 1920년대 전반기에는 맑스주의 원전 번역조차 거의 이루어지지 못한 상태에서 주로 일부 사회주의자들의 해설서나 잡지를 통해 맑스주의 이론이 보급되었다. 학적 체계를 갖춘 맑스주의 과학, 학파가 성립될 수 있는 토대는 아직 미약하였고, 더욱이 유물사관에 입각한 본격적인 역사연구도 존재하지 않았다. 따라서 그가 맑스주의를 자신의 학문관으로 삼았고, '조선경제사' 연구를 필생의 과제로 삼았다는 것은 그야말로 원론적인 史觀의 정리와 기본적인 연구시각의 정립에 불과하였다. 유물사관을 적용하여 '조선경제사' 전체계를 구체적으로 해명하고 이론화하는 문제는 앞으로 그가 해결해야 할 과제였다.

1925년 4월 연희전문 상과 교수로 부임한 동암은 朝鮮事情調査硏究會에 참여하여 유학 당시의 학문적 성과를 정리하는 한편, '조선경제사' 연구를 본격화하였다. 그가 인식론 및 사회과학 영역에서 맑스주의 이론을 완전히 내면화하고 이를 역사학 방법론으로 구체화한 것은 대개 1920년대 후반이었다. 이 시기에는 맑스(K. A. Marx), 엥겔스(F. Engels), 레닌(V. I. Lenin) 등의 저작이 본격적으로 일본어로 번역되어 맑스주의에 대한 이해도 전반적으로 발전하고 있었다. 그는 경제사 연구를 위한 자료수집과 분석에 심혈을 기울이는 한편, 두루 맑스주의 원전을 탐독하며 유물변증법과 유물사관에 대한 포괄적인 이론적 검토를 진행하였다.[6] 특히 그는 레닌의 업적에 많은 영향을 받았다. 레닌의 반영론과 변증법 이론을 수용하여 이를 자신의 과학관으로 정리하였고, 레닌의 국가론과 제국주의론, 그리고 농업이론 등을 토대로 일제하의 민족현실을 파악하였다.

1920년대 후반 이와 같은 치열한 이론적 모색과 자료섭렵을 거친 뒤 동암은 1930년대에 접어들어 본격적으로 신흥과학, 곧 맑스주의 과학을 창도하며 왕성한 활동을 전개하였다. 그리고 오랜 각고의 노력 끝에 1933년『朝鮮社會經濟史』(東京, 改造社)를 출간함으로써 韓國近代史學史의 커다란 획을 그었다. 이 저서의 간행은 곧 한국 맑스주의 역사학의 성립을 의미하였다. 말하자면 동암의 학문과 사상은 1920년대 후반 연전 상과를 기반으로 확립되고, 대공황기에 전면 개화한 셈이었다. 그것은 이 시기 일제의 수탈 강화, 이에 따른 사회적 모순의 심화와 사상적 변동을 배경으로 진행된 항일적 · 맑스주의적 연전 상과 학풍의 수립 과정이자 한국학술계의 새로운 전환 과정이었다.[7]

---

6) 당시 그가 탐독한 著作들은『資本論』,『剩餘價值學說史』,『도이치 이데올로기』,『經濟學批判』,『賃勞動과 資本』,『中國 · 印度論』,『反듀링論』,『家族 私有財産 및 國家의 起源』,『唯物論과 經驗批判論』,『國家와 革命』,『哲學노트』등 맑스 · 엥겔스 · 레닌 등의 저작과 마쟈르 · 비트포겔 · 郭沫若 · 河上肇 등의 硏究著書였다(「被疑者 白南雲訊問調書 第一回」).

7) 연전 상과의 경제학풍에 대해서는 洪性讚, 「일제하 延專商科의 經濟學風과 '經濟

3. 학문과 사상

1) 학문관과 사회과학 방법론

대공황기 '조선연구', '조선인식'의 진흥을 위한 동암의 학술 활동은 크게 세 방향에서 이루어졌다. 하나는 맑스주의에 입각하여 과학 방법의 일대 전환을 촉구하는 이론적 작업이었고, 다른 하나는 '조선경제사'에 대한 연구성과의 정리, 그리고 마지막 하나는 민족현실 극복에 기여할 수 있는 학술운동의 전개였다. 여기에서는 앞의 두 측면에 대해서만 간략히 살펴보기로 한다.[8)]

동암은 1930년 「社會學의 成立 由來와 任務」를 『朝鮮日報』(1930.8.20~24)에 발표한 이래 연이어 각 과학 분야의 실정을 비판적으로 논한 일련의 글을 통해 식민지 현실을 극복하기 위해 과학이 담당해야 할 과제와 방법을 제시하였다. 그것은 과학 일반론에서부터 역사학, 사회학, 경제학 등 사회과학 전반을 포괄하는 광범위한 것이었다.[9)] 이 일련의 작업에서 그는 대공황기 사회과학계 상황을 역사인식, 사회인식상의 방법론—세계관, 학문관—을 둘러싸고 혼돈과 청산이라는 두 조류가 대립하고 있는 '批判的 淸算期'로 규정하였다. 혼돈은 각종 관념론적·자본주의적 과학의 위기와 반동화를, 그리고 청산은 맑스주의 과학의 발전을 뜻하였다.

硏究會事件'」, 『연세경제연구』 1, 1994 참조.

8) 셋째 측면에 대해서는 拙著 앞의 책과 洪性讚의 위의 논문 참조.

9) 「科學 發展의 歷史的 必然性」, 『東方評論』 2, 1932.1 ; 「朝鮮史觀 樹立의 提唱」, 『經濟硏究』 4, 1933.2 ; 『朝鮮社會經濟史』, 1933.9, 緖論 ; 「朝鮮經濟史의 方法論」, 『新東亞』 3-2, 1933.12 ; 「理論經濟學의 再建」, 『中央』 2-10, 1934.10.

동암이 대공황기 학계의 성격을 이와 같이 파악한 것은 이 시기의 사회적 · 사상적 변동과 밀접한 관련이 있었다. 대공황기 일제는 군국주의 파시즘체제를 준비하면서 만주침략을 도발하고 한국에 대한 식민지 탄압을 강화하였다. 이에 따라 당시 한국의 운동계, 사상계, 학계 내부에는 일제에 타협하거나 굴복하는 개량화 내지 반동화 경향이 현저하게 증대하였다. 민족협동전선 단체였던 新幹會가 해소되는 가운데 민족주의와 사회주의 양 세력 간의 갈등도 심화되었다. 또한 일제의 사상통제 속에 자유주의나 사회개량주의 사조는 점차 일제 파시즘체제에 봉사하는 관제 이데올로기로 전락해 갔다. 이 경향은 학계에도 반영되어 흔히 '순수학문'이라는 이름 아래 일제의 식민 지배를 학문적으로 뒷받침하는 '관학 아카데미즘'이 발달하였다. 이러한 변화에 당면하여 동암은 각종 부르주아 사상과 과학으로서는 더 이상 민족문제, 민족해방의 과제를 해결할 수 없다고 보았다.

동암은 다양한 분파를 형성하고 있는 부르주아 과학의 인식 기반을 개별 특수성, 특히 민족성과 우연성을 중시하는 관념론적 특수사관, 형이상학적 관념론이나 불가지론적 실증주의를 취하는 인식방법, 사회진화론과 자연법주의 및 개인적 자유경쟁주의에 기초한 자유주의사회관 등으로 일반화하고, 이에 입각하고 있는 부르주아 과학, 학문의 성격을 크게 네 가지 점을 들어 비판하였다. 첫째, 과학의 존립근거인 사회 현실생활과 단절된 관념적 절대세계나 인간성 등을 상정하고 있다는 점, 둘째, 학문 간의 내면적 통일이 단절되어 인식 방법의 통일성이 결여되어 있다는 점, 셋째, 인류사의 보편사적 계급적 발전을 부인하는 동시에 학문의 당파성을 거부하고 있다는 점, 넷째, 결론적으로 자본주의 생산관계와 제국주의체제의 영속성을 합리화하는 계급적 이데올로기라는 점 등이었다. 더불어 제국주의 단계에서 독일 역사학파를 중심으로 출현한 사회개량주의, 국민경제학, 경제사관 등은 고전적 부르주아 과학의 아류이며 본질은 동일하다고 하여 그는 대학을 통해 연결된 자신의 학맥에 대한 비판적 입장을 명확히 하였다.

동암은 과학 — 나아가 광의의 학문 — 을 인류사회의 생활요구에 적응한 경험의 조직적 총체라고 보았다. 즉, 과학은 생활을 목적으로 자연과 사회에 대한 경험을 질서화하고 계획적으로 재현하여 인간 대 인간, 인간 대 자연의 진로를 조성하고 촉진하는 체계적인 수단으로, 넓은 의미에서 생산력의 한 요소를 이룬다는 것이다. 또한 과학은 사회적 존재로서의 인간 생활과정에 기반을 두고 있는데, 이 생활과정의 생물적 통일체인 지각과 행위라는 경험의 이중성에 입각한 경험비판의 과정이 과학이 성립하는 근본조건이라고 보았다. 그리하여 과학의 본질을 사회적 생산관계의 반영물이라고 규정하였다. 특정 시기의 특정 과학은 그 시기의 객관적 사회관계의 산물이며, 같은 의미에서 과학자의 존재 역시 역사적이고 사회적이라고 파악하였다.

과학에 대한 이러한 개념 규정 위에 동암은 과학에는 크게 법칙성, 역사성, 계급성 등의 성격이 있다고 하였다. 곧 맑스주의 과학이론의 기본 관점이었다. 법칙성이란 경험비판 道程의 논리적 보편화로서, 혼돈된 제 현상으로부터 인과관계의 법칙을 추상화한 것을 뜻한다. 인과관계의 법칙은 현상과 현상 간의 필연적 의존관계로, 맑스주의 창시자들이 말한 변증법적 상호작용을 말한다. 역사성은 자연과학과 달리 역사적 적응성을 갖는 사회과학의 법칙성을 말한다. 사회과학의 법칙은 한 사회형태가 다른 형태로 전화 발전해 가는 과정의 법칙이다. 따라서 이 법칙은 현재사회 출현의 역사적 필연성인 동시에 그것이 불가피하게 전환되어 갈 미래사회의 역사적 필연성을 논증하는 것이라 하였다. 계급성은 계급사회에서, 과학은 계급적 이해에 따라 계급적 통제하에서 발전한다는 의미이다. 즉, 과학—과학적 사유—의 발달이 지배양식을 파멸시킬 경우 지배계급은 과학을 탄압한다는 것이다.

그리하여 동암은 궁극적으로 엄정한 과학의 발흥은 각 시대의 발달과정에서 과학 발전을 대표하는 진보적 계급이 장래 사회를 위한 변혁에 착수하는 한편, 정신적 해방을 요구함으로써 이루어진다는 것을 강조하였다. 여기에 과학 발전의 역사적 필연성과 과학의 당파성이 존재한다는 것이었다. 그리고 제국주의의 모순이 심화되고 한때는 진보적인 역할을 하였던 부르주아 과학이 제국주의에 봉사하는 지배 이데올로기로 반동화하고 있는 현 단계에서는 무산계급의 당파성을 대변하는 맑스주의 과학만이 유일한 '신흥과학'이라고 규정하고, 그 신흥과학의 임무를 다음과 같이 주장하였다.

> 진정한 史學이 허구의 史眼을 叱正하는 것과 같이, 科學的 國家論이 전통적 國家哲學을 파괴하는 것과 같이, 自然科學이 전통미신을 타파하는 것과 같이, 新興社會學은 실로 사회 대 개인, 사회 대 사회의 전반적 社會關係를 과학적으로 인식하는 동시에 현실사회의 矛盾關係를 폭로하고 統制의 觀念的 根據를 비판하며 高級的 共同社會의 실천적 기능을 제시하는 것이 역사적 임무라 한다.[10)]

2) 역사인식과 한국경제사의 체계화

동암은 사회현실과 독립된 순수학문의 존재를 부정하고 학문의 실천적 역할을 중시하였다. 이러한 의미에서 그의 역사인식, 역사연구는 무

10) 白南雲, 「社會學의 成立 由來와 任務(完)」, 『朝鮮日報』 1930년 8월 24일자 참조.

엇보다도 기존의 '조선사'가 실천성을 확보하지 못하였다는 사학사적 비판으로부터 출발하였다. 그리하여 그는 한국사 연구의 당면 목표는 민족사에 대한 자기비판과 함께 "미래의 우리들을 전망"할 수 있는 실천적인 역사학을 수립하는 데 있다고 주장하였다. 역사학의 실천성이란 다름 아닌 일제의 강점에 대해 절망을 모르는 적극적인 "更生의 길"을 발견하여 민족해방에 기여하는 것이었다. 그는 이러한 자신의 역사관과 방법론을 『朝鮮社會經濟史』 서론과 총결론을 통해 제시하였다. 이는 申采浩의 『朝鮮上古史』 총론과 더불어 일제하 反植民主義 歷史學이 도달한 가장 높은 수준의 史論이었다.

동암의 역사학은 1920~1930년대 일반화된 한국사 인식의 기본 성격을 역사의 보편적 발전을 인정하지 않는 특수사관으로 파악하였다. 즉, 역사에서의 우연성을 중시하고 역사의 원동력을 인간의 자유의사에서 찾는 관념론적 입장을 취하여 역사적 사실을 현상적·특수적으로 관찰한다는 것이었다. 그는 이 특수사관을 자본주의를 영원불변한 사회체제로 파악하는 부르주아 역사학의 공통된 본질로 보았다. 그리고 이러한 특수사관에 의해 필연적으로 식민지로 전락할 수밖에 없는 낙후되고 타율적인 민족적·문화적·경제적 특수성이 한국사의 본질로 강조되고 한국사의 보편적 발전의 결여라는 '조선관'이 상식화되었다고 주장하였다.

동암은 특수사관의 흐름을 크게 두 부류로 구분하여 비판하였다. 하나는 일제의 한국 강점 이데올로기로 기능하고 있는 관학자의 한국사 연구, 다른 하나는 일부 한국인의 한국사 연구였다. 이 가운데 동암이 일차적인 타파 대상으로 삼은 것은 물론 일제 관학이었다. 일제 관학은 학풍에 따라 국사학파, 문화사학파, 역사학파 등 여러 계열로 나뉘어지는데, 그는 그 모든 것을 순수학문, 실증주의라는 사이비 합리주의를 내세워 한국사를 인멸시키고 식민지 침략과 수탈을 합리화하고 있는

官製 特殊性論으로 간주하였다. 국사학파와 문화사학파는 日鮮同祖論, 滿鮮史觀, 任那日本府, 支那文化輸入說 등을 날조하여 고대 이래 한국사의 주체성을 부정하고 민족말살의 이데올로기를 제공한 일제 관학의 첨병이었다. 또한 이 계열은 1920년대 중엽 조선총독부 정책으로 추진된 『朝鮮史』 간행을 주도하면서 한국사의 타율성과 민족적 열등감을 부식하기에 전력을 다하였다. 역사학파의 특수성론은 福田德三이 封建制缺如論과 土地共有制論을 날조하여 한국사의 정체성을 확립한 이래 더욱 발달하였는데, 특히 이를 계승한 관학자들은 1920년대 후반부터 京城帝大를 거점으로 일제하의 한국경제를 산업혁명의 약진으로 예찬하고 식민지 강점을 자본주의화의 은혜로 선전하기 위한 작업으로 조직적인 한국사회경제사 연구를 추진하였다. 동암은 자신의 과제와 관련하여 특히 역사학파 비판에 더욱 심혈을 기울였다.

동암이 또 하나의 비판 대상으로 삼은 한국인의 역사학은 민족주의 계열의 역사학, 특히 1920년대 신채호와 崔南善의 檀君朝鮮論이었다. 이들의 단군조선론은 서로 그 내용과 의미가 다름에도 불구하고 당시 민족주의자들의 정신적 기반으로 수용되었다. 그러나 동암은 이들의 한국사 인식을 외관적 문화양상을 기축으로 삼아 단군으로부터 한민족의 초월적 절대적인 관념을 연역하여 민족의 특수성을 강조하는 관념론적이고 국수주의적인 특수문화사라고 비판하였다. 그는 우리 민족 스스로 특수성을 강조한다면 그것은 갱생의 길이 아니라 무의식적인 노예화의 길이라 하여, 그러한 단군인식으로는 계급, 민족, 국가의 본질 등을 이해할 수 없고 민족해방에 대한 어떠한 전망도 기대할 수 없다고 주장하였다.

그리하여 동암은 민족사의 통일적 발전과정을 밝히고 민족현실을 극복할 수 있는 실천적 전망을 갖기 위해서는 과학적인 역사관과 방법론에 입각한 새로운 역사학이 수립되어야 한다고 주장하였다. 그것은 유물사관, 즉 사적 유물론에 입각한 맑스주의 역사학의 제창이었다. 그는 『조선사회경제사』 서론 제1장 조선경제사방법론 첫머리에서 이 새로운 방법을 다음과 같이 요약하였다.

> 朝鮮史硏究는, 바로 과거에 있어서 歷史的 社會的 發展의 변동과정을 구체적으로 현실적으로 究明하는 동시에 그 實踐的 動向을 理論化하는 것을 임무로 하고 있다. 그것을 위해서는 인류사회의 일반적 운동법칙으로서 史的 辨證法에 의해 그 民族生活의 階級的 諸關係와 아울러 社會體制의 歷史的 變動을 구체적으로 분석하고 다시 그 法則性을 일반적으로 抽象化하는 것에 의해서만 가능하다.

사적 유물론의 역사이론은 주지하듯이 인간역사의 발전과정을 계급투쟁의 역사로 파악하고 계급투쟁이 필연적으로 발생하는 합법칙성을 생산력과 생산관계의 모순 및 그 변증법적 해결이라는 사회구성체(social formation)의 계기적 발전과정으로 설명하고 있는데, 동암이 위에서 말한 방법론은 바로 이와 같은 사적 유물론의 계급투쟁론과 사회구성체론이었다.

동암은 사적 유물론의 역사이론만이 혼돈에 빠진 낡은 특수사관을 청산하여 새로운 '조선관'을 수립하고 나아가 민족해방의 길을 실천적으로 전망할 수 있는 유일한 과학적 방법론이라고 주장하였다. 이러한 관점 아래 그는 민족생활의 발전사에서 사회구성의 토대가 되는 경제구성의 역사적 발전 과정을 해명하는 것을 한국사 연구의 기본과제로 삼았다. 즉, 한국민족의 사회적 존재를 규정하는 경제조직 · 생산관계의 내면적 구성과 모순관계, 그 이행 과정을 상부구조와 상호관련하여 구체적으로 분석하고 이로부터 일원론적 법칙성을 해명하여 한국사 역시 세계사적 보편사로서의 계급투쟁사였음을 밝힌다는 것이었다.

동암의 역사인식에서 가장 두드러지게 나타나는 특징은 크게 두 가지였다. 하나는 그가 한국사의 보편적 발전, 그 발전의 내재적 필연성을 철저하게 견지한 점이었다. 그 스스로 "歷史法則의 不退性"이라고 표현한바, 그는 역사과학에서 유일한 특수성은 시대적 특수성 뿐이라 하여 보편성을 벗어난 초시대적 특수성은 존재할 수 없다고 확신하였다. 이는 그의 한국사 발전단계론 구성에 잘 나타나 있는데, 이 점이 그가 한국사의 타율성과 정체성, 나아가 민족적 · 문화적 · 지리적 특수성을 주장하는 각종 특수사관의 특수성론을 거부하는 인식론적 근거였고, 식민지 현실에 절망을 모르고 비타협적 자세를 취할 수 있었던 사상적 기반이었다.

다른 하나는 그의 유물론적 역사인식 저변에서 끊임없이 한국사 인식의 실천성을 추동한 민족주체적인 관점이었다. 그는 사적 유물론의 역사관과 방법론에 철저하였지만 이를 교조적으로 받아들이지 않았다. 그리하여 당시 일부 맑스주의자들이 과학이란 이름 아래 한국사 인식의 민족적 주체성을 몰각하거나 민족적인 기치 일체를 국수적인 것으로 매도하는 극단의 계급주의적 편향을 보이는 것에 반대하였다. 그가 민족주의 역사학자들을 비판한 것은 그들의 인식방법과 사상적 본질이었지 그들의 비타협적 민족의식까지 거부한 것은 아니었다. 동암의 계급관은 민족문제의 해결을 대전제로 삼고 있었고, 이 점에서 그의 역사인식은 어느 누구보다도 민족적이었다.

동암의 한국경제사 체계는 동경상대 재학 중에 구상되고 오랫동안의 이론적 검토와 자료섭렵을 통해 다듬어졌지만, 그 전모는 그의 첫 저서인 『朝鮮社會經濟史』(1933년 간행)와 그 속편인 『朝鮮封建社會經濟史

(上)』(1937년 간행)을 통해 구체화되었다. 그는 첫 저서 서문에서 한국의 경제적 사회구성의 발전과정을 원시공산제사회, 노예제사회(삼한~삼국시기), 아시아적 봉건제사회(삼국말기~조선시기), 이식자본주의사회(일제하) 등 크게 네 단계로 설정하였다. 이는 사회구성체론에 입각한 최초의 한국사 시대구분이었다. 그는 또한 조선후기 · 한말 아시아적 봉건제의 붕괴 과정과 자본주의맹아 형성 문제를 별도의 분석 대상으로 설정하였고, 한국 이데올로기 발전의 총과정이라고 하는 한국사상사의 체계화도 구상하였다.

『조선사회경제사』는 서론 3장, 본론 3편 14장, 총결론 등으로 구성되어 있는데, 동암은 여기에서 씨족제를 기반으로 하는 원시공산제사회의 존재와 한국 최초의 계급사회인 노예제사회의 전 구조를 해명하여 한국사의 기원과 그 노예제적 발전과정을 실증적 · 이론적으로 밝히고자 하였다. 이를 통해 그는 1930년대 초까지 맑스주의 역사학계에서 일반화된, 이른바 '아시아적 생산양식론'에 입각하여 동양사회는 노예제를 거치지 않고 아시아적 봉건제사회로 직접 이행하였다는 견해를 부정하였다. 또한 이와 같은 계급국가, 민족국가 성립사를 통해 국가와 민족의 계급적 본질을 드러냄으로써 국가를 초계급적 · 영속적인 공동체로 인식하는 자본주의 국가론과 파시즘적 국가관, 그리고 민족을 초역사적으로 관념화하여 숭배하는 민족주의 민족관 등을 비판하였다. 더불어 토지국유제론을 통해 일제 관학자들의 토지공유론의 허구를 폭로하여 정체론적 한국사 인식을 청산하고, 토지조사사업을 근대적 토지사유제의 확립으로 미화하고 있는 일제 수탈농정의 학문적 기반을 철저히 비판하였다.

전 13편 92장의 방대한 체계로 구성된 『조선봉건사회경제사(上)』은 신라후기에서 고려시기에 이르는 봉건제사회의 발전과정과 사회경제 구조를 해명한 것이었다. 동암은 여기에서 토지국유제론과 農奴經濟論

을 입론의 근거로 삼아 특히 고려시기를 한국에서의 가장 전형적인 아시아적 봉건제사회였다고 주장하였다.[11] 그는 봉건제사회의 존재와 그 아시아적 특수성의 실체를 이론적 실증적으로 해명하여 유럽 내지 일본형과 구별되는 아시아적 봉건제의 '朝鮮型'을 제시함으로써 한국사의 합법칙적 발전을 논증하고, 福田德三 이래 일본 관학자들이 주장한 봉건제결여론을 근본적으로 타파하고자 하였다. 그가 절대주의적 봉건제로 표현한 조선시기 이후에 대한 검토는 일제 탄압에 의해 중단되었지만, 위 두 저서는 한국사회경제사에 관한 최초의 통사적 작업이었다.

한편, 본격적인 연구성과로 제시한 것은 아니지만 동암은 아시아적 봉건제사회는 조선후기 이래 해체단계에 접어들었다고 파악하였다. 특히 1894년을 분기로 정치적 사회경제적 분화의 촉진, 자본주의 맹아의 형성, 자유사상의 발달, 신분해방 등에 의해 봉건제사회의 해체가 더욱 촉진되고 신흥 부르주아계급이 성장하는 등 일정하게 내재적 자본주의화 과정이 진전되었다고 보았다. 나아가 이러한 내재적 발전은 일제 경찰국가의 폭력성과 이식자본에 의해 철저히 억압되어 일제 강점하 한국의 사회구성은 일본 자본주의와 완전히 통일된 이식자본주의사회로 재편되었으며, 대공황기 이후 일본 자본주의의 위기에 따라 이식자본주의는 '자력갱생' 이데올로기 아래 통제경제를 동반한 독점적 단계에 접어들었다고 주장하였다.

동암은 이와 같이 한국의 독자적인 내재적 자본주의화 과정의 존재를 주장함으로써 조선후기·한말을 정체된 사회로 부각시켜 한국 강점을 자본주의 산업혁명의 계기로 선전하는 일제 관학자들의 식민지미화론을 거부하고 그 근대화 시혜논리의 침략적 본질을 폭로하고자 하였

11) 東岩의 高麗硏究論에 대해서는 이병희, 「미완의 조선봉건사회론」, 『역사와 현실』 12, 1994 참조.

다. 또한 그는 이식자본주의론에 입각하여 1930년대 일제의 통제경제 정책의 기만성을 비판하고 민족해방의 진로를 전망하고자 하였다. 특히 이식자본주의체제의 성격상 당시 한국사회에는 민족모순과 계급모순이 일체화되어 있다는 점을 중시하고, 비자본주의적 사회해방을 전망하는 민족해방의 달성이 우리 민족이 당면한 일차적인 정치적 과제라고 인식하였다.

4. 학술사적 의의

동암은 사적 유물론의 계급투쟁론과 사회구성체론에 입각한 한국경제사방법론을 처음으로 체계화함으로써 한국사 인식의 새로운 지평을 열었다. 한국 맑스주의 역사학 · 사회과학의 개척자로서 그는 한국근대사학사 · 학술사의 한 획을 그었다. 철저하게 일원론적 보편성과 내재적 발전의 필연성을 견지한 그의 역사학에 의해 비로소 한국사를 세계사적인 시야에서 법칙적으로 인식할 수 있는 실마리가 마련되었다. 그는 사회구성의 내면적 구조와 민족생활 및 국가의 발전사를 계급론적 관점에서 분석하여 한국사 발전의 주체인 민족과 계급에 대한 과학적 인식을 가능케 하였다. 이로써 영웅사관과 관념론적 신비주의에서 탈각하지 못하고 있던 민족주의 역사학의 한계를 극복하고 반식민주의 역사학의 지반을 크게 확장하였다. 또한 이러한 방법론적 전환을 통해 역사인식과 민족해방을 유기적으로 관련시켜 파악할 수 있는 길을 열어 역사학의 실천성을 새로운 단계로 끌어올렸다. 요컨대 그의 학문은 농민적 · 민중적 입장에서 일제하 민족현실을 극복하고자 한 해방사상, 신국가건설사상의 투영이자 그 실천이었다.

동암 학문의 학술사적 의의는 이에 한정되는 것이 아니었다. 그의 학문의 진면목은, 그가 맑스주의 이론을 祖述하지 않고 엄정한 과학적 자세와 투철한 학문적 주체성을 견지하면서 전인미답의 방대한 실증적 연구를 통해 한국사의 합법칙적 발전과 그 단계적 성격을 이론화함으로써 일제 관학자들의 각종 식민주의 한국사 인식을 그 근저로부터 극복한 점에 있었다. 토지사유제의 전개를 내포한 토지국유제론, 농노제에 기초한 아시아적 봉건제사회론, 봉건제사회해체론과 실학사상론, 자본주의맹아론과 이식자본주의론에 입각한 한국자본주의발달사론 등은 일제 관학자들이 끊임없이 주창한 한국사회정체성론의 허구를 타파하고 향후 한국경제사 연구의 이론적·실증적 토대를 마련한 중요한 학문적 성과였다. 또한 이러한 성과를 바탕으로 그는 1930년대 중반부터 보편화되기 시작한 정체론적·교조적 맑스주의 한국사 인식을 거부하고 내재적 주체적 입장의 한국사 인식의 '전형'을 확립할 수 있었다.

반면 연구사 차원에서 볼 때 동암 역사학에는 또한 적지 않은 한계가 존재하였다. 가장 큰 문제는 그가 『조선사회경제사』에서 제시한 발전단계론이 중요한 논리적 모순을 안고 있었다는 점이다. 즉, 서양의 고전적 형태를 방불케 하는 것으로 설정된 노예제사회가 아시아적 특수성이 전면화된 아시아적 봉건제사회로 이행하였다고 하는 사회구성 이행의 논리적 모순이 그것이었다. 이는 크게 두 가지 이유에 기인하였다. 하나는 그가 아시아적 생산양식의 문제를 해결하지 못하였기 때문이다. 당시 맑스주의자들에게 절대적 권위를 갖고 있었던 아시아적 생산양식론의 정체적 아시아관을 거부하면서도, 그는 아시아사회의 정체성을 선험적으로 인정한 이 이론의 영향으로부터 끝내 벗어나지 못하였다.[12] 다른 하나는 '租稅 = 地代論'에 입각한 맑스의 아시아사회 토지국유제론이 한국 봉건제사회에 실재한 것으로 확신하였기 때문이었다.

이것이 그가 아시아적 생산양식 문제를 해결하지 못한 이유이기도 하였다. 그는 봉건제사회 성립의 동력으로서 생산력 발달에 의한 土地私有制의 형성과 전개를 확인하였음에도 불구하고 사유제의 역사적 의의를 더이상 발전시키지 못하고 그것을 토지국유제 속에 형해화시켜 버리고 말았다. 요컨대 그의 봉건적 토지국유제론과 아시아적 봉건제사회론은 한국 봉건제사회의 실상과는 거리가 있는 것이었다.

동암 역사학에서 간과할 수 없는 또 다른 문제는 그의 고대계급국가

---

12) 특히 東岩은 1930년대 중반부터 '아시아적 생산양식사회 = 아시아적 봉건제사회'론이 부정되는 사정과 관련하여 自說의 논리적 모순에 대해 심각하게 고민하면서 내면적으로 아시아적 생산양식 단계를 상향 조정하고 있었으며, 이러한 입장의 변화는 해방 후 공식화되어 그는 아시아적 생산양식을 원시사회에 계기적으로 나타나는 過渡期社會로 상정하고, 발전단계를 原始社會 → 아시아적 社會(共産性初階級社會) → 아시아적 奴隷制社會 → 아시아적 封建制社會 → 封建性 資本主義社會로 재조정하였다(拙著, 166~176쪽, 308~311쪽). 그런데 東岩은 1935년 11월 29일 연전 상과 經濟研究會가 주최한 강연회에서 「아시아적 生産樣式 問題의 朝鮮史 適用에 관한 批判」이란 주제의 강연을 통해 이러한 고민과 자기 수정을 공개적으로 언급한 바 있기에 간략히 소개한다. 강연 초록이 남아 있지 않아 구체적인 내용은 알 수 없지만 재판부 訊問調書에서 그가 답변한 강연 내용에 의하면 그 要旨는 크게 네 가지였다. 첫째, 아시아적 생산양식을 독립적 단계로 규정하지 않고 각 단계에 解消시켜 이해하는 것이 좋다고 보며, 둘째, 따라서 아시아적 생산양식을 조선에 적용할 경우 무엇보다도 삼국시대의 '아시아적 奴隷制社會'의 형성 발전 관계를 무시해서는 안되며, 셋째, 아시아적 생산양식론의 조선사 적용은 아시아적 封建制社會의 特殊性 이해를 크게 啓發하였으며, 넷째, 아시아적 생산양식의 적용 여부에 관계없이 奴隷制社會 缺如를 주장하는 태도는 온당하지 못하다는 것 등이었다(「被告人 白南雲訊問調書 第五回」). 이로 보아 1935년 단계의 東岩은, 1931년 레닌그라드 대토론회에서 코발레프가 주장한 견해와 같이, 아시아적 생산양식을 독자적 발전 단계가 아니라 아시아적 노예제사회, 아시아적 봉건제사회의 繼起的 展開에 해소시켜 이해한 것으로 보이며, 이후 점차 아시아적 노예제사회에 선행하는 初階級社會(農業共同體) 단계로 파악한 것으로 보인다.

발생사론의 한계이다. 즉, 그는 원시사회 해체, 노예제사회 형성의 생산력 기반을 이루는 청동기문명을 이해하지 못함으로써 한국 최초의 계급국가 성립을 철기문명의 형성으로 설명하는 오류를 범하였다. 그가 고조선에 대한 검토를 유보하고 삼한, 고구려 등으로부터 노예제국가 형성을 설명하게 된 것이나 단군신화를 고구려 건국신화와 연결시킨 것 등은 모두 이에 연유하였다. 나아가 이러한 한계는 민족주의 역사학, 특히 신채호의 고대사 연구를 편협하게 이해하는 요인이 되었다. 이 외에 원시 씨족제를 해명하는 데 모건(L. H. Morgan) · 엥겔스의 고대사회론과 언어학적 방법에 지나치게 의존한 점, 대담한 추론과 결론에의 비약에 비해 자료비판이 불충분하다는 점 등도 주요 한계로 지적할 수 있다. 그러나 그 한계의 많은 부분은 사실 사적 유물론에 입각한 한국사 체계를 처음 개척하는 데 따르는 시대적 제약성이었고, 따라서 그것은 그의 후학들이 해결해야 할 학문적 과제였다.

현재 우리 사회나 국제사회는 격변기에 놓여 있다. 그 변화의 본질은 물론 진정한 의미의 인간해방으로 나가는 역사의 발전이다. 그러나 그 변화는 과거 역사적 경험과 토대가 있기 때문에 가능한 것이다. 지금의 우리에게 일제하 연전학풍을 새롭게 채색하고 한국학술사의 새로운 지평을 개척한 동암이 맑스주의자였다는 사실은 그렇게 중요한 문제가 아닐 것이다. 중요한 것은 그 암울한 현실 속에서도 절망하지 않고 민족의 앞날을 내다보면서 치열한 민족의식과 과학정신으로 탁월한 학문세계를 구축한 그의 삶의 자세일 것이다. 우리에게 남겨진 학문적 과제는 이러한 지적 경험을 현 한국사회의 시대적 과제와 관련하여 엄정한 과학적 정신으로 재음미하고 발전시켜 나가는 것이다.

(출전: 『연세경제연구』 1, 연세대학교 경제연구소, 1994.)

백남운

1. 생애와 활동

白南雲은 1894년 2월 전북 고창군 아산면 반암리에서 白樂奎의 차남으로 태어났다. 집안은 대대로 주자학 연마와 예학적 생활관을 중시한 노론 계열의 향반가였고, 그의 부친 백낙규 역시 노론 기호학파의 학통을 이은 宋秉璿 문하 출신의 유생이었다. 경제적으로 극히 어려운 소년기를 보낸 백남운은 부친에게서 엄격한 봉건적 주자가례와 한학을 배우며 성장하였다. 이러한 소년기 성장 환경은 그의 성격 및 행동양식 형성에 적지 않은 영향을 주었는데, 특히 그는 봉건적 의식세계에서나마 일제 침략을 비판적으로 인식한 부친으로부터 민족적 현실에 대한 자각과 배일의식을 체득하였다.

백남운이 봉건적 세계관을 완전히 벗어나 근대적 세계관을 형성하게 된 것은 1912년 水原農林學校에 진학하면서부터였다. 수원농림학교는 일제가 식민지 수탈농정을 추진하기 위해 설립한 관립학교였다. 그는 이곳에서 자연과학적 소양과 자본주의 농학 · 경제학의 기본이론을 습득하고 농촌 현장의 실상을 생생하게 관찰하는 가운데 일제 강점 이후 모순이 더욱 심화되고 있는 조선 농업의 기본문제와 민족적 현실을 구체적으로 파악할 수 있었다. 그가 학문에 뜻을 품은 것은 이때였다. 그는 1915년 졸업과 함께 江華公立普通學校에 부임하여 2년간 교편생활을 하였으며, 1918년 江華森林組合 技手로 전직되자 사직하고 그해 10월 일본유학길에 올랐다.

1919년 3월 백남운은 東京高等商業學校(1920년부터 東京商科大學)에 입학하였다. 6년에 걸친 이 유학기간은 그의 사상적 토대와 학문세계의 골격이 형성되는 시기였다. 당시 동경상대는 일본 경제학계의 중추를 점하는 관립학부로서, 특히 福田德三이 중심이 되어 일본 역사학파 경제학의 본산을 이루고 있었다. 또한 자유주의 · 민본주의 사조와 사회개조를 주장하는 이른바 '다이쇼오(大正) 민주주의운동'의 산실이기도 하였다. 그러나 백남운은 이 대학의 학풍을 자신의 학문관으로 받아들이지 않고 오히려 비판대상으로 삼았다. 그것은 치열한 학문적 편력 속에서 역사학파를 비롯한 일본 부르주아 학문이 조선에 대한 식민지 침략과 지배를 합리화하고 있다는 것을 자각하였기 때문이다. 福田德三이 확립한 한국사회 정체성론이 그 대표적인 예였다. 반면 그는 당시 유행하기 시작한 사회주의 사상을 일제를 타파하고 민족현실을 극복할 수 있는 이념으로 수용하였다. 그리하여 유물사관을 자신의 학문관으로 정립하고, 나아가 민족적 현실의 극복에 기여할 수 있는 '조선연구'의 진흥과 '조선사회경제사'의 체계화를 필생의 실천과제 · 연구과제로 삼았다.

졸업과 함께 1925년 4월 延喜專門 상과 교수로 부임한 백남운은 朝鮮事情調査硏究會에 참여하여 유학 당시의 학문적 성과를 정리하는 한편 한국경제사 연구를 본격화하였다. 민족개량주의자들의 자치운동을 비판하는 등 때로 현실운동에 대한 관심을 표명하기도 하였으나, 그는 사회활동을 극히 절제하며 자료수집과 이론탐구에 심혈을 기울였다.

특히 맑스주의 원전을 두루 섭렵하며 유물변증법과 유물사관에 대한 이해를 심화해나갔고, 이를 한국사 연구에 어떻게 적용할 것인가 하는 방법론 문제에 관해 많은 고민을 하였다. 말하자면 1920년대 후반은 그의 학문과 사상이 확립되는 시기였다. 이러한 각고의 노력 끝에 그는 1933년 『朝鮮社會經濟史』(東京, 改造社)를 출간함으로써 한국 근대학술사 · 사학사의 커다란 획을 그었다. 이 책의 간행은 곧 한국 맑스주의 역사학의 성립을 의미하였다. 이어 1937년에는 역시 개조사에서 『朝鮮封建社會經濟史(上)』을 출간하였는데, 그의 저서가 계속 일어로 출간된 것은 조선총독부가 한글 출간을 허용하지 않았기 때문이다.

한편, 만주침략 이후 일제의 수탈이 새롭게 강화되는 1930년대에 접어들자 백남운은 개인적인 연구성과를 정리하는 데 만족하지 않고 적극적으로 학술운동을 전개하였다. 그는 민족해방을 전망하는 학문적 과제로서 무엇보다 한국 강점을 합리화하고 있는 일제 관학을 타파하고 나아가 일부 민족주의 계열의 관념론적 국학연구를 극복하기 위한 새로운 '조선인식'의 확립을 역설하였다. 즉, 한국의 역사 · 문화 · 현실에 대한 주체적 인식과 그 인식방법의 과학화를 주창하며 맑스주의 이론에 입각한 '조선연구'의 진흥을 창도하였다. 또한 학계의 조직화를 모색하여 1933년 朝鮮經濟學會 결성을 주도하였고, 1936년에는 인문사회과학과 자연과학을 망라한 학술원(중앙아카데미) 창설을 제창하였다. 이러한 활동을 통해 그는 해방 이후 한국 학계를 전망할 수 있는 지도적인 인물로 부각되었다. 그러나 중일전쟁 발발 이후 민족말살을 획책하는 일제의 폭압적인 사상탄압에서 그도 역시 벗어날 수 없었다. 그리하여 그는 1938년 3월 연전 동료 李順鐸 등과 함께 '학내적화운동' 혐의로 서대문형무소에 수감되었다가 1940년 7월 출옥하는 고초를 당하였다.

1945년 해방이 되자 백남운은 학계 인사들과 더불어 국가건설운동에 적극 참여하였다. 그는 해방 다음날 창립된 朝鮮學術院 위원장으로 추대되어 신국가건설을 위한 경제 및 교육정책을 마련하고 이를 미군정에 반영하는 데 진력하였다. 또한 京城大學 재건에도 참여하여 학부독립과 대학자치제의 실현을 위해 노력하였다. 그러나 이러한 문화건설운동이 큰 성과를 보지 못하고 특히 신탁통치 문제가 제기된 이후 좌우대립이 심화되자 그는 국가건설의 모든 문제가 정치적 해결에 달려 있다고 생각하여 중도좌파 정당인 朝鮮新民黨 京城特別委員會(南朝鮮新民黨) 위원장을 맡아 정치활동에 참여하였다. 그는 미·소 분할점령이란 상황에서 국가건설의 요체는 친일파를 제외한 모든 민주세력이 민족통일전선을 결성하여 좌우연합정부를 수립하고 민주개혁을 단행하여 신민주주의 국가체제를 확립하는 데 있다고 보아 이를 이론화한 연합성 신민주주의 = 인민성 민주주의를 제창하였다. 그리고 그 실천활동으로서 朝鮮人民黨의 呂運亨과 함께 좌우합작운동을 전개하였다.

그러나 그의 정치활동은 미국의 한반도정책과 좌우대립의 심화, 좌익진영 내부의 갈등 등 여러 요인에 의해 성공적이지 못하였다. 그는 오히려 극좌·극우세력 모두로부터 기회주의자라는 비판을 받고 한때 정계를 은퇴하기도 하였다. 1947년 5월 그는 여운형을 중심으로 결성된 중도좌파 정당 勤勞人民黨의 부위원장에 추대되어 정치활동을 재개하였다. 그리고 1948년 4월 평양에서 열린 남북연석회의에 참석한 뒤 북한에 잔류하여 북한정권 수립에 가담하였다. 이후 그는 북한 교육상, 科學院 원장, 最高人民會議 의장, 祖國戰線 의장 등 주로 행정관료직과 원로직을 역임하다 1979년 6월 사망하였다.

2. 역사관과 역사의식

백남운은 학문의 본질을 사회적 생산관계의 반영물로 간주하여, 사회현실과 독립된 순수학문의 존재를 부정하고 학문의 실천적 역할을 중시하였다. 이러한 의미에서 그는 한국사 연구의 당면목표는 민족사에 대한 자기비판을 수행하고 "미래의 우리들을 전망"할 수 있는 실천적인 역사학을 수립하는 데 있다고 주장하였다. 역사학의 실천성이란 다름 아닌 제국주의 식민지 지배에 대해 절망을 모르는 적극적인 "更生의 길"을 발견하여 민족해방에 기여하는 것을 의미하였다. 일제 강점에 대한 확신에 찬 타파의 길이 백남운의 역사학과 직접 관련되어 있었다 그는 이러한 자신의 역사관과 방법론을 『조선사회경제사』 서론과 총결론을 통해 제시하였다. 이는 申采浩의 『朝鮮上古史』 총론과 더불어 일제하 반식민주의 역사학이 도달한 가장 높은 수준의 史論이었다.

백남운의 역사학은 1920·30년대 일반화된 상식적인 한국사 인식에 대한 근본적인 비판의식으로부터 출발하고 있었다. 그는 당시 일반화된 한국사 인식의 기본성격을 역사의 보편적 발전을 인정하지 않는 특수사관으로 파악하였다. 즉, 역사의 우연성을 중시하고 역사의 원동력을 인간의 자유의사에서 찾는 관념론적 입장을 취하여 역사적 사실을 현상적·특수적으로 관찰한다는 것이었다. 그는 이 특수사관을 자본주의를 영원불변한 사회체제로 파악하는 부르주아 역사학의 공통된 본질로 보았다. 그리고 이러한 특수사관에 의해 식민지로 전락할 수밖에 없는 낙후되고 타율적인 민족적·문화적·경제적 특수성이 한국사의 본질로 강조되고 한국사의 보편적 발전의 결여라는 '조선관'이 상식화되었다고 주장하였다.

백남운은 특수사관의 흐름을 크게 두 부류로 구분하여 비판하였다.

하나는 식민지 지배이데올로기로 기능하고 있는 일제 관학의 한국사 연구, 다른 하나는 일부 한국인의 한국사 연구였다. 이 가운데 백남운이 일차적인 타파대상으로 삼은 것은 일제 관학이었다. 일제 관학은 학풍에 따라 국사학파·문화사학파·역사학파 등 여러 계열로 나뉘는데, 그는 그 모두를 순수학문·실증주의라는 "사이비 합리주의"를 내세워 한국사를 인멸시키고 식민지 침략과 수탈을 합리화하고 있는 관제 특수성론으로 간주하였다. 즉, 국사학파와 문화사학파는 일선동조론·만선사관·임나일본부·지나문화수입설 등을 날조하여 고대 이래의 한국사의 주체성을 부정하고 민족말살의 이데올로기를 제공한 일제 관학의 첨병이었다. 나아가 이들은 1920년대 중엽 총독부 정책으로 추진된 『朝鮮史』 간행을 주도하면서 한국사의 타율성과 민족적 열등감을 부식하기에 전력을 다하였다. 역사학파의 특수성론은 福田德三이 봉건제결여론과 토지공유제론을 날조하여 한국사의 정체성론을 확립한 이래 더욱 발달하였다. 이를 계승한 관학자들은 1920년대 후반부터 경성제대를 거점으로 조직적인 한국사회경제사 연구를 추진하여 일제하의 한국경제를 "산업혁명의 약진"으로 예찬하고 식민지 침략을 자본주의화의 은혜로 선전하는 데 진력하였다. 그리하여 백남운은 특히 식민지미화론을 학문적으로 합리화하고 있는 이들 역사학파 비판에 더욱 심혈을 기울였다.

백남운이 또하나의 비판대상으로 삼은 한국인의 역사학은 민족주의 계열, 특히 1920년대 신채호와 崔南善의 단군조선론이었다. 이들의 단군조선론은 서로 그 내용과 의미가 다름에도 불구하고 당시 민족주의자들의 정신적 기반으로 수용되었다. 그러나 백남운은 이들의 한국사 인식을 외관적 문화양상을 기축으로 삼아 단군으로부터 한민족의 초월적·절대적인 관념을 연역하여 민족의 특수성을 강조하는 관념론적이고 국수주의적인 특수문화사라고 비판하였다. 그는 우리 민족 스스로 특수성을 강조한다면 그것은 갱생의 길이 아니라 무의식적인 노예화의 길이라 하여, 그러한 단군인식으로는 계급 · 민족 · 국가의 본질 등을 과학적으로 이해할 수 없고 따라서 민족해방에 대한 어떠한 전망도 기대할 수 없다고 주장하였다. 그리고 그 연장에서 1930년대 전반 신채호의 한국사 인식을 계승한 安在鴻 등의 '조선학'에 대해서도 비판적인 입장을 견지하였다.

그리하여 백남운은 민족사의 통일적 발전과정을 밝히고 식민지 현실을 극복할 수 있는 실천적 전망을 갖기 위해서는 과학적인 역사관과 방법론에 입각한 새로운 역사학이 수립되어야 한다고 주장하였다. 그것은 유물사관, 즉 사적 유물론에 입각한 맑스주의 역사학의 제창이었다. 그는 『조선사회경제사』 서론 제1장 조선경제사방법론 첫머리에서 이러한 한국사 연구의 새로운 방법을 다음과 같이 역설하였다.

> 조선사 연구는, 바로 과거의 역사적 사회적 발전의 변동과정을 구체적으로 현실적으로 구명하는 동시에 그 실천적 동향을 이론화하는 것을 임무로 하고 있다. 그것은 인류사회의 일반적 운동법칙으로서 史的 辨證法에 의해 그 민족생활의 계급적 제관계와 아울러 사회체제의 역사적 변동을 구체적으로 분석하고 다시 그 법칙성을 일반적으로 抽象化하는 것에 의해서만 가능하다.

사적 유물론의 역사이론은 주지하듯이 인간역사의 발전과정을 계급투쟁의 역사로 파악하고 계급투쟁이 필연적으로 발생하는 합법칙성을 생산력과 생산관계의 모순 및 그 변증법적 해결이라는 사회구성체(social formation)의 계기적 발전과정으로 설명하고 있는데, 백남운이 위에서 말한 방법론은 바로 이와 같은 사적 유물론의 계급투쟁론과 사회구성체론이었다.

백남운은 사적 유물론의 역사이론만이 혼돈에 빠진 낡은 특수사관을 청산하여 새로운 '조선관'을 수립하고 나아가 민족해방의 길을 실천적으로 전망할 수 있는 유일한 과학적 방법론이라고 주장하였다. 이러한 관점에서 그는 민족생활의 발전사에서 사회구성의 토대가 되는 경제구성의 역사적 발전과정의 해명을 한국사 연구의 기본과제로 삼았다. 즉, 한국민족의 사회적 존재를 규정하는 경제조직 · 생산관계의 내면적 구성과 모순관계, 그리고 이행과정을 상부구조와 상호 관련시켜 구체적으로 분석하고 이로부터 일원론적 법칙성을 해명하여 한국사 역시 세계사적 보편사로서 계급투쟁사였음을 밝힌다는 것이었다.

사적 유물론에 입각한 백남운의 역사인식에서 가장 두드러지게 나타나는 특징은 크게 두 가지였다. 하나는 그가 한국사의 보편적 발전, 그 발전의 내재적 필연성을 철저하게 견지한 점이었다. 그 스스로 "역사법칙의 불퇴성"이라고 표현한바, 그는 역사과학에서 유일한 특수성은 시대적 특수성뿐이라 하여 보편성을 벗어난 초시대적인 특수성은 존재할 수 없다고 확신하였다. 이는 그의 한국사 발전단계론 구성에 잘 나타나 있는데, 이 점이 그가 한국사의 타율성과 정체성, 나아가 민족적 · 문화적 · 지리적 특수성을 주장하는 각종 특수사관의 특수성론을 거부하는 인식론적 근거였고, 식민지 현실에 절망을 모르고 비타협적 자세를 취할 수 있었던 사상적 기반이었다.

다른 하나는 그의 유물론적 역사인식의 저변에서 끊임없이 한국사 인식의 실천성을 추동한 민족주체적인 관점이었다. 그는 사적 유물론의 역사관과 방법론에 철저하였지만 이를 교조적으로 받아들이지 않았다. 그리하여 당시 일부 맑스주의자들이 과학이란 이름 아래 한국사 인식의 민족적 주체성을 몰각하거나 민족적인 기치 일체를 국수적인 것으로 매도하는 극단의 계급주의적 편향에 대해서는 반대하였다. 그가 민족주의 역사학자들을 비판한 것은 그들의 인식방법과 사상적 본질이었지 그들의 비타협적 민족의식까지 거부한 것은 아니었다. 백남운의 계급관은 민족문제의 해결을 대전제로 삼고 있었고, 이 점에서 그의 역사인식은 어느 누구보다도 민족적이었다.

3. 한국사 발전단계론의 구성

백남운의 한국사 체계는 동경상대 재학 중에 구상되고 오랫동안의 이론적 검토와 자료섭렵을 통해 다듬어졌지만 그 전모는 『조선사회경제사』에서 구체화되었다. 그는 이 책 서문에서 한국의 경제적 사회구성의 발전과정을 원시공산제사회, 노예제사회(삼한~삼국시기), 아시아적 봉건제사회(삼국 말기~조선시기), 이식자본주의사회(일제하) 등 크게 네 단계로 설정하였다. 그는 또한 조선후기 · 한말 아시아적 봉건제의 붕괴과정과 자본주의 맹아 형성 문제를 별도의 분석대상으로 설정하였고, 한국 이데올로기 발전의 총과정이라고 하는 한국사상사의 체계화도 구상하였다.

그의 첫 저서인 『조선사회경제사』는 서론 3장, 본론 3편 14장, 총결론 등으로 구성되어 있는데, 그는 여기에서 원시공산제사회 및 노예제사회를 해명하여 한국사의 기원과 그 노예제적 발전과정을 밝히고자 하였다. 그리고 전 13편 92장의 방대한 체계로 구성된 두 번째 저서 『조선봉건사회경제사(상)』은 첫 저서의 속편으로서 신라후기에서 고려시기에 이르는 봉건제사회의 구조를 해명한 것이었다. 그가 절대주의적 봉건제로 표현한 조선시기 이후에 대한 검토는 일제 탄압에 의해 중단되었지만, 위 두 저서는 한국사회경제사에 관한 최초의 통사적 작업이었다.

1) 원시공산제사회론

백남운은 한국사의 시원을 민족시조 단군에게서 찾는 당시의 일반적인 역사관념을 부정하고 한국사는 단군 이전의 원시씨족제사회로부터 시작된다고 주장하였다. 그는 단군신화를 농업공산사회 붕괴기 즉 최초의 계급사회 돌입기에 출현한 남계 추장세습제의 지배예속관계를 관념화한 것으로 정의하고, 모건(L. H. Morgan) · 엥겔스(F. Engels)의 이론과 語義學적 방법을 동원하여 이 계급분열 이전에 구석기시대와 신석기시대에 걸쳐 장기간 씨족제사회가 존재했다는 것을 증명하고자 하였다. 그리고 씨족제는 신석기 말기인 B.C. 3세기경 수공업 · 목축업의 발달, 결정적으로는 철의 이용과 농경의 발달에 의해 원시적 부족국가, 종족노예제사회로 이행하여 삼한 · 부여 · 초기 고구려 등의 성립을 보게 되었다고 논하였다.

2) 노예제사회론

백남운의 노예제사회론은 그의 발전단계론 체계에서 가장 중요한 의미를 갖는 동시에 가장 논란이 많이 되어온 부분으로, 그 주요 논지는 다음과 같다. 첫째, 원시적 부족국가는 지속적인 생산력 발달과 소유 및 계급의 분화에 따라 정복국가인 삼국으로 발전하였는데, 이들 삼국은 모두 개인적인 노동노예제 · 생산노예제에 입각한 노예소유자 계급의 국가였다. 즉, 삼국은 殉葬 발달사에 잘 나타나 있듯이 귀족 · 국가소유의 노예와 노예적 존재인 빈농[下戶] 등 노예군의 노동을 가장 기본적인 생산수단으로 삼고 있던 노예제사회였다. 둘째, 삼국은 국민적 규모로 권력을 집중하여 토지국유제를 확립하고 이를 집권적 군주제 강화의 물질적 기초로 삼았다. 그러나 이 토지국유제는 군사적·정치적 의미의 명목적 국가소유화로 그 내부에 이미 토지사유제가 현실적으로 존재하였고, 생산력의 증대, 개별경영의 성장에 따른 토지사유제의 발달이 노예제국가를 해체하는 원동력이 되었다. 셋째, 삼국의 노예제국가 형성과정은 부족·종족 단위를 넘어선 민족국가의 형성과정이며, 金富軾의 위작에도 불구하고 민족국가의 발전사는 가장 선진국인 고구려를 중심으로 전개되었다는 것 등이었다.

백남운은 이상의 논지를 실증적으로 해명함으로써 무엇보다도 한국 최초의 계급사회가 노예제사회였음을 논증하려고 하였다. 그것은 1930년대 초까지 이른바 '아시아적 생산양식론'에 입각하여 동양사회는 노예제를 거치지 않고 아시아적 봉건제사회로 직접 이행하였다는 견해가 세계적으로 일반화되어 있었기 때문이다. 그는 또한 계급국가·민족국가 성립사를 통해 국가와 민족의 계급적 본질을 드러냄으로써 국가를 초계급적인 영속적 공동체로 인식하는 자본주의 국가론과 파시즘적 국가관, 그리고 민족을 초역사적으로 관념화하여 숭배하는 국수주의 민족관 등을 비판하고자 하였다. 더불어 토지국유제론을 통해 일제 관학자들의 토지공유론의 허구를 폭로하여 정체론적 한국사 인식을 청산하고, 토지조사사업을 근대적 토지사유제의 확립으로 미화하고 있는 일제 수탈농정의 학문적 기반을 비판하고자 하였다.

3) 아시아적 봉건제사회론

백남운은 삼국 말기에서 신라통일 이후 대토지소유의 발달과 함께 봉건적 私領이 형성되면서 노예제사회는 봉건제사회로 이행하였고, 특히 고려는 농노제에 입각한 가장 전형적인 한국형 아시아적 봉건제사회였다고 파악하였다. 아시아적 봉건제사회론의 이론적 토대는 토지국유제론과 농노경제론이었다. 봉건적 토지국유제는 노예제사회의 명목적인 국가적 토지소유와 달리 최고지주인 국가가 명실공히 하이어라키(hierarchy)적 科田制를 성립시키며 확립한 집권적 公田制를 말하는 것으로, 그는 이것이 고려 봉건제사회에 기구적으로 관철되고 있는 모든 아시아적 속성—예컨대 중앙집권적 관료봉건국가, 농노경제의 對蹠的 구성, 조세와 지대의 일치, 권농정책의 집권화, 경제외적 강제의 아시아적 잔학성, 병농일치의 군사조직, 곡물시장의 통제, 도시의 비독립성, 삼위일체적 상업 = 고리대의 상호의존적 발전 등등—의 물질적 기초를 이루는 것으로 파악하였다. 농노경제는 이러한 아시아적 특수성 속에 관철되고 있는 세계사적 보편성으로서, 고려의 토지소유관계는 토지국유제하에서 법제화된 관료지주군의 대토지소유제와 일반농민에 의한 예농적 소토지경작제(소농경영)가 병렬적 · 대척적으로 구성되어 있지만, 그 생산주체인 농민은 어느 경우도 토지에 緊縛되어 봉건지대를 착취당하는 농노라는 것이었다. 백남운은 이와 같은 봉건제사회의 존재와 그 아시아적 특수성의 실체를 이론적 · 실증적으로 해명하여, 유럽 내지 일본형과는 구별되는 아시아적 봉건제의 '조선형'을 제시함으로써 한국사의 합법칙적 발전을 논증하고 福田德三 이래 일본 관학자들이 주장한 봉건제결여론을 타파하고자 하였다.

4) 봉건제해체 · 자본주의맹아론

백남운은 한국의 아시아적 봉건제사회는 조선후기에 이르러 해체단계에 접어들었다고 보았다. 즉, 이 시기에는 상품화폐경제의 성장에 따라 봉건적 수탈과 사회적 모순이 심화되면서 봉건기구가 붕괴과정을 맞게 되었고, 이는 사상계에도 반영되어 봉건적 모순에 대한 사회개혁·토지개혁을 주장하는 실학파가 등장하였다는 것이다. 따라서 실학을 집대성한 丁若鏞의 개혁사상은 봉건사상에서 근대 자유사상으로 넘어가는 과도적인 사상체계로 평가되었다. 나아가 그는 개항 후 특히 1894년을 분기로 정치적·사회경제적 분화의 촉진, 자본주의 맹아의 성장, 자유사상의 발달, 신분해방 등에 의해 봉건제사회의 해체가 더욱 촉진되었고, 이 과정에서 신흥계급(부르주아계급)이 도시와 농촌에서 성장하는 등 내재적 자본주의화 과정이 일정하게 진전하였지만, 이러한 내재적 발전은 일제 경찰국가의 폭력성과 이식자본에 의해 철저히 억압되었다고 파악하였다. 그는 이와 같이 한국의 독자적 자본주의 발전 가능성과 이에 대한 일제의 왜곡화를 주장함으로써 조선후기·한말을 정체된 사회로 부각시켜 한국 강점을 자본주의 산업혁명의 계기로 선전하는 일제 관학자들의 식민지미화론을 거부하고 그 근대화 시혜논리의 침략적 본질을 폭로하고자 하였다.

5) 이식자본주의사회론

백남운은 이러한 전제 위에 일제 강점하 한국의 경제적 사회구성을 봉건성을 내포하면서 기구적으로 일본 자본주의와 완전히 통일된 이식자본주의사회로 파악하였다. 그는 그 사회구성 전환의 결정적 계기를 1910년 정치적 주권의 상실에서 찾고, 이에 따라 한국인 토착자본의 부르주아적 발전은 근본적인 장애에 부딪히게 되었다고 보았다. 반면, 폭력적인 권력의 비호와 압도적인 자본력을 앞세운 일제 이식자본이 한국 자본주의 발전의 주체가 됨으로써 1920년대에 이르기까지 한국은 일본 자본주의의 상품시장, 원료 및 노동력 공급지로 확립되었으며, 대공황기 이후 일본 자본주의의 위기에 따라 이식자본주의는 '자력갱생' 이데올로기 아래 통제경제를 동반한 독점적 단계에 접어들었다고 주장하였다. 백남운은 이러한 이식자본주의론에 입각하여 1930년대 일제의 각종 통제경제정책의 기만성을 비판하고 민족해방의 진로를 전망하고자 하였다. 특히 그가 중시한 것은 이식자본주의체제의 성격상 당시 한국사회의 기본적인 모순구조는 민족모순과 계급모순이 일체화되어 있다는 것으로, 따라서 민족해방의 달성이 우리 민족이 당면한 일차적인 정치적 과제라고 인식하였다.

4. 사학사적 의의와 한계

백남운은 사적 유물론의 계급투쟁사론과 사회구성체론에 입각한 한국사회경제사 방법론을 처음으로 체계화함으로써 한국사 인식의 새로운 지평을 열었다. 그러한 의미에서 백남운은 맑스주의 역사학의 개척자로서 한국 근대사학사의 한 획을 그었다. 일원론적 보편성과 내재적 발전의 필연성을 철저하게 견지한 그의 역사학에 의해 비로소 한국사를 세계사적인 시야에서 합법칙적으로 인식할 수 있는 실마리가 마련되었다. 그는 사회구성의 내면적 구조와 민족생활 및 국가의 발전사를 계급론적 관점에서 분석하여 한국사 발전의 주체인 민족과 계급에 대한 과학적 인식을 가능하게 하였고, 이러한 방법론적 전환을 통해 역사인식과 민족해방을 유기적으로 관련시켜 파악할 수 있는 길을 열어 역사학의 실천성을 새로운 단계로 끌어올렸다. 이로써 백남운은 당시 영웅사관과 관념론적 신비주의에서 탈각하지 못하고 있던 민족주의 역사학의 한계를 극복하면서 반식민주의 역사학의 지반을 크게 확장하였다.

백남운 역사학의 사학사적 의의는 이러한 방법론의 차원에만 한정되는 것이 아니었다. 그의 역사학의 진면목은 전인미답의 방대한 연구성과를 통해 한국사의 합법칙적 발전과 그 단계적 성격을 이론화함으로써 한국 강점을 합리화하였던 일제 관학자들의 식민주의 한국사 인식을 극복하였다는 점에 있었다. 특히 토지사유제의 전개를 내포한 토지국유제론, 농노제에 기초한 아시아적 봉건제사회론, 자본주의맹아론과 이식자본주의사회론에 입각한 한국자본주의발달사론 등은 일제 관학자들이 끊임없이 주장한 한국사회정체성론 — 토지공유제론 · 봉건제결여론 · 식민지미화론 등 — 의 허구를 타파하고, 향후 한국사회경제사 연구의 이론적 · 실증적 토대를 마련한 중요한 학문적 성과였다. 가혹한 일제 강점하에서 이처럼 식민주의 역사학에 정면으로 도전하여 그 허구성을 극복한 역사학은 신채호 이후 처음이었다.

그러나 이러한 사학사적 의의에도 불구하고 백남운의 역사학에는 또한 적지 않은 한계가 존재하였다. 가장 큰 문제는 『조선사회경제사』에서 제시한 그의 발전단계론이 중요한 논리적 모순을 안고 있었다는 점이다. 즉, 서양의 고전적 노예제사회와 거의 차이가 없는 것으로 설정된 노예제사회가 아시아적 특수성이 전면화된 아시아적 봉건제사회로 이행하였다고 하는 사회구성 이행의 논리적 모순이 그것이었다. 이 한계는 그가 아시아적 생산양식의 문제를 해결하지 못한 점과 토지국유제론을 견지한 데서 연유하였다. 당시 맑스주의자들에게 절대적인 권위를 갖고 있었던 아시아적 생산양식론은 아시아사회의 정체성을 선험적으로 인정한 서양중심적 아시아관에 기반을 둔 이론이었다. 그런데 그는 아시아적 생산양식론의 정체적 아시아관을 부정하면서도 아시아적 생산양식은 봉건제사회라는 입장에서 자신의 발전단계론을 구성하였다. 요컨대 그는 정체성의 의미를 배제한 아시아적 생산양식 개념을 상정하고 그것을 아시아적 특수성으로 인식한 것이었다.

백남운은 이러한 특수성의 실체를 토지국유제에서 찾았다. 그가 발전단계론을 처음 구성할 당시 아시아적 생산양식을 봉건제사회로 파악하는 견해의 가장 중요한 논거는 맑스(K. A. Marx)가 주장한 아시아사회 토지국유론(조세 = 지대론)이었기 때문이다. 따라서 그는 토지국유제가 명실공히 확립되는 고려시기를 아시아적 특수성이 현저하게 드러나는 전형적인 아시아적 봉건제사회로 파악하였던 것이다. 더욱이 이러한 발전단계론의 모순은 1930년대 후반 아시아적 생산양식 = 봉건제사회라는 일반적 견해가 부정되면서 한층 부각되었다. 그리하여 그는 해방 후 아시아적 생산양식을 원시사회에서 계기적으로 나타나는 과도기사회로, 고전적 노예제사회는 아시아적 노예제사회로 자신의 발전단계론을 수정하지 않을 수 없었다.

백남운이 이처럼 아시아적 생산양식론에서 끝내 벗어나지 못한 것은 결국 토지국유제론을 견지한 때문이었다. 그러나 이미 오래전 실증적으로 부정된 바와 같이 백남운의 봉건적 토지국유제론과 아시아적 봉건제사회론은 한국 봉건제사회의 실상과는 거리가 있는 것이었다. 그는 봉건제사회 성립의 동력으로서 생산력 발달에 의한 토지사유제의 형성과 전개를 확인하였음에도 불구하고 그 사유제의 역사적 의의를 더 이상 발전시키지 못하고 그것을 토지국유제 속에 형해화해버리고 말았다.

백남운 역사학에서 간과할 수 없는 또 다른 문제는 그의 고대 계급국가 발생사론의 한계이다. 그는 원시사회 해체, 노예제사회 형성의 생산력 기반을 이루는 청동기문명을 이해하지 못함으로써 한국 최초의 계급국가 성립과정을 철기문명의 형성으로 설명하는 오류를 범하였다. 그가 고조선에 대한 검토를 유보하고 삼한 · 고구려 등으로부터 노예제 국가 형성을 설명하게 된 것이나, 단군신화를 철기문명 성립기의 고구려 건국신화와 연결시킨 것 등은 모두 이에 연유하였다. 나아가 이러한 한계는 민족주의 역사학, 특히 신채호의 고대사 연구를 편협하게 이해하는 요인이 되었다.

이 외에 방법론의 문제로서 원시씨족제를 해명하는 데 모건 · 엥겔스의 고대사회론과 언어학적 방법에 지나치게 의존한 점, 대담한 추론과 결론의 비약에 비해 자료비판이 불충분하다는 점 등도 주요 한계로 지적할 수 있다. 그러나 그 한계의 많은 부분은 사실 사적 유물론에 입각한 한국사 체계를 처음 개척하는 데 따른 시대적 제약성이었고, 따라서 그것은 그의 후학들이 해결해야 할 사학사적 과제였다.

(출전: 『한국의 역사가와 역사학(하)』, 창비, 1994.)

Paek Nam-un (1894 - 1979)

1. Awareness of Issues

Marxism, the scientific thought on socialism, began to be accepted in Korea toward the late 1910s when Korea was reduced to the status of a colony of Imperial Japan. Thereafter, Marxism existed as the ideology of national liberation as well as that of social revolution that, along with ideas on nationalism, strongly regulated the political lives and consciousness of Koreans. Moreover, Marxism became the ideological foundation for the establishment of socialism. And although the intellectual background and the method of existence may be different form that of the first half of the twentieth century, Marxism has greatly influenced the consciousness of reality and the practical view of those progressive intellectuals since the 1980s and has provided an essential theoretical basis for the social reform movements in South Korea. Thus, it is necessary to systematically understand the historical development and the characteristics of each phase of Marxist ideology in Korea in order to grasp the fundamental shifts in modern and contemporary history of thought and intellectual history of twentieth-century Korea and to understand the thought structure that led to colonization and to Korea's division.

Thus, this article attempts to concisely organize the scholarly achievements and thought of Paek Nam-un (pen name Tong'am, 1894-1979), a prominent Marxist historian and economist of colonial Korea. Paek Nam-un was a great scholar and professor of business administration at Yônhûi Junior College. He made his mark in the academic history of modern and contemporary Korea as the founder of Marxist history and social sciences in Korea by pioneering new historical thought and methodology that made it possible to scientifically recognize the history and reality of Korea. He opened the way to historically appreciate and recognize unique aspects of Korean history, and through his studies he was finally able to find a way to theoretically break away from the Japanese academicians' imperialistic aggressions in promoting the theory of colonial modernization (i.e., Korea would not have become modernized without becoming a colony of Japan) and the fabrication of Korean history.[1)]

In short, Paek Nam-un was the source of Marxist "intellect" in Korea, and his scholarly achievements and intellectual world carry

1) See Kim Yong-sop 1966, Kang Man-gil 1986, Kang Jin-Chul 1989, Jeong Chang-Yeol 1989, and Pang Kie-chung 1992: 1-2 on Paek Nam-un's theory of history and scientific methodology.

a special meaning in understanding the formation of Korean Marxist thought and in organizing the characteristics of the history of modern and contemporary Korean thought and intellectuals. Furthermore, appreciation of such a history of modern and contemporary thought and intellectual system will create an opportunity for self-examination of contemporary Korean thought and intellect during the transitional phase after the break up of the cold war system. Such self-examination has great meaning in overcoming ideological confusion during the transition period because the intellectual ambience of South Korean academia's failure to settle for or look for diversity of thought and theories along with limitless dogmatism and adhockery after lacking awareness of our roots and the historical context within our modern and contemporary studies and intellect made it become used to premature hearsay and arguments of the popular Western trend of thought and theories.

2. Childhood Background and the Formation of His Scholarly Achievements

Paek Nam-un was born on February 11, 1894 in a poor country village of North Jeolla Province. Paek Nam-un's father, Paek Nakgyu, studied under Song Pyông-sôn, a Neo-Confucian scholar who committed suicide in protest against the Protectorate Treaty of 1905 between Korea and Japan. Paek Nakgyu was a traditional Confucian intellectual and continued the scholastic mantle of "The Old Doctrine" school of semiology due to the influence of Song Pyông-sôn by firmly defending orthodoxy and rejecting heterodoxy. Paek Nam-un grew up learning the Family Rites of Zhu Xi and Chinese classics at the private school his father operated at home due to his family's straitened financial circumstances. Such conditions during his childhood influenced his personality and the formation of his behavior. He became aware of the national reality and anti-Japanese sentiments, because his father was critical of Imperial Japan's invasion, especially in the world of feudal rituals.[2)]

Paek Nam-un formed a modernistic worldview and deserted the traditional worldview when he became a student at Suwon Agricultural and Forestry School in 1912. The Suwon Agricultural and Forestry School was a government school established by Imperial Japan to dominate agriculture in Korea with the purpose of cultivating lower-level government officials and agricultural leaders in Korea to be put in charge of the Japanese Government- General's exploitative farming policy. Here Paek Nam-un learned the basic theories of modern natural sciences, capitalist agriculture, and economics. He was able to grasp the basic problems in farming in Chosôn, which were becoming more inconsistent after the Japanese occupation of Korea, while observing the reality of the farming villages during this period. Thus, he became troubled by the national reality and became immersed

2) For further details on the formation of Paek Nam-un's scholarly achievements, see Pang Kie-chung 1992, Ch. 1, p. 1.

in his studies. He became a teacher at Ganghwa Public Normal School in 1915 as soon as he graduated, but he quit his job and went abroad to Japan to study in October of 1918 when he was transferred to the position of Technician at the Ganghwa Forestry Association. He became a student at Tokyo Higher Commercial School (which later became Tokyo Commercial College in 1920) in March of 1919.

In the early 1920s when he was a student at Tokyo Commercial College, Paek Nam-un decided to organize the entire structure of "the History of Chosôn Economics" from the perspective of historical materialism. This shows that his worldview, scientific view, and academic awareness had already formed during his college years, which he firmly adhered to throughout his life through intense scholarly and ideological wanderings. This can be summarized by his acceptance of Marxist theory based on a sense of independence to promote scientific "study of Chosôn" in order to overcome the national reality through learning.

He was at Tokyo Commercial College during the great turbulence in world history. People of weaker and smaller ethnic groups held extensive national movements due to the success of the Russian Revolution and the end of World War I, and the spirit of national independence in Korea exploded into the March First Movement. Such changes also occurred in Japan in the form of the "Taisho Democratic Movement," which captured the sentiments of the Japanese masses. And the advocacy of various Western trends of thought and social restructuring became popular; labor movements as well as various forms of socialist thought such as Marxism developed. Tokyo Commercial College is representative of a government school that has supported Japanese capitalism since the Meiji period, but it also accepted new trends of thought due to the presence of advocates of the "Taisho Democratic Movement," including Fukuda Tokuzo, Minobe Tazukichi, and Ueda Teijiro, etc. Having gathered an influential group of economists centered around Fukuda, Tokyo Commercial College became the center of the "social policy" faction and the historical school in Japanese economics. In short, the academic tradition of Tokyo Commercial College can be broadly seen as the bourgeois social sciences in social reform that academically substantiated the development of Japanese capitalism.

Paek Nam-un was able to build a broad academic foundation on bourgeois social sciences under such faculty and academic tradition. However, he did not accept the academic tradition of his alma mater as his own; instead, he critically assimilated his academic view and decided on his own research tasks. This is because he already sympathized with and accepted Marxism while attending college. The background on his acceptance of Marxism and refusal of the academic tradition of his alma mater can be examined from various aspects, but the foremost source of this lies in the practical awareness of issues in overcoming the national and social reality of his homeland being dominated by a foreign nation.

Social contradictions in Korea, accumulated from the late Chosôn dynasty to the end of Taehan Cheguk (the Great Han Empire), intensified into national contradictions and were reiterated after the forced occupation of Korea by Imperial Japan. Agricultural issues surrounding the landlord system in particular were the center of these contradictions. Imperial Japan attempted to develop capitalism on the one hand through a landlord system that turned the Korean landlords and capitalist class into collaborators of the colonial administration; on the other hand, Korea was restructured into a form of transplanted capitalism that made it the source of raw materials, commodity market, and usurper of labor power of Japanese capitalism. The embryonic capitalism in Korea that boomed in the nineteenth century became distorted, and the majority of the nation who were of the poor farming class had to struggle for survival. In other words, national issues under Imperial Japan were not simply problems on national liberation but were structurally repeated by social reform issues on how to resolve social contradictions and class issues.

Many of the intellectual youths who agonized over such national reality and who worried about resolving these national and class issues from the perspective of the farmers and commoners in those days found the solution in socialism and Marxism. Various capitalist ideologies and bourgeois economy of the times defended Imperial Japan's forced occupation of Korea and its exploitative reasoning, and they became an academic mouthpiece for the imperialistic system. Paek Nam-un was also affected by such spirit of the times, because he grew up in a difficult agricultural environment and who concretely experienced the reality of an agricultural community and the deceitfulness of the exploitative agricultural administration during his school days at Suwon Agricultural and Forestry School.

Paek Nam-un had such an especially critical attitude toward the academic tradition of his alma mater, because he was fundamentally aware of the historical school's imperialistic academic tradition in economics in academically defending Imperial Japan's forced occupation of Korea. The stagnation theory and the embryonic capitalism theory (i.e., Korea would not have become modernized without becoming a colony of Japan) falsely claimed that Korean history landed property rights were underdeveloped and lacked feudalism; furthermore, these theories aestheticized and rationalized Japanese invasion of Korea by saying that the invasion provided an opportunity for Korean society to become capitalistic and undergo industrial revolution. Fukuda, Paek Nam-un's academic advisor, was a leading advocate of this view. This claim without any foundation influenced many and became widespread due to the fact that research on the history of Korean socioeconomics did not exist in those days.

The very fact that Marxist philosophy and economics differed from the academic tradition of his alma mater made Paek Nam-un become fascinated with a philosophy totally different from his alma mater. He concluded that historical materialism is the best in understanding the essence of the ideology behind Japan's invasion of Korea as well as being scientifically aware of the history and reality of Korea.[3] Furthermore, he established a position of scholastic independence that advocated "Chosôn people" to "study Chosôn" in an effort to overcome their national reality in practical terms. To this end, he also promoted as his lifelong tasks the scientific "study of Chosôn" and the systematization of "History of Chosôn Economics."

However, Paek Nam-un's understanding and realization of the Marxist theory stopped at the enlightenment stage during his college years. Translation of the original Marxist text was close to non-existent in Japan during the first half of the 1920s, and thus, a small group of socialists propagated the Marxist theory through manuals or magazines. The foundation for establishing a scholarly system on Marxist sciences was still weak, and fundamental historical research based on historical materialism did not exist. Thus, Paek Nam-un made Marxism and "the study of Chosôn" the objects of his studies and his lifelong task, but such was principally nothing more than rearranging historical views and making assumptions about various perspectives.

---

3) Paek Nam-un became interested in the dialectic worldview while auditing a class on Hegelian philosophy during prep courses. He became absorbed in history and Marxist economics when he advanced to regular courses. He was especially influenced by Gawakami Hajime, a professor at Kyoto Imperial College, one of the pioneers of early Marxism in Japan. Paek Nam-un attended Fukuda's seminar on the history of economics but spent more time scrutinizing Marxist ideology. He was then able to establish a critical awareness of issues on "the socioeconomic history of Chosôn." ("Record of the first interrogation of suspect Paek Nam-un," "Record of the second interrogation of suspect Paek Nam-un," and "Record of Impressions," *Document on Non-Prosecution of Yi Sun-tak and Two Others*).

Several years after he became a professor of commerce in April of 1925, Paek Nam-un embodied Marxist theory in the fields of epistemology and the social sciences as historical methodology in the late 1920s after internalizing them. Works by Marx, Engels, Lenin, etc. were translated into Japanese during this period, and general understanding of Marxism expanded accordingly. Paek Nam-un devoted himself to collecting and analyzing materials on Korean socio-economic history as well as extensively reading the original texts on Marxism in order to conduct a comprehensive theoretical examination of materialistic dialectics and historical materialism.[4] He was especially influenced by Lenin's theories on reflection and dialectics, the state and imperialism, and agriculture.

3. Study of Marxism and Marxist Thoughts during the Transition Period

1) Scholarly Achievements and Scientific Methodology

Paek Nam-un began to advocate the Marxist academic tradition

---

4) He read books written by Marx, Engels, and Lenin, including *Das Kapital, Theories of Surplus Value, Deutsche Ideology, A Contribution to a Critique of Political Economy, Wage Labor and Capital, Writings on China and India, Anti-Düring, The Origin of Family, Private Property, and the State, Materialism and Empirico-Criticism, State and Revolution, Notes on Philosophy*, etc. and research articles by Lojos Magyar, Karl Wittfogel, Kuo-Mojo, Gawakami Hajime.

and scientific "Chosôn consciousness," and he was vigorously involved in academic activities in the 1930s when the world suffered from the Great Depression. *Chosen Shakaikeizaishi* (The Socio-Economic History of Chosôn) was published in 1933 after much arduous work (Paek Nam-un 1933; Ha Il-shik 1994). This book represents the formation of Marxist historical science in Korea in a limited sense and the official development of academic and intellectual history of Marxism in Korea in a broader sense. This was the new transitional stage in the Korean thought system caused by Japan's forced occupation gaining strength and shifting toward fascism, intensifying of social contradictions and changes in thought in those days.[5)]

After his article on "Sahoehak ûi sôngnip yurae wa immu" (The Origin of Sociology, and its Mission) was published in *Chôsun ilbo* (August 20-24, 1930), Paek Nam-un revealed what should be the characteristics of social sciences and the meaning of science. He also led the theoretical task of promoting an important transition in scientific methods through a series of criticisms on the true state of academicians in order to overcome colonial reality. This covered all of the humanities and the social sciences, from the general theories of science to history, sociology, and economics, etc.[6)] He claimed

5) Refer to Pang Kie-chung's book mentioned above for more information on these conditions.

6) See "Kwahak paljôn ûi yôksajôk p'ilyônsông" (The historical inevitability of the development of science), *T'ongbang pyôngnon* 2 (January 1932); "Proposal on Establishing a Historical View of Chosôn," *Kyôngje yôn'gu* 4 (February 1933); introduction in *Chosôn Sahoe kyôngjesa* (*The Socioeconomic History*

that the academia during the Great Depression was confronted with a period of critical cleansing wherein two trends, confusion and settlement, in the worldview and academic view surrounding the methodology on historical awareness and social consciousness were in conflict. Confusion is defined as the crisis and dissimilation of idealized capitalist science, whereas settlement is defined as the development of Marxist science.

Paek Nam-un perceived the characteristics of the academic world during the Great Depression as closely related to the social and ideological changes of that period. As it prepared for a militaristic fascist system, Japan incited the Manchurian invasion and strengthened its colonial oppression of Korea. Following this, the trend in reforming or assimilating into Imperial Japan through compromise or surrender in Korea's world of sports, system of thought, and academia increased noticeably. The conflict between democracy and socialism intensified during the dismantling of the New Trunk Society, a united nationalist organization. Under Imperial Japan's regulation of thought, democratic and social reformist thought degenerated into controlling ideologies that supported the fascist system of Imperial Japan. This trend was reflected in the academia as well, and thus, government of schools in Korea academically supported Japan's col-

---

of Chosôn) (September 1933); "Chosôn kyôngjesa ûi pangbôpnon" A methodology for Korean economic history), *Sin Tonga* 3-2 (December 1933); and "Iron kyôngjehak ûi chaegôn" (The reestablishment of theoretical economics), *Chung'ang* 2 (October 10, 1934) mentioned in Ha Il-shik 1991.

onial domination of Korea under the so-called "pure science." Paek Nam-un confronted such changes and claimed that national issues and the task of national liberation could no longer be resolved with bourgeois thought and science.

The conscious foundation of bourgeois science grounded on various schools were generalized into three broad types: 1) an idealistically particular historical perspective that emphasizes individual particularity as well as national characteristics and fortuitousness; 2) a cognitive method that prefers metaphysical idealism or agnostic positivism; and 3) a liberalistic social view based on social Darwinism, the doctrine of natural law, and the principle of free competition. Moreover, he criticized the four limitations of bourgeois science as follows. First is the supposition of an absolute world or humanity severed from real social life, which is the basis for the existence of science. Second is the lack of unity in cognitive methods used due to a disconnection in the internal unity among various scholarly achievements. Third is the denial of the development of a general class in the history of man and the contradicting partisan nature within scholarly achievements. Fourth is the rationalization of class ideology in making the capitalistic relation between production and imperialistic system permanent. Also, Paek Nam-un made it clear that views on social reforms, national economy, and economic view of history based on German history which emerged during the phase of imperialism were but poor imitators of classic bourgeois science; these still contained the essence of thought supporting imperialism was the same.

According to Paek Nam-un, science and scholarly achievements are the organizational whole of the experiences that have been adapted to everyday demands of human society. In other words, science regulates and intentionally reproduces experiences in nature and in society just as the goal of life is the systematic means of creating and facilitating the paths of man against man, and man against nature. Furthermore, science is the foundation of the process of man's everyday life as a social being, the process of empiro-criticism based on the dualism of experience called perception and behavior. The biological whole of everyday life is seen as the basic condition for the creation of science. To that extent, the essence of science is the reflection of socially related production, and as such, specific science during a specific period is a product of objective social relations during that period. In the same context, the existence of the scientist is also historical and social.

Such a conceptual stipulation of science is a summary of Marx-Lenin logic, but the foundations of Marxism such as legality, historicity, and class were especially emphasized by Paek Nam-un. Legality as the logical universality of the process of empirical criticism is the abstraction of the law of causal relationships from various intermixed phenomena. The law of causal relationships is defined as the inevitable dependent relationship and dialectic interaction between phenomenon and phenomenon. Historicity, unlike natural sciences, is the legality of the social sciences with historical adaptability. The law of the social sciences is the law of transformation and developmental process from one social form to another. Thus, this law is the historical inevitability of how current society appears, and at the same time, it will demonstrate the historical inevitability of future societies their unavoidable changes. "Class" in a class society is defined as the development of science under class regulations, i.e., the dominant class will suppress science when development of science and scientific thought threaten to destroy the mode of dominations.

On this, Paek Nam-un firmly believed that the progressive class representing scientific development in the developmental process of each period is achieved in the long run by reform and mental emancipation for future societies. Historical necessity and scientific factionalism in scientific development are supposed to exist here. Marxist science, which speaks on behalf of factionalism of the penniless classes, is prescribed to be the only "newly emerging science" at this stage in which imperialistic contradictions deepened and bourgeois science that, at one time played a progressive role, has adapted itself into a ruling ideology in support of imperialism. Thus, Paek Nam-un emphasized the historical duty of the newly emerging science:

> As true studies of history corrects the historical appreciation of fiction, as scientific theory of the state destroys the traditional philosophy of the state, and as the natural sciences destroy traditional superstitions, the

newly emerging sociology must indeed become scientifically aware of the overall social relations between society vs. the individual and society vs. society and, at the same, must be able to expose contradictory relations in real society, criticize the conceptual foundation of control, and suggest practical functions for a high-quality community. (Paek Nam-un, "The origins and duties of the establiishment of sociology," *Chosôn ilbo*, August 24, 1930)

2) Historical Awareness and Systemization of the History of Korean Economy

Paek Nam-un denied the existence of social reality and the autonomy of pure academics but emphasized the practical role of academia. In this context, his historical awareness and historical research began with criticism of existing "Chosôn history" not being able to ensure practicality in the study of history. Thus, he claimed that the goal of research on Korean history should be the establishment of practical history that has future prospects along with self-criticism of national history. Practicality in history is nothing more than finding an active "way to rejuvenate" and participating in national liberation instead of despairing of the forced occupation of Korea by the Japanese.[7]

The fundamental characteristics of understanding Korean history that became popular in the 1920s and 1930s was interpreted by

---

7) See preface and conclusion in Paek Nam-un 1933.

Paek Nam-un as a particular historical perspective that does not acknowledge general development of history. In other words, historical facts should be examined by emphasizing historical coincidence and by adopting an idealistic position in finding the dynamics of history in the free will of mankind. He saw this particular historical perspective as the general essence of bourgeois history in which capitalism is the ever-immutable social system. He criticized the fact that "the view of Chosôn," which denied the general development of Korean history, became matter-of-fact. Moreover, he was adamantly opposed to the general acceptance of the historical perspective that bases the essence of Korean history on backwardness which caused the nation's degeneration into a colony.

There are two types of particular historical perspective as mentioned by Paek Nam-un. One is the interpretation of Korean history among scholars belonging to schools run by the Japanese government. Japanese government schools were divided into several groups such as the school of national history and cultural history, and historical school, etc., depending on the academic tradition. The schools of Korean history and cultural history in those days acted as leaders for the Japanese government by inventing rumors such as the theory of "common ancestry" between Japan and Korea, the historical view of Korea and Manchuria as the same group, the theory of "Imna Japanese government" (i.e., Silla was a Japanese colony), etc., thus denying the stagnation of Korean history and supplying the ideology for obliterating Korean people. The historical school, which succeeded Fukuda's doctrine, concentrated on producing an organized theory of colonial modernization (i.e., Korea would not have become modernized without becoming a colony of Japan) with the Japanese professors from Keijo Imperial University at its center propagating the advantages of a colony through capitalism and rapid progress in industrial revolution. Paek Nam-un, however, devoted all of his energy in criticizing the historical school associated with his field of research.

Another is the debate on Korean history among nationalist historians, especially the debate on Tan'gun Chosôn between Shin Chae-ho and Choi Nam-seon. Despite the fact that the content of their claims are different, Shin Chae-ho and Choi Nam-seon greatly influenced the thought perception and intellectual structure of nationalist intellectuals of the times. Paek Nam-un criticized their consciousness of Korean history, because he considered the unique cultural history of idealistic, nationalistic characteristics of the Korean people are overemphasized. He claimed that for the Korean people themselves to emphasize uniqueness is not the way to rebirth but an unconscious way to slavery; the essence of class, people, and the nation cannot be understood from such a perception of Tan'gun, nor can there be any prospect of national liberation. During the first half of the 1930s, he held a fundamentally critical angle on "The Doctrine of Chosôn Studies Movement" by An Jae-hong and others who inherited Shin Chae-ho's understanding of Korean history.

Historical materialism, i.e., new history based on historical materialism, must be established for Paek Nam-un in order to unveil practical prospects in the developmental stages of reunifying national history and of overcoming national reality. As is known to all, the theory of historical materialism perceives the developmental process of history of man as the history of class struggles, and it explains the law of necessity in terms of generated class struggles in an opportune developmental process of social formation in which contradictions appear in the relationship between productivity and production as well as dialectic solutions. Paek Nam-un considered the only scientific methodology for establishing a new "view of Chosôn" and for finding a prospect for national liberation was through discussing the history of class struggles and the historical theory of social formation in an attempt to resolve issues on old and confused historical perspectives unique to Korea.

There are two prominent characteristics in Paek Nam-un's historical awareness. First is the general development of Korean history and his adamant adherence to the innate inevitability of this development. He himself expressed it as the non-retreat of the historical law; uniqueness that transcends the times and is free of generalizations cannot exist when the only uniqueness in historical science is the uniqueness of the period. This was the epistemological basis for his denial of various discussions on the uniqueness of heteronomy and stagnation and, further, to national, cultural, geographical uniqueness in Korean history. Moreover, it was the foundation for his thought that did not despair nor compromise in the face of colonial reality.

The second is his independent viewpoint on materialistic historical awareness from the basic level that stimulated practicality becoming conscious of Korean history. He thoroughly comprehended the historical view and methodology of historical materialism, but he did not accept them as doctrine. Thus, he was opposed to some of the Marxist intellectuals of the times who were his juniors, because they disregarded the national identity of the Korean historical consciousness or were inclined toward proletarianism by lumping all national emblems and characteristics into one category under the name of science. He criticized these nationalistic historians for their cognitive method and the essence of their thought, but he did not deny their uncompromising national consciousness. Resolving ethnic problems was the major premise of his historical perspective, which in turn influenced his historical consciousness to become somewhat ethnic-oriented.

Paek Nam-un's system of Korea's economic history first appeared in *The Socio-Economic History of Chosôn* and *The Socio-Economic History of Feudal Chôsun*, Volume 1, his first and second books, respectively (Paek Nam-un 1937; Ha Il-shik 1993). In the preface of his first book, he divided Korea's developmental process in economic social structure into four: the primitive communist society, the slave society (the Three Hans through the Three Kingdoms period), the Asian feudal society (the end of the Three Kingdoms to the Chosôn period), and the transplanted capitalist society (under Japanese imperialism). Moreover, he selected the process of the collapse of Asian feudal systems during the late Chosôn and Hanmal periods as well as issues that arose during the formation of embryonic capitalism for analysis. He also formulated the entire developmental process of the Korean ideology and called it the systematization of the history of Korean thought.

In *The Socio-Economic History of Chosôn*, Paek Nam-un clarified the existence of a primitive communist society based on the clan system and claimed that the first Korean class society was a slave society in order to empirically and theoretically explain the origin of Korean history and the developmental process of the slavery system. In early 1930s, he denied all opinions based on the generalization of the Marxist camp known as the theory of Asian production mode, which purported that Asian societies did not go through the slavery system but evolved directly into feudal societies. Furthermore, the essence of a nation's class and its people can be seen by the history of the formation of its class system and the nation-state. Thus, he criticized the theory of the capitalist state and the fascist state view, which perceives the state as transcending class and as a perpetual community, and the nationalistic view of bourgeois nationalism, which conceptualizes and idolizes the people of the nation as transcending history.

The Socio-Economic History of Feudal Chosôn, Volume 1 explains the developmental process of feudal society and the socioeconomic structure from late Silla to koryô. The economic theory of state ownership of land and serf are the basis of Paek Nam-un's argument of koryô period representing the most traditional Asian feudal society. He also clarified universal development in the existence of feudal society and the essence of its Asian uniqueness theoretically and substantively by suggesting a type unique to Chosôn within the Asian feudal system and differing from European and Japanese types. He attempted to fundamentally negate the theory of no feudal system in Korea as advanced by government scholars of Imperial Japan such as Fukuda. His study on absolute feudal system in Korea was discontinued after the collapse of the Chosôn dynasty due to oppression by Imperial Japan. This was the first comprehensive research on the history of Korean socioeconomics. It is difficult even now to find research documents containing such critical awareness and such grandness of scale on the history of socioeconomics of ancient and medieval Korea as included in the two works by Paek Nam-un mentioned above.

Paek Nam-un did not present this concept officially, but he perceived Asian feudal society as having approached a stage of dissolution as of the late Chosôn period. Especially with 1894 as the turning point, he saw the indigenous development of capitalism in Korea advance uniformly while the dissolution of feudal society facilitated political socioeconomic activities, embryonic capitalism, the development of liberal thoughts, and liberation from social class, etc. occurred. New bourgeois class expanded in Korea. Furthermore, such internal developments were restructured by complete and forceful oppression of the Japanese police state and by transplanted capitalism. Thus, Korea's social structure was reorganized to conform to the Japanese version of a moneymaking capitalist society; this moneymaking capitalism entered a stage of monopoly accompanied by controlled economy after Japanese capitalism faced a crisis during the Great Depression. Japanese government scholars advocated colonialism and colonial modernization as good, because they provided an opportunity for capitalistic modernization in Korea. However, Paek Nam-un attempted to expose the truly invasive nature of the Japanese government scholars' theory on Korea's stagnant society during the late Chosôn and Hanmal periods by advocating the existence of embryonic capitalism in Korea. He desired to unveil the way to national liberation, and he did this by way of criticizing the contradictory system and deceitfulness of the Japanese-Manchuria bloc economy of the 1930s and Japan's policy of controlled economy as compared to that of the world capitalist system.

4. Re-Appreciating Korean History

As mentioned above, Paek Nam-un was at the forefront of opening a new horizon for historical consciousness of Korea in the academic reality of colonial "Chosôn consciousness" dominated by Japanese government schools. He took the lead in pioneering

Korean Marxist history and the social sciences in Korea and in creating a school that differed tremendously from existing bourgeois and nationalist intellectuals. The highlight of his academic achievement is the theory of universal development in Korean history that includes the characteristics of each phase developed through firm adherence to absolute academic autonomy and great empirical research and not dependent on the hearsay of Marxist theory. This has not been attempted previously.

Paek Nam-un's awareness of Korean history and "epistemology of Chosôn" were able to open the way to obliterating the foundation of Korean history as well as their theory on colonial modernization built by the Japanese government scholars. Moreover, Paek Nam-un was resolutely critical of Marxist suzerain state, which prescribes the stagnation of Asian society as a *priori*, and of his underclassmen who dogmatically followed the distorted view of Asia as a mode of production. In turn, Paek Nam-un was criticized by his underclassmen as being a formalist in their new awareness of Korean history. Although he did manage to raise some confusion within Korea's conceptual consciousness today, his academic achievement is the origin of the theory of indigenous development in Korean history.

Academic meaning for Paek Nam-un's scholarship can be expanded to two broad levels of intellectual history and history of thought. First, Paek Nam-un's study of Marxism was of the deepest intellectual level under Imperial Japan. He explained well how Marxism, the newest foreign thought, was received in Korea under the historical reality and intellectual foundation and through which a conscious system and logic the national path was foretold. His academic achievement is grounded on the tradition of peasants and the *minjung* (the common people) during the late Chosôn and Hanmal periods but has shed the old shell of tradition, and it reflects the historical uniqueness of Korean Marxist thought during its formative period. He attempted to surmount the limitations of nationalist and capitalist ideology of colonial modernization being perceived an extension of the theory on landlord and bourgeois cultural enlightenment.[8)]

Second is Paek Nam-un's "understanding Chosôn" and the internal Marxist dispute surrounding the intellectual structure and characteristics of its intellectual history in its formative period. In the 1930s, differentiating "Chosôn consciousness" inherent in Marxism from understanding the epistemological perspective and historical materialism on utilizing Marxism emerged in association with the difference in the origin of cognitive attitude on Korea's history and culture and its intellectual traditions, including ethnic issues. This is an important point in understanding the ideological settlement of Marxism in Korea. If this is developed further, it can be connected to the trend of thought inherent in the Marxist camp of North Korean socialists in association with nation building after the liberation of Korea and the establishment of divided governments

8) See Kim Yong-sop, 2000; Pang Kie-chung, 1992; and Kim Dong-choon, 1996 on the transition and meaning of thought.

(Pang Kie-chung 1992, pp. 117-25; Pang Kie-chung, 1997; and Kim Seong-bo, 2000).

Despite the significance of Paek Nam-un's study of history, there are several limitations and problems. As mentioned previously, the most representative are contradictions logical description of the developmental phases in Korean history, limitations in the developmental history of ancient class state and lack of understanding the historicity of the civilization and ancient Chosôn society in the Bronze Age, and errors in depicting the public land system and the Asian feudal system, which can be said to be the total summary of his research (Pang Kie-chung, 1992, pp. 150-60, 173-76; Pang Kie-chung, 1994, pp. 260-61). Many such limitations derive from the lack of academic results and the restraints of the times during the creation of the system of Korean history based on historical materialism. His denial of the theory of the Asian mode of production which held overwhelming prestige among Marxist intellectuals and his not being able to escape its influence in the end due to the intellectual climate of Marxism in Korea in those days also had a major impact on his studies. Whatever the circumstances may be, the innate essence of such limitations lies in the fact he fought hard for uniform consciousness and popularizing the uniqueness of Korean history. Ultimately, he was not able to find a reasonable answer to overcome these limitations. However, it means he did not base Marxist theory on hearsay but attempted to create an "epistemology of Chosôn" from a Korean Marxist perspective through autonomous investigation, suited for the historical and realistic soil of Korea. But he was unsuccessful in coming up with an original theory.

At present, when a source of self-examination for modern and contemporary intellectual history of Korea is required, the most important cognitive tasks stimulated by Paek Nam-un's academic achievements and thought are thorough re-examination of Paek Nam-un's intellectual battle for the creation of "epistemology of Chosôn" from the Korean Marxist perspective, and historicity and uniqueness of the intellectual soil surrounding this, keeping in mind the inherent development in history of thought in Korea and of the world. Thorough re-examination and systematic organization of Korean Marxist intellectuals, including Paek Nam-un, may be needed before all else to promote this task of reappraisal and reconstruction of the history of Marxist intellectuals in Korea during its formative years. Of course, a great premise here is the accurate and in-depth reading and understanding of each individual intellectual's cognitive system. There is also a seriously need to break away from hastily passing judgment on people, which has become the habit in the progressive academic and intellectual world of South Korea, and from excessive projection of contemporary practical views.

References

Ha Il-sik trans., *Paek Nam-un chônjip* (Collection of Works by Paek Nam-un), Volumes 2 & 3 (Seoul: Iron kwa Silch'ôn, 1993).

Ha Il-sik trans., *Paek Nam-un chônjip* (Collection of Works by Paek Nam-un), Volume 1 (Seoul: Iron kwa Silch'ôn, 1994).

Jung Chang-Yeol, "Han'guk esô minjung sahak ûi sôngnip, chôn'gae kwajông" (The establishment and development of *minjung* historiography in Korea), *Han'guk minjungron ûi hyôndan'gye* (Seoul: Tolbegae, 1989).

Kang Jin-chul, "Sahoe kyôngjesa ûi sogae wa paljôn" (Introduction and Development of the History of Socioeconomics), *Guksagwan nonchong* 2, 1989.

Kang Man-gil, "Ilche sidae ûi pansingmin sahaknon" (Anti-colonial historiography during the colonial period), *Han'guksahaksa ûi yôn'gu* (Seoul: Han'guksa yôn'guhoe, 1986).

Kim Dong-Choon, "Sasang ûi chôngae rûl t'onghae pon Han'guk ûi 'kûndae' mosûp" (The form of modernity in Korea as seen through the development of its thought), *Han'guk ûi 'kûndae' wa 'kûndaesông' pip'an* (Seoul: Yôksa pip'yôngsa, 1996).

Kim Seong-bo, *Nambukhan kyôngje kujo ûi kiwôn kwa chôngae* (The Origin and Development of South and North Korean Economic Structure) (Seoul: Yôksa pip'yôngsa, 2000).

Kim Yong-sop, "Ilbon-Han'guk e issôsô ûi Han'guksa sôsul" (A Delineation of Korean History), *Yôksa hakbo* (The Korean

Historical Review) 31, 1966.

Kim Yong-sop, *Han'guk kûnhyôndae nong'ôpsa yôn'gu* (Research on Modern and Contemporary Korean Agricultural History), supplementary version (Seoul: Chisik Sanôpsa, 2000).

Paek Nam-un, *Chosen shakaikeizaishi* (The Socio-Economic History of Chosôn) (Tokyo: Kaizosha, 1933).

Paek Nam-un, *Chosenhouken shakaikeizaishi* (The Socio-Economic History of Feudal Chosôn) Volume 1 (Tokyo: Kaizosha, 1937).

Pang Kie-chung, *Han'guk kûnhyôndae sasangsa yôn'gu* (Studies in the intellectual history of modern and contemporary Korea) (Seoul: Yôksa pip'yôngsa, 1992).

Pang Kie-chung, "Paek Nam-un ûi hangmun kwa sasang" (The scholarship and thought of Paek Nam-un), *Yônse kyôngje yôn'gu*, no. 1, 1994.

Pang Kie-chung, "Haebang hu kukga kônsôl munje wa yôksahak" (Historiography and the issue of state-building after liberation), *Han'guksa insik kwa yôksa iron* (Seoul: Chisik san'ôpsa, 1997).

Chronology

1894	Born on February 11 in North Jeolla Province.
1911	Married.
1912	Enrolled in Suwon Agricultural and Forestry School in March.
1915	Graduated from Suwon Agricultural and Forestry School in March
1915-1917	Worked at Ganghwa Public Normal School and Ganghwa Forestry Association.
1919	Enrolled in Tokyo Higher Commercial School (which became Tokyo Commercial College in 1920) in March.
1925	Graduated from Tokyo Commercial College in March.
1925	Appointed as Professor of Business Administration at Yô nhûi Junior College in April.
1933	Established the Association for Socioeconomics in Chosôn in June.
1933	Published *Chosôn Sahoe kyôngjesa* (The Socioeconomic History of Chosôn)
1937	Published *Chosôn pongpôn sahoe kyôngjesa* (The Socioeconomic History of Feudal Chosôn), Volume 1.
1938	Arrested and detained at the Sôdaemun Penitentiary in March on suspicion of breaking the Maintenance of Public Orders Act.
1940	Released from Sôdaemun Penitentiary in July

1945	Professor of Economics at Keijo Imperial University (later renamed as Seoul National University) in December.
1946	Advocated unified neo-democracy by publishing *Chosôn minjok ûi chillo* (The Path for the Chosôn People) in April.
	Established the Institute of Korean Culture at Seoul National University in May and became its director.
	Resigned in June.
1946-1961	Participated in various political organizations.
1962	Became Chancellor of Marx-Leninism Broadcast College in April.
1967	Became Chairman of Supreme People's Assembly in December.
1972	Resigned the post of Chairman of Supreme People's Assembly in December.
1979	Passed away on June 12.

Publications

1927 "Chosôn chach'i undong e taehan sahoehakjôk koch'al" (Sociological Investigation of Chosôn's Movements), *Hyôndae pyôngnon* 1-1

1930 "Sahoehak ûi sôngnip yurae wa immu" (The origins and duties of the establishment of sociology), *Chosôn ilbo*, August 20-24.

1932 "Kwahak paljôn ûi yôksajôk p'ilyônsông" (The historical inevitability of the development of science), *Tongbang p'yôngnon*, no. 2.

1933 *Chosen shakaikeizaishi* (The Socioeconomic History of Chosôn) (Tokyo: Kaizosha).

1933 "Chosôn kyôngjesa ûi pangbôpnon" (A methodology for Korean economic history), *Sin Tonga* 3-2.

1934 Published "Iron kyôngjehak ûi chaegôn" (The reestablishment of theoretical economics), *Chung'ang* 2.

1936 "Chônjaeng kwa kyôngje" (War and the economy). *Tonga ilbo*, Jan. 1-9 (total of 6 issues).

1937 *Chosenhouken shakaikeizaishi* (The Socioeconomic History of Feudal Chosôn) (Tokyo: Kaizosha).

1946 *Chosôn minjok ûi chillo* (The path of the Chosôn nation) (Seoul: Singônsa).

"Chosôn yôksahak ûi kwahakjôk pangbôpnon" (Scientific Methodology in the Study of Chosôn History), *Minjok munhwa* (National Culture) 1.

1950 *Ssoryôn insang* (Images of the Soviet Union) (P'yô ngyang: Chosôn Yôksa Pyônch'an Wiwônhoe).

1951 *Chosôn yôksa kyojae* (Textbook on Chosôn History) (P'yôngyang: Politico-Economics Academia).

(출전: Kim Keong-il, ed. *Pioneers of Korean Studies*, Sungnam: The Academy of Korean Studies, 2004.)

Paek Nam-un and Marxist Scholarship during the Colonial Period

The scientific socialist thought of Marxism was introduced into Korea in the late 1910s, after it had become a colony of Japan. Along with nationalism and other capitalist ideologies, Marxism was one of the most influential ideologies on the political thinking and activities of Koreans during the colonial period, because of its theories of national liberation and social revolution. After liberation, it became the state ideology for the socialist regime in North Korea. Marxism has had a significant impact on the political, social, and cultural thinking of Koreans for the past eighty years, continuing beyond the end of the cold war into the present time. One of the most important tasks facing historians is to examine the historical development and characteristics of Marxist thought in Korea. This research is necessary to gain a systematic understanding of the fundamental trends of modern Korean history from the late nineteenth century — when Korea failed to establish a modern nation-state — to the period of Japanese colonial rule, and finally to liberation and the division of the country. It is also necessary in order to achieve an in-depth understanding of the problems of reunification, which have become more pressing in recent years.[1]

As part of this effort, this chapter examines the economic thought and scholarship of Paek Nam-un (Nam'un; 1894-1979; ho Tong'am), the most prominent Marxist economic historian of the colonial period. He was a professor in the Department of Commerce at Yônhûi Junior College (the precursor to today's Yonsei University) and was the founder of Marxist historiography in Korea. He was also one of the pioneers of modern Korean historiography who, along with the nationalist historian Shin Chae-ho(Shin Ch'aeho), developed an autonomous, scientific perspective on Korean history.[2]

---

1) In the past, research on socialism has mainly focused on political and social movements, but recently, it has been expanding into intellectual thought, which is a positive development. There is not enough space to mention all of this research, but notable studies of socialist and Marxist thought include: Seo Joong-Seok, *Han'guk hyôndae minjok undong yôn'gu* (Studies on contemporary nationalist movements in Korea) (Seoul: Yôksa pip'yôngsa, 1991); Kim Yong-sop (Kim Yongsôp), *Han'guk kûnhyôndae nong'ôpsa yôn'gu* (Studies on the agricultural history of modern and contemporary Korea) (Seoul: Ilchogak, 1992); Pang Kie-chung (Pang Kijung), *Han'guk kûnhyôndae sasangsa yôn'gu* (Studies in the intellectual history of modern and contemporary Korea) (Seoul: Yôksa pip'yôngsa, 1992); Kim Dong-Choon(Kim Tongch'un), "Sasang ûi chôngae rûl t'onghae pon Han'guk ûi 'kûndae' mosûp" (The form of modernity in Korea as seen through the development of its thought), *Han'guk ûi 'kûndae' wa 'kûndaesông' pip'an* (Seoul: Yôksa pip'yôngsa, 1996).

2) Studies on Paek Nam-un's theory of history and historical thought include: Kim Yong-sop, "Ilbon Han'guk e issôsô ûi Han'guksa sôsul" (The depiction of Korean history in Japan and Korea), *Yôksa hakpo*, no. 31 (1966); Kang

With the publication of *Chosôn sahoe kyôngjesa* (*The Socioeconomic History of Chosôn*, 1933) and *Chosôn ponggôn sahoe kyôngjesa* (*The Socioeconomic History of Feudal Chosôn*, 1937), he not only laid the foundation for Marxist historiography in Korea but also exposed, theoretically and empirically, the historical fallacies and bourgeois, imperialist nature of studies on Korean history by Japanese government researchers. In fact, by focusing on the logic of Korean history's internal development, he was the first scholar to develop a historical methodology and vision that enabled an understanding of both the universal and the uniquely Korean aspects of its history. In other publications, I have undertaken a theoretical examination of his historical materialism and his theories on the developmental stages of Korean history in order to examine his theoretical limitations and the importance of his contributions to historiography.[3]

Man-gil(Kang Man'gil), "Ilche sidae ûi pansingmin sahaknon" (Anti-colonial historiography during the colonial period), *Hanguksahaksa ûi yôn'gu* (Seoul: Han'guksa yôn'guhoe, 1986); Kang Jin-Chul(Kang Chinch'ôl), "Sahoe kyôngje sahak ûi toip kwa chôngae"(The introduction and development of socioeconomic historiography), *Kuksagwan nonch'ong*, no. 2 (1989); Jung Chang-Yeol (Chông Ch'angnyôl), "Hanguk esô minjung sahak ûi sôngnip.chôn'gae kwajô ng" (The establishment and development of *minjung* historiography in Korea), *Han'guk minjungron ûi hyôndan'gye* (Seoul: Tolbegae, 1989).

3) Pang Kie-chung, "Paek Nam-un ûi yôksa iron kwa Han'guksa insik" (Paek Nam-un's theory of history and conception of Korean history), *Yôksa pip'yông*, no. 9 (summer 1990); Pang Kie-chung, *Han'guk kûnhyôndae sasangsa yôn'gu* (Seoul: Yôksa pip'yôngsa, 1993); Pang Kie-chung, "Ilcheha Paek Nam-un ûi Han'guk chabonjuûi paldal saron" (The conception of the history of the development of capitalism in Korea by Paek Nam-un during the colonial peri-

Although Paek Nam-un's scholarship focused on history, the significance of his work and thought goes beyond his empirical contributions to Korean historiography. He clearly had the most sophisticated understanding of Marxist theory and historical materialism among socialist intellectuals during the colonial period. He did not follow Marxist theory dogmatically but grounded it in the historical realities of Korea's situation to develop a theory for "understanding Chosôn" (*Chosôn insik*). He was an exemplar of the intellectual who stressed the autonomy of intellectual practice while pursuing the ultimate objective of national liberation and the establishment of a socialist state. Although some of his colleagues and some scholars in the younger generation shared his ideas on intellectual practice, they differed from mainstream Marxists who were the leaders of socialist political and cultural movements at the time. The mainstream conception of practice meant a dogmatic acceptance of Stalinism and an extreme leftist classism.

In this context, an examination of Paek Nam-un can reveal some important aspects of the introduction of Marxism in Korea. During the Liberation period, he was active, both politically and intellectually, in moderate leftist organizations, serving as the director of the Chosôn Academy (*Chosôn haksulwôn*), the chairman of the South Korean New People's Party (*Sinmindang*), and the vice-chairman of

---

od), *Tongbang hakji*, nos. 77-78-79 (combined issue, 1993); Pang Kie-chung, "Paek Nam-un ûi hangmun kwa sasang" (The scholarship and thought of Paek Nam-un), *Yônse kyôngje yôn'gu*, no. 1 (1994).

the Worker-People's Party (*Kûllo inmindang*). After the division of the country, he played an important role in laying the intellectual foundations of North Korean socialism as an elder statesman of its intellectual world. As his career suggests, differences in epistemology and conceptions of praxis were closely related to differing conceptions of the future of the nation and of the direction of socialist political and cultural movements.

An examination of Paek Nam-un's scholarship and thought during the colonial period can provide a systematic analysis of the general thinking of socialist intellectuals in terms of their political-economic ideology and their conceptions of state and society which were fundamentally different from those of bourgeois nationalist intellectuals. At the same time, his life and work also provide an opportunity to examine differences among socialist intellectuals in their understanding of Marxism and praxis as well as the historical and political significance of such differences. The interrogation of this problematic is the underlying concern of this chapter.

The first section of this chapter examines the development of Paek Nam-un's thought during the colonial period and his theoretical contribution to a Marxist approach to "understanding Chosôn." The second section examines his views on modern Korean economic history which most clearly reveal his understanding of historical materialism. This section will cover topics such as the breakdown of feudal society, the internal dynamics and failures of the movement toward capitalism, and his conception of "transplanted capitalism"(*isik chabonjuûi*) under conditions of colonialism.

Of course, restricting my examination to such scholarly topics makes it impossible to draw a complete picture of Marxist thought in Korea during the colonial period and, more specifically, to give a full analysis of the debates on Marxist theories of revolution. Another limitation is the fact that Paek Nam-un did not participate in any political movements during the colonial period and was only active in cultural and scholarly movements. These limitations to my approach can be overcome only through a comprehensive analysis of his political activities after liberation and of his conception of the state based on the principles of "new democracy" (*sin minjujuûi*).[4] Whatever Paek's shortcomings may be, they do not diminish the historical importance of Paek Nam-un's scholarship and thought in the history of Marxist thought in Korea and, more generally, in the history of political thought in modern Korea.

1. The Development of Paek Nam-un's Marxist Scholarship

1) Introduction to Marxism in the 1920s

Paek Nam-un was born on February 11, 1894 as the second son

4) Because of limitations of space, this article will not give an analysis of Paek Nam-un's conceptions of state and of "new democracy." For more on this topic, see Pang Kie-chung, *Han'guk kûnhyôndae sasangsa yôn'gu*, Chapter 3.

of Paek Nakgyu in the village of Pan'am, Asan *myôn*, Gochang county, North Jeolla province. His family was a provincial yangban family that had belonged to the Noron faction for several generations. Although they were poor, they were a typical Confucian household that stressed education in Neo-Confucianism and adherence to ritual. His father was also a Confucian scholar who was a disciple of Song Pyôngsôn, an orthodox descendent of the Noron faction's scholarship.[5] Spending his childhood in extreme poverty, he learned classical Chinese and received a strict education in Neo-Confucian family rituals at the local school (*sôdang*) run by his father. His family environment had a significant influence on the formation of his young mind and provided an important foundation for his future academic research. From his father, who deplored Japanese imperialist aggressions — albeit with a feudal mind-set — Paek Nam-un gained an understanding of Korea's political situation as well as an anti-Japanese consciousness. His exposure to Confucian thought in this period influenced his later interest in the history of Korea's economic thought.[6]

Paek Nam-un's transition from a feudal worldview to a modern

5) Song Pyôngsôn (1836-1905) was an official in the Great Han Empire and committed suicide to protest the Protectorate Treaty of 1905. Paek Nakgyu was deeply moved by his teacher's martyrdom as an act of resistance against the Japanese. *Hûngsôngji*, book 3, *haengûi*.

6) Paek Nam-un, "*Chosôn sahoe kyôngjesa* ch'ulp'an e taehan sogam" (Thoughts on the publication of *The Socioeconomic History of Chosôn*), *Chungang*, no. 1 (November 1933), p. 105.

one began when he enrolled in the Suwon Agricultural and Forestry School (*Suwon nongnim hakgyo*) in 1912. It was a government school under the jurisdiction of the Model Farm for the Promotion of Agriculture (*Kwôn'ôp mobômjang*). The Japanese operated the model farm as part of its policy to control Korean agriculture as the basis for its exploitation of the colony,[7] and the school sought to legitimize Japan's control of the Korean rural economy and to maintain the dominance of the landlord system. Its educational ideals were based on the agrarianism (*nongbonjuûi*) advocated by landlords whose goals were to increase productivity and to ease class tensions. The school's objective was to train Koreans to be leaders in rural areas and low-level functionaries who would carry out the exploitative agricultural policies of the Government-General.[8] Paek learned about modern natural science and the basic principles of capitalist agriculture and economics.

After the beginning of the Japanese occupation, the contradictions in the agricultural economy became even further aggravated. At Suwôn Agricultural and Forestry School, Paek Nam-un acquired a concrete understanding of Korean agriculture's fundamental prob-

---

7) Kim Do-Hyung(Kim Tohyông), "Kwônnong mobômjang ûi singminji nong'ôp chibae" (Control of colonial agriculture by the Model Farm for the Promotion of Agriculture), *Han'guk kûnhyôndaesa yôn'gu*, no. 3 (1995).

8) Pang Kie-chung, ibid., pp. 37-40; Pang Kie-chung, "Ilcheha Yi Hun-gu ûi nong'ôpnon kwa kyôngje charip sasang" (The views on agriculture and conception of economic self-sufficiency of Yi Hun-gu during the colonial period), *Yôksa munje yôn'gu*, no. 1 (1996), pp. 119-20.

lems as he directly observed the actual condition of rural villages. It was at this time that he became deeply concerned about the state of the nation and began to devote himself to scholarship. After his graduation in 1915, he worked for a while as a teacher at the Ganghwa Public Normal School and as a technician at the Ganghwa Forestry Association. After resigning these positions, he went to Japan in October 1918 to study and enrolled at the Tokyo Higher Commercial School (*Tokyo Kodo Shogyo Gakko*) in March 1919. The school was elevated to the status of a college in 1920, changing its name to Tokyo Commercial College (*Tokyo Shoka Daigakko*).

Paek Nam-un studied at Tokyo Commercial College during an extremely turbulent period in world history. With the success of the Russian Revolution and the end of the First World War, national liberation movements became widespread in former colonial and semi-colonial regions. In Korea also, the desire for national independence exploded in the March 1st Movement. In Japan, the "Taisho democracy" movement captured the sentiment of the masses. Liberal thought and calls for social reconstruction were popular, and interest in socialist thought grew together with the labor and agrarian movements. The fact that Paek Nam-un entered Tokyo Commercial College at such a time is deeply significant on several levels. Tokyo Commercial College was one of the most important public educational institutions serving the needs of Japanese capitalism after the Meiji Restoration.[9)] However, some of the school's faculty were also leaders in the Taisho democracy movement such as Minobe

Tatsukichi (1873-1948), Fukuda Tokuzo (1874-1930), and Ueda Teijiro (1879-1940). Through them, the school served as a channel for the introduction of various kinds of Western bourgeois thought and democratic ideologies.[10] Having gathered an influential group of economists led by Fukuda Tokuzo, it became the center of the "social policy" faction and the German Historical School of Economics in Japan.[11]

---

9) For more about Tokyo Commercial College, see sources such as Sakai Tatsuo, *Hitotsubashi goju nensi* (The fifty year history of Hitotsubashi) (Tokyo: Tokyo Shoka Daigaku Hitotsubashikai, 1925); Tokyo Shoka Daigaku, ed., *Tokyo Shoka Daigaku Ichiran* (Overview of Tokyo Commercial College) 1,2,3 (Tokyo: Tokyo Shoka Daigaku, 1925).

10) Mitani Taichiro, "Taejông demokûrasi ûi chôngae wa nolli"(The development and logic of Taisho democracy), *Ilbon hyôndaesa ûi kujo*, eds. Cha Ki-Pyok (Ch'a Kibyôk) and Pak Choong-Seok(Pak Ch'ungsôk) (Seoul: Han'gilsa, 1980), pp. 254-55; Imai Seiichi, "Taishoki no siso to bunka" (Thought and culture in the Taisho period), *Koza Nihonshi* 7 (Tokyo: Tokyo Daigaku Shuppankai, 1971), pp. 158-59.

11) Ouchi Hyoe, *Keizaigaku gojunen jo* (Fifty years of economics, vol. 1)(Tokyo: Tokyo Daigaku Shuppankai, 1959), pp. 34-40. The German Historical School of Economics critiqued both classical economics and Marxian economics; it was characterized by its emphasis on historical and ethical methods. Fukuda Tokuzo (1874-1930) went to Germany in 1898 and studied under the Historical School economist Lujo Brentano at the University of Munich. He quickly gained fame with his Ph.D. dissertation ("Social and economic development in Japan," 1900) in which he emphasized the correspondence in the stage of economic development of Germany and Japan and Japan's universal social development. After his return to Japan, he lectured at Tokyo Higher Commercial School and Tokyo Commercial College. Together with Kawakami Hajime of Kyoto Imperial University, he formed the Shakai seisa-

When Paek Nam-un was studying in the school's regular course (undergraduate division), his advisor was Takata Yasuma (1883-1972), who taught sociology and the history of economics. An anti-Marxist, Takada was one of the main figures of Japanese bourgeois economics and sociology from the latter half of the 1920s and was active as a theorist of fascism in Japan.[12] Tokyo Commercial College in the early 1920s promoted a bourgeois social science grounded in a social reformism that provided intellectual support for the development of Japanese capitalism. Paek was exposed to a wide variety of bourgeois social science, and it was at this school that he also decided to focus his scholarly efforts on history, specifically economic history.[13]

---

ku gakkai and played a central role in the development of economics in Japan. With Yoshino Sakuzo of Tokyo Imperial University, he formed the Reimeikai and was one of the leaders of the Taisho democracy movement. On Fukuda's life, see Fukuda Tokuzo sensei kinenkai, ed., *Fukuda Tokuzo sensei no tsuioku* (Tokyo: Fukuda Tokuzo sensei kinenkai, 1960).

12) On Takata Yasuma, see Usui Jisho, "Takata Yasuma hakushi no shogai to shakaigaku" (The life and sociology of Dr. Takata Yasuma), *Takata Yasuma hakushi no shogai to gakusetsu* (Tokyo: Sobunsha, 1982); Yi Chunsik, "Paek Nam-un ûi sahoe insik kwa Malksûjuûi" (Paek Nam-un's Marxism and conception of society), *Sahoehak yôn'gu*, no. 6 (1990), pp. 319-20.

13) Paek Nam-un stated that he began to have a serious interest in history when he audited a class during his first year as an undergraduate on the history of ancient European civilizations that was taught by Miura Shinshichi, who lectured on economic history and the history of civilization at Tokyo Commercial College. Kyôngsông Sôdaemun kyôngch'alsô (Seoul Sôdaemun police station), "Kamsangnok" (Record of impressions), *Yi Sun-tak(Yi Sunt'ak)*

However, Paek Nam-un did not follow the intellectual trends at Tokyo Commercial College; rather, he formulated his research agenda in the process of adopting a critical distance toward them. From the beginning of his college days, he was attracted to Marxist ideas and began to adopt Marxism as his theoretical perspective. When he was in the preparatory division, he audited the lectures on Hegel in an introductory philosophy class taught by Kihira Tadayoshi (1874-1949), a professor at Gakushuin University who also gave lectures at Tokyo Commercial College. Paek soon became interested in a dialectics. After he entered the regular course in 1921, he was increaseingly absorbed in the study of Marxist philosophy and economics. Paek Nam-un avidly read the debates on value between Fukuda Tokuzo and Kawakami Hajime (1879-1946) of Kyoto Imperial University. Agreeing with the arguments of Kawakami, a Marxist, he decided to devote himself to the study of Marxism. When he took seminars taught by Fukuda and Takata Yasuma, who were critical of Marxism, he had theoretical disagreements with their views and became even more drawn to Marxist theory.[14)]

Another influence on Paek Nam-un was Yamamoto Sanehiko (1885-1952), the president of Kaizosha, who gave him much help,

---

oe iin pulgiso sagôn sôryuch'ôl, 1938.

14) Kyôngsông Sôdaemun kyôngch'alsô (Seoul Sôdaemun police station), "P'iûija Paek Nam-un sinmun chosôche il hoe" (Record of the first interrogation of suspect Paek Nam-un), "P'igoin Paek Nam-un sinmun chosô che i hoe" (Record of the second interrogation of suspect Paek Nam-un), "Kamsangnok" (Record of impressions), *Yi Sun-tak oe iin pulgiso sagôn sôryuch'ôl*, 1938.

both financially and emotionally, from the beginning of his studies in Tokyo. Through cultural events and publishing activities such as the founding of the journal Kaizo (Reconstruction) in 1919, Yamamoto, a progressive liberal, was an important figure in spreading democratic thought and Marxism in Japan during the Taisho democracy period.[15)]

With the maturation of Paek Nam-un's political consciousness, he developed a critical attitude toward the intellectual atmosphere of his school and decided to devote himself to the study of Korean economic history. He came to realize that the Historical School of Economics, which was espoused at his school, was an imperialist social science providing intellectual support to Japan's occupation and rule of Chosôn. The school advanced a theory of the stagnation of Korean society, by fabricating historical "facts" such as the assertion that Korean history lacked a feudal period. The purpose of

---

15) The person who introduced Paek Nam-un to Yamamoto Sanehiko was Yamamoto's younger brother, Yamamoto Shigehiko. At the time that Paek Nam-un left for Japan, Yamamoto Shigehiko worked as the clerk to Ishizuka Eizo, who was director of the Home Affairs Bureau of the Government-General in Korea. Kyôngsông Sôdaemun kyôngch'alsô (Seoul Sôdaemun police station), "P'iûija Paek Nam-un sinmun chosô che il hoe" (Record of the first interrogation of suspect Paek Nam-un), *Yi Sun-tak oe iin pulgiso sagôn sôryuch'ôl*, 1938. Through this introduction, Paek developed a close relationship with Yamamoto Sanehiko, and as is well known, both of Paek's books were published by Kaizosha. Pang Kie-chung, *Han'guk kûnhyôndae sasangsa yôn'gu*, pp. 44-47; Yamamoto Sanehiko, *Mansen* (Manchuria and Chosôn) (Tokyo: Kaizosha, 1932), pp. 26-28.

their research was to whitewash and rationalize Japan's aggressions and imperialist policies by providing support to the argument that its "modernization" policies enabled Korea to undergo capitalist development and a commercial revolution.

One of the pioneering proponents of "stagnation theory" (J. *teitairon*) was Fukuda Tokuzo, one of Paek Nam-un's teachers. Based on his observations and knowledge gained from a roughly twenty-day trip to Korea in 1902, Fukuda argued in 1904 that Korea was a stagnant society, stuck at the stage of the ancient village economy, without a national economy or a conception of the state. Providing the basic arguments for "stagnation theory," he asserted that the cause of Korea's stagnation was the lack of feudalism, and the lack of the concept of private land ownership, and the "national character of the Korean people" which was deficient in rationalism.[16] Even into the 1920s, before research on Korea's socioeconomic history had been done by Koreans themselves, the influence of Fukuda's views was absolute. His view held sway not only in the classrooms of Tokyo Commercial College but also in the field of economic history in Japan and in government research institutions, enabling them to survive and be propagated.[17] Paek Nam-un strongly disagreed

---

16) Fukuda Tokuzo, "Kangoku no keizai soshiki to keizai tani" (The economic organizations and economic units of Korea), *Keizaigaku kenkyu*, 1925 edition, pp. 119-20, 143-44, 151-61.

17) Hatada Takashi, *Chosenjin to Nihonjin* (The Chosôn people and the Japanese people) (Tokyo: Keiso shobo, 1983), pp. 68-78.

with the imperialistic justifications of Japan's colonization and colonial policy put forth by his teacher and his school. He was especially critical of the Historical School of Economics and bourgeois scholarship, which formed the methodological and epistemological foundation for their views.

Paek Nam-un's interest in Marxism fundamentally resulted from his uncompromising political views, whose goal was to overcome the political and social situation of his country under foreign domination. When he stated that it was necessary for the "Chosôn nation [to undergo] a historical self-criticism" based on scientific theories he meant that its purpose should be to achieve an understanding of the nature of Japan's occupation of Korea and of the dire situation in Korea's rural areas and to illuminate the future path of the nation.[18] His position reflected the main intellectual currents that burst onto the scene after the March 1st Independence Movement and were popular among young intellectuals.

As is well known, the social contradictions that had emerged during the late Chosôn and Hanmal periods in Korea became even more pronounced as they were intricated with the problem of national liberation after the beginning of the Japanese occupation. In particular, the contradictions were concentrated in problems in the

18) Kyôngsông Sôdaemun kyôngch'alsô (Seoul Sôdaemun police station), "P'igoin Paek Nam-un sinmun chosô che i hoe" (Record of the second interrogation of suspect Paek Nam-un), *Yi Sun-tak oe iin pulgiso sagôn sôryuch'ôl*, 1938.

agricultural economy arising from the landlord system. By pursuing capitalist development through the preservation of the existing landlord system, the Japanese sought to co-opt the Korean landlord and capitalist classes, turning them into partners in colonial rule. Through a large-scale transfer of capital, Japan attempted a violent integration of the Korean economy within a system of "transplanted capitalism." It regarded Korea as a supplier of raw materials, a market for commodities, and a source of exploitable labor for Japanese capitalism. These policies brought the petty farmer class, who comprised the great majority of the population, to the brink of bankruptcy.[19)]

The problems facing Korea under Japanese rule would not be solved simply by national liberation but also required a structural reform of society to resolve social contradictions and class issues. The structural problems of Korean society were the objective factor that underlay the adoption of socialism and Marxism by populist and progressive groups. They became the new guiding principles of the national liberation movement after the Russian Revolution.[20)] Young

---

19) Kim Yong-sop, ibid.; Choi Won-kyu (Ch'oe Wôn'gyu), "Hanmal ilche ch'ogi t'oji chosa wa t'ojibôp yôn'gu" (An examination of cadastral surveys and land laws in the Hanmal and early colonial periods) (Ph.D. diss., Yonsei University, 1994); Chung Youn-tae(Chông Yônt'ae), "1910 nyôndae ilche ûi nong'ôp chôngch'aek kwa singminji chijuje" (Japan's agricultural policies and the colonial landlord system in the 1910s), *Han'guk saron*, no. 20 (1988); Jung Tae-hern(Chông T'aehôn), "1910 nyôndae singmin nongjông kwa kûm'yung sut'al kigu ûi hwangnip kwajông" (Colonial agricultural management and the establishment of exploitative financial institutions in the 1910s), *3-1 minjok haebang undong yôn'gu* (Seoul: Ch'ôngnyônsa, 1989).

intellectuals in Korea and students in Japan, who were concerned about the state of their country, were seeking a fundamental solution to national and class issues from a peasant and populist perspective. They found in socialism and Marxism an ideology and a system of thought that offered a solution to overcome such problems. Their interest in Marxism was natural and understandable since various capitalist ideologies and bourgeois economics were providing intellectual justification for Japan's occupation and exploitation of Korea. Paek Nam-un had grown up in a struggling rural area, and during his days at the Suwon Agricultural and Forestry School, he directly observed the dire situation in rural areas and the deception of Japan's exploitative agricultural policies. Like many others in his generation, he was also caught up in the intellectual trends of the times.

At the end of his early intellectual development, Paek Nam-un came to the conclusion that Marx's historical materialism was the proper methodology for understanding Japan's imperialist ideology and for a scientific understanding of Korea's history and current

20) Kim Yong-sop, ibid., pp. 398-410; Im Kyôngsôk, "Koryô kongsandang yôn'gu" (A study of the Koryô Communist Party) (Ph.D. diss., Sungkyunkwan University, 1993), chapters 1 and 4. This trend was a worldwide phenomenon that was common in countries that were in a colonial or semi-colonial situation. In addition to the Russian Revolution, the failure of the March 1st Liberation Movement, which was based on bourgeois nationalist principles, was another impetus for the rapid spread of socialist thought as the new ideology of the national liberation, peasant, and labor movements.

situation.[21] He felt that research and theoretical work on Korean society and history — what can be called *Chosôn insik* (understanding Chosôn) — was a matter of praxis that needed to be accomplished by Koreans themselves in order to overcome their colonial situation. With such an independent attitude toward scholarship, he devoted himself to the lifelong task of developing a scientific understanding of Chosôn and systematizing "Chosôn economic history."[22]

There are two aspects to Paek Nam-un's Marxism in this period that are important to understand. First, although he adopted a Marxist perspective, he was opposed to an extreme classism that viewed Korea's problems only from a class perspective. An uncompromising anti-imperial nationalist, he viewed the Japanese occupation as being no different from slave domination. To him, there could be no social revolution that was not premised on national liberation, which was the task of the entire people. As socialist thought spread rapidly in the early 1920s, his position was that the nationalist and socialist movements, two groups that were opposed to

---

21) Paek Nam-un, "Pujông wôlli e taehan koch'al" (An investigation of negative principles), *Yônhûi*, no. 5 (October 1925), pp. 98-99; Paek Nam-un, "Chosôn sahoeryôk ûi tongjôk koch'al" (A dynamic investigation of the strength of Chosôn society), *Chosôn ilbo*, January 3, 1926.

22) Paek Nam-un, "'Chosen keizai no kenkyu' ûi tokgam" (Impressions on reading "Research on the Chosôn economy"), *Chosôn chi kwang*, no. 89 (January 1930), p. 24; Paek Nam-un, "*Chosen shakai keizaishi* ch'ulp'an e taehan sogam" (Impressions on the publication of *The socioeconomic history of Chosôn*), *Chung'ang*, no. 1 (November 1933), p. 105.

each other, should establish a united front to oppose the Japanese.[23] His scholarly activities after his return from Japan were consistent with such views.

Second, his understanding of Marxism was still at a relatively low level, reflecting the early theoretical level of Marxism and the general situation of the academic world in Japan in the early 1920s. Since there were few translations of Marx's original works at the time, Marxist theory was spread mainly through introductory works or journals. A foundation had not yet been established for an intellectually systematized Marxist school or science. Marxist analyses of society were at the level of a mechanical application of Marxist economic principles to social issues without any historical research based on historical materialism.[24] As will be explained below, although Paek had already created his own framework for Korean economic history during his college years, he had at this point done no more than establish a basic research perspective and work out the fundamentals of his view of history. The empirical study and theoretization of all periods of Korean economic history, based on

---

23) Paek Nam-un, "Chosôn sahoeryôk ûi tongjôk koch'al."

24) Yamakawa Hitoshi, "Wagakuni ni okeru marukusizumu no hattatsu" (The development of Marxism in our country), *Kaizo* (March 1933), pp. 34-35; Moriya Norio, *Nihon Marukusushugi no keisei to hatten* (The formation and development of Japanese Marxism) (Tokyo: Aoki shoten, 1967), pp. 21-22, 60-65; Toyama Shigeki, "Yuibutsu shikan shigaku no seiritsu" (The establishment of historical materialist historiography), *Nihon rekishi koza* 8 (1957), pp. 289-319.

historical materialism, were tasks for the future.

Appointed as a professor at Yônhûi Junior College (Yônhûi chônmun hakgyo) in April 1925, Paek Nam-un began in-depth work on Korean economic history. Among his various scholarly activities, he participated in the Institute for Research and Surveys on Korean Issues (Chosôn sajông chosa yôn'guhoe) and undertook a systematic review of what he had learned in Japan.[25] It was not until the latter half of the 1920s that he gained a full theoretical understanding of Marxist epistemology and social science which he then concretized into a methodology for studying Korea.

After 1927, when the socialist movement and socialist thought reached a new stage of development in Korea, many socialist intellectuals undertook theoretical examinations of materialist dialectics and historical materialism. There was lively discussion on the strategy and tactics of the "Korean revolution" in connection with debates on class, social contradictions, and united front politics. In the course of these debates, a general consensus emerged supporting the Comintern's theory of colonial revolution, which advocated an anti-imperial and anti-feudal bourgeois democratic revolution.[26] In

25) On Paek Nam-un's scholarly work and activities and his conception of political action after his appointment at Yônhûi, see Pang Kie-chung, *Han'guk kûnhyôndae sasangsa yôn'gu*, pp. 73-82.

26) Oh Mi-il(O Miil), "Ilje sigi sahoejuûijadûl ûi nong'ôp munje insik" (The conception of agricultural issues by socialists during the colonial period), *Yôksa pip'yông*, no. 7 (winter 1989), pp. 266-78; Lee Kyun-Young(Yi Kyun'yông), *Sin'ganhoe yôn'gu* (Seoul: Yôksa pip'yôngsa, 1993), Chapter 2; Mizuno

response to such developments, Paek Nam-un devoted himself to the collection and analysis of historical materials for his research on Korean economic history. At the same time, he deepened his understanding of materialist dialectics and historical materialism through close readings of the major works of Marxism. He also tackled the theoretical problem of how to apply Marxism to the study of Korean history.[27] From 1930, with the completion of his theoretical journey

---

Naoki, "Kominterûn ûi minjok t'ong'il chônsôn kwa Singanhoe undong" (The Comintern's united front and the Sin'ganhoe movement), *Yôksa pip'yô ng*, no. 1 (spring 1988); Han Sang-Koo(Han Sanggu), "1926-1928 nyôn sahoejuûi seryôk ûi undongnon kwa Sin'ganhoe" (The Sin'ganhoe and theories of movement of socialist groups, 1926-1928), *Han'guksa yôn'gu*, no.86 (1994). In Japan, whose developments had a direct influence on Korean intellectuals, the situation was more developed. As the works of Marx, Engels, and Lenin were more and more being translated into Japanese, Marxist science was beginning to establish itself as a distinct school of scholarship. Moriya Norio, ibid., chapter 3; Nagaoka Shinkichi, *Nihon shihonshugi ronso no gunzo* (The group of debates on Japanese capitalism) (Kyoto: Mineruva shobo, 1984), chapters 1 and 2.

27) The works that he read in this period include Marx's *Capital, Theories of Surplus Value, The German Ideology, A Contribution to a Critique of Political Economy, Wage Labor and Capital,* writings on China and India Engels' *Anti-Dühring, The Origin of the Family, Private Property, and the State; Lenin's Materialism and Empirico-Criticism, State and Revolution*, notes on philosophy, and *The Agrarian Problem in Russia.* He also did in-depth examinations of works by scholars such as Lajos Magyar, Karl Wittfogel, Guo Moruo, and Kawakami Hajime. Kyôngsông Sôdaemun kyôngch'alsô (Seoul Sôdaemun police station), "P'iûija Paek Nam-un sinmun chosô che il hoe" (Record of the first interrogation of suspect Paek Nam'un), *Yi Sun-tak oe iin pulgiso sagôn sôryuch'ôl*, 1938.

and the onset of the Great Depression, he advocated scholarship from a Marxist perspective and opened a new era in Korean academia.

2) Paek Nam-un's Marxist Scholarship in the 1930s

(1) Changes in the Intellectual World during the Great Depression

In the early 1930s, Paek Nam-un published a series of articles, beginning with "The origins and duties of the establishment of sociology,"[28] that analyzed the current state of the academic world and its political and intellectual aspects. In these writings, he presented a methodology for doing research on Korea and delineated the tasks that the social sciences would have to undertake in order to overcome Korea's colonial situation. His ideas were wideranging in scope, beginning with general theories of knowledge and scholarship and extending to all fields of the social sciences including history, sociology, and economics.[29] In his view, the Korean intellectual world

28) Paek Nam-un, "Sahoehak ûi sôngnip yurae wa immu" (The origins and duties of the establishment of sociology), *Chosôn ilbo*, August 20-24, 1930.

29) "'Chosen keizai no kenkyu' ûi tokgam;" "Kwahak paljôn ûi yôksajôk p'ilyô nsông" (The historical inevitability of the development of science), *Tongbang p'yôngnon*, no. 2 (January 1932); "Chosôn sagwan surip ûi chech'ang" (A proposal for the establishment of view of Chosôn history), *Kyôngje yôn'gu*, no. 4 (February 1933); *Chosôn sahoe kyôngjesa* (*The Socioeconomic History of Chosôn*) (Tokyo: Kaizosha, September 1933), preface; "Chosôn kyôngjesa ûi pangbôpnon" (A methodology for Korean economic history), *Sin Tonga* 3, no. 2 (December 1933) "Iron kyôngjehak ûi chaegôn" (The reestablish-

during the Great Depression was going through a "period of critical cleansing" (*pip'anjôk ch'ôngsangi*) in which there was a sharp conflict between two currents — what he termed "confusion" and "cleansing" — which differed politically and intellectually in terms of their world-views and methodologies of analyzing society and history. The term "confusion" referred to the state of crisis and reactionary turn of the various ideological bourgeois sciences, and "cleansing" signified the founding and development of a Marxist science.

Paek Nam-un's views were deeply shaped by the political-economic and intellectual changes that emerged during the Great Depression. As Japan faced, one after another, the financial panic of 1927, the world-wide Great Depression in 1929, and then an agricultural depression in 1930, the structural contradictions of Japanese capitalism clearly reached unprecedented levels. In this period, countries all over the world were moving toward state monopoly capitalism as the imperialist powers created economic blocs and implemented a system of economic controls to overcome the depression. Japan also tried to solve its systemic crisis through economic controls and the creation of a Far Eastern economic bloc (linking Japan

---

ment of theoretical economics), *Chung'ang* 2, no. 10 (October 1934); "Chosôn t'ûkyu ûi sahoe chedo" (Social systems peculiar to Korea), *Tonga ilbo*, October 20-28, 1934; "'Sutja Chosôn yôn'gu'che o chip e taehan tokhugam" (Impressions after reading 'Quantitative research on Chosôn' no. 5), *Tonga ilbo*, May 28-29, 1935; "Chông Tasan paeknyônje ûi yôksajôk ûiûi" (The historical significance of the 100th anniversary of Chông Yagyong's death), *Sin Chosôn*, no. 12 (August 1935).

and Manchuria), beginning with its invasion of Manchuria in September 1931.[30] Japan began to build a system of imperial fascism, intensifying its repression of socialism and themass movements of the peasant and worker classes. Since the effects of the economic contradictions caused by the depression were ultimately shifted and concentrated onto Korea, the exploitation of the Korean people became far more severe. The heightening of contradictions and the intensification of exploitation led to the outbreak of class struggles by the masses against the Japanese and the landlord-capitalist classes as well as to the unprecedented rapid increase of tenant farmer protests.[31]

The changes brought about by the Great Depression were re-

---

30) Kajinishi Mitsuhaya, et al., *Nihon shihonshugi no botsuraku* (The collapse of Japanese capitalism) III (Tokyo: Tokyo Daigaku Shuppankai, 1963); Eguchi Keiichi, "Sinryaku senso to fuasizumu no keisei" (The war of aggression and the formation of Fascism), *Koza Nihonshi* 7 (Tokyo: Tokyo Daigaku Shuppankai, 1971); Oishi Ka'ichiro, ed., *Nihon teikokushugi 2: sekai daikyokoki* (Japanese imperialism 2: the period of worldwide Great Depression) (Tokyo: Tokyo Daigaku Shuppankai, 1987), chapter 2.

31) Cho Dong-Geol(Cho Tonggôl), *Ilcheha Han'guk nongmin undongsa* (The history of Korean peasant movements during the colonial period) (Seoul: Han'gilsa, 1979); Ji Su-Gol(Chi Sugôl), *Ilcheha nongmin chohap undong yôn'gu* (A study of the peasant cooperative movement during the colonial period) (Seoul: Yôksa pip'yôngsa, 1993); Yi Chunsik, *Nongch'on sahoe pyôndong kwa nongmin undong-Ilche ch'imnyakgi Hamgyôngdo ûi kyông'u* (Social change in rural society and the peasant movement — the case of Hamgyông province during the Japanese invasion period) (Seoul: Min'yôngsa, 1993).

flected in ideological trends and in the academic world. In both Japan and Chosôn, bourgeois groups rapidly became more conservative, supporting the preservation of the capitalist state system and imperialist expansion. In the academic world, the increasing conservatism involved efforts to strengthen the intellectual justifications of Japan's increased exploitation of Korea and its policy of turning Koreans into "imperial citizens" (*kominka*). For Koreans, this conservatism also was directly related to hopes for the future path of the nation.

Paek Nam-un's critique of contemporary ideological and intellectual trends necessarily focused on two mutually related factors. The first was the growth of Japanese government research that provided the scholarly and ideological basis for Japan's exploitative colonial policies; Japan was actively pursuing a colonialist policy of conducting research on Chosôn. The second was the growing conservatism of bourgeois nationalist intellectuals under the influence of this government research and the intensification of a methodological opposition on how to study Korea. These were the issues that Paek Nam-un was most concerned about and were also the reason he felt that the early 1930s needed to be a period of "critical cleansing" in scholarship and ideology.

With the intensification of the contradictions of Japanese capitalism and the growth of Marxism, various bourgeois intellectuals in Japan who had been leaders in the Taisho democracy movement began to join the establishment and openly support the development of Japanese capitalism. During the Great Depression, when leftist professors were being oppressed, bourgeois intellectuals actively criticized Marxism and provided intellectual support for Japan's policy of "ideological guidance" (*shiso sendo*).[32] After the Manchurian invasion in 1931, with the rise in statism and nationalism, Japan moved toward the establishment of a fascist system. Responses to Marxism focused on formulating a theory of the state that would emphasize the absoluteness and permanence of the capitalist, imperialist state.[33]

In the 1930s, bourgeois scholarship in Japan began to decline to the level of official government scholarship. It functioned as a

---

32) Otsuka Torao, "Sayoku kyoju jishoku no rimen," *Gakkai ibun* (Strange stories from the academic world) (Tokyo: Senshinsha, 1931), pp. 91-130; Omori Yoshitaro, "Siso zendo no tetsugaku" (The philosophy of thought guidance), *Kaizo* (September 1932); Omori Yoshitaro, "Yuibutsu shikan no boei no tameni" (For a defense against historical materialism), *Chuo koron* (November 1932). In particular, in response to Marxism's conception of the state, Takata Yasuma, Paek Nam-un's advisor at Tokyo Commercial College, declared the absoluteness and permanence of the state and actively supported imperial statism and fascism. Takata Yasuma, *Marukisizumu no keizaigakuteki hihan* (An economic critique of Marxism) (Tokyo: Seinen kyoiku hukyukai, 1932); Takata Yasuma, *Kokka to shakai* (State and society) (Tokyo: Iwanami shoten, 1934).

33) Yanaihara Tadao, "Minzokushugi no hukko" (The revival of nationalism), *Kaizo* (November 1933); Kawakami Hajime, "Kokka shakaishugi no rironteki kento" (A theoretical examination of state socialism), *Chuo koron* (June 1932), p. 13; Fujiwara Akira, ed., *Nihon minshu no rekishi* 8 (The history of the Japanese masses) (Tokyo: Sanseito, 1975), pp. 284-91.

spokesperson for the state ideology of fascism in its formative period and provided intellectual legitimization for or, at the very least, tacitly approved of Japanese aggression. In short, it fell to the level of official propaganda. As a result, two of the prototypical methodologies of bourgeois scholarship — "theories of national character" and textual exegesis — underwent further development. With the rise of statism, ultra-nationalism, and spiritualism, the critical autonomy and intellectual nature of scholarship became severely compromised.[34)]

As part of its reactionary shift, Japan intensified its cultural policies toward Korea. Above all, such policies meant an increase in colonialist research on Chosôn and increased support for Japanese government scholarship, the center of such research. A major focus was the rewriting of "Chosôn history as a part of Japanese history," and the Japanese devoted a great deal of energy and resources to the compilation of *The History of Chosôn* (*Chosônsa*). The colonial government had already founded the Society for the Compilation of a History of Chosôn (Chosônsa p'yônch'anhoe) in 1925. It mobilized a large number of Japanese government scholars and Koreans for this project,[35)] publishing their results beginning in 1932. The

---

34) Ienaga Saburo, "Taisho-Showa no rekishi siso" (The historical thought of the Taisho and Showa periods), *Nihon ni okeru rekishi siso no tenkai*, ed. Nihon shisoshi kenkyukai (Sendai: Tohoku shuppan, 1961), pp. 277-79, 286-88.

35) For an overview of this project, see Chosôn Ch'ongdokbu Chosônsa p'yô nch'anhoe, ed., *Chosônsa p'yônch'anhoe saôp kaeyo* (An overview of the work of the Society for the Compilation of a History of Chosôn), 1938

compilation of *The History of Chosôn* was the material realization of colonial historiography. The Japanese sought to affect Koreans' sense of identity and to prepare the scholarly and spiritual foundation for the "imperial citizen" policy.[36]

As an integral part of its effort to rewrite Korean history, the Japanese also created an institutional structure for Japanese government research on Chosôn. The central institution was Kyôngsông Imperial University (J. *Keijo teikoku daigakko*) whose mission was to contribute to the formation of colonial policy.[37] At Kyôngsông Imperial, the Japanese professors in the history department were mainly followers of the "textual exegesis" (J. *bunken kosho*) school of historiography which was advocated by the "National History Faction" (J. *Kokushi gakuha*) at Tokyo Imperial University. Together with the researchers at the Society for the Compilation of a History of Chosôn, they formed the Ch'ônggu Society (J. Aooka; E. Blue Hill) in 1930, and they were the main scholars conducting imperialist research on Korean history. They believed in the theory of the "common ancestry" of Japan and Korea, and in their view of history, Korea and Manchuria were treated as a single territorial

---

(reprint, Seoul: Siinsa, 1986).

36) Kim Yong-sop, "Ilbon-Han'guk e issôsô ûi Han'guksa sôsul," p. 134; Park Kyôngsik, *Ilbon chegukjuûi ûi Chosôn chibae* (The rule of Chosôn by Japanese imperialism) (Seoul: Ch'ông'a ch'ulp'ansa, 1986), p. 404.

37) Kim Yong-sop, ibid., pp. 135-36; Chông Sôn'i, "Kyôngsông cheguk taehak ûi sônggyôk yôn'gu" (A study of the character of Keijo Imperial University) (Ph.D. diss., Yonsei University, 1997).

unit. Both of these aspects were creations of the "National History Faction."[38]

Professors in the law department at Kyôngsông Imperial established the Institute of Chosôn Economic Studies (Chosôn kyôngje yô n'guso) in 1928. In terms of their general approach to Korea, these scholars followed the Historical School's economic historiography, using its empirical, statistical research methods and adopting the theory of stagnation of Korean society. The Institute's objective was to refute Marxist scholarship and to contribute to the formation of colonial policy. It conducted a tremendous amount of research on socioeconomic changes in Korea from the Hanmal to the colonial period.[39] This research contributed to Japan's efforts to justify its colonization as a modernizing force, asserting that Korea before the occupation was corrupt and stagnant and only began to experience growth and development under Japanese rule. On another level, it

38) Kim Yong-sop, ibid., p. 135.

39) Kyôngsông cheguk taehak pôpmun hakhoe, "Chosen keizai kenkyujo ni tsuite" (About the Institute of Chosôn Economic Research) (afterword), *Chosen keizai no kenkyu* (Research on the Chosôn economy, 1929). Ten books were published from 1928 until 1938, beginning with the first *Kyô ngsông cheguk taehak bôphakhoe nonjip* (Collection of papers by the Institute of Legal Studies at Kyôngsông Imperial University). The second book, *Chosen keizai no kenkyu*, the sixth book, *Chosen shakai keizaishi kenkyu* (Research on the socioeconomic history of Chosôn, 1933), and the seventh book, *Kokka no kenkyu* (Research on the state, 1934) were publications of the results of their research that clearly show the objectives of the Institute of Chosôn Economic Studies.

also aimed to refute Marxist theories of the state and to demonstrate the superiority of the capitalist state.

As Japan intensified its thought control and colonialist research on Korea, radical changes occurred in both the Korean nationalist movement and the intellectual world. From the late 1920s, in response to the active participation of the worker and peasant masses in political movements, bourgeois nationalists became markedly more moderate in both their politics and ideology. In 1929, moderate nationalists began their third campaign for colonial self-rule, explicitly revealing their class interests and their willingness to compromise with the authorities. Through their efforts to undermine the united front led by leftist and left-leaning groups, the moderates brought about a split within the nationalist movement and contributed to the dissolution of the Sin'ganhoe.[40)]

As part of this effort, the moderate nationalists, together with a group of leftist nationalists, organized an "Immediate Benefit Movement" (*Tangmyôn iik hoekdûk undong*), which brought them into sharp

---

40) Park Chan-seung(Pak Ch'ansûng), *Han'guk kûndae chôngch'i sasangsa yôn'gu* (A study of the history of political thought in modern Korea) (Seoul: Yôksa pip'yôngsa, 1992), pp. 343-55; Kang Tongjin, *Nihon no Chosen shihai seisakushi kenkyu* (A study of the history of Japan's ruling policies toward Chosôn) (Tokyo: Tokyo Daigaku shuppankai, 1979), pp. 419-29; Ji Su-Gol, "1930 nyôndae ch'oban'gi sahoejuûijadûl ûi minjok kaeryangjuûi undong pip'an" (Socialists' criticism of the moderate nationalist movement in the early 1930s), *80 nyôndae Han'guk inmun sahoe kwahak ûi hyôndangye wa chônmang* (Seoul: Yôksa pip'yôngsa, 1988), p. 272.

conflict with the socialists who were organizing a revolutionary worker-peasant movement.[41] The "Immediate Benefit Movement" included the rural literacy and "V Narod" movements as well as the organization of cooperatives and movements for agricultural improvements, saving the poor, and improving the standard of living. By causing a rift between radical nationalists and socialists, the moderates sought to weaken the socialist movement and to create a political situation in which they could assume leadership of the nationalist movement.

While bourgeois reformers were becoming more moderate, radical groups, which had joined forces in the Sin'ganhoe, also underwent significant changes. These changes became apparent with the shift in political strategy by the socialists and the signs of disunity among radical nationalists. Lacking centralized leadership after the dissolution of the Chosôn Communist Party in 1928, the socialists attempted to change their strategy to one of rebuilding the Communist Party and organizing revolutionary worker-peasant movements, rather than working within a united front. The main factors in their decision were the new conditions caused by the Great Depression and the "December theses," which had been adopted by the Sixth Congress of the Comintern and set strategy for colonial liberation movements. At the same time, they engaged in an all-out struggle with moderate nationalists who supported self-rule. The moderate

41) Ji Su-Gol, ibid., pp. 274-78; Seo Joong-Seok(Sô Chungsôk), *Han'guk hyôndae minjok undongsa yôn'gu*, pp. 137-43.

nationalists were trying to make the Sin'ganhoe a more moderate organization and intensified their attacks on the socialists.

As clear evidence of their shift to classism, the socialists emphasized the need for class struggle in a fascist society and came to view the radical nationalists within the Sin'ganhoe as being no different from the moderate nationalists. Rejecting the possibility that radical nationalists could play a revolutionary role within the liberation movement, the socialists took a leading role in the dissolution of the Sin'ganhoe.[42] Because the radical nationalists represented petit bourgeois interests, lacked a broad mass base, and felt that class cooperation was the only path for the nationalist movement,[43] they were not able to exert any political influence outside of united-front politics and legally sanctioned arenas. It was the socialists' change in political strategy that led to the rapidly increasing

42) Woo Dong-Soo(U Tongsu), "1920 nyôndae mal-30 nyôndae Han'guk sahoejuûijadûl ûi singukga kônsôllon e kwanhan yôn'gu" (A study of the ideas on building a new state of Korean socialists in the late 1920s and 1930s), *Han'guksa yôn'gu*, no. 72 (1991); Seo Joong-Seok, ibid., chapter 1, section 3; Han'guk yôksa yôn'guhoe, *Ilcheha sahoejuûi undongsa* (The history of the socialist movement under Japanese rule) (Seoul: Han'gilsa, 1991); Lee Kyun-Young, ibid., chapter 5. Scholars have slightly different opinions on the nature of the classist tendencies of socialists, but they generally agree that such tendencies had a negative effect on the national liberation movement.

43) Lee Ji-won (Yi Chiwôn), "Ilcheha An Chaehong ûi hyônsil insik kwa minjok haebang undongnon" (The conception of society and views on the national liberation movement of An Chaehong dur-ing the colonial period), *Yôksa wa hyônsil*, no. 6 (1991).

conservatism of the radical nationalists. Around the time of the Sin'ganhoe's dissolution, some of the radical nationalists participated in non-political educational movements together with the moderates. Others engaged in cultural activities as they became even more drawn to a nationalist ideology that was no different from the civicism and statism they had earlier criticized for their fascist character.[44]

In the early 1930s, during the Great Depression, the united front politics of the late 1920s gave way to an all-out confrontation between moderate nationalists and socialists, both within the nationalist movement and in the intellectual world. It was a conflict between the world views and conceptions of the nation of two social forces with mutually different class bases. It was also a conflict between differing conceptions of state and society concerning Korea's response to Japanese colonialism and the path of Korea's future development. In theoretical terms, the conflict was between the capitalist modernization espoused by bourgeois nationalists and the anti-imperialist, anti-feudal bourgeois democratic revolution advocated by socialists. Both sides engaged in a heated debate on philosophy and religion and were in sharp conflict because of their fundamental differences on the most important economic issue of the time, the

---

44) Lee Ji-won, "1930 nyôndae chônban minjokjuûi munhwa undongnon ûi sô nggyôk" (The nature of the conception of the nationalist culture movement in the early 1930s), *Kuksagwan nonch'ong*, no. 51 (1994); Pang Kie-chung, "1920-30 nyôndae Chosôn mulsan changnyôhoe yôn'gu" (A study of the Native Products Promotion Society in the 1920s and 1930s), *Kuksagwan nonch'ong*, no. 67 (1996); Ji Su-Gol, ibid., pp. 273-74.

livelihood of the Korean peasantry.[45] Because bourgeois nationalists argued for the necessity of "moderate reforms" using the slogan of nationalism, an intense debate arose over the meaning of the concept of the "nation," and the national question becamea pressing topic of interest.[46]

Two main factors were behind Paek Nam-un's view of the Great

---

45) *Sin ingan*, special issue on a critique of Marxism (January 1933); *Sin kaedan* (January 1933): special issue on a critique of Ch'ôndogyo; *Sin kaedan* (February-July 1933, combined special issue on a critique of religion); *Pip'an* 21-22 (March 1933, combined issue on a critique of religion); Oh Mi-il, ibid., pp. 283-90; Ha Won-ho(Ha Wônho), "1930 nyôndae sahoejuûijadûl ûi nong'ôp-nongminnon" (The views of agriculture and peasants of socialists in the 1930s), *Iljemal Chosôn sahoe wa minjok haebang undong* (Seoul: Ilsongjông, 1991), pp. 169-74; Kim Yong-sop, "Ilche kangjômgi ûi nong'ôp munje wa kû t'agae pangch'aek" (Agricultural problems and proposed solutions during the Japanese occupation period), *Han'guk kûnhyôndae nong'ôpsa yôn'gu*. See chapter 4 in this volume for an abridged translation of this article.

46) In particular, these debates were triggered by Lee Kwang-su(Yi Kwangsu), the theorist of moderate nationalism; see Lee Kwang-su, "Minjok undong ûi sam kich'o saôp" (The three basic tasks of the nationalist movement), *Tonggwang*, no. 30 (February 1932). Marxists' responses to Lee Kwang-su's arguments include Chông Chôlsông, "Int'elligench'ya wa minjok undong — Lee Kwang-su ûi minjok undong ûi iron ûl bunswoeham" (The intelligentsia and the nationalist movement — destroying Lee Kwang-su's theory of the nationalist movement), *Pip'an*, no. 14 (June 1932); Sin Namch'ôl, "Minjok iron ûi sam hyôngt'ae" (The three forms of theory on the nation), *Sinhûng*, no. 7 (1932). In the course of these debates, it became clear that moderate nationalists held a defeatist conception of the nation, increasingly becoming followers of fascism and that socialists had a classist conception of the nation of socialists, dogmatically accepting Stalin's conception of the nation.

Depression years as a period of "critical cleansing" in the intellectual world. First, as fascist ideology spread to Korea, he felt that it was necessary to refute Japanese government scholarship on Korea, which was justifying and whitewashing Japan's occupation of Korea, as part of the struggle against colonialism. Second, it was also necessary to provide an alternative to the increasingly conservative tendencies and scholarship of nationalist intellectuals, as part of the struggle within the nationalist movement. As he saw it, the only way to accomplish these tasks was to establish a scientific "knowledge of Chosôn" (*Chosôn insik*) based on Marxist theory that would solve the problems faced by the nation and clarify its future path. These were the tasks that he set for himself in response to the ideological and academic trends of the time. At the same time, his work was meant to provide intellectual support for the socialist movement.

In particular, Paek Nam-un emphasized two aspects necessary to achieve his goals. First, he felt that it was essential to establish an autonomous understanding of Korea.

> In other words, scholarship with Chosôn as its object — the understanding of Chosôn — can be seen as both a social responsibility and a kind of privileged arena of the Chosôn people — [in particular], among them, students of science — who have immediate experience of its history and current situation.[47]

---

47) Paek Nam-un, "'Chosen keizai no kenkyu' ûi tokgam," p. 24.

His emphasis on scholarly autonomy was natural since his objective was the refutation of colonialist research by the Japanese government that distorted Korean history and justified Japan's occupation by "demonstrating" that it brought about modernization and an industrial revolution. He was also trying to highlight the significance of scholarly praxis in overcoming colonialism as well as the fact that the Koreans themselves are the agents of their own history.

Second, he felt that it was important to establish and disseminate a Marxist scholarship that could develop a scientific "knowledge of Chosôn." From the late 1920s, the theoretical understanding of Marxism underwent significant development together with the development of the socialist movement in Korea, and a number of Marxist theorists and intellectuals emerged in the intellectual world. However, a true Marxist understanding of Korea had not yet matured into a school of scholarship that could critique the views of Korea advocated by Japanese government scholarship or bourgeois nationalist intellectuals. Even as the ideological conflict between the left and the right intensified, the forms of bourgeois thought espoused by nationalist intellectuals still remained the leading force in the Korean scholarly world.[48] It was a reflection of the circumstances of the intellectual world at the time that Paek Nam-un advocated the promotion of Marxist science and emphasized that the early

48) Pang Kie-chung, *Han'guk kûnhyôndae sasangsa yôn'gu*, pp. 98-100.

1930s needed to be a period of "critical cleansing."

Paek Nam-un's efforts to promote a Marxist scholarship of Korea involved three different projects. The first was the theoretical project of developing a Marxism that could achieve a transformation of the views of Korea advanced by bourgeois scholarship. Second, he sought to give concrete, empirical content to the Marxist methodology and view of history that he was advocating, by developing a framework that could encompass all periods of Korean economic history. Lastly, he was active in scholarly organizations whose activities could contribute to overcoming Japanese colonialism and to developing a vision for the nation's future.

(2) Critique of Bourgeois Scholarship and the Theory of the "Understanding of Chosôn"

Paek Nam-un understood science to be a factor of productivity in a broad sense of the term. He defined science and scholarship as the structured totality of experience adapted to the demands of life in human society. More specifically, he saw them as part of the systematized theoretical knowledge of things and the concepts that express human knowledge. By ordering and recreating the experience of society and nature for humanity, science serves as a systematic method of developing interactions among humans and between humanity and nature. Since the foundation of science lay in human life as a social existence, he felt that the critique of the experience of life is the fundamental condition for the establishment of science. As science is the reflection of the social relations of production, he felt that a specific science in a certain period is a product of the objective social relations of that period. Similarly, the position of scientists is also historically and socially determined. In his materialist understanding of thought, he rejected bourgeois conceptions of science that viewed it as the product of absolutist thinking. He also completely rejected the notion of a humanity and idealist thought that transcends history.[49]

Building on this conception of science, Paek Nam-un noted that science has three fundamental characteristics: uniformity (*pôpch' iksông*), historicity (*yôksasông*), and "classness" (*kyegûpsông*).[50] By the term "uniformity," he meant the abstraction of laws of causality from inchoate phenomena — a process which was part of the universalization of the logic of the critique of experience. The "laws of causality" were simply the workings of the dialectic, as discussed by the founders of Marxism, a necessary, dependent relationship between phenomena.

The term "historicity" referred to the principles of social science that are applicable to history, in contrast to those of natural science. The principles of social science were the laws of social development

---

49) Paek Nam-un, "Kwahak paljôn ûi yôksajôk p'ilyônsông," pp. 36-38; Paek Nam-un, "Sahoehak ûi sôngnip yurae wa immu" 1-2, *Chosôn ilbo*, August 20-21, 1930; Paek Nam-un,"Chông Tasan ûi sasang" (The thought of Chông Yagyong), *Tonga ilbo*, July 16, 1935.

50) Paek Nam-un, "Kwahak paljôn ûi yôksajôk p'ilyônsông," pp. 36-39; Paek Nam-un, *Chosôn sahoe kyôngjesa*, pp. 8-9.

governing the transformation of one social formation into another. They explained the historical inevitability of the current society's emergence and of the future society that it will necessarily develop into. The "historicity" of science was another term for the theory of historical materialism as a methodology of social science; i.e., the principles of social formation that theorized the mutual relationship between the universal laws of social development and the characteristics of a specific historical context.

The term "classness" referred to Paek's belief that in a class society, science develops in accordance with class interests and under the domination of a particular class. When science and scientific thought develop to the point where they can finally undermine the prevailing mode of domination, the ruling class will suppress science, as can be seen in past artistic renaissances and in the history of science. He argued that these factors explained the origins of the "partisan nature" of science and scholarship.[51]

Paek Nam-un argued that even though a "newly-rising science" — namely, Marxism — was being oppressed by the dominant class, it had been developing according to its own dynamism and would continue to develop in the future. This "new science" represented the new productive force of the oppressed classes and a progressive political perspective. He explained his views on the inevitability of scientific development as follows:

51) Paek Nam-un, "Iron kyôngjehak ûi chaegon," p. 8.

> Social organizations in all periods undergo a period of development to prepare for [the emergence of] a future society. At the same time, the oppressed class embarks on a reform of these organizations, on the one hand, and demands spiritual liberation, on the other. In this way, an exact science emerges for the first time. It clarifies the positive and negative aspects of existing science by revealing the contradictions of society, and it carries out the task of a newly rising science by demonstrating the trends of history.[52]

To Paek Nam-un, historical materialism (aka, the theory of social formations) was the "only scientific methodology" for doing research on Korea that could overcome the effects of colonialism and reveal the future path of the nation. Only based on such knowledge and methods would Chosôn be able to delineate the outlines of a new state and society rather than serve as an"old tool of a fallen capitalist republic."[53] In other words, his conception of Marxist science turned Marxist theories of state and society into a methodology of social science. The heart of the methodology was the elucidation of the dialectic development of social relations; i.e., the historical laws determining the inherent inevitability of the transformation of social formations based on class struggle. Transformation in the present stage necessarily involved the negation of capitalist society, as expressed in the phrase "the exploiters will be exploited."[54]

---

52) Paek Nam-un, ibid.

53) Paek Nam-un, *Chosôn sahoe kyôngjesa*, p. 181, 447.

54) Paek Nam-un, "Sahoehak ûi sôngnip yurae wa immu" 3, *Chosôn ilbo*, August

Paek's conviction in the inevitability of social transformation was expressed in phrases emphasized repeatedly in his writings, such as "active measures that know no despair" and "the irreversibility of historical laws."[55] He sought to establish an autonomous, scientific scholarship on Korea because he believed that it would be possible to envision a new state that could simultaneously achieve both national and class liberation only when all the social contradictions of the Japanese occupation were revealed and when the intellectual and scholarly basis of colonial exploitation was analyzed and critiqued.[56]

It was only natural that Paek Nam-un's "critical cleansing" began with a critique of the bourgeois scholarship and epistemology of Japanese government scholarship that was rooted in the ideology of the ruling class. He identified four general aspects of bourgeois science and scholarship in the imperialist stage which were common to all its various schools of thought. First, bourgeois science posited a duality between an absolute world of abstraction and pure, individual human nature, on the one hand, and actual social life which is the basis for science's existence, on the other. Second, it lacked methodological unity since the internal unity among its dis-

---

22, 1930. This phrase refers to the "negation of negation"that Marx discussed. Karl Marx, *Capital*, vol. 1, chapter 32, translated by Kim Soohaeng(Kim Suhaeng) (Seoul: Pibong ch'ulpansa, 1989), pp. 959-69.

55) Paek Nam-un, *Chosôn sahoe kyôngjesa*, p. 9; Paek Nam'un, "Chosôn t'ûkyu ûi sahoe chedo."

56) Paek Nam-un, "Sahoehak ûi sôngnip yurae wa immu (wan)," *Chosôn ilbo*, August 24, 1930; Paek Nam'un, *Chosôn sahoe kyôngjesa*, p. 445.

ciplines was fragmented. Third, it denied both the "partisan nature"(socially determined) of science and the universality of class development in human history. Fourth, it was ultimately a class ideology that rationalized the permanence of capitalist relations of production and the imperialist system.[57]

Paek thought that there were, in turn, three epistemological bases for these aspects of bourgeois science: an abstract view of history that emphasizes individual characteristics such as race and historical accident, a methodology based on metaphysical idealism or agnostic positivism, and a liberal conception of society based on Social Darwinism, natural law, and a belief in free competition among individuals.[58] He emphasized that social reformism, Nationalökonomie (K. *kungmin kyôngjehak*, national economics), and the economic history developed by the German Historical School in its imperialist stage were all essentially the same, being offshoots of classical bourgeois science. He now clearly adopted a critical stance toward the various strands of the scholarly lineage that he had been exposed

57) Paek Nam-un, "Sahoehak ûi sôngnip yurae wa immu" 2-5, *Chosôn ilbo*, August 21-24, 1930; Paek Nam-un, "Iron kyôngjehak ûi chaegon," pp. 8-10.

58) Paek Nam-un, ibid.; Paek Nam-un, "Itani kyoju no 'Chosen ni okeru sangyo kakumei' wo yomu" (Reading "the industrial revolution in Chosôn" by Professor Itani) in Itani Zen'ichi, *Chosen keizaishi* (The economic history of Chosôn) (Tokyo: Daitokaku, 1928), p. 271. Paek was trying to emphasize the fact that the liberal view of history of Social Darwinism, which idealized the principle of "survival of the fittest," was not only an intellectual justification of Japanese aggression but also the basis of the "understanding of Chosôn" of both Japanese government studies and national capitalists.

to in college.[59)]

Based on this problematic, Paek Nam-un undertook a critique of the methodologies employed by bourgeois schools of thought in researching Korea.[60)] The primary object of his critique was the positivist methodology of Japanese government scholarship that was being promoted in the name of academism and "pure scholarship" and of those Korean scholars who accepted its premises. Noting that "there are many people who confuse scientific theory and positivism," he emphasized that empirical evidence is no more than an illustration that enables generalizations of concrete aspects of history and is, therefore, no guarantee of scientificity by itself.[61)] In particular, his critique of Japanese government scholarship attempted to expose the political and ideological factors underlying the apparently "objectivist" empiricism. Although positivism, as a general theory of historical knowledge, was a "powerless methodology" rooted in the absence of theory,[62)] the ideological essence behind this powerlessness lay in its justification of Japan's colonial occupa-

---

59) Paek Nam-un, "Sahoehak ûi sôngnip yurae wa immu" 2-5, *Chosôn ilbo*, August 21-24, 1930; Paek Nam-un, "Iron kyôngjehak ûi chaegôn," pp. 8-10; Paek Nam-un, "Chosônkyôngjesa ûi pangbôpnon," pp. 123-24.

60) Paek Nam-un especially focused on their view of history and methodologies, and since previous studies have sufficiently covered their conception of history (see the articles mentioned in footnotes 2, 3), I will focus on his critique of methodology here.

61) Paek Nam-un, *Chosôn sahoe kyôngjesa*, p. 428.

62) Paek Nam-un, "Chosôn kyôngjesa ûi pangbôpnon," p. 123.

tion through the dissemination of a view of Korea as stagnant and lacking in autonomy.

Furthermore, Paek emphasized that the predatory positivism of Japanese government scholarship was not restricted only to its historical research but was also prevalent in its studies of Korea's current socioeconomic situation. He felt that two methodologies, quantitative and scientific, were in conflict with each other in research on contemporary Korea.

> At the present time, when people are talking about Chosôn's "rapid progress," it is possible to observe that two conflicting methodologies of studying Chosôn are emerging. One is a quantitative method that seeks to verify this "rapid progress" through "statistical research" on contemporary Chosôn, and the other is a scientific method that seeks to examine the underlying factors by critiquing the research on "statistical Chosôn." Of these two contrasting methods of researching the unique aspects of Chosôn's current situation, the second methodis of course the correct one.[63)]

The positivism of Japanese government scholarship was a methodological weapon for the dissemination of the ideology of colonial modernization. It attempted to justify Japan's colonial domination as the bestower of modernization by proving the "rapid progress" of

---

63) Paek Nam-un, "'Sutja Chosôn yôn'gu'che o jip e taehan tokhugam (sang)" (Impressions after reading "Quantitative research on Chosôn" no. 5, part 1), *Tonga ilbo*, May 28, 1935.

Korea's society and economy under Japanese occupation through statistical, quantitative analyses. As mentioned earlier, the leading figures in this research were the Japanese professors in the Institute of Chosôn Economic Studies at Kyôngsông Imperial University.

The critical, scientific method that was opposed to the statistical, quantitative methods of positivism was, of course, the methodology of Marxism. Paek Nam-un emphasized that it was the only suitable method for uncovering the predatory, imperial nature of colonial domination hidden behind statistics of immediate phenomena. He saw the fundamental confrontation in the Korean academic world in the early 1930s as one between the positivism of Japanese government scholarship and the Marxist theory of social formations. He advocated the latter as the only method of "understanding Chosôn" that could refute the arguments of the former. It could also provide a scientific vision of the inherent possibilities of overcoming Korea's colonial situation.

Japanese government scholarship was not the only target of Paek Nam-un's "critical cleansing;" he also took aim at the bourgeois academism and methodologies of Korean nationalist scholars. These scholars sought to turn "Chosôn cultural history into its own microcosm (Mikrokosmos),"[64] and their efforts were particularly evident in their conceptions of Tan'gun Chosôn. Beginning in the Hanmal period, intellectuals had disseminated stories of Tan'gun Chosôn

64) Paek Nam-un, *Chosôn sahoe kyôngjesa*, p. 7.

among the masses. These stories served as an ideological foundation of the nationalist movement and formed the basis of bourgeois nationalist conceptions of state and nation. For example, this view of Tan'gun had a strong influence on both the "national heritage preservation movement" (*minjok munhwa suho undong*) and the "Chosôn Studies Movement" (*Chosônhak undong*) which were organized by nationalists in the first half of the 1930s. Paek's critique was not restricted to historical interpretations of Tan'gun or to the search for the origins of the Korean race, but it also intended a sweeping critique of bourgeois conceptions of the state, the nation, and history.[65)]

Paek Nam-un's focus was to refute views of Tan'gun that emphasized national development and national uniqueness based on "transcendent, absolute" ideals and to reveal the bourgeois class interests inherent in metaphysical and ethical conceptions of the nation. His method was to demonstrate that the basis of the nation lay in class relations through the emergence of the family and clan systems and the formation of a class state.[66)] He regarded the nationalists' belief in racial uniqueness as a reactionary view of history and the nation that was in essence no different from the views of Japanese government scholarship. To him, both ignored the laws of historical development.[67)] If the oppressed themselves began to em-

65) Chosôn sahoe kyôngjesa was an effort to clarify these very issues.

66) Paek Nam-un, "Chosn kyôngjesa ûi pangbôpnon," p. 124; Paek Nam-un, *Chosôn sahoe kyôngjesa*, pp. 71-72.

phasize their uniqueness at a time when Japanese policy was increasingly pursuing a "reactionary turn against historical law," "that [emphasis] would not be the so-called path to revival, but they would instead be unconsciously falling into the evil path of slavery."[68] In other words, it would be impossible to discover the potential for national liberation and the construction of a "new Chosôn" through the nationalist intellectuals' methodology of researching Korea or through the conceptions of scholarship and the nation that emphasized Korea's unique cultural history.

This section has analyzed Paek Nam-un's critique of bourgeois scholarship that led to his call for the development of a Marxist science and an understanding of Korea in the early 1930s. Most of all, his critique attempted to undermine the "Culture Policy" (*Bunka seisaku*) of the Government-General, which was devoting increased resources to its colonialist "research on Chosôn" and to refute Japanese government scholarship which was based on a positivist methodology. He expressly called for a transformation in the methodology of research on Korea so that it could uncover the potential for a simultaneous national and class liberation. He saw the tension within Korea between the moderate nationalists and the socialists as a conflict of world-views and conceptions of state and society over the future social composition of the "new Chosôn." He regarded the conflicting views on Korea as the scholarly reflection of this political

---

67) Paek Nam-un, *Chosôn sahoe kyôngjesa*, p. 7.

68) Ibid., pp. 444-45.

confrontation between the right and the left. He was uncompromising in his belief that the promotion of a scientific study of Korea based on Marxism was the only path to national revival. In this sense, he played a vanguard role in providing intellectual support to the socialist movement for national liberation. His scholarly work opened, for the first time, the path for the adaptation of Marxist thought to the study of Korean society and history.

(3) Internal Divisions among Marxist Intellectuals

Published by Kaizosha in Tokyo in September 1933, Paek Nam-un's The Socioeconomic History of Chosôn appeared at a time when Japan's ideological suppression and ideological conflict within the nationalist movement were becoming more severe. Kim Kwangjin, a professor at Posông Junior College, commented, "since this book has scientifically determined the developmental laws of Chosôn society from a Marxist perspective, it has achieved a complete cleansing of existing histories of Chosôn."[69] As Kim's remarks suggest, the publication of his book was a landmark moment in the history of modern scholarship in Korea. Its significance lies in its success, after many years of effort, at developing a Korean Marxist historiography and in its declaration of the pursuit of a Marxist "understanding of Chosôn."

---

69) Kim Kwangjin, "Paek Nam-un kyosu ûi sinjô *Chosôn sahoe kyôngjesa*" (Prof. Paek Nam-un's new work *The Socioeconomic History of Chosôn*), *Tonga il-bo*, September 21, 1933.

The years 1933-34 were also a turning point in modern Korean scholarship in another sense. The academic world reached a new stage of development in 1933 as the number of scholars increased significantly during the Great Depression era. Interest in conducting research on Korea peaked as many intellectuals recognized the importance of "understanding Chosôn." The Society for Chosôn Economics (*Chosôn kyôngjehoe*) was established on June 9, 1933, and its founders were twenty-seven professors at junior colleges and economic journalists from newspapers and journals. Their purpose was to research and conduct surveys on economics and the Korean economy in particular. In addition to its chief officer Paek Nam-un, the key figures in the society included Kim Kwangjin, Kim Up'yông, Yi Yôsông, Sô Ch'un, and Yi Kûngjong.[70] Growing to forty-six members in 1934, the Society for Chosôn Economics became a relatively large scholarly organization considering the conditions of its time and was known as the "headquarters of the scholarly corps" (*haksul pudae ûi ch'ammo pon'yông*).[71]

In late 1933, nationalist intellectuals such as An Jae-hong(An Chaehong) and Chông Inbo organized a "Chosôn Studies Movement."[72]

---

70) *Tonga ilbo*, June 10, 1933; *Tonga ilbo*, January 1, 1935. For more on these figures, see the Biographical Notes toward the back of the book.

71) *Tonga ilbo*, January 1, 1935.

72) The term *Chosônhak* (Chosôn studies) was first used by Choi Nam-seon(Ch'oe Namsôn) in the 1920s in imitation of the term "Chinahak" (China studies), but in this period, it was actively promoted by An Chaehong. Han Young-Woo (Han Yông'u), "An Chaehong ûi sinminjokjuûi wa sahak" (An Jae-hong's

Its objective was to promote "understanding of Chosôn" by conducting research on its "unique cultural trends," in order to overcome the "backward features of Chosôn" and to understand "Chosôn within [the context of] the world."[73] The Chosôn Studies Movement attracted a good deal of interest in 1934-1935 through a series of events conducted to commemorate Silhak scholar Chông Yagyong (1762-1836; *ho Tasan*).[74] As a cultural movement that arose when radical nationalists were in turmoil during the ideological conflicts of the early 1930s, the movement was also political in nature. In this context, the Chosôn Studies Movement had a dual nature. On the one hand, it was a cultural response by nationalist intellectuals to the

new nationalism and historiography), *Han'guk tongnip undongsa yôn'gu* 1 (1987), pp. 262-65.

73) An Jae-hong(An Chaehong), "Chosônhak ûi munje" (The problem of Chosôn studies), *Sin Chosôn*, no. 7 (December 1934), pp. 2-4.

74) These projects included the 1934 "Lectures on the 99th Anniversary of Chông Tasan's [Death]," the "100th Anniversary of Chông Tasan's [Death]" in 1935, and the publication of the collected works of Chông Yagyong, *Yôyudang chônsô*. See Kim Yong-sop, "Uri nara kûndae yôksahak ûi paldal" (The development of our country's modern historiography), *Han'guk ûi yôksa insik*, vol. 2 (Seoul: Ch'angjak kwa pip'yôngsa, 1976), pp. 475-76; Sin Chosônsa, "Chông Tasan sônsaeng sôgô e chehayô" (On the 100th year since the passing of Chông Tasan), *Sin Chosôn*, no. 10 (August 1935). The most prominent Silhak scholar from the late Chosôn period, Chông Yagyong (*ho* Tasan, Yôyudang; 1762-1836) broke with the feudal framework of Confucian thought and prepared a stepping-stone for modern thought; he was a Confucianist who can be called the Rousseau of Korea. Paek Nam-un's view of Chông Yagyong will be treated in the next section.

colonialist knowledge of Korea produced by Japanese government scholarship, and, on the other hand, it was also a response to the rise of Marxist science.[75)]

The founding of the Chindan Society (*Chindan Hakhoe*) in May 1934 was another response to Japanese scholarship on Korea. Its founders were scholars in the humanities who were graduates of Japanese universities or of Kyôngsông Imperial University. Its "purpose [was] to do research on Chosôn culture defined broadly," and it published their work in their own journal, the *Chindan hakbo*.[76)] As is well known, its main figures were disciples of the National History School of historiography, which constituted the mainstream in Japanese government scholarship. They were cultural nationalists who faithfully followed the bourgeois conception of history and the positivist methodology of documentary exegesis that they had learned from their teachers.[77)] The Chindan Hakhoe did not undertake any active efforts to overcome Korea's colonial situation but instead pursued "pure scholarship" focusing on research on Korean culture. It was a prototypical bourgeois academic organization that worked within the system.[78)] As the society developed ties with

---

75) Lee Ji-won(Yi Chiwôn), "1930 nyôndae chônban minjokjuûi munhwa undongnon ûi songgyôk."

76) "Huibo" (News items), *Chindan hakbo*, no. 1 (November 1934), p. 224.

77) Kim Yong-sop, "Ilbon Han'guk e issôsô ûi Han'guksa sôsul," p. 139; Cho Tonggôl, "Minjok kukga kônsôl undonggi ûi yôksa insik" (Historical understanding in the period of the state-building movement), *Han'guk ûi yôksaga wa yôksa insik* (ha) (Seoul: Ch'angjak kwa pip'yôngsa, 1994).

moderate nationalist groups associated with the *Tonga ilbo* and moved toward a reactionary cultural traditionalism, its work provided the scholarly foundation for the bourgeois nationalists' cultural movement of the 1930s. In other words, behind the pure scholarship and rational positivism of the Chindan Hakhoe lay the ideology of moderate nationalism which was influenced by modernism and nationalism while being rooted in a feudal traditional consciousness.[79)]

The years after 1933 were a formative period for modern Korean scholarship. During this time intellectual trends emerged that differed in their theoretical positions on and methodologies for "understanding Chosôn." With the development of the academic world, interest in conducting research on Chosôn grew tremendously. Closely connected with the political developments of nationalist forces, the Chosôn Studies Movement and the Chindan Hakhoe served as gatherings of bourgeois scholars. Though they differed from each other in terms of scholarly views and political positions, what they held in common was the fact that they were all responding to the rise of Marxist scholarship. This was a reflection of the political and intellectual conflict within the nationalist movement during the Great Depression as well as its extension into scholarship.

---

78) Kim Yong-sop, ibid., pp. 139-40; Pang Kie-chung, "Haebang hu kukga kô nsôl munje wa yôksahak" (Historiography and the issue of state-building after liberation), *Han'guksa insik kwa yôksa iron* (Seoul: Chisik san'ôpsa, 1997), pp. 84-85.

79) Pang Kie-chung, ibid., pp. 85-86.

As the Korean intellectual world grew, conflict gradually increased over methods of "understanding Chosôn" and scholarly praxis. One of the most important of these debates was the in-depth critique by Marxist intellectuals of nationalist intellectuals and the "understanding of Chosôn" of the Chosôn Studies Movement.

The common thread among Marxist critiques was the view that the methodology of the Chosôn Studies Movement was ideological and lacked scientificity and that its scholarly position and view of the nation were ultra-nationalistic.[80] Marxists even viewed the conceptions of national spirit put forth by the Chosôn Studies Movement as "Chosôn variants" of fascist ideology.[81] However, what is striking

80) The most important critiques were: Sin Namch'ôl, "Ch'oegôn Chosôn yôn'gu ûi ôpjôk kwa kû chaech'ulbal" (The recent accomplishments in research on Chosôn and its new beginning), *Tonga ilbo*, January 1-7, 1934; Reporter "T," "Chosônhak ûn ôddôk'e kyujông halgga — Paek Nam-un ssi wa ûi ilmun ildap" (How should "Chosôn studies" be defined? — a question and answer session with Mr. Paek Nam-un), *Tonga ilbo*, September 11, 1934; Ch'ônt'ae san'in, "Chinjônghan Chông Tasan yôn'gu ûi kil — aullô Tasannon e nat'anan sokhakjôk kyônhae rûl pip'anham" (The path of serious research on Chông Yagyong — along with a critique of nativist views in conceptions of Chông Yagyong), *Chosôn chung'ang ilbo*, July 25-August 6, 1935; Han Ûngsu, "Maejogun tusang e ilbong" ([Striking] a blow on the heads of those who sell their ancestors), *Pip'an*, no. 25 (December 1935); Yi Ch'ôngwôn, "Tan'gun sinhwa e taehan kwahakjôk pip'an" (A scientific critique of the myth of Tan'gun), *Chosôn chung'ang ilbo*, March 5-7, 1936.

81) Chôn Yôngsik, "Chosônjôk ideollogi munje-t'ûkhi p'assijôm kwa ûi kwallôn esô (1)-(11)" (The problem of Chosôn ideology — in particular, in its relation to fascism), *Chosôn chung'ang ilbo*, March 29-April 10, 1936.

in this critique is that two different views of Korea became apparent within Marxism.

First, the tendency towards a radical classism denounced not only the methodology and ideological standpoint of the Chosôn Studies Movement but also all nationalist notions as being ultra-nationalistic. It denied that nationalist "understandings of Chosôn" had any value. In general, this classism was accompanied by a view of Chosôn as stagnant and determined by external forces, ignoring the autonomous nature of Korean history and Chosôn's development in accordance with the universal laws of history. For example:

> At present, the modern thought that is implanted in our minds is not what Chosôn thinkers of previous generations laid the foundation for. It came from the West. It is an imported commodity… When examining Chosôn intellectual history, it would be a tremendous mistake to view the Chosôn thought of previous generations as being of the same kind as the national thought produced by England's classical economics, the thought of the French people as it appears in the history of French sociology, or the philosophical thought of the German people. The reason is that, as can be seen in Chosôn's history, it has not been possible to have a systematic intellectual life from ancient times onward… Since there were no distinct systems of thought, the thinkers in Chosôn's history were scholars who were intoxicated with foreign thought such as that of China or India… In this sense, a Chosôn ideology has not been able to have a systematic history of its own.[82]

82) Han Ûngsu, "Maejogun tusang e ilbong," pp. 50-51.

Marxist intellectuals with a class-centered mind-set completely dismissed the possibility of the autonomous development of Korean intellectual history and Korean history itself from ancient times to the modern period. Their "understanding of Chosôn" was a typical example of a scientific theory of stagnation embellished by historical materialism. In other words, their class-centered view of the nation was manifested through an "understanding of Chosôn" that regarded the nation as a meaningless category.

Although it is impossible to generalize from such an extreme example, such views were deeply held by many Marxists, with differences only in degree. From 1935, a critique emerged of Paek Nam-un's epistemological views and his theory of the developmental stages of Korean history. His critics used the notion of the Asiatic mode of production as a powerful theoretical weapon against him. In the process, the classist "understanding of Chosôn" became even further entrenched. As Marxists' view of Korea became increasingly class-centered and as their critique of the Chosôn Studies Movement became joined with their critique of Paek Nam-un, the so-called Marxist theory of Korean uniqueness emerged.[83)]

Second, other Marxists intellectuals acknowledged the importance of "Chosôn Studies" to the nation. These Marxists advocated the de-

83) Yi Ch'ôngwôn, Pak Sajôm, Han Hûngsu, Kim Kwangjin, and other theorists involved in the socialist movement were the leading figures of this trend. For more on this topic, see Pang Kie-chung, *Han'guk kûnhyôndae sasangsa yôn'gu*, pp. 160-70.

velopment of a critical "Chosôn Studies" based on objective science even though they were clearly opposed to the ideological scholarship and methodology of the Chosôn Studies Movement. The key figure in this group was Paek Nam-un, and it included other scholars, mainly in the humanities, such as Sin Nam-ch'ôl (1907-?), Kim T'aejun (1905-1949), and Hong Kimun (1903-1992). Paek Nam-un felt that even the non-autonomous, nihilistic "understanding of Chosôn" of "mainstream" Marxists was reactionary. Assuming the necessity of objective knowledge for a "true love" of Chosôn, he stressed the importance of an autonomous "understanding of Chosôn" in order to find "our true selves."[84] The importance that he placed on the national and political significance of the "understanding of Chosôn" was clearly demonstrated in his utterly indifferent attitude toward the Chindan Hakhoe.[85] To him, the Chindan Hakhoe's research,

---

84) Paek Nam-un harshly criticized the Chosôn Studies Movement, saying that it exoticized the unique conceptions of Chosôn such as the Chosôn mind (Chosôn sim), Chosôn consciousness (Chosôn ûisik), and Tan'gun. A good indication of his thinking is the fact that he participated in the activities for the 100th anniversary of Chông Yagyong's passing, despite his critique of the movement. He felt that it would be possible to understand the historical laws and inevitability of the internal development of thought in Korean history through an examination of Silhak and Chông Yagyong, and his position on the "understanding of Chosôn" was qualitatively different from that of first group of Marxists. Paek Nam-un, *Chosôn sahoe kyôngjesa*, preface, p. 2; Paek Nam-un, "Chông Tasan paeknyônje ûi yôksajôk ûiûi," p. 23; Paek Nam-un, "Chông Tasan ûi sasang" (The thought of Chông Yagyong), *Tonga ilbo*, July 16, 1935.

85) As mentioned above, the focus of Paek Nam-un's critique in his series of

which was based on pure scholarship and positivism, was typical bourgeois scholarship that lacked even the positive merits of the Chosôn Studies Movement, differing little from Japanese government scholarship.

Many factors were behind the split among Marxist intellectuals that became apparent in the critique of the Chosôn Studies Movement. The most important internal factor was the differing conceptions of the nation and Korea's colonial situation. At the time, Korean Marxist intellectuals' understanding of the nation and colonialism was based on the theory of the nation as formalized by Stalin. Many Korean Marxists dogmatically accepted Stalin's "theses" without sufficiently taking into consideration the unique features of the Korean nation. Stalin's conception of the nation generalized the particular experience of the West, arguing that "the nation is a product of class in the formation of capitalism."[86] It is not surprising

works published in 1934-35 was above all the bourgeois scholarship and positivist methodology thatasserted the purity of scholarship. This was a critique of Japanese government studies, and it also constituted a critique of the Chindan Hakhoe. In contrast, many Marxists of the time showed little of the hostile attitude toward the Chindan Hakhoe that they had toward the Chosôn Studies Movement. In a book review, Yi Ch'ôngwôn criticized the view of pure scholarship and ideological scholarship of the Chindan Hakhoe; see Yi Ch'ôngwôn, "Chindan hakbo che sam kwôn ûl ilkko" (After reading *Chindan hakbo*, no. 3), *Tonga ilbo*, November 9, 1935. With this exception, Marxists' rather favorable attitude toward the Chindan Hakhoe provides an important clue to understanding their intellectual position at the time.

that Korean Marxists showed classist tendencies in their view of the colonial problem. When the classist tendencies became even stronger because of the emergence of the theory of the international proletariat and the Comintern's "December theses" of 1928, Marxists began to react strongly even to the term "nationalism."[87] They regarded nationalist ideology as merely an alternative form of ultra-nationalism which in turn was closely related to fascist ideology. The severe criticism of the Chosôn Studies Movement and the particularistic "understanding of Chosôn" of the majority of Marxists were based on, and were an extension of, a classist conception of the nation and colonialism that was generally held within the socialist movement.

Paek Nam-un also adopted Stalin's theory of the nation and emphasized that nationalism is the class ideology of modern capitalism.

---

86) There were two theses in Stalin's discussion of the theory of the nation. First, "the nation is a stable community of people that is formed historically and is based on the psychological character that emerges from a common language, region, economic life, and a common culture." J.V. Stalin, "Malksûjuûi wa minjok munje" (Marxism and the National Problem), *Sût'allin chônjip* 1 (The complete works of Stalin, vol. 1), trans. by Sô Chunggôn (Seoul: Chô njin, 1988), p. 45. Second, "the nation is not just a historical category but a historical category that belongs to a particular era, the era of the development of capitalism." See ibid., p.50. Of course, it was the latter that defined bourgeois nationalist movements as a struggle for capitalism.

87) Sohongsaeng, "Chapji ch'ongp'yông" (Comprehensive critique of magazines), *Sin kaedan*, October 1932; Hwang Yông, "Minjok kaeryangjuûi chido wôlli ûi pip'an" (A critique of the principles of leadership of nationalist reformism), *Sin kaedan* (March 1933).

As mentioned above, it was based on this position that he criticized the capitalist nature of bourgeois nationalist conceptions of history, the nation, and the state. However, his view of the colonial problem was clearly different from the general views of most Marxists at the time in that he went beyond a dogmatic acceptance of Stalin's theory. As he extensively read the theories of thinkers such as Marx, Engels, and Lenin regarding the nation and the state, he developed his own perspective on Korea's colonial situation through concrete research on the historical formation of the Chosôn nation. His objective was to discover the unique historical aspects of its formation, which differed from that of the West, within the context of the developmental laws of Korean history. He emphasized the applicability of Engels' concept of the proto-nation which predated the establishment of capitalism. Like other Marxists, Paek emphasized the emergence of a class state in ancient times and the class-based nature of the formation of the nation. However, in contrast with the west, he felt that the ancient class state in Korea emerged simultaneously with the formation of the Chosôn nation and nation-state.[88] He saw the Chosôn nation as an "early emerging nation" and gave that fact special historical significance.[89]

The main focus of Paek Nam-un's theory of the ancient na-

---

88) Paek Nam-un, *Chosôn sahoe kyôngjesa*, pp. 130, 177-78, 184-85, 311.

89) Paek Nam-un, ibid., p. 447. By adding points of emphasis to the phrase "early emerging nation" in the text, he emphasized the unique features of the formation of the Chosôn nation that was distinct from that in the West.

tion-state was to critique the bourgeois conception of the nation by illuminating the nature of the state in slave society. This conception was based on the notion of Tan'gun and Japanese government studies that fundamentally denied the ability of Korean society to develop in accordance with the universal laws of history. His work was also intended to be an indirect critique of class-centered approaches that mechanically followed Stalin's theory of the nation. He argued that the "Chosôn nation" was a proto-nation that had been formed during the emergence of a slave state and that the nation had a long history as a homogeneous people. Besides its scholarly importance, his research also expressed his view that a national consciousness, based on knowledge of these unique aspects of Korean history, had an extremely important political role in the goal of national liberation.[90)] These were the factors that led Paek Nam-un, in contrast to the majority of Marxists, to emphasize national consciousness and an autonomous "understanding of Chosôn" based on scientific theory. These aspects of his research clarify how his understanding of Marxist theory and thought developed.

90) It was not until after liberation that Paek Nam-un directly discussed the importance of an autonomous conception of nation and understanding of the national problem. Paek Nam-un, *Chosôn minjok ûi chillo* (The path of the Chosôn nation) (Seoul: Singônsa, 1946). However, his basic ideas had already been formulated during the occupation period through his work on an "understanding of Chosôn" (*Chosôn insik*).

2. Theories of the Development of Capitalism in Korea and the Nature of Colonial Society

1) Theories of the Internal Breakdown of Feudal Society and of the Sprouts of Capitalism

In the preface of *The Socioeconomic History of Chosôn*, Paek Nam-un presented his plan to develop a framework for Korean economic history that would focus on economic social formations (*kyô ngjejôk sahoe kusông*). The two main topics of research were to be "the breakdown of the Asian feudal state and the sprout form of capitalism" (*chabonjuûi maeng'a hyôngt'ae*) and "the development of foreign capitalism and international relations." The task that he set for himself was to examine these two subjects through a series of analyses of primitive communist society, slave society, and Asian feudal society.[91] As his research plan suggests, he understood the fundamental direction of modern Korean economic history as a movement in which Japanese aggression forcibly incorporated the Korean economy into Japan's system of "transplanted capitalism," although capitalism had begun to develop internally during the late Chosôn and Hanmal periods. The basic framework of his understanding of early modern Korean economic history, which was directly related to his views on Korea's colonial situation, had already

91) Paek Nam-un, *Chosôn sahoe kyôngjesa*, preface, p. 3.

been formed by the mid-1920s after his return from Japan.

In January 1926, shortly after his return from Japan, Paek Nam-un published a short article, "A dynamic investigation of the strength of Chosôn society" (*Chosôn sahoeryôk ûi tongjôk koch'al*). In this article, he fully laid out his conception of early modern economic history, covering the differentiation of classes in Korea before the Japanese occupation and the transition to capitalism.[92] His main point was that Korean feudal society, with 1894 as the turning point, gradually collapsed because of the acceleration of political and socioeconomic differentiation, the development of liberal thought, and the abolishment of class distinctions. A newly rising class (the middle class) emerged from below as a "third class" that had no connections to political power, unlike the privileged classes. The article contained no analysis of the changes in the relations of production that the newly rising class went through in the process of its formation. However, he saw it as a new political force whose members, emerging from below, sought to transform themselves into capitalists and to form a bourgeois political party. Together with the "first" and "second" classes who pursued bourgeois development from above, they represented the common interest of the "united Chosôn bourgeois" under the patronage of feudal power groups.[93] He em-

92) Paek Nam-un, "Chosôn sahoeryôk ûi tongjôk koch'al."

93) Paek Nam-un, ibid. The term "first class" referred to the central class of aristocratic officials, and "second class" meant the provincial landed yangban. While he recognized the various paths in the formation of the Korean bour-

phasized that bourgeois thought — referring to individualism and the principle of free competition rooted in Social Darwinism — also developed during the Hanmal period, paralleling changes in the relations of production.[94)]

Paek Nam-un's research on the transition to capitalism focused on the open ports period, with 1894 as the main turning point. His earlier work had uncovered the process of the breakdown of the feudal state and society, but the scope of his research now expanded to cover the late Chosôn period. His focus on the internal dynamics of Korean society was most apparent in his views on Silhak and Chông Yagyong. Viewing thought and ideology as reflections of the

---

geoisie and the differences in their political-economic bases, he saw the category of "bourgeoisie" in the Hanmal and occupation periods as a combination of the first and second classes, which pursued capitalist development from above from the Hanmal period onwards, and the "third class," which pursued it from below and viewed them as a single bourgeois camp.

94) Paek Nam-un, "Itani kyoju no 'Chosen ni okeru sangyo kakumei' wo yomu," p. 271; Paek Nam-un, "Sahoehak ûi sôngnip yurae wa immu" 4, *Chosôn ilbo*, August 23, 1930. What is notable in his work is that Paek emphasized the particular conditions of Korea's situation and located the newly rising class of capitalist society in the countryside. In his view, bourgeois development was not limited to the urban commercial and manufacturing classes; he saw it in relation to the growth of a so-called "rural bourgeoisie." This argument is an important hint that shows his interest in discovering the internal potential for the transition to capitalism. The emergence of rich peasants in rural areas was predicated on the breakdown of feudal productive relations and land ownership relations and on the general development of a commodity currency economy. It was also the consequence of the growth of the differentiation of the peasant class that accompanied these developments.

social relations of production, Paek Nam-un felt that the thought of Chông Yagyong and other Silhak thinkers was a reflection of social conditions in the late Chosôn period. The emergence of Silhak showed that society was undergoing an intensification of feudal contradictions and a breakdown of feudal institutions.[95] More specifically, he argued that the breakdown of feudal society occurred through the intensification of feudal exploitation which was based on the growth of a commodity-monetary economy in the late Chosôn period. Silhak thought of the late eighteenth and early nineteenth centuries was thus a new intellectual trend that emerged in order to escape from the metaphysical tendencies of Neo-Confucianism and ritual studies and from intellectual subordination to China.

The focus of Silhak scholarship was the study of social reform during the breakdown of feudal society. To Paek, the intellectual core of Silhak lay in its theories of economic policy whose goal was to resolve the feudal contradictions of society.[96] He viewed Chông Yagyong as the intellectual who systematized Silhak thought. Chông analyzed the contradictions of feudal society and expounded on a variety of policies with the objective of achieving social reform. These aspects of the thought of Silhak and Chông Yagyong reveal the reasons for Paek Nam-un's interest in them. In terms of his po-

95) Paek Nam-un, "Chông Tasan ûi sasang."

96) Paek Nam-un, *Chosôn sahoe kyôngjesa*, preface, p. 2; Paek Nam-un, "Chông Tasan ûi sasang;" Paek Nam-un, "Chông Tasan paeknyônje ûi yôksajôk ûiûi," pp. 22-23.

litical concerns, his interest reflected a strong sense of the necessity for land and agricultural reform in Korea to solve problems that were becoming extremely severe under Japanese rule.

In his work "Theory of Farmland," Chông Yagyong discussed a radical program of land reform that he called the "village-land system" (*yôjônbôp*). Paek felt that it occupied an important place in the history of Korea's modern economic thought. It was a proto-form of socialist economic theory that expressed, in part, the notion of the "right to the whole product of labor" (*nodong chônsugwôn*).[97] He considered Chông Yagyong's thought to be a transitional phase between feudal thought and early modern liberal thought, since it reflected the breakdown of feudalism during the late Chosôn period. Furthermore, in Chông's ideas on social reform, he saw proof of the inevitability of the historical laws of the development of thought and was able to delineate transformations in the social formation of the period.[98]

Another key to understanding Paek Nam-un's theory of the breakdown of feudalism was his theory of the commodity. It was the starting point of Marxist economics on the laws of the functioning of capitalism, and he placed tremendous importance on the theory

97) Paek Nam-un, "Chông Tasan ûi sasang."

98) Paek Nam-un, ibid.; Paek Nam-un, "Chông Tasan paeknyônje ûi yôksajôk ûiûi," pp. 22-23; Paek Nam-un, "Hyang'yak ûi puhwal e taehaya" (On the revival of the community compact), *Ch'ôngnyôn* 12, no. 1 (January 1932), p. 6.

of the commodity in research on Korean economic history. He once noted, "all the secrets of modern civil society [can be] revealed through an analysis of the commodity."[99] He was not simply expounding the Marxist principle that the secret of capitalist production and increasing capital through the exploitation of surplus value was inherent in commodity production. Rather, he felt that the secret to refuting the "stagnation theory" of Korean history — propounded by both Japanese government scholars and many Marxists — could also be discovered from an analysis of commodity production.

Since commodity production is realized through commodity circulation (i.e., markets), Paek Nam-un's focus was on the development of markets and a commodity-monetary economy. He regarded the "stagnation theory" of Korean markets as crude scholarship that could not provide a theoretical understanding of the Korean market system. Korea's traditional markets were an important key to understanding not only the development of the commodity-monetary economy but also the historical emergence of commercial capital and high-interest capital as well as the class composition of the feudal urban economy.[100] These were the reasons that Paek was interested in feudal society during the Koryo period. His research focused on the development of commodity production within feudal society, the circulation of

---

99) Paek Nam-un, *Chosôn sahoe kyôngjesa*, p. 11.

100) Paek Nam-un, "'Chosen keizai no kenkyu' ûi tokgam," p. 30; Paek Nam-un, "Changggun ûi naeyôk — Chosôn ûi sijang chedo" (The history of merchants — Chosôn's market system), *Tonggwang*, no. 30 (February 1932), p. 24.

currency, and the role in the feudal circulation system played by exchange markets as a link between commodity production and monetary circulation.[101]

Based on his initial research, he then extended his examination of these issues — such as the emergence of the circulation and exchange economy and the formation of commercial capital — up to the period of the breakdown of feudalism. His goal was to refute decisively the "stagnation theory" of Korean history, which denied that such developments had occurred. A good example was his critique of the economist Kim Kwangjin, who also argued that Korean society had been stagnant during the feudal and late Chosôn periods. Kim's argument was that a monetary economy had developed in Korea in the seventeenth century, but commercial capital did not emerge until the late nineteenth century.[102]

> Before defining the process of commodification as a temporary exchange of products, it seems necessary to examine the historical significance of the existence of markets. Furthermore, the view that a monetary economy in Chosôn began from King Sukjong's reign [1674-1720] seems to overlook the sporadic nature of [the emergence] of

---

101) Paek Nam-un, *Chosôn ponggôn sahoe kyôngjesa* (Tokyo: Kaizosha, 1937), section 12, "The various relations of markets of exchange:" chapter 86, "Market Organizations;" chapter 87, "The Currency System;" chapter 89, "Commerce and Commercial Capital;" chapter 90, "High Interest Capital."

102) Kim Kwangjin, "Richo makki ni okeru Chosen no kahei mondai" (Chosôn's currency in the late Yi Dynasty), *Pojôn hakhoe nonjip* 1 (1934).

> Chosôn's monetary system, and [I] cannot agree with the opinion that high-interest capital appeared only within the capital region. Commercial capital and high-interest capital were twins that emerged in the development of the social relations of production; therefore, the appearance of a monetary economy in Korea cannot be separated from the emergence of commercial capital. Accordingly, [I] cannot agree at all with the opinion that the old society, in which commercial capital had not even emerged, suddenly collapsed because of the invasion of "Western ships," because it would be the same as arguing that [when] European capitalism invaded China, [it] encountered the Asiatic mode of production.[103)]

Of course, since, at this point, he had only made general comments on the breakdown of feudalism in the late Chosôn period, Paek Nam-un still had not undertaken a fundamental examination of an issue that he himself had problematized — the differentiation of the peasant class. Its differentiation was the historical precondition for the emergence of the "rural bourgeoisie." To cover this topic, he would have had to examine changes in agricultural productivity which were the fundamental driving force behind the breakdown of feudalism.[104)] Despite this limitation, his focus on the internal dy-

---

103) Paek Nam-un, "Pojôn hakhoe nonjip e taehan tokhugam (4)" (Impressions after reading *Pojôn hakhoe nonjip*), *Donga ilbo*, May 4, 1934.

104) Although Paek Nam-un must have realized the theoretical significance of the issue of agricultural productivity, he never discussed, during the occupation period, the breakdown of feudalism and the emergence of the rural bourgeoisie in relation to this issue. It was not until after liberation that he

namics of the transition to capitalism produced an original interpretation of Korean history that no other scholar at the time had managed to develop. This interpretation clearly reveals Paek Nam-un's unique views on Korean history which emphasized the unitary laws of societal development and the inherent inevitability of historical transformation.

In Paek Nam-un's view, the breakdown of feudalism occurred during the late Chosôn period. As this process became accelerated after 1894, the internal development of capitalism underwent some progress. Japanese government studies ignored the internal development of capitalism and the development of bourgeois thought in Korea and argued that capitalism first developed in Korea as the result of Japanese policy after the occupation began. Rejecting their findings, Paek emphasized instead that Chosôn had had the potential to develop capitalism on its own beginning in the late Chosôn period, but this potential was suppressed and distorted in the process of colonization because of the violence of the Japanese police state and Japanese transplanted capital that supported it.[105] This suppression and distortion were a consequence of Korea's forcible incorporation into a colonial system of foreign transplanted capitalism.

In terms of its scholarly significance, Paek Nam-un's theories of the breakdown of feudalism and the sprouts of capitalism made

---

first examined agricultural productivity during the late Chosôn period.

105) Paek Nam-un, "Itani kyoju no 'Chosen ni okeru sangyo kakumei' wo yomu," p. 271.

three important contributions to the establishment of a scientific scholarship on Korea. First, he demonstrated that while the collapse of feudal society had already begun before the Japanese occupation, Korea had also developed the potential for the internal development of capitalism. His objective was to undermine the theory of Korean stagnation promoted by Japanese government scholarship, that was producing even more sophisticated studies of the late Chosôn and Hanmal periods since the work of Fukuda Tokuzo. Second, his work revealed how this internal development was disrupted and distorted because of the violence of the Japanese occupation. He was attempting to expose the fabrications of Japan and Japanese government scholarship that, based on the theory of stagnation, tried to justify colonial exploitation as a "benefit" that brought about "Chosôn's progress." Finally, by discovering the historical origins of transplanted capitalism, he tried to provide a key to understanding the nature of society and the form of contradictions in contemporary Chosôn as well as to envisioning possibilities for political action.[106)]

---

106) Such intentions were clearly expressed in the following passage from Paek Nam-un: "A theory of the present stage of the Chosôn economy requires, on the one hand, an analysis of existing social institutions and, on the other hand, demands naturally a theory of policy. However, in order to satisfy these demands, it is necessary, at least, to examine carefully the nature of current policies and to analyze comprehensively the historical development of the Chosôn economy up to the present stage." Paek Nam-un, "Chosen keizai no gendankairon" (On the present stage of the Chosôn economy), *Kaizo* 16, no. 5 (April 1934); reprinted in *Shiso iho* 17 (December 1938), p. 303.

2) Paek Nam-un's Theory of Transplanted Capitalism and his Critique of the Planned Economy

(1) The Formation and Structure of the System of Transplanted Capitalism

Paek Nam-un noted, as is obvious, that opinions on the current stage of the Chosôn economy differed according to the methodological position taken in investigating such issues. In addition, differences in political views naturally arose over the future direction of the nation.[107] Paek argued that the "sprouts" (*maeng'a*) of domestic capitalist development emerged in the late Chosôn and Hanmal periods, but "the path for the autonomous development of capitalism in Chosôn" became blocked because of the Japanese occupation. Korea was forced to follow the path of a distorted form of capitalism, that is, transplanted capitalism (*isik chabonjuûi*). Emphasizing the historical significance of the loss of political sovereignty to Korea's economic development, he saw the Japanese occupation as a turning point toward a capitalist social formation. After the "first age of Chosôn," which began in 1894, came the "second age" beginning in 1910, which cast a dark shadow over the prospects of the entire bourgeoisie in Korea. Korean society under Japanese rule was a "society made heterogeneous by a new power."[108]

---

107) Paek Nam-un, "Chosen keizai no gendankairon," pp. 304-05.

108) Paek Nam-un, "Chosôn sahoeryôk ûi tongjôk koch'al" (A dynamic investigation of the strength of Chosôn society), *Chosôn ilbo*, January 3, 1926; Paek

Paek conceived of transplanted capitalism in Korea as developing in three stages from the beginning of the occupation to the early 1930s. First, there was the stage of the permit system during the administration of Governor-General Terauchi Masatake; second, the liberal stage under Governor-General Saito Makoto in the 1920s; and third, the monopoly stage during Governor-General Ugaki Kazushige's rule.[109)]

During the first stage, the Company Law (K. *Hoesaryông*, J. *Kaisharei*, 1911) was the main factor determining the nature of transplanted capitalism. It implemented a permit system (K. *t'ûkhôchedo*; J. *tokkyo seido*) that did not allow freedom of enterprise. Paek Nam-un regarded it as a law "that pronounced its power to determine life or death over Chosôn commercial and industrial companies." To him, the Company Law represented a policy of systematic restrictions on enterprise whose objective was both to enable Japanese manufacturing capital to control Korea and to support the activities of Japanese businessmen who had political connections. As a result, Chosôn native capitalists suffered heavy losses during the early period of transplanted capitalism.[110)] The permit system meant politics by military police and the pursuit of mercantilist policies under state tutelage.

Another key element of transplanted capitalism was the cadastral

---

Nam-un, "Itani kyoju no'Chosen ni okeru sangyo kakumei' wo yomu," p. 263.

109) Paek Nam-un, "Chosen keizai no gendankairon," p. 305.

110) Ibid., pp. 305-06.

survey of the 1910s. Paek Nam-un noted, "the land survey is just the division of the sphere of production by imperialism. That is, [it is] no more than the reorganization of the feudal private ownership system into a capitalist one."[111] In other words, what the cadastral survey accomplished was a conversion of feudal property rights, which already recognized private property, into coercive capitalist property rights. To put it yet another way, it was a reorganization of the feudal landlord system into a capitalist landlord system.

The second stage was the period of liberal rule known as the "Cultural Policy" (J. *Bunka seiji*). Paek Nam-un felt that its historical significance lay in the "institutionalization of transplanted capitalism."[112] In this period, the Program to Increase Rice Production and the irrigation cooperative movement brought aboutrevolutionary changes in the rural economy, and there was a tremendous increase in the entry of transplanted capital into Korea. Although government scholars justified such developments as an "industrial revolution" and as "cultural politics," Paek criticized them for intensifying economic class contradictions and covering up social conflict.[113] The revolutionary changes in rural areas resulted in a severe redistribution of land ownership as shown by the land accumulation of large landlords, the impoverishment of small landlords, the uprooting of small farmers from the land, and the increase in the number of tenant farmers.

111) Paek Nam-un, *Chosôn sahoe kyôngjesa*, p. 214.

112) Paek Nam-un, "Chosen keizai no gendankairon," p. 307.

113) Ibid., pp. 307-08.

The changes also brought about a food shortage for the peasant class because of the increase in rice exports.

Under the "Cultural Policy," the Company Law was repealed; however, Paek felt that the repeal was only superficially consistent with the principles of free enterprise. At a time when transplanted capitalism was already institutionalized, the repeal merely "strengthened the institutionalized handicaps" that gave privileges to transplanted capitalists and systematized them into institutions of exploitation.[114] He argued that through the institutionalization of transplanted capitalism, Korea was turned into a commodity market, a supplier of raw materials, and an investment market, all of which were completely integrated into Japanese capitalism. On the other hand, the number of labor strikes and tenant farmer protests increased rapidly, ushering in a new era for the labor and peasant movements.[115]

According to Paek Nam-un, the fundamental development in Korea's social formation in the 1920s was the complete institutionalization of transplanted capitalism. Capitalist transformation was occurring throughout the Korean economy, "regardless of the type of industry."[116] However, the driving force in the development of transplanted capitalism was the influx of Japanese capital. In his analysis

---

114) Paek Nam-un, "Hujin ch'ujong Chosôn san'ôp kyônghyang" (Following after dust, trendsin Chosôn industry), *Tonga ilbo*, April 2, 1930; Paek Nam-un, "Chosen keizai no gendankairon," p. 308.

115) Paek Nam-un, "Chosen keizai no gendankairon," pp. 303, 307.

116) Paek Nam-un, "Hujin ch'ujong Chosôn san'ôp kyônghyang" (Following after dust, trends in Chosôn industry), *Tonga ilbo*, April 2, 1930.

of contemporary society, the point he most emphasized was the fact that the only capitalist development that occurred in Korea was that of transplanted capital.

Of course, Korean native capital had the potential to serve as the basis for the internal development of capitalism beginning in the Hanmal period, and Paek did acknowledge that Korea underwent some capitalist growth during the development of transplanted capitalism.[117] Though the growth was slight, a certain amount of native capital was clearly converted into industrial or financial capital.[118] However, he did not regard this growth as the primary force in transplanted capitalism in Korea because the great majority of industrial and finance capital came from Japan. His argument was that the growth of Korean native capital, which amounted to only 9.6% of the total capital in the country, was simply a temporary phenomenon and that small-to medium-scale native capital was actually undergoing a decline.[119] The leap in the development of Korean industry was the result of transplanted capital's growing control over Korean industrial facilities and of the decline of small-to

---

117) For Paek Nam-un, "native capital" was a concept that encompassed all three of the abovementioned classes that existed before the Japanese occupation. He felt that the largest portion of native capital during the occupation period was formed by landlord capital which was based on land capital. Paek Nam-un, "Chosen keizai no gendankairon," p. 316.

118) Paek Nam-un, "Hujin ch'ujong Chosôn san'ôp kyônghyang."

119) Paek Nam-un, "Chosôn sahoeryôk ûi tongjôk koch'al;" Paek Nam-un, "Hujin ch'ujong Chosôn san'ôp kyônghyang."

medium-scale native capital.

Agriculture also underwent similar changes in this period. In Paek's view, the "growth in the area of cultivation, an increase in the number of large landlords, the decline of small-to-medium landlords and self-cultivators, and a large increase in the number of tenant farmers" were all indications of the class differentiation occurring in the rural economy.[120] The underlying factor was the accumulation of land by Japanese landlords and capitalists which caused the decline of even small-to medium-scale landlords. He saw foreign landlords as the central force in agricultural capitalism. They produced around 80% of Korea's rice exports (totaling seven to eight million sôk) and brought about the commodification of rice and the introduction of capitalist methods of agricultural management.[121]

For Paek Nam-un, the fundamental aspect of Korean capitalism under Japanese imperialism was its transplanted nature. Based on this view, he felt that Korea's economic institutions merely functioned for the benefit of the development of an imperialist economy. The economy under Japanese rule was the "particular developmental form of the Korean capitalist economy which was completely and fundamentally united" with Japanese monopoly capitalism.[122]

---

120) Paek Nam-un, "Chosen keizai no gendankairon," p. 316.

121) Paek Nam-un, ibid., pp. 314-16. He noted that over 600,000 *chôngbo* of land, which amounted to one-seventh of the total cultivated area in Korea at the time (4.39 million *chôngbo*), was owned by Japanese landlords.

122) Paek Nam-un, ibid., p. 304.

(2) Critique of the Fascist Control Economy of the 1930s

The third stage in the development of transplanted capitalism occurred during the Great Depression era. In this period, Japan completely revised and intensified its exploitative policies, and Paek Nam-un characterized these steps as a change toward a fascist control economy (K. *t'ongje kyôngje*) under the monopoly stage of transplanted capitalism.[123] Based on the theory of the general crisis of capitalism, he categorized these changes into three new worldwide trends that reflected the systemic crisis of capitalism during the Great Depression: economic blocs, control economies, and fascism. Regional economic blocs became the units of systemic conflict, and their formation was a worldwide economic trend that arose from the effort to repartition colonies among the imperialist powers that had entered the "final phase of capitalism." Control economies were domestic "planned economies of capitalism" that attempted to overcome the general crisis, and fascism was a "concentrated form of power politics" that developed in response to these domestic and international conflicts.[124]

Among the three trends, the theoretical core linking them together lay in the control economy. Paek Nam-un felt that it was the fundamental factor that could reveal the internal dynamics of monopoly

123) Paek Nam-un, ibid., p. 308; Paek Nam-un, "Pokgo kyôngje ûi immu" (The duties of the atavistic economy), *Tonga ilbo*, September 29, 1935.

124) Paek Nam-un, "Nyuddil ûi chônmang (1)" (The prospects of the New Deal), *Tonga ilbo*, June 13, 1935.

capitalism. Concluding that the control economy represented a shift to the state monopoly stage of capitalism, he regarded the system of economic controls as a planned economy and called it a "dangerous escape route" for the imperialist states facing systemic crises.

> Since "economic controls" represent a capitalist "planned economy," it must be understood that [they are] the unified theoretical basis for these three grand projects··· The capitalist planned economy is actually a dangerous escape route on which the current imperialist powers have staked everything. Socially, it is an attempt to overcome the general crisis of capitalism, and psychologically, it represents a mind-set that aims for the stabilization of capitalist institutions.[125)]

Monopoly capital determined the concrete nature of this stage of capitalism both domestically and internationally, and its operation resulted in the rise of economic blocs and a fascist political system. The only differences among the imperialist countries were in the manner and degree that the three trends were being pursued. It was only natural that these differences existed because the social characteristics of each country were different and because there were also differences in the conditions of economic depression faced by each country and the political situations caused by it.[126)]

---

125) Paek Nam-un, ibid.

126) Paek Nam-un, ibid; Paek Nam-un, "Segye kyôngje rûl chibae hanûn ppullôk undong ûi kûmhu (3)" (The future of the bloc movement that is dominating the world economy), *Tonga ilbo*, January 3, 1934; Paek Nam-un, "Chô

Beginning in the Great Depression years, the trend in the world was toward the formation of international economic blocs based on domestic economic controls and the rise of fascism. Paek Nam-un predicted that the conflict of contradictions among the blocs would inevitably intensify because of the uneven development of monopoly capital. Moreover, the growth of these contradictions would be even more accelerated because of factors such as capitalist development in colonial and semi-colonial regions, the rise of national liberation movements in those regions, and the development of the socialist economy in the Soviet Union. Based on this view of current events, he gave the following overview of future developments in the world capitalist system.

> Together with the world depression, internal contradictions are growing within the world economic blocs themselves. There is also [a struggle] among the imperial states to capture world markets and raw materials, to acquire colonies and semi-colonies, and to increase gold holdings. Thus, on the one hand, there is competition in armaments and naval construction; on the other hand, tariff wars, foreign exchange dumping, and dumping of commodities are becoming more severe.⋯ However, since these measures will undoubtedly be unable to overcome the world economic depression, it is likely that the formation of economic blocs will necessarily develop into a "political recession" and then, ultimately, into a second imperialist war. However, it is only the laws of history that can

---

njaeng kwa kyŏngje (6)" (War and the economy), *Tonga ilbo*, January 9, 1936.

predict such developments.[127)]

Paek predicted that the direction of world events would lead to the outbreak of another world war. Although the League of Nations, which he called a "club of imperialists," had been formed after World War I, only military might could resolve the international conflicts resulting from monopoly capitalism's efforts to redivide the world into economic blocs.[128)] His declaration that economic blocs and control economies were just a "preparatory step toward a wartime economy" was based on this view of international trends.[129)]

The rise of Japanese fascism and the tightening of its occupation policies toward Korea were part of these international trends. Paek Nam-un saw Japan's fascist policy of economic controls in the 1930s as the intensification of its efforts to create an economic bloc and as an effort to build supply bases to prepare for the transition to a wartime economy. Its objective was to establish the material foundation for its continental aggressions and the creation of a Far Eastern (Japan-Manchuria) bloc, which began with its invasion of Manchuria

---

127) Paek Nam-un, "Segye kyôngje rûl chibae hanûn ppullôk undong ûi kûmhu (5)," *Tonga ilbo*, January 5, 1934.

128) Paek Nam-un, "Chônjaeng kwa kyôngje (6)." This was what he meant when he defined economic blocs as "a world historical process in the current stage of the world economy that is of extreme importance in bringing about the end of modern society." Paek Nam-un, "Chônjaeng kwa kyôngje (1)," *Tonga ilbo*, January 1, 1936.

129) Paek Nam-un, "Chônjaeng kwa kyôngje (6)."

in 1931. The main elements of the policy of economic controls were the Rural Revitalization Campaign (K. *Nongch'on chinhûng undong*) of 1932-1940, the revival of feudal institutions (K. *pokgo chôngch'aek*), the national autarky campaign (K. *kukch'aekjôk chagûp chajok*), and the Industrialization policy for the northern regions of Korea. The Rural Revitalization Campaign and its component measures — the Plan to Establish Self-Cultivating Farmers (K. *chajaknong ch'ang-jông kyehoek*), the 1934 Chosôn Agricultural Land Ordinance (K. *Chosôn nongjiryông*; aka, Tenant Farmer Law), and the feudal revival policies — were reflections of the fundamental direction of Japan's occupation policies. The autarky campaign and the industrialization policy reflected the nature of Japan's economic exploitation of Korea as well as the nature of the crisis faced by Japanese capitalism in its efforts to create an economic bloc.[130)]

Governor-General Ugaki Kazushige implemented measures such as the Rural Revitalization Campaign and the Tenant Farmer Law under the ideology of the "revival of self-sufficiency." As is well known, the publicly stated objective of these measures was to establish a system of small-scale, self-cultivating farmers who would serve as the middle stratum of rural society, by placing some restrictions on the landlord system and providing protection for tenant farmers.[131)] However,

130) Paek Nam-un, "Chosen keizai no gendankairon," p. 308.

131) Miyata Setsuko, "Chosen ni okeru noson sinko undo" (The rural revitalization movement in Chosôn), *Kikan gendaishi* 2 (1973); Tomita Akiko, "Junsenjika Chosen no noson sinko undo" (The Rural Revitalization Campaign

Paek Nam-un regarded these policies as a deceitful response to the intensification of class conflict in rural areas and the sharp increase in tenant farmers' disputes that occurred as transplanted capitalism became institutionalized.[132)]

The rise in peasant protests, such as tenant farmers' disputes, was caused by factors such as the extreme inequities of land ownership brought about by the development of large-scale landlordism and the *nongjang* system, the acceleration of the decline of the peasantry, and the accompanying bankruptcy of peasant life. A telling phenomenon was the existence of "famines in years of bountiful harvests." Small-scale farmers who were uprooted from their land bore the brunt of the burden of the depression. They were faced with a "situation in which it was difficult [to obtain] substitute foods

---

in Chosôn in the quasi-wartime period), *Rekishi hyoron*, no. 377 (1981); Ji Su-Gol, "1932-1935 nyôngan ûi Chosôn nongch'on chinhûng undong" (The rural revitalization movement in Chosôn between 1932-1935), *Han'guksa yôn'gu*, no. 46 (1984); Park Sub(Pak Sôp), "Singminji Chosôn e issôsô 1930 nyôndae ûi nong'ôp chôngch'aek e kwanhan yôn'gu" (An examination of the agricultural policies of the 1930s toward colonial Chosôn), *Han'guk kûndae nongch'on sahoe wa nongmin undong* (Seoul: Yôl'ûmsa, 1988); Chung Youn-tae, "1930 nyôndae 'Chosôn nongjiryông' kwa Ilje ûi nongch'on t'ongje" (The "Chosôn Agricultural Land Ordinance" and Japanese regulation of rural areas in the 1930s), *Yôksa wa hyônsil*, no. 4 (1990); Ji Su-Gol, "1930 nyôndae chônban'gi Chosôn'in taejijuch'ûng ûi chôngch'ijôk tonghyang"(The political tendencies of large-scale Chosôn landlords in the early 1930s), *Yôksa hakbo*, no. 122 (June 1989); Kim Yong-sop, "Ilche kangjômgi ûi nong'ôp munje wa kû t'agae pangch'aek."

132) Paek Nam-un, "Chosen keizai no gendankairon," pp. 312, 317.

such as foreign rice and Manchurian millet as they were deprived of their own harvests."[133] In rural areas in Korea during the Great Depression, the impoverishment of small farmers and the resulting rural exodus became accelerated. Many became "wage laborers, repeating a grim pattern of change of occupation, wandering, starvation, and return to one's hometown." As a result, tenant farmers' disputes became more organized, and their frequency increased sharply during this period.[134] Paek argued that the peasant movement joined forces with the labor and socialist movements and was transforming from an economic protest into a political movement because inequalities in land ownership were rooted in the nature of transplanted capitalism — i.e., the domination of Korean agriculture by Japanese capital.[135] These structural factors thus explain how the labor and peasant movements transformed into a movement for national liberation.

The exacerbation of class contradictions in rural areas and the intensification of peasant resistance posed a threat to the occupation of Korea by Japanese capitalism which was in a state of crisis. More immediately, these factors made it difficult for Japan to accelerate its efforts to create a Far Eastern economic bloc in preparation for the

133) Paek Nam-un, ibid., pp. 314-17; Paek Nam-un, "Chosôn nodongja idong munje 1" (The problem of the migration of Chosôn workers 1), *Tonga ilbo*, January 1, 1935.

134) Paek Nam-un, "Chosôn nodongja idong munje 1"; Paek Nam-un, "Chosen keizai no gendankairon," p. 312, 317.

135) Paek Nam-un, "Chosen keizai no gendankairon," p. 317.

transition to a wartime economy. Though the public objective of economic controls was a return to self-sufficiency, the policy actually consisted of measures to establish control over the countryside and to enable ideological suppression in response to developments in this period, as clearly shown in Governor-General Ugaki Kazushige's views on agricultural management.[136] This was the point of Paek Nam-un's critique of Japan's control economy policies in the early 1930s.

Paek viewed the Self-Cultivating Farmer Plan, on which Ugaki put much emphasis, as a prototypical measure that reflected the hidden agenda of Japanese policies. The goal of the Self-Cultivating Farmer Plan was not to provide a fundamental solution to agricultural problems. Rather, it was a politically motivated policy that sought to establish conservative forces in the countryside. Its objective was to quell tenant farmers' disputes and to alleviate peasant discontent in situations where the separation between land ownership and cultivation was severe. The Self-Cultivating Farmers Plan was a deceitful policy that protected the profits of the landlord class, and Paek argued that the plan would inevitably fail in Korea just as history had shown that such plans had failed in all capitalist countries.[137]

---

136) Ugaki Kazushige, *Ugaki Kazushige nikki II* (The diary of Ugaki Kazushige) (Tokyo: Misuzu shobo, 1968-1971), pp. 932, 949-50. For a discussion of Ugaki's views on agricultural policies, see Chung Youn-tae, "1930 nyôndae 'Chosôn nongjiryông' kwa Ilje ûi nongch'on t'ongje," pp. 247-48; Kim Yong-sop, *Han'guk kûnhyôndae nong'ôpsa yôn'gu*, pp. 419-20.

137) Paek Nam-un, "Chajaknong ch'angjông kyehoek" (The Plan to Establish

Although the protection of tenant farmers was the ostensible purpose of the Tenant Farmer Law and the feudal revival policies, Paek Nam-un noted that they also revealed the true purpose of the control economy. First, the Tenant Farmer Law was meant to be an "antidote" to neutralize the increasing conflict between tenant farmers and landlords. The law was by nature deceptive since it did not contain any guidelines on tenant farming fees. He thus argued that the Tenant Farmer Law was the "most rational legal way to secure 100% of the profit for the landlords" in addition to keeping tenant farmers in feudal legal status.[138] He derided the opposition of Japanese landlords to the Tenant Farmer Law, saying that they were "either ignorant of the spirit of the law or were unbelievably greedy." On the other hand, he criticized the efforts by nationalists to support the law, seeing it as an opportunistic act that outwardly supported the interests of tenant farmers but actually represented the interests of landlords.[139]

Second, Paek felt that the policies to restore feudal institutions, such as the community contract (K. *hyangyak*) or grain storehouses, were significant in two respects. They were both part of the measures that Japan adopted to overcome the heightening rural crisis and part of its political effort to co-opt local elites and the rural middle

Self-Cultivating Farmers), *Tongbang p'yôngnon* 3 (July-August 1932), pp. 24-26; Paek Nam-un, "Chosen keizai no gendankairon," p. 311.

138) Paek Nam-un, "Chosen keizai no gendankairon," pp. 317-18.

139) Ibid., p. 318.

class into serving as a pro-Japanese force.[140] His argument was that the feudal revival policies were a world historical phenomenon that developed during the rise of Fascism under monopoly capital. In reality, they were measures to enable thought control and to provide support for the planned economy in order to maintain the development of transplanted capitalism in the colony.[141]

Implemented in the name of the "restoration of self-sufficiency," the measures for the peasantry seemed to place some constraints on the landlord class. However, Paek Nam-un felt that they ultimately remained within the limits that protected the interests of the landlord class. In a situation where the majority of peasants were already alienated from the means of production, the "path to restoration of self-sufficiency" was merely the "death knell for the economic collapse of the Chosôn peasantry."[142] In his view, a genuine movement for self-sufficiency would have had to be an organized self-defense movement for tenant farmers who were suffering from oppression by the Japanese. Its purpose would have been the fundamental solution of the inequities in land ownership; that is, the liberation of the peasantry through the abolition of the landlord system. However, he believed that this solution would be possible only with the achievement of the political goal of national liberation.[143] His proposals for

140) Paek Nam-un, ibid., p. 321; Paek Nam-un, "Hyangyak ûi puhwal e taehaya," p. 6.

141) Paek Nam-un, "Pokgo kyôngje ûi immu."

142) Paek Nam-un, "Chosen keizai no gendankairon," p. 309.

solving agricultural problems reflected the general position of socialists at the time who advocated both national liberation and a land revolution, and they were fundamentally different from the proposals of the majority of nationalists.

The exploitative policies of Japanese fascism went beyond the establishment of economic controls. In order to overcome the capitalist crisis, the Japanese also implemented measures for economic exploitation that subordinated Chosôn even more completely to Japanese monopoly capital as a supplier of raw materials and as a source of exploitable labor power. Paek Nam-un thought that these developments resulted from the structural weaknesses inherent to Japanese capitalism as a late imperial power. The key factor was the structural instability of the textile industry, the only industry in which Japan was competitive within the world capitalist system. Exports of raw silk and cotton products determined the growth or decline of Japanese monopoly capitalism, and Japan was completely dependent on imports for raw cotton and textile machinery. He thought that the international position of the Japanese cotton industry was becoming extremely unstable because of the severity of conflict among economic blocs during the Great Depression and because of Japan's growing inferiority in competing for markets and its inequality compared to the British cotton industry, its principal rival.[144)]

---

143) Paek Nam-un, ibid., p. 312.

144) "Ilmun ildapgi Yônhûi chônmun kyosu Paek Nam-un ssi," *Sin tonga* 2, no. 12 (December 1932), p. 21; Paek Nam-un, "Chosen keizai no gendankairon,"

Since Japan had no alternative other than todevelop new monopolies of raw materials and markets, it had to intensify its exploitation of Chosôn and to embark on an expansion of the Far Eastern economic bloc through military action.[145]

Through the "state autarky program," Japan pursued policies to transform the structure of production in the Korean economy. It promoted industrialization in northern Chosôn, cotton cultivation in the south, and wool and hemp cultivation in the north. The promotion of cotton, wool, and hemp cultivation sought to increase production of these materials by establishing controls over production and even marketing. Paek Nam-un viewed these policies as an effort to simplify the structure of agricultural production in Korea, just as the Program to Increase Rice Production had attempted, and to subordinate Korean agriculture to the needs of the Japanese cotton-spinning industry.[146] Industrialization in the north was the consequence of the monopolistic development of transplanted capital that also entailed a monopoly of natural resources and an increased exploitation of labor power by Japanese monopoly capital. He argued that through monopoly capitalism's exploitative industrialization pol-

---

pp. 321-22.

145) Paek Nam-un, "Chosen keizai no gendankairon," p. 322. This was the basis for his view that the Far Eastern bloc was the economic bloc with the most serious political and military tensions. Paek Nam-un, "Segye kyôngje rûl chibae hanûn ppullôk undong ûi kûmhu (4-5)," *Tonga ilbo*, January 4-5, 1934.

146) Paek Nam-un, "Chosen keizai no gendankairon," pp. 321-23.

icy, a "transformation of the Chosôn economy" was occurring that brought about a modern organization of labor within production.[147]

There were four main points to Paek Nam-un's critique of transplanted capitalism in Korea and of the "economic controls" policy in the 1930s. First, under Japanese rule, Korean society underwent a qualitative transformation to a capitalist social formation, and the decisive event in the transformation was the loss of political sovereignty in 1910. His second point was that the potential for the internal development of capitalism in Korea was blocked through violent means, and subsequent capitalist development involved the development of transplanted capitalism, the driving force of which was foreign capital from Japan. His third point was that the institutionalization of transplanted capitalism in Korea was completed in the 1920s; and then during the Great Depression of the 1930s, when Japan entered the monopoly stage under a control economy because of the crisis of the world capitalist system, it also implemented a policy of fascist economic controls in Korea. Lastly, since class contradictions in transplanted capitalism were rooted in the colonial conflict between Korea and Japan, the nature of the labor and peasant movements was fundamentally political; that is, they were in essence a national liberation movement.

---

147) Paek Nam-un, ibid., p. 325; Paek Nam-un, "Chosôn nodongja idong munje 2" (The problem of the migration of Chosôn workers 2), *Tonga ilbo*, January 2, 1935.

3. Conception of Society and the Direction of the Nationalist Movement

In order to understand Paek Nam-un's views on national liberation, it is necessary to reexamine their relation to his work on economic history and contemporary Korea in the context of his conceptions of society and of social contradictions. In general, the main focus of his analysis of contemporary society was the transplanted nature of colonialism that was expressed through class conflict as the system of transplanted capitalism developed and became entrenched. This "transplanted nature" was the aspect of society that determined the nature of the contradictions of the social formation under the present stage of capitalism. Paek Nam-un elaborated his argument as follows.

> Can the current economic institutions of Chosôn be simply defined as a capitalist society? Not at all··· In all the institutions of the Chosôn economy, there is a mixture of feudal remnants anda capitalist system. However, what matters is not the relative importance of eachin the constitution of the economy; rather, they are the expression of class relations in the colony of an imperialist economy. Therefore, [the mixture of feudal and capitalist elements] can be seen as a specific developmental form of a Chosôn capitalist economy that is completely a unitary whole. Politically, it appears as a conflict between nations, but socioeconomically, it appears as capitalist conflict. In the case of the latter, the class conflicts within the Chosôn nation are also an important

> social phenomenon that cannot be ignored. But as long as transplanted capitalism has a dominant presence in the institutions of the Chosôn economy, national conflicts and capitalist conflicts will almost completely overlap with each other. The double nature of conflict is the defining characteristic of the Chosôn economy today.[148]

Paek Nam-un's argument had two general points. First, Korea under Japanese rule was not a straightforward capitalist society. Rather, it was a society of transplanted capitalism whose dominant feature was the transplanted nature of colonial capitalism which was completely incorporated into the economy of Japanese monopoly capitalism. The term "dominant" referred to the mutual determination of the feudal and "transplanted" aspects of society. As a mixture of two economic systems, the Chosôn economy possessed the qualities of both feudalism and transplanted capitalism, but despite the quantitative superiority of the former, he argued that the latter determined the qualitative nature of the social formation.

Second, under Japanese rule, the fundamental contradictions of Korean society, which were rooted in the nature of transplanted capitalism, were expressed through the merging of political (colonial) and class (capitalist) conflict. In other words, what was of primary importance in the structure of contradictions was the merging of national and class contradictions due to the main features of transplanted capitalism.[149] It was a combination of the totalizing nature

148) Paek Nam-un, "Chosen keizai no gendankairon," p. 304.

of colonial and economic domination by Japan with the political and class conflicts that transplanted capitalism caused between Japan and Chosôn. More specifically, within agriculture, there was a conflict between Japanese landlords and Korean peasants; within commerce and industry, there was a conflict between Japanese transplanted capital and Korean laborers.

Paek Nam-un categorized class conflict within the nation as a secondary contradiction, clearly revealing his understanding of society and social contradictions. Class contradictions within the nation were the product of the overlapping of feudal contradictions arising from the landlord system with the capitalist conflict caused by the movement of native capital into commerce and industry. Paek tended to de-emphasize the conflict between Korean native capital and landlords, on the one side, and laborers and tenant farmers, on the other. Rather, as mentioned above, he put more emphasis on the conflict between colonizer and colonized — that is, between transplanted capitalism and small-to medium-scale Korean capitalists and landlords. He also emphasized the decline in status of Korean capitalists and landlords caused by the influx of transplanted capital.

Although Paek's focus on transplanted capitalism appears to have reflected his emphasis on the primacy of the colonial conflict, this

---

149) To borrow Mao Tse-tung's usage, it can be said that it was a union of fundamental and important contradictions. Mao Tse-tung, "On Contradiction" in *Chungguk hyôkmyông kwa Mo T'aekdong sasang 1*, Bruno Shaw, ed. (Seoul: Sôkt'ap, 1986), pp. 153-68.

focus was also rooted in his rejection of the possibility that Korean native capital could have served as the driving force in the development of national capitalism. In Paek's view, capitalist growth by native capital, though possible for short periods of time, became fundamentally impossible under conditions of colonialism as early as the mid-1920s. In contrast, other intellectuals called for the development of commerce and industry through companies owned by Koreans and for the self-sufficiency of the national economy. Similar to the Native Products Promotion Movement (*Mulsan changnyô undong*) which lasted into the 1930s,[150] they argued for the potential development of "self-sufficient capitalism" or "national capitalism" under conditions of transplanted capitalism. Paek criticized such views as opportunism that would lead only to the emergence of "privileged workers" rather than native capitalists. To him, their policies were fundamentally no different from the Japanese policy of the "revival of self-sufficiency."[151] Paek's argument was that without national liberation, native capital would either become completely subordinated to the colonial state and transplanted capital or end up falling into bankruptcy.

While Paek Nam-un emphasized that class conflict rooted in Korea's colonial situation was the primary contradiction of society, he sought to understand class conflict within the context of the political significance of the feudal remnants contained within trans-

150) Pang Kie-chung, "1920-30 nyôndae Chosôn mulsan changnyôhoe yôn'gu."
151) Paek Nam-un, "Chosen keizai no gendankairon," p. 325.

planted capitalism. In the preface to *The Socioeconomic History of Feudal Chosôn*, he discussed the mutual relationship between feudal remnants and the transplanted nature of capitalism as follows:

> During this turning point of world history, the form of Eastern society is a mosaic mixture of the persistence of feudal remnants, which appears as Asiatic stagnation, and the dominance of the highest form of capitalism. The dual nature of this society will necessarily undergo rapid transformation.[152)]

In short, feudal remnants were structurally integrated with monopoly capitalism, the "highest form of capitalism." The concrete form of these remnants was the relations of production of the landlord system which was now integrated with a modern land ownership system. Colonial and class conflicts, stemming from the transplanted nature of capitalism during the Japanese occupation, were rooted in the semi-feudal nature of the landlord system. Because the structural features of Japanese capitalism made its development partially dependent on Korean agriculture, it was only natural that the Japanese colonial state sought to control it through the landlord system.[153)] Paek used the Japanese expression "mosaic mixture" (J. *yosegizaiku teki konketsu keitai*) to describe the contradictions of a landlord system integrated with monopoly capitalism.

---

152) Paek Nam-un, *Chosôn ponggôn sahoe kyôngjesa*, preface, p. 1.

153) Kim Yong-sop, *Han'guk kûnhyôndae nong'ôpsa yôn'gu*, pp. 45-47, 390-91.

Paek Nam-un's views on the nature of contradictions and society under Japanese rule can be summarized as follows. The fundamental contradiction of Korean society was the conflict between colonizer and colonized, and this conflict was rooted in the transplanted nature of capitalism which led to the merging of national and class contradictions. As feudal contradictions were structurally integrated with the colonial situation, he argued that the ultimate goal of political and social movements should be a national liberation that would be simultaneously "anti-capital" and "anti-feudal." In his view, national liberation was the primary political task facing Korean society because it would be impossible to achieve a fundamental solution to the socioeconomic contradictions of colonial society without political independence.[154] After national liberation, society would be able to move in a non-capitalist direction with the goal of establishing a socialist state. National liberation and the establishment of a socialist state were not separate tasks but constituted a "Chosôn revolution" in which the two were elements of a single, continuous task. When Paek Nam-un used the phrase "rapid transformation of the dual nature [of society]" in the above-mentioned quote, he was referring to this kind of revolution.

---

154) The land problem was the fundamental task of anti-feudal reforms, and Paek emphasized that "unless [it is accomplished] through a political solution, it is absolutely impossible to have a fundamental solution." This statement is another example of his thinking on these issues. Paek Nam-un, "Chosen keizai no gendankairon," p. 312.

With these political tasks in mind, Paek Nam-un argued that the driving force for national liberation, which would set the future path of the nation, lay in the heightened class consciousness and organized movement of the proletarian worker and peasant masses. They were composed of groups such as poor farmers, laborers, and the "industrial reserve army."[155] On the other hand, he regarded moderate nationalists as a completely reactionary force. Their goal was not a fundamental solution to economic problems, and they advocated a course of capitalist development that subordinated the Korean economy to transplanted capitalism. However, Paek did not feel that the proletarian movement was the only force for national liberation. The nationalist bourgeoisie could also play a role in the struggle against imperialism, because conflict existed between Japanese capital and small-to medium-scale Korean capitalists and landlords and because native capital would be unable to develop under conditions of colonialism. Although his thinking later became much more factional than it had been in the 1920s, he consistently maintained his support for a united front in the nationalist movement. One clear example was his attempt in 1936 to build a united front of scholars by proposing the establishment of the Central Academy (K. *Chungang ak'ademi*). It was to include scholars from both the natural and the social sciences as well as the humanities.[156]

---

155) Paek Nam-un, "Chosôn sahoeryôk ûi tongjôk koch'al;" Paek Nam-un, "Chosen keizai no gendankairon," pp. 312, 325.

156) Paek Nam-un, "Haksul kigan pudae ûi yangsông — Chung'ang ak'ademi

Despite these political ambitions, Paek Nam-un was not able to translate his theories or ideas on the "Chosôn revolution" into political action. Fundamentally, the problem arose from his own political limitations as he restricted his activities to scholarly praxis. In addition, he was unable to develop a political strategy suited to his conception of society and vision of a new state. Paek seems to have disagreed with Lenin's and the Comintern's theories of colonial revolution. Commonly held by Korean socialists at the time, these theories argued that colonies should pursue a bourgeois democratic revolution that was anti-imperial and anti-feudal.[157] However, Paek was not able to establish a new Marxist perspective on democracy and the state that could articulate, in contrast to the mainstream Marxist view, a conception of anti-imperial struggle that was both anti-capitalist and anti-feudal. During the colonial period, he was unable to continue his efforts to resolve the theoretical limitations in his thinking because of his imprisonment by the Japanese in the Economic Club (Yônhûi Junior College) Incident of 1938 (*Yônhûi kyôngje yôn'guhoe sagôn*).[158] It was after liberation that he re-

---

ch'angsôl" (The cultivation of a corps of scholarly cadres-the establishment of the Central Academy), *Tonga ilbo*, January 1, 1936. His proposal for the establishment of the Central Academy had the intention of establishing a united-front institute for researching policy that would prepare for state-building in a liberated "new Chosôn."

157) Pang Kie-chung, *Han'guk kûnhyôndae sasangsa yôn'gu*, pp. 221-23, 344-59.

158) Hong Sung-Chan (Hong Sôngch'an), "Iljeha Yônjôn sangkwa ûi kyôngje

solved these problems, when he found a clue to overcoming his theoretical limitations through Mao Tse-tung's theory of "new democracy."[159]

4. Conclusion

Paek Nam-un was the pioneer of Marxist scholarship in Korea during the Japanese occupation, and the focus of this chapter has been on the formation of his thought, his conception of scholarship, and his theory of "understanding Chosôn." It has also examined his understanding of the history of Korea's capitalist development and his views on contemporary Korean society and prospects for national liberation. When he studied in Japan during the early 1920s, he was influenced by socialism and Marxism. He adopted their worldview and scholarship, seeing them as an ideology that could provide a solution to Korea's colonial and socioeconomic contradictions. He began serious scholarly work in the early 1930s during the beginning of the Great Depression. His ambition was to systematize Chosôn economic history and to promote scientific "understanding

hakp'ung kwa 'Kyôngje yôn'guhoe sa'gôn'" (The intellectual atmosphere of the department of commerce at Yônhûi Junior College during the colonial period and the Economic Club Incident), *Yônse kyôngje yôn'gu* 1, no. 1 (1994).

159) Pang Kie-chung, ibid., pp. 313-42.

and research on Chosôn" (*Chosôn insik-Chosôn yôn'gu*) that could contribute to overcoming Korea's colonial situation.

Paek's scholarly activities had two main goals. The first was the establishment of the autonomy of scholarship; he asserted that research on Chosôn must be done by Koreans themselves. The second was the development of a scientific "understanding of Chosôn" that would make it possible to overcome Japanese colonial ideology and to envision the future of the nation. This scientific knowledge would reveal the contradictions of Korean society and explain the development of Korean history in accordance with universal historical laws. To accomplish these goals, he undertook an in-depth critique of the methodological limitations and the ideological nature of Japanese government scholarship. Through various kinds of institutional support, this scholarship produced a distorted knowledge of Chosôn that was meant to justify Japan's colonial aggressions and to undermine Koreans' national consciousness. However, Paek rejected the views of nationalist intellectuals because of their culturalist and essentialist conceptions of the state, society, and Korea. He wanted to demonstrate that a change to Marxist epistemology was the only path to national revival.

Paek's main scholarly concern was the systematization of Korean economic history, which no scholar had yet accomplished. This chapter has focused on a related subject — Paek's theories of the internal breakdown of feudalism and of the sprouts of capitalism and his efforts to expose the predatory nature of transplanted capitalism in Chosôn. Using positivist, statistical methods, Japanese government scholarship attempted to justify Japan's occupation of Chosôn and the system of transplanted capitalism by claiming that they brought about Korea's "industrial revolution." As is well known, the basis of the ideology of "colonial modernization" was the stagnation theory of Korean history, which was closely tied to theories of the inferiority of Korean national character.

In this period, the majority of Korean scholars — both nationalists and Marxists — also accepted stagnation theory, as if it were an unavoidable fate, and analyzed Korea's colonial situation and its future based on its premises. Paek Nam-un's theories of the breakdown of feudalism and the sprouts of capitalism aimed to be a total refutation of the stagnation theory. Since his work only sketched the outlines of his argument, it is not surprising that he was unable to discover the specific features of the breakdown of feudalism in Korea nor the internal factors that suppressed the potential for capitalist development in Korea and led to its fall to colonial status. Nonetheless, the scholarly significance of his work on modern economic history is comparable to his contributions to pre-modern economic history.

On the basis of his historical work, Paek Nam-un defined the social formation of Korea under colonial rule as a society of transplanted capitalism completely integrated with the institutions of Japanese capitalism. He then made the following points about the nature of social contradictions in Korea. First, capitalist conflict (class contradictions) became merged with colonial conflict (contradictions between colonizer and colonized) because of the predominant influence of transplanted capitalism in colonial society. Second, the primary contradiction was located in class conflict between nations, while class conflict within a nation was a secondary contradiction. Third, since feudal contradictions and colonial class conflict were interconnected structurally, the relation between capitalist and feudal contradictions was also inseparable. Fourth, because the growth of native capital was essentially impossible in a system of transplanted capitalism, contradictions were intensifying between transplanted capitalism and small-to medium-scale Korean capitalists and landlords. Finally, one of Paek's most important observations was that because of the nature of contradictions under colonial transplanted capitalism, the labor and peasant movements were fundamentally political in nature. That is, their struggle was part of the national liberation movement.

Paek Nam-un was unable to develop a theoretical framework that could articulate a political strategy for a future suited to the historical and social features of Korea's modernization. His political-economic goal for the nation was the achievement of a "Chosôn revolution" that would simultaneously liberate the country from the Japanese and overcome the class contradictions rooted in the agricultural economy. It was a path of socialist development whose primary goal was to achieve an anti-imperial national liberation that would be both anti-feudal and anti-capitalist. United with socialist forces, the proletarian movement and the worker and peasant masses would be the fundamental driving force for national liberation.

Paek thought that it was necessary to create a united front against imperialism through an alliance with certain groups of bourgeois nationalists, who were supported by native capitalists. Nevertheless, he completely rejected moderate nationalists' program of capitalist modernization. Their objective was not a fundamental solution of colonial and socioeconomic contradictions; they compromised with the Japanese and asserted the possibility of the development of native capitalism. Paek's political positions and views on a scientific "understanding of Chosôn" clearly revealed the ideological and political points of contention between the socialists and the nationalists. It is possible to see Paek Nam-un's scholarship as a demanding form of intellectual praxis whose objective was to support the political activities and the labor and peasant movements of socialist forces.

Although Paek Nam-un is just one example of a Marxist intellectual, he is central to a proper understanding of the intellectual history of the colonial period. An analysis of his work can reveal the socioeconomic background and intellectual factors behind the historical introduction of socialism and Marxist thought in Korea. It can also explain how they provided an ideology of national liberation and social revolution. In short, his scholarship was an ideological reflection of Korea's colonial and socioeconomic situation.

During the occupation period, the socialist movement, as well as the peasant and labor movements, broke with the traditions of the peasant-oriented social reform movements of the late Chosôn and Hanmal periods and adopted socialism as the ideology of the national liberation movement. Within the context of Korean intellectual history, Paek can be seen as the successor to the Silhak tradition of peasant-oriented reform thought that emerged in the late Chosôn period. His scholarship and thought clearly indicated the intellectual context in which Marxism, the most recently introduced foreign ideology, became a major stream of social reform thought. The other major stream of thought was the "civilization and enlightenment" (*munmyông kaehwa*) ideology advocated by landlords who had led top-down reforms to establish a modern nation-state in the Hanmal period. During the occupation period, it developed into a bourgeois nationalist ideology that was baptized in a "deformed" modernism under the system of transplanted capitalism. Paek's thinking also reflected the historical features of socialist and Marxist thought during its period of formation in Korea as it attempted to overcome the class limitations of bourgeois nationalist ideology.

Despite the significance and critical nature of Paek Nam-un's work, not all Marxist intellectuals and socialist activists were in agreement with his political views or his conceptions of Korean society and history. As reflected in the differentiation of Marxist views on Korea in the 1930s, disagreements arose from differences in epistemological perspectives on Marxist thought and from differences in conceptions of the colonial situation. On the other hand, disagreements were also related to their fundamental positions on Korean history and its intellectual traditions. The majority of socialists viewed Korean history as stagnant, rejected all traditional thought, held a classist view of the nation, and reduced class contradictions within the nation to an expression of colonial contradictions (thus rejecting the idea of a united front with bourgeois nationalists). In contrast, Paek emphasized the conformity of Korean history to universal laws of development, the internal foundations for the introduction of modern ideologies, and the historical features of the formation of the Korean nation as well as the merging of colonial and class contradictions. These differences in opinion were not restricted to scholarship but were related to political differences over their visions for the future of the nation. These differences became evident in the state building movements after liberation that eventually led to the division of the country that persists today.

translated by Michael D. Shin

Index of Terms

Aooka(Ch'ônggu) gakkai 靑丘學會 Aooka (Blue Hill) Society

Bunka seiji (J.) 文化政治 Cultural Policy

Bunka seisaku (J.) 文化政策 Cultural Policy

bunken kosho (J.) 文獻考證 textual exegesis

chabonjuûi maeng'a hyôngt'ae 資本主義 萌芽形態 sprout form of capitalism

Chajaknong ch'angjông kyehoek 自作農創定計劃 Plan to Establish Self-Cultivating Farmers

Chindan hakbo 震檀學報

Chindan hakhoe 震檀學會 Chindan Society

chôngch'eron 停滯論 stagnation theory

Chông Yagyong 丁若鏞 (1762-1836; *ho* Tasan, 茶山)

Choesenshi(J.) 朝鮮史 *The History of Chosŏn*

Chosôn haksulwôn 朝鮮學術院 Chosŏn Academy

Chosônhak undong 朝鮮學運動 Chosŏn Studies Movement

Chosôn insik 朝鮮認識 understanding Chosŏn; knowledge of Chosŏn

Chosôn kyŏngjehoe 朝鮮經濟會 Society for Chosŏn Economics

Chosôn kyôngje yôn'guso 朝鮮經濟硏究所 Institute of Chosôn Economic Studies

Chosôn nongjiryông 朝鮮農地令 Chosôn Agricultural Land Ordinance (Tenant Farmer Law)

Chosôn ponggôn sahoe kyôngjesa 朝鮮封建社會經濟史 *The Socioeconomic History of Fuderal Chosôn*

Chosôn sahoe kyôngjesa 朝鮮社會經濟史 *The Socioeconomic History of Chosôn*

Chosôn sajông chosa yôn'guhoe 朝鮮事情調查研究會 Institute for Research and Surveys on Korean Issues

Chosônsa p'yônch'anhoe 朝鮮史編纂會 Society for the Compilation of a History of Chosôn

Fukuda Tokuzo 福田德三 (1874-1930)

Gakushuin Daigaku 學習院大學校 Gakushuin University

haksul pudae ûi ch'ammo ponyông 學術部隊의 參謀本營 headquarters of the scholarly corps

Hoesaryông 會社令 Company Law

Hong Kimun 洪起文 (1903-1992)

isik chabonjuûi 利殖資本主義 transplanted capitalism

Kaizo 改造 Reconstruction

Kawakami Hajime 河上肇 (1879-1946)

Kihira Tadayoshi 紀平正美 (1874-1949)

Kim Kwangjin 金洸鎭 (1902-1986)

Kim T'aejun 金台俊 (1905-1949)

Kim Up'yông 金佑枰 (1897-1967)

Kokushi gakuha(J.) 國史學派 National History Faction

kominka 皇民化 imperial citizens

kukch'aekjôk chagûp chajok 國策的 自給自足 national autarky campaign

kungmin kyôngjehak 國民經濟學 *Nationalökonomie*; national economics

Kûllo inmindang 勤勞人民黨 Worker-People's Party

Kwŏn'ŏp mobômjang 勸業模範場 Model Farm for the Promotion of Agriculture

kyegûpsông 階級性 classness

kyôngje sahoe kusông 經濟的 社會構成 economic social formations

Kyôngsông(Keijo) cheguk taehakgyo 京城帝國大學校 Kyôngsông (Keijo) Imperial University

Minobe Tatsukichi 美濃部達吉 (1873-1948)

Mulsan changnyô undong 物産獎勵運動 Native Products Promotion Movement

nodong chônsugwôn 勞動全收權 right to the whole product of labor

nongbonjuûi 農本主義 agrarianism

Nongch'on chinhŭng undong 農村振興運動 Rural Revitalization Campaign

Noron 老論 Norton faction

Paek Nam'un 白南雲 (1894-1979)

pip'anjŏk ch'ôngsangi 批判的 淸算期 period of critical cleansing

pŏpch'iksông 法則性 uniformity

pokgo chôngch'aek 復古政策 policies to revive feudal institutions

Sin'ganhoe 新幹會

Sinmindang 新民黨 New People's Party

sin minjujuûi 新民主主義 new democracy

Sin Namch'ôl 申南澈 (1907-?)

Sô Ch'un 徐椿 (1894-1944)

Suwon nongnim hakgyo 水原農林學校 Suwon Agricultural and Forestry School

Takata Yasuma 高田保馬 (1883-1972)

Tangmyôn iik hoekdŭk undong 當面利益獲得運動 Immediate Benefit Movement

Tan'gun Chosôn 檀君朝鮮

Tokyo kodo shogyo gakko 東京高等商業學校 Tokyo Higher Commercial School

Tokyo shoka daigakko 東京商科大學校 Tokyo Commercial College

t'ongje kyôngje 統制經濟 control economy

t'ûkhô chedo 特許制度 permit system

Ueda Teijiro 上田貞次郎 (1879-1940)

Yamamoto Sanehiko 山本實彥 (1885-1952)

Yi Kûngjong 李肯鐘 (b. 1898)

Yi Yôsông 李如星 (b. 1900)

yôjônbôp 閭田法 village-land system

yôksasông 歷史性 historicity

Yŏnhûi chônmun hakgyo 延禧專門學校 Yônhûi Junior College

Yônhûi kyôngje yôn'guhoe sagôn 延禧經濟硏究會事件 Economic Club Incident

yosegijaiku teki(J.) 奇木細工的 混血形態 mosaic mixture

(출전: Pang Kie-chung and Michael Shin, eds. *Landlords, Peasants, and Intellectuals in Modern Korea,* Ithaca, New York: East Asia Program, Cornell University, 2005.)

백남운의 『쏘련印象』과 정부수립기 북한사 연구

1. 해제에 들어가며

1949년 2월 22일 오전 8시 조선민주주의인민공화국 수상 김일성을 비롯한 북한 정부 대표단이 평양 비행장을 출발하여 소련 방문 길에 올랐다. 소련과 '경제적 및 문화적 협조에 관한 협정'(이하 '조소경제문화협정'으로 약칭)을 체결하기 위해서였다. 3월 3일 모스크바에 도착한 이들 대표단은 스탈린(I. V. Stalin)과의 면담 및 여러 차례의 실무회담을 거쳐 3월 17일 소련 정부와 '조소경제문화협정' 조인식을 거행하였다. 『쏘련印象』은 당시 문화부문 협정 체결 담당자로 대표단에 참여한 교육상 백남운의 소련 방문기로서, 1950년 3월 17일 '조소경제문화협정' 체결 1주년을 기념하여 백남운이 위원장을 겸하고 있었던 조선역사편찬위원회에서 간행한 것이다.[1)]

---

1) 1963년 평양 출판인쇄과학연구소에서 간행한 『조선민주주의인민공화국 도서목록 1945-1960』(521쪽)에는 두 판본의 『쏘련印象』이 소개되어 있다. 하나는 2천 부를 간행했다는 1948년 교육성 편찬관리국 판본이고, 다른 하나는 1만 부를 간행한 1950년 조선역사편찬위원회 판본이다. 앞의 판본이 실재 있었는지는 확인하지 못하였는데, 만약 사실이라면 북한 대표단의 소련 방문이 1949년 2월이기 때문에 1948년은 1949년의 오기일 것이다.

해방 후 북한 지식인의 소련 방문기는 『쏘련印象』 이전에도 몇 종류가 출간되었다. 1947년 조쏘문화협회의 소련 방문 시 참여한 지식인들의 개인 방문기가 그것이다.[2] 그러나 『쏘련印象』은 개인 저술임에도 불구하고 정부 수립 이전에 집필된 이들 방문기와는 그 성격과 간행 취지를 질적으로 달리하고 있다. 『쏘련印象』은 정부 수립 직후 국가적 당면 과제를 해결하기 위해 추진된 북한 내각의 최초의 공식 소련 방문 일정과 성과를 정부 각료의 입장에서 정리한 것이기 때문에 기본적으로 공적 성격을 띠는 일종의 방문 보고서이다. 이에 백남운은 『쏘련印象』 머리말 서두에서 "협정을 체결한 데 대하여 담당한 부문의 공적 임무를 수행한 보고로서 뿐만 아니라 평소에 동경하던 지구상의 신세계를 본 감격에서 우러나오는 기념으로" 이 책을 집필하게 되었다고 그 간행 취지를 밝히고 있다.[3]

이러한 간행 취지와 관련하여 백남운이 특별히 유념한 것은 자신이 관장하는 '교육문화일꾼'들에 대한 사상교육이었다. 주지하듯이 정부 수립기 북한은 과도적 사회주의 건설론인 인민민주주의 노선에 입각하여 국가건설과 남북통일을 추구하였다.[4] 그러할 때 이 신생 인민민주주의국가의 지도부가 직접 목도한 소련 사회주의의 경제적·문화적 발전상은 향후 북한이 나아가야 할 국가건설의 선진적 경험이자 지표로 인식되었다. 이 책의 전체적 분위기를 통해 쉽게 확인할 수 있듯이 당

2) 李泰俊, 『蘇聯紀行』, 평양: 북조선출판사, 1947 ; 許珉, 『쏘련참관기』, 평양: 조쏘문화협회, 조쏘문고, 1947 ; 리기영·이찬, 『쏘련참관기』, 평양: 조쏘문화협회, 조쏘문고, 1947.

3) 白南雲, 『쏘련印象』, 2쪽(『쏘련인상』, 선인, 2005, 9쪽).

4) 이 시기 북한 인민민주주의론에 대해서는 김성보, 『남북한 경제구조의 기원과 전개』, 역사비평사, 2000, 제3부 1장 ; 徐東晩, 「解放朝鮮における'人民民主主義論'の形成過程 : 1945~1950년」, 東京大 修士論文, 1990 등 참조.

시 북한 대표단은 제2차 세계대전의 피해를 극복하고 급속히 발전하고 있는 소련의 사회주의 건설상과 문화에 압도당하면서 큰 감동을 받았다.[5] 백남운은 이 책의 주요한 간행 의도가 소련의 발전상과 과학·문화를 목도하며 느낀 이러한 감동, 특히 스탈린을 직접 대면한 감격과 인상을 '교육문화일꾼'들에게 소개함으로써 소련의 과학과 문화를 배우고 맑스·레닌주의 사상으로 무장하는 데 있다는 것을 여러 차례 강조하였다.[6] 곧 이 책은 일차적으로 '교육문화일꾼'을 대상으로 기획한 인텔리용 사상교양서의 성격을 지닌 것으로, 이 책을 접할 때에는 우선 이러한 간행 의도를 염두에 둘 필요가 있다.

이와 같은 저술의 성격과 간행 취지와 관련하여 『쏘련印象』은 정부수립기 북한의 정치·사상 동향을 연구하는 데 중요한 자료적 가치를 지니고 있다. 무엇보다 이 책은 '조소경제문화협정' 체결 과정과 방소 대표단의 동정을 생생하게 전하는 유일한 자료로서, 협정 체결 당시의 실상은 물론 이 시기 북한과 소련의 관계, 북한 지도부의 대소관·스탈린관을 파악하는 데 여러 기초적인 정보를 제공하고 있다. 또한 당시 '소련을 향해 배우라'는 노동당 지침에 함축되어 있듯이 백남운이 이 책 곳곳에서 논한 소련 사회주의 발전상에 대한 인상과 교훈적 해설은 국가건설의 당면 과제 해결과 불가분의 관계에 있는 이 시기 북한 지도부의 국가건설관을 이해하는 데 중요한 단서가 된다. 나아가 맑스·레닌주의 사상교양서의 성격을 지닌 이 책은 월북 후 백남운의 사상적 면모를 잘 보여주는 자료로서, 특히 맑스·레닌주의와 스탈린에 대한

5) 이 점은 귀국 직후 개최된 최고인민회의에서 총괄 보고를 한 김일성의 언급이나 부수상 홍명희의 보고에도 잘 나타나 있다(國土統一院, 『北韓最高人民會議資料集 第1輯』, 1988, 421~422쪽, 426~427쪽).

6) 白南雲, 『쏘련印象』, 3~5쪽(『쏘련인상』, 선인, 2005, 10~12쪽).

이해 방식, 사회주의 인간·문화론의 제기, 아시아적 생산양식론 비판 등은 당시는 물론 이후 북한의 정치 동향과도 관련하여 북한 사회주의 사상 발전사를 이해하는 데 여러 중요한 시사점을 제공하고 있다.

본 해제에서는 이 책의 이러한 자료적 가치를 심층적으로 음미하는 데 필요한 몇 가지 관련 사항을 소개함으로써 독자 제위의 이해를 돕고자 한다. 우선 저자에 대한 이해를 위해 북한 정부 수립에 참여한 이후를 중심으로 백남운의 활동 경력을 간략히 소개하고, 이 책이 간행되는 시대적 배경을 당시의 정치적·역사적 맥락 속에서 음미하기 위해 북한 정부 대표단이 '조소경제문화협정' 체결을 위해 소련을 방문하기까지의 사정을 정부 수립기 북한의 당면 과제와 관련하여 정리하고자 한다. 그리고 끝으로 『쏘련印象』의 구성과 필자 나름대로 주목할 필요가 있다고 생각되는 주요 내용 및 그 연구사적 의미를 소개함으로써 정부 수립기 북한사 연구에 미력하나마 보탬이 될 수 있는 기회를 가져보고자 한다.

2. 백남운과 월북 이후의 주요 활동 경력

일제하 연희전문 상과 교수였던 백남운은 한국 맑스주의 역사학·사회과학의 개척자로서, 1930년대 초 한국의 역사와 현실을 과학적으로 인식할 수 있는 새로운 방법론과 역사상을 창도하여 한국 근현대 학술사의 한 획을 그은 학계의 거벽이다.[7] 내적 발전의 논리로서 한국사의 합법칙적 보편성과 한국적 특수성을 통일적으로 인식할 수 있는 역사

7) 이하 특별히 인용이 없는 백남운의 지적 성장 과정과 경력에 대해서는 방기중, 『한국근현대사상사연구』, 역사비평사, 1992 ; 方基中, 「白南雲의 學問과 思想」, 『연세경제연구』 1, 1994를 참조.

적 안목과 연구 방법은 실로 그에 의해 문을 열게 되었고, 그의 학문적 고투를 통해 비로소 일본인 학자들이 주장한 식민주의 한국사 인식과 '식민지근대화론'의 침략성 · 허구성을 이론적 · 실증적으로 타파할 수 있는 길을 찾을 수 있었다. 맑스주의 사상이 수용되어 민족해방운동과 결합되기 시작한 것은 이미 1910년대부터지만, 백남운을 한국 맑스주의 '학문'과 '지성'의 원류로서 파악하는 것은 이러한 의미에서이다.[8)]

백남운은 1894년 2월 11일 전라북도 고창군 아산면 반암리에서 빈한한 향촌 유자인 백낙규의 차남으로 태어났다.[9)] 부친이 운영한 사숙에서 한학을 배운 그는 1912년 수원농림학교에 진학하여 농학 · 농업경제학을 통해 근대 학문과 현실세계에 개안하였다. 1915년 졸업과 함께 강화공립보통학교 교유, 강화삼림조합 기수를 지내다 일본유학길에 올라 1919년 동경고등상업학교(1920년 동경상과대학으로 승격)에 진학하였다. 동경상대 재학 시절 맑스주의 철학과 경제학에 심취하는 한편 '조선경제사' 연구를 필생의 학문적 과제로 설정하였다.

1925년 졸업과 함께 연전 상과 교수로 부임한 후 맑스주의 이론에 더욱 정진하면서 그것을 학문의 영역으로 확장시키는 데 주력하였다. 특히 1930년 이후 본격적으로 맑스주의 학풍과 과학적 '조선인식'을 창도하며 왕성한 학술활동을 전개하였고, 1933년 오랜 각고의 노력 끝에

---

8) 방기중, 「백남운과 한국 맑스주의 지성사의 원류」, 『비평』 5, 2001.

9) 어떠한 연유에서 비롯됐는지 잘 모르겠지만 현재 이용되는 모든 사전류는 백남운의 생년을 1895년으로 기록하고 있다(日本外務省アジア局, 『北朝鮮人名錄』, 1967 ; 中央日報社 東西問題硏究所, 『北韓人名辭典』, 1981년 초판 ~ 1990년 개정증보판 ; 한국정신문화연구원, 『한국민족문화대백과사전 9』, 1991 ; 北韓硏究所, 『最新 北韓人名辭典』, 1996). 그러나 호적상 그의 생년은 1894년이다. 이 기회에 다시 한 번 바로잡는다. 참고로 북한 애국열사릉의 백남운 묘비에는 그의 생몰년이 1897~1979년으로 기록되어 있는데, 이 역시 잘못된 것이다.

『朝鮮社會經濟史』를, 그리고 1937년 『朝鮮封建社會經濟史(上)』을 출간함으로써 한국학술사의 새로운 지평을 열었다. 그러나 일제가 대륙침략전쟁의 획책과 함께 조선에 대한 사상탄압을 강화하던 1938년 3월, 그는 경찰에 의해 날조된 이른바 연전 상과 '적색교수그룹' 사건 혐의로 동료 교수 이순탁·노동규와 함께 검거되어 혹독한 고문을 받은 후 서대문형무소에 수감되었다.10) 1940년 7월 예심 종결과 함께 보석 출감한 그는, 그 해 12월 비공개의 선고공판에서 징역 2년 집행유예 4년을 선고받았고, 이후 신용금고에 근무하며 호구를 해결하다가 해방을 맞이하였다.

백남운은 1945년 8월 16일 창립된 조선학술원 위원장에 취임하여 1946년 초반에 이르기까지 조선학술원을 중심으로 신국가 건설에 기여하기 위한 진보적 학술운동과 교육건설운동에 주력하였다. 1945년 12월 식민지 제국대학이었던 경성대학(서울대학) 경제학과 교수에 취임하여 경성대학의 민주적 개편에 힘을 기울였으나 대학 개편이 미군정과 우익 계열이 주도한 '국립서울대학교안'으로 귀결되면서 좌절되었다. 1946년에 접어들어 '신탁통치안' 문제를 둘러싼 좌우 갈등이 심화되는 가운데 통일민주국가 건설의 유일한 경로인 좌우합작·남북합작의 민족통일전선 결성이 초미의 과제로 대두하자 그는 이 해 2월 결성된 조선신민당 경성특별위원회(이후 남조선신민당) 위원장에 취임하여 정계에 투신하였다.

그는 이 해 4월 『朝鮮民族의 進路』를 발표하여 통일민주정부 수립의 방법과 발전 방향에 대한 자신의 입장을 정리한 '연합성 신민주주의'를 제창하는 한편, 인민당 지도자인 여운형과 함께 좌우합작운동·남북합

10) 이 사건의 전말에 대해서는 洪性讚, 「일제하 延專商科의 經濟學風과 '經濟研究會事件'」, 『연세경제연구』 1, 1994에 자세히 정리되어 있다.

작활동에 주력하였다. 그러나 좌우합작운동이 미군정의 입법기관 설립 운동으로 변질되고 이 와중에 제기된 공산당·인민당·신민당 좌익 3당 합당문제가 남조선노동당과 사회노동당의 분립이라는 좌익진영의 분열로 귀결되면서 사회노동당에 참여한 그는 남로당과 북로당 양측으로부터 '우경기회주의자', '분열주의자'라는 비판을 받고 12월 정계 은퇴를 선언하였다. 1947년 5월 미소공동위원회가 속개되기에 앞서 『朝鮮民族의 進路 再論』을 발표하여 '신민주주의' 노선의 정당성을 재차 천명한 뒤 여운형이 주도한 근로인민당 결성에 참여하여 부위원장으로서 정치활동을 재개하였다. 그러나 미소공동위원회가 실패하고 분단이 가시화되는 가운데 7월 여운형이 피살되고, 8월 이후 미군정의 좌익 탄압이 본격화함에 따라 공개적인 활동이 거의 불가능해졌다.

1948년 4월 19일부터 평양에서 남북연석회의가 개최되었다. 남북연석회의는 남한 단독선거·단독정부 수립을 거부하고 통일정부 수립을 촉구하는 마지막 좌우합작·남북합작의 노력이었는데, 백남운은 이 회의에 근로인민당 소속으로서 비남로당 계열의 중도좌파를 대변하는 역할을 수행하였다. 4월 19일 김일성의 사회로 열린 연석회의 첫날 그는 주석단 28명 중 한 사람으로 선출되었고, 이틀째인 20일 회의에서는 김일성의 「북조선정세보고」에 이어 박헌영과 함께 「남조선정세보고」를 담당하였으며, 남한 우익 요인들이 처음 참여한 22일 회의에서는 사회를 담당하였다.

남북연석회의 이후 백남운은 민주독립당의 홍명희, 인민공화당의 김원봉, 건민회의 이극로 등 남한의 지도적 인사들과 함께 북한에 정착하여 북한정권 수립에 참여하였다. 그는 1948년 8월 21일 해주에서 개최된 '남조선인민대표자대회'에서 주석단에 피선되었고, 9월 2일 개최된 조선최고인민회의 제1기 제1차 회의에서 대의원에 선임되었다. 그리고 9월 9일 조선민주주의인민공화국 수립과 함께 교육상에 임명되어 북한의 교육행정을 총괄하게 되었다. 백남운은 일제하 이래 사상적으로 맑스·레닌주의 입장을 견지하였으나 사회주의 운동과 결합된 실천적 지식인은 아니었고, 해방 후에도 정치적으로 사회주의 주류의 길이 아니라 중도좌파·좌우합작파라는 비주류의 길을 걸었다. 더욱이 3당 합당 과정에서 남과 북의 노동당으로부터 '기회주의자'로 비판받았던 점을 생각할 때 초대 교육상 취임은 어느 면에서 학자 출신의 그가 누릴 수 있는 최대한의 영예이기도 하였다.

교육상으로서 그에게 부여된 주요 과제는 북한의 인민민주주의 교육제도를 확대 발전시키는 것이었는데, 그의 재임 기간 시행된 일반 교육정책 가운데 가장 중요한 것은 1950년 시행된 초등의무교육제도였다. 일반 교육행정과 함께 그가 주력한 분야는 교육성에 소속되거나 연관된 학술기관 사업이었다. 가장 중요한 사업은 1947년 조직된 조선역사편찬위원회가 1948년 10월 확대 개편되면서 교육성에 소속되자 1949년 1월부터 위원장을 겸하여 북한의 역사연구와 '조선역사' 편찬을 관장한 것이었다.[11] 더불어 그는 1948년 12월 국가학위수여위원회 위원이 되었고, 1949년 2월 일제식 학술용어와 실용한자를 사정하기 위해 교육성 직속으로 설치된 학술용어사정위원회 업무를 총괄하였다.[12]

---

11) 1948년 10월 2일 내각 결정 11호(조선역사편찬위원회에 관한 결정서)에 의거하여 조선역사편찬위원회에는 12명의 상임위원과 이들을 포함한 28명의 위원이 선임되고, 원시사·고대사·봉건사·최근세사 등 4개의 분과위원회가 설치되었다. 상임위원은 최창익·태성수·남일·김승화·박영빈·박동초·김두용·유문화·김광진·박시형·김석형·한길언 등이었다. 조선역사편찬위원회에 대해서는 최영묵, 「북한의 역사연구기관·연구지 및 연구자 양성과정」, 『역사와 현실』 3, 1990, 164~169쪽 참조.

12) 「국가학위수여위원회 위원 증원 및 위원장 부위원장 서기장 임명에 관한 결정서」(1948.12.29. 내각 결정 94호), 『내각공보』 1948년 3호, 123쪽 ; 「학술용어 및 실용한자 사정에 관한 결정서」(1949.2.5. 내각 결정 7호), 大陸硏究所, 『北

1949년 6월 조국통일민주주의전선 중앙위원에 선임되었고, 1949년 12월에는 내각 직속으로 각급 기관의 고급 간부에 대한 정치사상과 이론 교육을 위해 일종의 고급간부학교인 정치경제학 아까데미야 설치가 결정되자 총장으로 선임된 재정상 최창익과 함께 학교 설립 준비에 대한 책임을 맡고 교원 조직과 학교 규정 및 교재 편찬을 관장하였다.[13]

6·25 전쟁 중인 1952년에는 북한의 학술기관 체계에 큰 변화가 일어났다. 이해 3월 북한 내각은 학술사업체계를 단일화하여 과학연구사업을 강화한다는 취지 아래 교육성 소속인 조선역사편찬위원회와 조선어문연구회를 각각 조선역사연구소와 조선언어학연구소로 개칭하여 정치경제학 아까데미야 소속으로 이관할 것을 결정하고, 최창익과 백남운에게 그 이관 책임을 맡겼다.[14] 이른바 북한 "역사과학 발전에 중추적 역할을 담당 수행할 중심 기지"로 평가되는 역사연구소의 창립이었다.[15] 그리고 이 조치에 이어 국가계획위원회는 4월 27일부터 3일간 전국과학자대회를 개최하여 전쟁에 대응하고 인민경제 발전을 도모하기 위한 과학연구사업에 대한 전반적인 평가와 과제를 정리하였다. 대회에서 백남운은 1951년 과학연구사업의 성과를 총결하고 1952년도 당면 과제를 제시하는 가운데 과학연구사업을 통일적·계획적으로 수행

韓法令集 4』, 1990, 185~186쪽.

13) 1949년 12월 8일 내각 결정 184호(정치경제학 아까데미야 설립에 관한 결정서)에 의해 설립이 결정된 정치경제학 아까데미야는 내각 각 성의 상(相) 이하 부국장 및 도 인민위원장, 각종 주요 기관의 책임자에 이르기까지 고급 간부에 대한 사상 및 이론 교육을 위한 일종의 고급간부학교였다(大陸硏究所, 위의 책, 179쪽).

14) 「조선역사편찬위원회 및 조선어문연구회를 정치경제학 아까데미야에 이관함에 관하여」(1952.3.27. 내각 결정 57호), 大陸硏究所, 위의 책, 180쪽.

15) 전영률, 「위대한 수령 김일성 동지와 친애하는 지도자 김정일 동지의 현명한 령도 밑에 력사과학이 걸어온 자랑찬 40년」, 『력사과학』 1988년 3호.

하기 위한 중앙 학술기관, 곧 과학원 창립의 필요성을 역설하였다.[16)]

이 대회에서 김일성은 축사를 통해 과학원 창설 추진을 지시하였고, 이에 따라 5월 7일 인민경제계획의 수행과 전쟁 피해 복구 및 과학연구사업의 통일적·계획적 조직과 지도를 목적으로 한 과학아카데미 창립 준비위원회 조직이 결정되어 위원장에 부수상 홍명희, 부위원장에 국가계획위원장 정준택과 교육상 백남운이 선임되었다.[17)] 이러한 준비를 거쳐 1952년 10월 9일 북한 내각은 "공화국의 과학과 문화의 전반적 발전을 도모하고 과학계 각 부문간의 연결과 종합적 지도를 수행하는 … 최고의 과학기관"으로서 과학원 설립을 결정하였고 초대 원장(상무위원회 위원장)에 홍명희를 임명하였다.[18)] 그리고 각 분야의 최고 학자로서 백남운 등 10명의 원사와 김광진 등 15명의 후보원사가 임명되었고, 과학원 산하에 사회과학부문위원회 등 3개의 부문위원회가 설치되고 역사연구소 등 각 분야별 전문 연구소가 설치되었다.[19)] 이에 따라 정치경제학 아카데미야에 이관된 역사연구소와 어문연구소는 과학원 소속으로 개편되었다. 그리고 11월 5일 원사·후보원사의 제1차 총회가 개최되어 상무위원회 조직 및 각 연구소 소장이 선정되었으며, 12

16) 『로동신문』 1952년 5월 7일자. 「1951년 공화국 과학연구사업의 총결과 1952년 당면 과업에 대하여—전국과학자대회에서 진술한 백남운 교육상의 보고(요지)」.

17) 「과학아카데미 창립에 관하여」(1952.5.7. 내각결정 86호), 大陸硏究所, 앞의 책, 228쪽.

18) 「과학원 조직에 관하여」(1952.10.9. 내각 결정 183호), 大陸硏究所, 위의 책, 229~231쪽.

19) 위와 같음. 사회과학 분야의 원사는 김두봉(언어학), 홍명희(문학), 백남운(경제학), 박시형(역사학) 등 4명, 후보원사는 김광진(경제학), 도유호(고고학), 이청원(역사학), 최창익(경제학), 장주익(경제학), 이극로(언어학) 등 4명이었다. 자연과학 분야에는 원사 이승기·도상록·계응상, 후보원사 도봉섭·김양하 등 1945년 백남운이 이끈 조선학술원 인사들이 다수 포함되어 있다.

월 1일 개원식이 거행되었다.[20]

북한 정권에 참여한 백남운의 경력에 큰 변화가 있게 된 것은 1956년이었다. 그는 이해 1월 교육상에서 해임되어 행정부서에서 손을 떼고 과학원 원장(상무위원회 위원장)에 취임함으로써 북한의 학술사업을 총괄하게 되었다.[21] 이어 4월에는 인민경제 복구 발전을 위한 과학자들의 조직적 동원과 남한 과학자들과의 연계 및 과학 분야에서의 국제적 연대성을 도모한다는 목적 아래 민주과학자협회가 결성되자 위원장에 취임하였다.[22] 그리고 같은 달 개최된 노동당 제3차 대회를 즈음해서는 노동당에 입당하여 중앙위원회 후보위원이 됨으로써 당 소속을 바꾸었다.[23] 특히 이해에는 이른바 '8월 종파사건'이 발생하여 1958년까지 노동당 내 연안파와 소련파 및 이들과 연계된 다수의 월북 인사들이 숙청됨으로써 전쟁 말기 남로당 계열의 숙청에 이어 북한 권력구조에 중대한 변화가 진행되었다.[24] 이러한 정치 변동의 여파 속에서도 그는 과학원 원장으로서 북한 학계의 발전을 주도하는 한편, 아시아·아프리카단결위원회 부위원장(1956.5), 조국통일민주주의전선 중앙위원(1957.2. 재선) 등을 역임하였다.

백남운이 자신의 본령인 학계 일선에서 물러난 것은 1961년 3월, 과학

---

20) 조선중앙통신사, 『해방후 10년 일지』, 1956, 148쪽 ; 『로동신문』 1952년 12월 1일자, 「조선 과학원의 력사적 첫걸음」 ; 『로동신문』 1952년 12월 3일자, 「조선민주주의인민공화국 과학원 개원식에서 진술한 홍명희 원장의 보고」.

21) 그는 1956년 1월 21일 과학원 제4차 총회에서 원장으로 선출되었다(조선중앙통신사, 『조선중앙년감』 1956, 131쪽).

22) 『로동신문』 1956년 4월 12일자. 부위원장은 후보원사 신건희, 이청원이었다.

23) 그는 1961년 9월 제4차 대회에서 중앙위원이 되었고, 이후 1979년 사망할 때까지 당 중앙위원직을 유지하였다.

24) 이에 대해서는 이종석, 『조선로동당연구』, 역사비평사, 1995, 제3부 2장 참조.

원 원장에서 퇴임하고 최고인민회의 상임위원회 부위원장에 취임하면서였다. 그는 1961년 5월 조국평화통일위원회 부위원장을 겸하였고, 1967년에는 최고인민회의 의장이 되어 1972년까지 최고인민회의를 관장하였다. 그리고 1974년 1월 조국통일민주주의전선 의장을 역임하는 등 원로로 예우를 받다가 1979년 6월 12일 85세로 사망한 것으로 알려져 있다.[25)]

북한 정권에 참여한 이후 이와 같이 50대에는 행정 관료, 60대 이후에는 학술기관·사회단체와 입법부의 원로로서 활동한 때문인지 그는 학문적 명성에 걸맞은 연구 업적을 산출하지 못했다. 정권 수립 초창기에는 역사교재 편찬 문제가 시급히 요구되었기 때문에 그는 책임자로서 교재 편찬 사업에 직접 참여하여 1949년 대학교재로서 편찬한 『조선민족해방투쟁사』를 공동 집필하였고,[26)] 1951년에는 전술한 정치경제학 아까데미야 교재인 『조선력사교재』를 집필하였다.[27)] 그러나 이후 그의 학술적인 글은 1957년 당시 북한 역사과학계의 초미의 연구 과제로 대두해 있었던 삼국시기 사회경제구성에 관한 연구 성과를 총평한

25) 해방정국기 그가 연안파(조선신민당)와 인연을 맺고 정치활동을 시작하였음에도 불구하고 '종파사건'에 연루되지 않고 이와 같이 계속 원로로서 예우를 받을 수 있었던 데에는 여러 이유가 있겠지만, 기본적으로 북한의 교육과 학술 발전에 기여한 그의 공로에 대한 평가와 함께 역사인식의 주체적 입장을 중시하는 그의 학문적 입장이 크게 작용하였다고 생각한다. 주지하듯이 '8월 종파사건'은 노동당 내 '주체확립'을 강조하는 사상투쟁과 밀접히 연관되어 있는데, 이는 주체적 역사인식의 확립 문제와 직결되는 사안이었다.

26) 그는 이 책의 제1장 '19세기 후반기의 조선' 가운데 제1절(봉건적 경제체제)과 제2절(봉건적 정치형태)을 집필한바, 이는 당시 조선후기사 인식의 일반 동향과 관련하여 사학사적으로 주목할 필요가 있는 글이다.

27) 백남운, 『조선력사교재』, 정치경제학 아까데미야 편, 1951. 『조선력사교재』는 1952년에 이청원, 1954년에 박시형, 1955년에 조선노동당 중앙당학교 편으로 임건상이 연이어 집필하였다.

간략한 토론 요지를 마지막으로 더 이상 확인되지 않는다. 다만 그가 이 토론 요지 말미에 "끝으로 24년 전의 나의 저작이 삼국시대 사회구성의 성격에 관한 토론의 장본으로 된 것인 만큼 책임상 재검토하려 한다. 이 改版을 위하여 많은 방조를 바라며 합작이라도 좋다고 생각한다"[28]고 첨부하고 있어 과학원 원장 재임 당시 자신의 저서에 대한 재검토를 시도하고자 한 것을 알 수 있지만 그 의욕은 현실화되지 못하였다.

3. '조소경제문화협정'의 배경 – 정부 수립기 북한의 당면 과제

『쏘련印象』의 간행 취지와 그 전체적인 서술 분위기를 심층적으로 이해하기 위해서는 정부 수립 직후 북한 지도부가 소련을 방문하여 '경제문화협정'을 추진하지 않을 수 없었던 당시 시대적 배경을 이해할 필요가 있다. 해방 후 소련군의 강력한 지원 아래 일찍 정치 주도권을 장악한 북한의 좌파 진영은 인민민주주의로 정리되는 과도적 사회주의혁명노선인 '반제반봉건민주주의혁명' 노선과 모스크바삼상회의의 한반도 정부수립 방안에 입각하여 국가건설·정부수립을 추구하였다. 이에 북한을 인민정권 창출의 기지로 설정한 '민주기지' 노선 아래 토지개혁과 중요산업의 국유화 등 일련의 개혁을 추진하면서 모스크바삼상회의 방침을 실현하고자 하였다. 나아가 1947년 2월 북조선인민위원회를 수립하고 건국사상총동원운동 및 인민경제발전계획을 추진하여 그 국가건설·정부수립 노선의 체제적 기반을 확립하였다.[29] 그러나 미국이

28) 과학원 력사연구소 편, 「백남운 원사의 토론 요지」, 『삼국시기의 사회경제구성에 관한 토론집』, 평양: 과학원출판사, 1957, 348~349쪽.

29) 사회과학원 력사연구소, 『조선전사 24』, 평양: 과학·백과사전출판사, 1981, 제

모스크바삼상회의 방침을 포기하고 한반도 문제를 유엔에 이관하면서 남한 단독정부 수립이 현실화되자 북한 역시 이에 대응하여 유엔을 통한 총선거를 거부하면서 별도의 정부 수립 절차를 추진하였다.[30)]

북한의 정부 수립은 1948년 4월 평양 남북연석회의에서 합의된 통일정부 수립의 원칙과 정신이 표방되는 가운데 1948년 6월 29일부터 7일간 개최된 제2회 남북조선 제정당·사회단체 지도자협의회에서 결정된 남북한 직접 선거와 최고인민회의 구성을 통한 조선민주주의인민공화국 수립 방침에 따라 진행되었다. 8월 25일 실시된 북한의 선거에서 212명의 대의원이 선출되었고, 남한은 지하선거를 통해 선출된 1,080명의 인민대표들이 8월 21~25일 해주에서 남조선인민대표자대회를 개최하여 360명의 대의원을 선출함으로써 총 572명의 대의원으로 구성된 최고인민회의가 성립하였다. 최고인민회의 대의원은 인민정권의 취지와 남북합작의 원칙을 반영하여 각계각층 출신과 남북 정당·사회단체 대표들을 망라하였다. 정당·사회단체의 경우 북로당(102명, 17.9%)이 가장 많았고 남로당(55명, 9.6%)이 그 뒤를 이었으며, 기타 정당·사회단체에 대해서는 비중에 따라 차등 배분되었다.[31)]

1장, 제2장. 재검토의 여지가 있지만, 현재 북한의 공식 역사서는 북조선인민위원회를 북로당의 헤게모니가 완전히 관철된 프롤레타리아독재정권으로 규정하고 이 시기부터 이미 사회주의혁명 단계에 진입했다고 정리하고 있다.

30) 1947년 11월 18일 북조선인민위원회는 조선임시헌법 초안 작성을 결정하였고, 김일성은 1948년 신년사를 통해 통일된 조선민주주의인민공화국의 수립을 언급하였다.

31) 예컨대 북한의 북조선민주당·북조선천도교청우당이 각각 35명, 남한의 근로인민당·인민공화당·민주독립당이 각각 20명으로 그 뒤를 이었다. 최고인민회의 대의원 구성에 대해서는 구재수, 「조선민주주의인민공화국 최고인민회의 대의원자격심사위원회 보고」, 『北韓最高人民會議資料集 第1輯』, 國土統一院, 1988, 99~101쪽 참조.

최고인민회의는 9월 2일부터 제1차 회의를 개최하여 헌법을 채택하고 최고인민회의 임원과 김일성을 수반으로 하는 내각 조직을 인준하였다. 이를 정리하면 다음과 같다.[32)]

〈최고인민회의 구성〉

<table>
<tr><td>의장 : 허헌(남로당)</td><td>부의장 : 김달현(북조선천도교청우당), 이영(근로인민당)</td></tr>
<tr><td>상임위원회 위원장 : 김두봉(북로당)</td><td>부위원장 : 홍남표(남로당), 홍기주(북조선민주당)
서기장 : 강량욱(북조선기독교도연맹)</td></tr>
<tr><td colspan="2">상임위원 : 강진건(북조선농민동맹), 성주식(인민공화당), 구재수(남로당), 이구훈(전국농민조합총동맹), 박정애(북조선민주여성동맹), 김창준(기독교민주동맹), 장순명(북로당), 장권(사회민주당), 유영준(남조선민주여성동맹), 박윤길(북조선청우당), 나승규(민중동맹), 최경덕(북조선직업총동맹), 강순(근로대중당), 이능종(민주한독당), 김병제(남조선청우당), 이기영(조쏘문화협회), 조운(미상)</td></tr>
</table>

〈내각 구성〉

<table>
<tr><td colspan="2">수상 : 김일성(북로당)</td></tr>
<tr><td colspan="2">부수상 : 박헌영(남로당), 홍명희(민주독립당), 김책(북로당)</td></tr>
<tr><td>국가계획위원회 위원장 : 정준택(북로당)</td><td>민족보위상 : 최용건(북조선민주당)</td></tr>
<tr><td>국가검열상 : 김원봉(인민공화당)</td><td>내무상 : 박일우(북로당)</td></tr>
<tr><td>외무상 : 박헌영(겸)</td><td>산업상 : 김책(북로당)</td></tr>
<tr><td>농림상 : 박문규(남로당)</td><td>상업상 : 장시우(북로당)</td></tr>
<tr><td>교통상 : 주영하(북로당)</td><td>재정상 : 최창익(북로당)</td></tr>
<tr><td>교육상 : 백남운(근로인민당)</td><td>체신상 : 김정주(북조선천도교청우당)</td></tr>
<tr><td>사법상 : 이승엽(남로당)</td><td>문화선전상 : 허정숙(북로당)</td></tr>
<tr><td>노동상 : 허성택(남로당)</td><td>보건상 : 이병남(남로당)</td></tr>
<tr><td>도시경영상 : 이용(신진당)</td><td>무임소상 : 이극로(조선건민회)</td></tr>
</table>

32) 國土統一院, 위의 책, 115~118쪽 참조.

여기에서 북한 정권 구성의 두 가지 특징을 살펴볼 수 있다. 하나는 최고인민회의 임원은 최고인민회의가 남북 인민선거를 통해 이루어진 최고 주권기관이라는 점에서 남북합작의 취지와 각계각층의 대표성을 충분히 고려하여 구성되었다는 점이다. 다른 하나는, 그렇지만 권력의 실제 내용을 보여주는 내각 구성에서는 북로당과 남로당이 전체의 70%를 차지하는 가운데 특히 북로당이 요직을 장악하고 있다는 점이다. 곧, 북한 정권은 북남 노동당의 헤게모니가 철저히 관철된 인민정권의 성격을 뚜렷이 드러내었고, 이 가운데 북로당의 주도권이 정권 초기부터 관철되었다. 북한 정권은 형식상 남북 총선거라는 전국적 인민기반과 남한 좌파 · 중간파의 참여라는 남북합작을 실현한 가운데 성립하였지만, 그 본질은 북로당이 영도한 북조선인민위원회를 국가적 규모로 확대 개편한 것이었다.[33] 이는 분단정부로서 북한 정권에 내재한 구조적 성격이었다.

상호 체제적 발전 방향을 달리하는 두 개의 국가가 수립되면서 남북의 정부는 각기 국가적 정통성을 주장하는 '조국'의 논리를 창출하며 상호 흡수통일을 추구하는 대립관계에 돌입하였지만, 정부 수립기 북한의 국가적 당면 과제 설정과 정책은 이상과 같은 정권 수립 과정의 특질과 밀접한 관련 속에서 전개되었다. 제1차 최고인민회의를 마무리하는, 9월 10일 김일성이 천명한 '조선민주주의인민공화국 정강'은 이러한 당면 과제와 정책의 기본 방향을 제시한 것이었다. 김일성은 '정강'을 통해 완전한 통일과 부강한 민주주의 자주독립국가의 건설을 목표로 한 8가지의 당면 과제를 제시하였는데, 당시 '國土完整'과 '완전한

33) 북한의 공식 역사서가 북조선인민위원회와 정부 수립기의 권력을 동일한 성격의 연장선에서 정리하는 것은 이러한 의미에서이다(과학원 력사연구소 편, 앞의 책, 제4장).

자주독립국가의 건설'의 두 슬로건으로 요약되기도 한 '정강'의 요목은 다음과 같다.[34)]

1. 국토의 완정과 민족의 통일을 보장하는 가장 절박한 조건인 양군 동시 철거의 추진
2. 북조선 법령에 입각한 친일파 · 민족반역자의 처벌
3. 일제시대 법률과 남조선 정부의 법령 무효화 및 북조선 개혁법령의 전 조선적 실시
4. 식민지 경제구조의 청산과 외래독점자본의 경제예속정책을 반대하고 자주적 · 민족적 인민경제체제를 수립하기 위한 인민경제계획의 추진
5. 교육 · 문화 · 보건정책의 강화
6. 지방인민위원회를 중심으로 새로운 인민정권 형태인 인민위원회의 강화
7. 대외정책에서의 평등적 지위와 자유를 존중하는 민주국가와의 친선 및 일본의 재무장 · 군국주의화 반대
8. 인민군대의 강화

'정강'의 첫째 · 둘째 · 셋째 과제는 통일의 조건과 통일 이후 남한에 대한 기본 입장을 천명한 것이었다. 이 가운데 북한이 당면 통일정책에서 특히 강조한 것은 주지하듯이 미 · 소 양군 철수 문제였다.[35)] 넷째

---

34) 國土統一院, 앞의 책, 95~97쪽.

35) 미국의 한반도 문제 유엔 이관에 대응하여 이전부터 양군 철수를 주장한 소련은 북한 정부의 공식 요청에 부응하여 소련군 철수를 추진한바, 북한은 1948년 12월 26일까지 소련군 철수가 완료되었다고 공포하였다(國土統一院, 위의 책, 127쪽).

이하 다섯 가지 과제는 '국토완정'을 달성하기 위한 각 부문별 당면 국가정책의 원칙과 방향을 설정한 것이었다. 그 정책 방향의 요지는 요컨대 북조선인민위원회 단계의 연장에서 그간의 '민주개혁' 성과를 바탕으로 인민민주주의 정치·경제체제를 더욱 발전시키고, 대외적·군사적 역량을 강화함으로써 국토통일을 완수한다는 것이었다. 곧 '민주기지' 노선의 국가적 차원의 재편·강화로서, 이는 1949년 김일성 신년사를 통해 다시 한 번 강조되었다.36)

이 가운데 특히 북한 정부가 '민주기지' 노선 강화와 '국토완정' 완수의 관건으로 설정한 중심 과업은 1949-50년을 대상으로 한 2개년 인민경제계획의 추진이었다. 이는 '민주기지' 노선의 강화와 '국토완정'의 완수를 위한 물질적 토대, 체제적 기반을 강화하는 문제로서, '정강'의 여타 다른 과제들을 규정하는 최우선의 사안이었다. 1949년 1월 28부터 개최된 최고인민회의 제1기 제2차 회의에서 국가계획위원회 위원장 정준택의 보고로 상정되어 법령화된 2개년 인민경제계획은, 일제 잔재인 "봉건적 낙후성과 식민지적 편파성을 신속히 숙청하고 강력한 자립적 민족경제의 토대를 구축"하기 위한 것으로서, 그 목표는 1950년 말 총생산액을 1948년의 2배로 증대시킴으로써 생산 수준을 일제 말기

---

36) 김일성, 「一九四九년을 맞이하면서 전국 인민에게 보내는 신년사」, 『美國國立公文書館 所藏 北韓解放直後極秘資料 3』, 高麗書林, 1998, 29쪽. "머지않은 장래에 자주독립국가를 쟁취하며 국토의 완정을 보장하기 위하여서는 무엇을 하여야 하겠습니까? 전 조선인민은 조선민주주의인민공화국 중앙정부 주위에 일층 단결하여 국내의 전체 민주 력량과 애국적 력량을 더욱 결집함으로써 국토의 완정을 보장하는 거국적 구국투쟁을 일층 맹렬히 전개하여야 하겠습니다. 그리하기 위하여 공화국 북반부의 인민들은 해방 후 三년 동안에 이미 쟁취한 민주개혁의 성과들을 더욱 확고 발전시키며 공화국의 정치 경제적 토대를 더욱 굳건히 하며 공화국의 철옹성 같은 확고부동한 강력한 기지를 축성함에 전체 인력과 물력을 동원하여야 하겠습니다."

1944년의 수준을 능가하는 데 두었다.[37] 또한 그 계획의 범위가 산업·농업·상업 등 경제 부문에 한정되는 것이 아니라 교육·문화·보건 부문에 이르기까지 인민의 문화수준 향상과 복리 증진 문제까지 포함하는 포괄적인 것이었다.

북한 지도부가 인민경제계획의 추진을 중시한 또 다른 차원의 정치적 의미는 그것이 남한의 '경제파탄'과 '경제적 예속화'에 대비되는 자립적·자주적 민족경제의 발전을 상징한다는 데 있었다. 이들은 미군정기 이래 식민지 경제의 잔재인 봉건적 지주제의 온존과 공출제의 강화, 농업생산성의 감소와 기업·공장 가동률의 저하, 심각한 악성 인플레이션에 의한 물가고와 민중의 생활난 등 남한 경제는 파탄에 이르렀다고 간주하였고, 남한 정부가 추진한 '한미재정 및 재산이양에 대한 협정', '한미경제협정' 등은 남한을 식민지화하려는 미제국주의의 경제적 예속화정책이라고 격렬히 비판하였다.[38] 북한 지도부에게 인민경제계획은 곧 북한의 체제적 우월성, 국가적 자주성과 정통성을 상징하는 현실적 징표였고, 공화국에 대한 북한 주민의 지지와 결집을 이끌어내는 가장 유력한 무기였다.

그러나 분단 상황하의 신생 독립국가가 인민경제계획을 원활히 추진하는 데에는 적지 않은 장애가 놓여 있었고, 여러 조건의 해결이 요구되었다. 2개년 계획을 원활하게 추진하기 위해서는 방대한 자금과 물자가 요구되었고, 더불어 과학과 기술적 문제가 해결되지 않으면 안되

37) 國土統一院, 앞의 책, 138~139쪽. 2개년 인민경제계획의 내용 전문은 같은 책, 140~152쪽 ; 「북반부의 인민경제부흥발전을 위한 1948년도 계획실행 총결과 1949년-1950년 2개년계획에 관한 법령」(1949.2.1), 大陸硏究所, 『北韓法令集 5』, 1990, 115~131쪽 참조.

38) 김일성, 앞의 1949년 「신년사」, 28쪽 ; 國土統一院, 위의 책, 136~137쪽.

었다. 특히 기술적 낙후성을 극복하는 문제는 "민족경제건설에 있어서 당면한 가장 간절한 문제"로서 다른 무엇보다 그 구체적인 대책이 시급히 마련되지 않으면 안되었다.[39] 더욱이 그간 '민주개혁'과 경제계획을 추진하는 데 소련군의 직접적인 물질적 · 과학적 · 기술적 원조가 대단히 중요한 비중을 차지하고 있었는데,[40] 정부 수립 이후 소련군 철수가 현실화되었기 때문에 이에 따르는 대책 마련도 중요한 당면 과제가 아닐 수 없었다.[41]

더불어 경제계획 수행의 중요한 장애 요인으로 제기된 또 하나의 문제는 국가와 생산 각 부문의 재정관리체계 및 생산조직의 비합리적 운영과 창의성 부족이었다.[42] 북한 지도부는 이러한 결함의 근원적인 발생 원인을 인민경제에 대한 과학적 인식과 사상의식의 부족에 있다고 보았다. 이에 인민경제축적을 강화하기 위한 사상투쟁이 강조되었고, 특히 간부에 대한 선진 과학과 사상 교육이 요구되었다. '정강'의 교육 · 문화정책에서 민족간부 양성을 "가장 중요한 과업"으로 거론한 것이나, 김일성이 1949년 「신년사」에서 "문화적 낙후성의 급속한 퇴치"를, 연이어 1950년 「신년사」에서 "선진적 사상의식으로 개조하는 사업"을 강조한 것은 이러한 의미에서였다.[43] 여기에서 선진적 사상의식

---

39) 國土統一院, 위의 책, 153쪽.

40) 김두봉, 「북조선로동당 중앙위원회 제4차회의에서의 북조선 민주건설의 성과와 그에 있어서의 위대한 쏘련의 원조에 대한 보고」, 『근로자』 1948년 12호 ; 양영순, 「쏘베트동맹은 조선독립의 진정한 원조자이다」, 『근로자』 1949년 15호.

41) 김일성, 「조선민주주의인민공화국 정부대표단의 쏘베트사회주의공화국련맹 방문사업 경과 보고」, 『근로자』 1949년 8호, 9쪽.

42) 1948년도 경제계획 성과에 대한 평가에서 가장 큰 결함으로 지적된 이 문제는 특히 물자와 재정의 낭비를 초래하고 생산 속도와 생산 수준을 제고하는 데 중요한 저해 요인으로 간주되었다(國土統一院, 앞의 책, 134~135쪽, 153쪽).

43) 國土統一院, 앞의 책, 97쪽 ; 김일성, 앞의 1949년 「신년사」 ; 「1950년을 맞이하

이란 물론 북남 노동당의 영도 아래 북한 정부가 인민민주주의 국가 이데올로기로 관철시키고 있는 맑스·레닌주의에 입각한 것으로서, 이에 대한 사상무장이 요구되었다.

요컨대 당시 여건상 북한 정부가 이상의 여러 장애를 극복하고 예정대로 경제계획을 수행하기 위해서는 소련의 물질적·과학적·기술적 원조가 절대적으로 요구되었다. 또 간부와 '일꾼'들이 과학적·기술적·문화적 낙후성을 극복하고 선진적 사상의식으로 무장하기 위해서는 레닌에 의해서 확립되고 이른바 '스탈린적 지도'에 의해 공산주의 단계로 나가고 있다는 소련의 사회주의 이론과 건설 경험, 소련의 사회주의 문화와 사상을 직접 보고 배우지 않으면 안되었다. 그리고 이는 과거와 같은 '후견' 방식이 아니라 '정강'에 표방한 바와 같이 신생 독립국가로서 대등하고 호혜적인 국가적 외교관계에 기초한 협정을 통해 해결되어야 했다.[44] 2개년 경제계획의 추진을 앞두고 북한 정부가 소련을 방문하여 '경제문화협정'을 체결하고자 한 배경은 이러하였다. 여기에 또한 정부 수립 이후 본격화되기 시작한 남북간의 군사적 긴장의 고조와 관련하여 '정강'에서 강조한 바와 같이 군사력 강화를 위한 소련의 협조가 시급히 요청되었다.

이러한 배경 아래 1949년 1월 북한 정부는 대표단의 소련 방문을 공식 요청하였고, 주조 소련대사 슈티코프는 1월 17일, 북한 제안에 동의한다는 소련 정부의 답변을 김일성과 박헌영에게 전하였다.[45] 당초

여 공화국 전체 인민에게 보내는 조선민주주의인민공화국 내각 수상 김일성 장군의 신년사」, 앞의 『北韓解放直後極秘資料 3』.

44) 북한은 1948년 10월 12일 소련과 국교관계를 맺었으며, 이후 동구의 인민민주주의 국가와 연이어 국교 수립을 체결하였다(박태호, 『조선민주주의인민공화국 대외관계사』, 평양: 사회과학출판사, 1985, 59~60쪽).

45) 「슈티코프가 소련 외무부에 보낸 전문(1949.1.19)」, 『한국전쟁(1950.6.25) 관련

김일성은 소련과 포괄적 차원의 '우호 및 상호원조에 관한 조약' 체결을 원하였으나 소련은 그것이 남한의 분단 책동에 이용될 수 있다고 하여 반대하였다. 이에 김일성과 박헌영은 2월 3일 슈티코프에게 '경제협력, 무역과 문화교류의 확대, 기술원조에 대한 협정체결에 대하여'라는 전체 의제 아래 6개 안건으로 구성된 각서와 김일성 · 박헌영 · 홍명희 · 정준택 · 장시우 등 5명으로 구성된 대표단 명단을 전달하였다.[46] 그러나 슈티코프는 대표단에 '중도파'가 적다는 이유로 백남운과 김정주의 추가 포함을 소련 정부에 요청하여 승인을 받아 북한 정부에 전하였다.[47]

소련 정부의 최종 통보를 받은 북한 정부는 2월 19일 내각회의를 소집하여 소련과 토의할 전체 의제를 '조쏘 량국간의 경제 및 문화적 협조에 관한 협정'으로 정리하고 7명의 대표단 구성을 결정하였다.[48] 수상 김일성을 대표단장으로 하여 외교 및 조약 체결 담당은 부수상 겸 외무상 박헌영, 경제 · 통상 · 무역 및 기술원조 담당은 국가계획위원회 위원장 정준택과 상업상 장시우, 교육 · 문화 담당은 부수상 홍명희와

러시아문서 : 기본문헌, 1949-53』(외무부 번역본). 본 문서는 외무부 보존문서로서, 1994년 6월 2일 김영삼 대통령이 러시아연방 대통령 문서보관소와 러시아 외무부 외교정책문서보관소로부터 전달받은 한국전쟁에 관한 기본문헌의 번역본이다.

46) 「슈티코프가 몰로토프에게 보낸 전문(1949.2.4)」, 위의 러시아문서. 6개의 의제는 무역협정 체결, 기술원조, 문화 및 교육, 차관 제공, 아오지-크라노스키 철도 건설, 조소항공주식회사 설립 등이었고, 5명의 대표자 외에 전문가와 5명의 실무자를 대동하는 것으로 되어 있었다.

47) 위와 같음 ; 「몰로토프가 주북조선 소련대사에게 보낸 전문(1949.2.14)」, 위의 러시아 문서.

48) 김일성, 「조선민주주의인민공화국 정부대표단의 쏘베트사회주의공화국련맹 방문사업 경과 보고」, 『근로자』 1949년 8호, 5~6쪽.

교육상 백남운, 통신연락 담당은 체신상 김정주 등이었다.[49] 이와 같이 백남운은 당초 대표단에 포함되지 않았으나 슈티코프와 소련 정부의 정치적 고려에 의해 대표단에 포함되는 행운을 얻었다. 그가 『쏘련印象』 머리말 서두에서 "의외에" 사절단의 일원으로 소련 방문 기회를 갖게 된 것을 "일생의 광영으로 생각하는 바"라고 밝힌 것[50]은 이러한 사정에 연유하였다.

4. 『쏘련印象』의 구성과 북한사 연구상의 의의

1) 방문 일정과 『쏘련印象』의 주요 내용

이와 같이 정부 수립 후 북한 지도부의 첫 공식 소련 방문은 신생 인민민주주의국가로서 북한이 당시 당면한 국가적 과제와 관련하여 중대한 의미를 지니는 것이었다. 방문의 주 목적은 물론 '경제문화협정' 체결이었다. 그러나 백남운이 『쏘련印象』을 마무리하면서 "지구상의 신세계인 쏘련을 견학한" 감격과 인상을 총괄한 결론에 잘 나타나 있듯이,[51] 소련의 경제적 · 문화적 사회주의 건설상을 직접 목도하고 배운다는 시찰 · 견학의 의미도 대단히 중요하였다. 이에 북한 대표단은 소련 정부에 "중 · 경공업 공장들과 문화 교육 예술 부문과 도시시설들과

49) 이외 정 대표는 아니지만 재정 부상 김찬이 동행하였고, 통역관 문일(김일성의 비서로서 소비에트 조선인)을 비롯한 실무자들이 수행하였으나 이들 규모와 면면은 확인하지 못하였다.

50) 白南雲, 『쏘련印象』, 1쪽(『쏘련인상』, 선인, 2005, 9쪽).

51) 白南雲, 『쏘련印象』, 337~342쪽(『쏘련인상』, 선인, 2005, 261~265쪽).

건설들을 참관할 것을 요청"하였고, 이에 응하여 소련은 여러 시찰 스케줄을 마련하였다.[52)]

북한 대표단의 소련 방문은 1949년 2월 22일부터 4월 7일까지 총 한 달 반을 소요하였다. 『쏘련印象』은 일정에 따른 대표단의 동정과 활동 및 참관 내용은 물론 이 과정에서 백남운이 보고 느낀 소련의 자연과 역사, 사회주의 건설상과 문화 · 학문 · 예술, 스탈린을 비롯한 소련 지도층 인사와 사회주의체제하의 인민 등등에 대한 인상과 감상을 세세하게 기록한 일기 형식의 방문기이다. 그 감상의 소재가 너무나 다양하고, 공식 일정에 매여 있는 처지로서 일일이 다 메모한 것이라고 믿기 어려울 만큼 소재에 대한 묘사가 구체적이고 세밀할 뿐 아니라 곳곳에 이에 대한 감상기나 이론적 해설을 첨부하고 있어 백남운이 귀국 후 이 책의 집필에 얼마나 공을 들였는가 하는 것을 쉽게 짐작할 수 있다.

그런데 이 책은 일기 형식의 방문기임에도 불구하고 목차 구성이 날짜별로 되어 있지 않고 본문상에 제목으로 표기되어 있지 않은 서술 내용의 주제어를 가지고 목차를 구성하였기 때문에 목차만으로 대표단의 일정을 한 눈에 알아보기 어렵게 되어 있다. 독자 제위의 이해를 돕기 위해 이들 대표단의 일정과 주요 참관 내용을 날짜별로 재정리하면 다음 표와 같다. 여기에서 알 수 있듯이 북한 대표단은 모스크바에 도착한 3월 3일부터 공식적인 활동에 들어가 3월 19일까지 17일간 모스크바에 체류하였으며, 3월 20일 레닌그라드로 이동하여 5일간 체류한 후 3월 25일 귀국길에 올랐다.

모스크바와 레닌그라드에 체류하는 동안 북한 대표단은 꽉 짜인 스

52) 김일성, 앞의 「조선민주주의인민공화국 정부대표단의 쏘베트사회주의공화국련맹 방문사업 경과 보고」, 13~14쪽. 김일성이 이 요청을 한 것은 모스크바행 열차 안에서였다.

케줄에 따라 상당히 바쁜 일정을 보냈다. 스탈린 등 소련 지도부와의 '경제문화협정' 체결을 위한 회담과는 별도로, 도시 공공 시설, 크레믈린 궁전을 비롯한 각종 박물관 · 미술관 · 극장공연, 자동차공장을 비롯한 여러 공장 시설, 소호즈 농업 시설, 국립도서관과 모스크바 대학 등 교육기관, 최고인민회의와 10월 혁명 유적지 등 이들은 소련 사회주의의 정치 · 경제 · 사회 · 교육 · 문화 각 방면의 시설들을 참관하였다. 백남운은 '경제문화협정' 회담은 물론 이와 같이 대표단이 참관한 거의 모든 시설에 대한 인상과 해설을 기록하였는데, 표에 병기한 『쏘련印象』 서술 내용 일람은 그 주요 요목을 소개한 것이다. 이 인상과 해설은 정부 수립기 북한사 연구에 다방면으로 활용될 수 있으리라 생각되지만, 본 해제에서는 이 가운데 특히 '경제문화협정' 관련 서술, 소련 사회주의 발전상에 대한 인식, 모스크바 대학 교수단과의 학술문답 등 세 가지 소재를 중심으로 이 책의 자료적 가치를 음미해 보고자 한다.

〈북한 대표단의 방소 일정과 『소련印象』의 주요 내용〉

일 자	일 정 내 용	관련 주요 서술 내용
2. 22.	대표단 평양 출발. 보로시로프 공항 도착. 오후 1시 30분 보로시로프 역 출발.	차내 동정과 소련의 자연 · 역사
3. 3.	오후 3시 10분, 9일만에 모스크바 야로슬라브스크 역 도착(미코얀 부수상의 환영식).	김일성의 도착 연설.
3. 4.	대표단, 레닌묘 참배 후 모스크바 시내 관광. 오후 9시 30분, 몰로토프 외상과 회담(20분).	몰로토프 인상기. 지하철에 대한 김일성의 찬사.
3. 5.	대표단, 크레믈린 궁전 관람. 소비에트위원회 위원장 스베르니크와 회담. 오후 8시, 스탈린 회견(1시간 20분). 양측 대표단 참석하에 김일성과 스탈린의 회담.	궁전 감상기 및 궁전 약사. 회담 내용. 김일성과 스탈린 회담 내용. 스탈린 인상기.

일 자	일 정 내 용	관련 주요 서술 내용
3. 6.	대표단, 국립미술관 관람. 자동차공장 시찰. 모스크바대극장의 오페라 관람.	국립미술관 감상기. 자동차공장 시찰기.
3. 7.	대표단, 오후 5시 몰로토프 부수상과 예비회담(1시간 30분). 각 분과위원회 회담.	회담 내용. 회담 감상기.
3. 8.	대표단, 모스크바 근교의 소호즈 시찰. 모스크바대극장의 부녀절 대회 관람.	소련 사회주의 농업집단화론. 소련 사회주의 여성론.
3. 9.	대표단(일부?), 모스크바 610호 여자중학교 시찰. 초콜릿 공장 시찰. 레닌 기념 국립도서관 시찰. 모스크바대극장의 발레 관람.	여자중학교 감상기. 국립도서관 시찰 및 감상기.
3. 10.	대표단, 모스크바 종합대학 시찰. 소비에트 최고인민회의 참관. 오후 7시, 연맹소비에트와 민족소비에트 합석대회 참관(즈베레프 재정상의 예산보고 방청).	모스크바대학 시찰기. 최고인민회의 참관기. 즈베레프의 예산보고 요약. 소련 사회주의 경제 · 재정정책론.
3. 11.	백남운, 모스크바 종합대학 방문. 네스메야노프 총장 등 교수단 15명과 학술 문답(통역: 모스크바 대학 법과연구생 이태진, 법과생 김영주). 백남운, 레닌박물관 관람(이태진 동행). 백남운, 문화협정 체결의 상대역인 카프다노프 고등교육상과 회담(1시간 30분).	학술문답 내용. 경제학, 역사학, 철학 분야 조선 사상투쟁의 목표 해설. 레닌박물관 관람기. 회담 내용.
3. 12.	대표단, 제빵공장 시찰. 홍명희 · 백남운, 포즈넨스키 교육상과 회담. 대표단, 소련국립민속무용단 공연 관람.	제빵공장 시찰기. 박헌영 장녀(비바) 출연.
3. 13.	대표단, 고리키 돔. 레닌 유적 소박물관 관람. 볼쇼이오페라극장의 오페라 관람.	유적 소개와 레닌의 사상.
3. 14.	미상.	기록 결.
3. 15.	대표단, 군인회관. 군인극장. 소련군박물관 관람. 위신스키 외상 초청 만찬 참석.	소련군박물관 감상기.
3. 16.	대표단, 방직공장 시찰. 조선대사관(대사: 주영하) 주최 만찬 참석.	방직공장 시찰기. 만찬 감상기.
3. 17.	대표단, 오후 7시 '조소경제문화협정' 조인. 양측 대표: 김일성, 위신스키(외상) 오후 8시 40분, 스탈린의 대표단환영 만찬 참석. 만찬 후 1시 20분까지 스탈린과 영화 관람.	협정(기본 · 개별) 전문. 협정의 의의 해설. 스탈린 초대연 인상기.

일 자	일 정 내 용	관련 주요 서술 내용
3. 18.	미상.	기록 결.
3. 19.	소련 정부가 대표단에 선물 전달.	
3. 20.	오후 9시, 레닌그라쓰키복살 역에서 환송식. 미코얀 부수상의 환송과 김일성의 연설	김일성 연설.
3. 21.	대표단, 11시 레닌그라드 도착. 레닌그라드 시내 관광. 동궁박물관(에르미따슈) 관람.	에르미따슈 진열품과 역사 해설.
3. 22.	10월혁명본부(스몰리느), 방위박물관 관람.	혁명 유적 감상기.
3. 23.	대표단, 구두제조공장 시찰. 이사콥스키 사원 관람.	구두공장 시찰기. 사원 관람기.
3. 24.	대표단, 레닌그라드 국립소아과의과대학 시찰. 러시아 박물관, 황제촌, 에카테리나 2세의 이궁 박물관, 푸쉬킨촌, 천문대, 키로프광장, 국영상점 등 관람 및 시찰.	레닌그라드 감상기.
3. 25.	오후 3시 45분, 레닌그라드 역 출발. 귀도.	
4. 5.	오후 6시 30분, 보로시로프 역 도착. 환영식.	
4. 7.	오후 1시 45분, 보로시로프 비행장 출발. 오후 5시, 평양 대동강반 비행장 도착. 환영식, 김일성의 귀국 인사.	김일성의 귀국 인사. 소련 견학의 의의 총괄.

2) '조소경제문화협정'과 국가주체성 인식

'조소경제문화협정'은 전술한바, 당시 한반도를 둘러싼 내외정세와 관련하여 북한 입장으로서는 국가적 발전의 사활이 걸린 사안이었다. 따라서 이 협정의 성격과 이와 연관된 제반 문제에 대한 이해는 정부수립기 북한사 연구에 있어서 중요한 의미를 지니고 있다. 『쏘련印象』이 지니는 가장 중요한 가치는 이 책이 이 협정 체결 과정과 방소 대표단의 동정을 전하는 거의 유일한 자료라는 점이다. 이 협정 체결에 대해서는 대표단이 귀국한 직후 개최된 최고인민회의 제1기 제3차 회의 4월 22일자 회의에서 김일성이 공식 총괄 보고를 하였고, 이어 각 부문별 협정 체결을 담당한 각료들의 토론 보고가 있었다.[53]

그러나 이 책은 협정 체결에 임하는 북한의 입장, 협정 체결 경과와 전체적인 분위기 등, 공식 보고에서는 파악하기 힘든 대표단의 동정을 생생하게 전하고 있다. 특히 북한 대표단과 스탈린을 비롯한 소련 지도부간의 회담 개요와 스탈린 동정에 대한 감상기 등은 협정 체결 과정의 분위기를 더욱 생동감 있게 전하고 있어 당시 북한과 소련의 관계, 북한 지도부의 대소관·스탈린관을 파악하는 데 중요한 자료적 가치를 지니고 있다.[54] 곧 『쏘련印象』은 세계적 규모의 냉전체제가 형성되기 시작한 국제정세 속에서 신생 인민민주주의국가 북한과 그 유일한 후원자인 소련의 관계가 어떠한 것인가, 그리고 당시 북한 지도부에게 "전세계 근로인민의 수령이며 조선인민 해방의 救星"[55]이었던 스탈린의 정치적 존재 의미가 무엇이었는가 하는 점을 북한 최고 '지성'의 눈을 통해 구체적으로 체감할 수 있는 자료이다.

북한 대표단과 소련 정부간의 '경제문화협정' 체결 절차는 3월 4일 몰로토프 부수상과의 예비회담, 3월 5일 스탈린과의 회견, 3월 7일 소련 측 협상 대표단과의 회담 및 이후 각 분과위원회 회의, 3월 17일 '조소경제문화협정' 조인식 등 크게 네 단계를 거치며 이루어졌다. 이 가운데 협정에 관한 모든 원칙과 기준이 결정된 것은 3월 5일 있었던

---

53) 國土統一院, 앞의 『北韓最高人民會議資料集 第1輯』, 414~478쪽.

54) 『쏘련印象』에 실린 김일성과 스탈린의 회담 내용 및 대표단의 간략한 동정에 대해서는 박명림 교수에 의해 소개된 바 있다(박명림, 『한국전쟁의 발발과 기원 Ⅰ』, 나남출판, 1996, 93~101쪽).

55) 白南雲, 『쏘련印象』, 336쪽, 김일성의 평양 도착 연설문(『쏘련인상』, 선인, 2005, 260쪽).

북한 대표단의 스탈린과의 회견에서였다. 백남운이 '세계사적 회담'으로 규정한 이날 회견은 1시간 20분간 김일성과 스탈린 사이에 진행되었는데, 주로 스탈린이 요구 사항을 질문하면 김일성이 협정 의제에 따라 필요한 요구 사항을 답하는 방식으로 이루어졌다. 스탈린은 차관(2억 1천 2백만 루불)을 일시에 받기 원하는 김일성의 요청에 대해 3년에 걸쳐 필요한 기계류와 물자로 나누어 공급하는 것이 좋겠다고 수정한 것 이외에 김일성의 요구를 대부분 승낙하였고, 구체적인 것은 분과위원회에서 토의하도록 하였다.

다만 최근 공개된 러시아 비밀문서에 의하면,[56] 『쏘련印象』의 이날 회담 내용은 회담의 일부만을 수록한 것임이 확인된다. 곧 이날 회담에서 스탈린은 협정 의제 하나하나에 대해 상당히 구체적인 질문을 하였고, 회담 후반부에는 군사문제가 집중 논의되었다. 스탈린은 남북의 군사력 현황과 무력충돌 상황을 질문하였고, 김일성은 특히 해상 방위를 위한 해군력 증강에 대한 지원과 장교 훈련을 위한 소련 군사대학 입학 허가를 요청하였다. 요컨대 '조소경제문화협정' 체결 과정에서는 비공식적으로 군사문제에 대한 논의와 이에 관한 일정한 협정이 이루어졌지만, 이는 철저히 대외비로 처리되었다.[57]

이후 협정 체결 과정은 스탈린과의 회견에서 정리된 기본 원칙에 따라 진행되었다. 이에 부수상 몰로토프를 수석으로 하는 소련 정부 위원단이 구성되었고, 3월 7일 북한 대표단과 소련 정부 위원단 사이에 협

---

56) 주 45 참조. 「스탈린과 김일성을 단장으로 한 북조선 정부 대표단의 면담록(1949.3.5)」, 앞의 러시아 문서.

57) 물론 백남운이 『쏘련印象』에서 이러한 군사적 지원 문제를 전혀 언급하지 않은 것은 아니다. 그 역시 간접적인 화법으로 이 협정의 군사적 의의와 지원을 적시하였다(白南雲, 같은 책, 267쪽, 276~277쪽 ; 『쏘련인상』, 선인, 2005, 209쪽, 216쪽).

정 의제에 관한 예비회담을 시작으로 협정 절차가 추진되었다. 협정의 최종 조인은 3월 17일 오후 7시 소련 외무성에서 이루어졌다. '경제적 및 문화적 협조에 관한 원칙적 협정'은 김일성과 외상 위신스키가 서명하였고, 원칙적 협정에 근거한 4개의 개별 협정 의정서에는 각기 담당한 대표들이 서명하였다.

총 5조로 구성된 원칙적 협정에는 '협조 동등 및 상호이익'에 기초한 통상관계의 발전과 상호 '最惠制度'의 허용, 문화 · 과학 · 예술 분야의 관계 발전, 전문가의 파견과 기술적 원조 및 산업 · 농업분야의 경험 교환 촉진 등이 규정되었고, 협정 기한은 10년이었다. 개별 협정은 ①조소 양국 간에 1949-1950년 간의 상품유통에 관한 협정, ②조소 양국 간에 차관문제에 관한 협정, ③조소 양국 간에 기술원조에 관한 협정, ④조선의 고등교육의 발전을 위하여 우리 공화국에 소련의 과학일꾼과 학자들을 파견하며 조선 유학생들을 소련 대학에 계속 파견하며 조소 양국 간의 문화적 교류를 더욱 강화하기 위한 협정 등이었다.[58)]

'조소경제문화협정'의 정치적 의의에 대한 북한 지도부의 공식적인 입장은 『쏘련印象』에 수록된 김일성의 귀국 연설, 전술한 최고인민회

58) 한편 『쏘련印象』에는 수록되어 있지 않지만, 3월 18일 소련공산당 중앙위원회는 ①소련 해군부대의 청진항 임시 잔류에 관한 소 · 조 의정서, ②보로시로프시와 평양시 간 정기항공편 개통에 관한 민간항공 총관리국과 조선민주주의인민공화국 교통성간의 협정, ③프리모르스카야 철도 크라스키노 역부터 북조선 철도 아오지 역까지의 철도선 부설에 관한 소련 정부와 조선민주주의인민공화국 정부간 협정, ④소 · 조 해운회사 "모르트란스" 및 석유가공회사 "베엔오(VNO)" 설립에 관한 협정의 재체결 및 부분적 변경에 관한 소련 각료회의 결정, ⑤조선 전문가들의 소련에서의 기술연수 조건에 관한 소련 정부와 조선민주주의인민공화국 정부간 협정, ⑥조선 주재 소련 무역대표부 설치에 대한 각서 등 총 6개의 사안을 결정하여 북한 대표단과 별도의 협정을 맺었다(「전 소련연방 공산당(볼쉐비키) 중앙위원회 결정(1949.3.18)」, 앞의 러시아 문서).

의에서의 김일성의 총괄 보고, 그리고 협정 1주년을 맞이하여 인민경제계획의 성과를 정리한 김일성의 기념사 등을 통해 여러 차례 표명된 바와 같고, 그 기조에 입각한 여러 인사들의 정리가 있다.[59] 이러한 의의 평가에 있어서 북한 지도부가 특별히 강조한 것은 협정이 철저히 상호 평등하고 호혜적인 원칙에 입각하였다는 것, 그것이 인민경제계획의 성공적인 완수와 남북통일·국토완정의 토대가 된다는 것, 그리고 북한의 국제적 지위 향상과 극동 평화와 안전에 기여할 것이라는 것 등이다.

백남운 역시 이 기조 위에서 협정의 정치적 의의를 크게 네 가지로 요약함으로써 북한 정부의 입장을 일목요연하게 대변하였다. 곧 이 협정은 첫째, 조소 양국의 '주체성'에 기초한 철두철미 평등적이고 우호적 협정이자, 둘째, 민주진영간의 상호 이익의 원칙에 입각하여 조선의 민주독립을 더욱 견고히 보장하는 '원조협정'이고, 셋째, 인민경제계획의 급속한 발전을 보장하는 민주건설사상의 '인민협정'이며, 넷째, 공화국 자체의 통일 발전을 위한 '건국협정'이자 공화국의 국제적 위신을 선양하고 극동 평화와 안전을 보장하는 '민주강화의 협정'이라는 것이었다.[60]

---

59) 白南雲, 『쏘련印象』, 333~336쪽(『쏘련인상』, 선인, 2005, 258~260쪽) ; 김일성, 앞의 「조선민주주의인민공화국 정부대표단의 쏘베트사회주의공화국련맹 방문사업 경과 보고」; 김일성, 「조쏘 량국 간의 경제적 및 문화적 협조에 관한 협정체결 一주년에 제하여」, 『근로자』 1950년 5호 ; 박동초, 「조쏘 량국 간의 경제적 및 문화적 협조에 관한 협정의 의의에 대하여」, 『근로자』 1949년 8호 ; 박헌영, 「쏘련과의 우호적 친선관계는 조선민주주의인민공화국 대외정책의 기초이다」, 『근로자』 1950년 5호 ; 허헌, 「쏘베트 동맹은 조선 인민의 진정한 해방자이며 원조자이다」, 『근로자』 1950년 14호.

60) 白南雲, 『쏘련印象』, 262~269쪽(『쏘련인상』, 선인, 2005, 205~211쪽).

여기에서 주체성이란 "인민민주주의적인 주권을 확립한 … 조선 전체 인민의 유일의 중앙정부"인 '공화국' 정부의 자주독립성을 말하는 것이었다. 그리고 이 주체성을 담보하는 것은 민족자결의 원칙을 준수하고 타민족의 독립과 자유를 존중하며 타국의 내정을 간섭하지 않는다는 소련 정부와 스탈린의 대외정책 · 민족정책이었다. 소련은 이러한 정책에 입각하여 상호 이익의 원칙 아래 전후 신민주주의국가의 독립 · 발전을 원조한바, 백남운은 특히 북한과 중국의 독립 · 발전이 소련을 선두로 한 세계 민주진영의 결정적 승리이자 "미제를 수괴로 한 제국주의진영의 결정적 패배"를 의미한다고 강조하였다.[61] 요컨대 소련과의 친선관계 강화만이 북한의 주체성과 자주독립을 보장하는 유일한 기본 조건으로서, 그것은 당시 북한 지도부의 관점에서 전혀 상호 모순된 것이 아니었다. '조소경제문화협정'에 대한 이러한 평가와 인식은 이 시기 북한 정부와 지도층이 견지한 일반적인 국가건설관 · 소련관을 잘 드러내는 것이었다.

3) 소련 사회주의 발전상 인식과 국가건설관

전술한 바와 같이 사상교양서의 성격을 가진 『쏘련印象』의 주요한 간행 취지는 소련 사회주의의 발전상을 소개하고 이로부터 북한 인민민주주의 국가건설의 교훈을 얻고자 하는 데 있었다. 이에 백남운은 이

61) 이에 '조소경제문화협정'은 공화국의 통일 발전을 촉진시키는 기본 조건으로서의 인민경제계획의 급속한 발전을 보장하는 것인 반면, 남한의 '한미군사협정', '한미경제원조협정' 등 제반 '한미협정'은 "조선의 통일독립을 백방으로 방해하고 미제의 식민지로 만드는 기본조건으로서 세계침략의 별명인 마샬식 원조를 집행하는 침략협정"이자 "매국협정"으로 간주하였다(白南雲, 『쏘련印象』, 265쪽 ; 『쏘련인상』, 선인, 2005, 207~208쪽)

책 전체를 통해 북한 대표단이 시찰하고 견학한 각종 시설과 그 운영에 대한 소련 정부의 시책으로부터 배워야 할 점을 전하는 데 주력하였다. 백남운은 물론 북한의 지도층 · 지식층은 당시 소련이 사회주의국가에서 공산주의사회로 이행하는 발전 단계에 있다고 파악하였다. 따라서 이제 갓 독립하여 인민민주주의라는, 소련과 다른 유형의 국가건설 경로를 밟고 있는 북한과 소련의 차이를 잘 알고 있었다. 그러나 인민민주주의의 발전 방향이 기본적으로 사회주의 국가 · 사회 건설에 있다는 점에서 소련의 발전상은 북한 국가건설의 선진적 경험이자 지표가 되는 것이었다.

이러한 취지와 관련하여 백남운이 이 책에서 특별히 부각시키고자 한 소련 사회주의 발전상의 세계사적 의의와 교훈은 크게 세 가지였다. 첫째는, 소련의 발전상을 통해 자본주의 경제체제에 대한 사회주의 경제체제의 본질적 우월성이 증명되었다는 사회주의 발전 방향의 정당성을 재인식하는 것이었다. 사회주의에서 공산주의의 이행 단계에 있는 소련은 "인류역사상 처음으로 계급적 대립이 근절된 세계 유일의 사회주의 국가로서 착취도 압박도 없고 실업도 기아도 공황도 있을 수 없는 인민의 나라"로 정의되는 가운데,[62] 북한 인민민주주의가 가야할 국가건설의 발전 방향이 사회주의임을 분명히 하고자 하였다.

그가 소련의 사회주의 경제정책에서 주목한 것은 과학기술과 노동력을 철저히 조직화하고 기술자의 대량 양성과 노동자 생활의 질적 향상을 위한 교양시설에 주안점을 둔 공업정책과, 소호즈 · 콜호즈 등 농업생산의 가장 선진적 형태로서 농업조직을 혁명적으로 재편성한 사회주의 농업집단화 정책이었다. 여기에서 특히 중시한 것은 사회주의 계획

62) 白南雲, 『쏘련印象』, 337쪽(『쏘련인상』, 선인, 2005, 261쪽).

경제의 원리 아래 생산조직의 집단화와 사회주의 경쟁원리를 시행하고 있는 점이었다. 계획적 생산체제와 집단노동의 창조력이야말로 자본주의 경제와 대비되는 사회주의 경제의 요체라는 것이었고, 사회주의 경쟁원리는 노동자·농민의 애국주의를 고양시키고 이들을 혁명적 인민으로 개조하는 주요한 동력이라는 것이었다. 그는 이러한 경제정책 원리와 그 시설들이 당면한 북한 인민경제계획의 발전에 큰 참고재료가 되는 것임을 강조하였다.

둘째, 이러한 소련의 세계사적 위업은 유일당인 볼셰비키 당과 그 영도자 스탈린의 계획과 지도에 의한 것으로서, 곧 맑스·레닌주의를 창조적으로 계승한 스탈린주의의 정당성을 재인식시키고자 하였다. 백남운은 이미 1930년대에 스탈린의 경제정책을 레닌주의를 계승한 정당한 노선으로 지지한 바 있지만,[63] 소련의 발전상은 그것을 웅변으로 보여주는 증거였다. 그리고 이와 같이 소련을 신세계로 발전시킬 수 있었던 핵심 정치 원리로서 그가 특히 중시한 것은 볼셰비키 당과 스탈린의 혁명적 지도와 원칙에 입각한 유일관리제였다. 유일당의 유일관리제 원칙은 "인민민주주의국가 발전의 역사적 방향인 것이며 따라서 우리 인민공화국의 민주 발전의 교훈"으로 인식되었고, 이 교훈이야말로 다음과 같이 김일성의 영도 아래 '민주통일'의 급속한 발전이 요구되는 논거였다.[64]

> 그러므로 조선 전체 인민들은 김일성 수상의 주위에 더욱 굳게 집결함으로써 민주독립과 통일 발전을 위하여 인민공화국의 기빨 향하는대로 국가의 부르는 곳으로 총진군하는 태세를 더욱 강화하여야 할 것이다. 민주통일

63) 白南雲, 「理論經濟學의 再建」, 『中央』 2-10, 1934, 10쪽.

64) 白南雲, 『쏘련印象』, 339쪽(『쏘련인상』, 선인, 2005, 262~263쪽).

의 급속한 발전을 위하여는 레닌 쓰딸린 당의 혁명적 경험을 배워야하며 유일관리제의 민주정치의 원칙을 더욱 조직적으로 활용하여야 할 것으로 생각된다. 오늘의 사회주의 쏘련과 명일의 공산주의 쏘련이 모두 다 유일당인 볼쉐위끼당의 혁명적 원칙과 유일관리제의 조직적 집행의 세계사적 승리인 점을 재인식하게 될 때에 그것이 모두 다 우리의 교훈으로 된다는 것을 더욱 깊이 깨달았던 것이다.

여기에 그가 『쏘련印象』을 통해 '교육문화일꾼'들에게 요구한 사상무장의 정치적 요점이 무엇인가가 잘 드러나고 있다. 또한 이러한 인식과 언급에서 근로인민당 소속으로 북한 정권에 참여한 그가 이 시기 어떠한 정치적 입장을 취하고 있는가도 쉽게 간취할 수 있다.

백남운이 주목한 셋째 교훈은, 소련 사회주의 발전의 동력인 소련 인민의 모습이었다. 그가 본 소련 인민은 10월 혁명과 내전, 2차 대전을 승리로 이끈 혁명적·애국적 인민으로서, 노동자·농민은 정치적 교양을 갖춘 세계에서 가장 등질적으로 발전된 혁명적 근로인민이었고, 인텔리는 조국과 인민의 이익을 위해 복무하는 혁명적 인텔리였다. 그는 이 소련의 인민상을 사회주의 국가·사회에서만 존재하는 새로운 타입의 인간형으로 규정하고, 그것을 북한 인민이 배우고 나아가야 할 사상교육·개조의 방향이자 자신과 더불어 '교육문화일꾼'의 책무로 설정하였다.[65] 이것이 그가 '교육문화일꾼'을 대상으로 『쏘련印象』을 간행하

65) "우리나라의 인민들이 이러한 새 타이프 인간으로 발전되려면 민주통일의 역사적 발전이 그 기본 조건으로 될 것은 물론이어니와 정치적 교양과 사상적 교양을 조직적으로 옳게 실시함으로써만 기대할 수 있을 것이다. 쏘련 인민에게 대한 즉 새 타이프 인간의 인상이 깊을수록 우리 인민에 대한 사상교양과 사회교양의 중요성을 더욱 강조하게 되는 동시에 교육문화일꾼들과 함께 인민교육을 위하여 더욱 건투할 책임을 느끼게 되는 것이다"(白南雲, 『쏘련印象』, 341쪽 ;

게 되었다는 취지의 본지였다.

백남운은 이러한 새로운 인민상의 창출이 기본적으로 레닌·스탈린 당의 지도 아래 혁명과 전쟁의 경험, 정치적 훈련과 선전교양사업, 그리고 사회주의적 사회경제 발전 과정을 통해 형성된 것이라 파악하면서, 동시에 현재 시행되고 있는 소련의 교육정책·여성정책·문화정책 등의 역할을 중시하였다. 교육정책과 관련해서는 공장과 농장의 집단적 생산조직과 긴밀히 결합된 교육문화시설을 통해 노동자·농민의 사상교양과 애국심을 증진시키고 있는 일반 교양교육정책, 교원·학생·가정의 긴밀한 연락관계와 교사에 대한 인센티브 제도를 도입하고 언어교육을 중시하는 중등교육정책, 특히 그가 소비에트 교육제도의 위력이라고 찬탄한 간부 양성을 위한 레닌그라드 아동궁전의 사회주의적 아동교육정책 등이 북한이 배워야 할 대표적인 예였다. 또한 소비에트 사회의 생산력과 문화력의 중요한 부분을 구성하면서 활발히 사회적 역할을 수행하고 있는 소련 여성상 역시 향후 북한 여성의 정치·경제적·문화적 사회활동 방향의 지침이 된다고 강조하였다.

백남운이 소련 방문을 통해 가장 크게 감명을 받은 것 가운데 하나는 소련의 문화정책이었다. 무엇보다 그는 소련 정부가 생산력을 담당하고 있는 인민이 정권의 주체라는 원칙 아래 인민의 문화적 교양과 예술적 생활을 대중화·일상화하는 데 주안점을 두고 적극적인 문화유산보존정책과 예술교양정책을 시행하고 있는 점을 중시하였다. 문화유물과 예술품이 사회발전의 진상을 파악하게 하고 조국애를 고무시키며 정치·사상교양의 사회적 도량이 된다는 점에서였다. 특히 제정 러시아 시기의 문화유산은 물론 혁명 유적과 작품들을 체계적으로 보존하고

『쏘련인상』, 선인, 2005, 264쪽).

있는 박물관사업은 인민의 역사적 전통 인식과 혁명사상 · 애국사상을 대중적으로 교양하고 새로운 타입의 인민을 창출하는 주요 기반으로서, 북한 문화정책에 중요한 교훈을 주는 것으로 인식하였다. 그가 진열품 품목까지 세세하게 열거하면서 참관한 크레믈린 궁전, 모스크바 국립미술관 · 레닌박물관, 레닌그라드 동궁박물관 · 방위박물관 등 각종 박물관 소개에 많은 지면을 할애한 것은 이러한 취지에서였다. 여기에 또 1,350만 권의 도서를 소장한 레닌 기념 국립도서관의 운영 실태와 기계화 · 대중화 사업 역시 레닌주의 사상과 과학 발전은 물론 인민의 대중적 교양 증진을 의도한 주요한 문화정책으로서 상세히 소개하였다.

4) 모스크바 대학 교수단과의 학술문답

소련 방문 동안 백남운이 지대한 관심을 보인 것은 소련 학자들과의 학문적 만남이었다. 소련 사회과학의 선진적 동향을 직접 듣고자 하는 목적과 함께 대학 교수요강을 청구하기 위해서였다. 『쏘련印象』 머리말에서 그는 소련을 "맑스 · 레닌주의 사상의 세계적 최고봉"을 차지한 나라로서 '사회과학의 조국'이라고 규정하였다. 따라서 소련의 과학과 경험을 배우고 섭취하여 진정한 과학의 씨를 뿌리고 인재를 배양하는 것과 맑스 · 레닌주의 사상으로 무장하는 것은 '교육문화일꾼'들의 당연한 임무로, 특히 사상무장은 "공화국이 요구하는 새 타입 인텔리의 기본 조건"임을 강조하였다.[66] 모스크바 대학 교수단과의 만남은 그 개인적인 학문적 욕구를 반영하는 것이기도 하지만 기본적으로는 이러한 요구에 부응한 것이었다.

---

66) 白南雲, 『쏘련印象』, 3~4쪽(『쏘련인상』, 선인, 2005, 11쪽).

모스크바 대학 교수단과의 학술문답은 3월 11일 두 번째 모스크바 대학 방문에서 이루어졌다. 러시아어를 못하는 백남운은 당시 모스크바 대학 법과생인 김일성의 동생 김영주와 법과연구생인 이태진을 통역으로 대동하였고, 모스크바 대학 네스메야노프 총장 이하 15명의 교수단과 3시간 동안 학술문답을 진행하였다. 학술문답은 백남운이 주로 질문하고 모스크바 대학 교수들이 답변하는 형식으로 진행되었는데, 크게 사회주의 경제학, 역사학, 철학 등 세 분야의 문제가 논의되었다.

사회주의 경제학과 관련하여 백남운은 사회주의 경제학의 대상과 이론체계 및 발전 방향 등 세 가지 문제를 제기하고 이에 관한 소련학계의 연구 동향을 요청하였다. 이에 대해서는 정치경제학 강좌를 담당한 빠슈코프 교수가 답변하였는데, 빠슈코프는 세 가지 문제에 대한 답변과 함께 모스크바 대학에서는 인민민주주의 경제학 체계에 대해서도 크게 관심을 가지고 그 연구 부문을 설치하고 있다고 설명하였다. 백남운은 빠슈코프의 설명을 명쾌한 답변이라 평하면서, 특히 이러한 사회주의 경제학의 대상과 이론체계 및 발전 방향을 도입함으로써 인민민주주의 국가의 경제발전에 적응한 경제이론도 사회주의경제의 예비로서 이론체계를 구성할 가능성을 얼마든지 발견할 수 있다는 점을 강조하였다.

백남운이 가장 큰 관심을 가지고 있는 역사학 분야에서는 첫째, 아시아적 생산양식에 관한 소련학계의 결론적인 견해, 둘째, 동양의 고대사 특히 노예소유자계급국가에 관한 소련학계의 연구성과, 셋째, 시베리아 및 만주 방면에 관한 소련의 고고학적 연구성과 등 상호 밀접한 관련이 있는 세 가지 문제를 질문하였다. 여기에 주목할 점은 그가 이러한 문제를 제기하게 된 연구사적 배경을 밝히면서 맑스주의 한국사 인식에서 가장 민감한 문제를 거론하고 있는 점이었다. 곧, 일제하 한국사 발전단계를 둘러싼 맑스주의 역사학 내부의 논쟁 과정에서 자신과 대립한 견해들이 이론적 근거로 삼았던 아시아적 생산양식에 대한 비판적 입장을 분명히 천명하는 가운데 노예제 결여에 입각한 조기봉건제 형성론을 재삼 강도높게 비판하고 나선 것이었다.[67]

그는 일제하 자신이 아시아적 생산양식 논쟁에 참여하지 않은 것은 두 가지 불만 때문이었다고 해명하였다. 하나는 맑스·레닌주의 세계사관의 입장에서 구라파와 아시아에서의 생산양식의 역사 발전을 본질적으로 상호 대립된 것 같이 구별하는 것을 용인할 수 없었고, 다른 하나는 당시 동양사에 대한 맑스·레닌주의 역사과학의 발전 수준이 거의 미개척인 상태에서 아시아적 생산양식 단계를 "암중모색적으로" 규정하는 것은 비과학적이라고 간주하였기 때문이라는 것이었다. 더욱이 경성제대의 일본인 "반동사학자"들이 조선사를 위조하는 상황에서 "아시아적 생산양식을 동양사회의 특수한 발전 양식으로 규정한 일부 얼치기 사회과학자들"이 동양사회·한국사회의 노예제 결여와 아시아적 봉건제 평원론을 주장함으로써 조선사 연구를 더욱 혼란스럽게 하였다는 것이다.[68] 이러한 이유에서 그는 소련을 방문한 기회에 조선사 연

67) 백남운의 『朝鮮社會經濟史』 출간 이후 전개된 한국사 발전단계론을 둘러싼 맑스주의 역사학 내부의 논쟁과, 소련학계에서 시작하여 일본학계로 이어진 아시아적 생산양식 논쟁의 상호 연관성 및 이에 대한 백남운의 입장과 대응 등에 대해서는 방기중, 앞의 책, 제2장 1절 및 方基中, 앞의 「白南雲의 學問과 思想」 참조.

68) 白南雲, 『쏘련印象』, 209~210쪽(『쏘련인상』, 선인, 2005, 166~167쪽). 그는 "과학의 衣裳"을 뒤집어 쓴 이 "얼치기 사회과학자"들이 일제식 역사학자보다 더 교묘한 위조자라 격하게 비판하고, 그 "首犯者"로 경성제대 교수 森谷克己를 지목하였다. 그러나 주지하듯이 일제하 당시 노예제결여와 조기봉건제성립론을 주장하며 백남운 견해를 정면으로 비판한 이는 김광진이었고, 아시아적 생산양식론을 가장 열렬히 창도하면서 백남운 견해를 공식주의로 비판하는 데 앞장선 이는 이청원이었다. 두 사람에 대한 백남운의 비판적 입장은 白南雲, 『朝鮮封建

구에 악영향을 미친 아시아적 생산양식 이론의 과학적 결론을 들어보기 위해 이 문제를 제기하게 되었다고 설명하였다.

그러나 『쏘련印象』에는 모스크바 대학 교수의 답변은 없고 이상과 같은 자신의 입장만을 게재하고 있는 점으로 미루어 보아 그는 소련 학자들로부터 원하는 답을 듣지 못했던 것 같다.[69] 중요한 점은 『쏘련印象』의 이 관련 기사가 지니는 자료적 가치이다. 백남운이 제기한 아시아적 생산양식 문제와 일제하 맑스주의 역사학 내부의 견해 차이는 해방 이후는 물론 분단정부가 수립된 당시까지 해소되지 않고 그대로 연장되고 있는 극히 민감한 문제였기 때문이다.[70] 어느 면에서 보면 이 문제는 『쏘련印象』과 같은 방문기에서 거론하기에 적절하지 않은 주제였다. 그럼에도 불구하고 백남운이 격한 표현까지 동원하여 의도적으로 이 문제를 거론한 것은 '조선역사' 편찬의 책임자로서 정부 수립기 북한의 한국사 연구, 한국사 편찬의 방향 설정에 대한 자기 입장 표명이었다. 이 기사는 곧 정부 수립기 북한 역사학계의 내면과 6·25 전쟁 이후 본격화되는 사회구성·시기구분·역사인식 논쟁의 사학사적 맥락을 이해하는 데 중요한 단서를 제공하는 자료이다.

철학 분야에 있어서는 소련 철학계가 논쟁하고 있는 기본 문제, 동양의 유교와 불교사상에 대한 비판적 연구성과 여부, 종교에 대한 비판적

社會經濟史(上)』, 序文 3쪽에 잘 표현되어 있다.

69) 다만 인도사를 전공하는 차아제르라는 교수와의 인도 노예제사회 단계 인정 여부에 관한 문답에서 그리스·로마와 같은 전형적인 형태는 아니나 인도적 특수성을 가진 고대 노예사회 단계는 인정된다는 답변에 깊은 관심을 표명한바, 여기에서 백남운이 아시아·한국에서의 노예제사회 존재 여부를 얼마나 중시하고 있는가를 잘 알 수 있다.

70) 方基中, 「解放後 國家建設問題와 歷史學」, 『韓國史認識과 歷史理論』(金容燮敎授停年記念韓國史學論叢 1), 지식산업사, 1997.

성과 등 크게 세 문제를 제기하였다. 이에 대해서는 평양에 파견되어 맑스·레닌주의 철학 강의를 한 경험이 있기 때문에 백남운과 구면이었던 철학 교수 와세츠키가 답변하였다. 와세츠키는 소련 철학계가 현재 주력하고 있는 연구 과제는 18·19세기 러시아의 유물론 철학이며, 가장 큰 투쟁 대상으로 삼고 있는 것은 미국과 영국의 '제국주의 이데올로기'인 코스모폴리티즘(cosmopolitism), 곧 세계주의라고 설명하면서 특히 세계주의는 철학 뿐 아니라 문학과 법학에도 나타나고 있기 때문에 이를 분쇄하기 위한 투쟁을 강조하였다.[71] 이 문답에 이어 와세츠키는 백남운에게 '조선의 사상투쟁 목표'에 대해 질문하였다. 백남운은 "첫째로, 미제의 자유주의사상과 세계 제패의 야망을 합리화하려는 코스모폴리티즘을 분쇄하는 투쟁. 둘째로, 일제의 제국주의 이데올로기 잔재를 소탕하는 투쟁. 셋째로, 반인민적인 민족주의와 유교사상의 전통을 가진 봉건주의 이데올로기 잔재를 청산하는 투쟁" 등 크게 세 가지를 제시하였는데, 여기에서 또한 정부 수립기 북한 지도부와 지식층이 견지한 정치사상의식의 일반적 동향을 규지할 수 있다.

5. 맺음말

이상에서 1949년 2월 북한 정부 대표단의 최초의 공식 소련 방문을

71) 세계주의는 민족국가를 시대에 뒤떨어진 현상으로 보고 민족국가는 초민족연합에 의해 대체되어야 한다는 주장으로, 당시 소련 등 좌파 진영에서는 세계주의 이데올로기를 약소민족의 민족의식을 사멸시키고 제국주의 강국의 세계지배 계획을 뒷받침하는 부르주아 민족주의의 은폐된 특수 형태로 규정하였다(한국철학사상연구회, 『철학소사전』, 동녘, 1990, 216쪽).

기록한 백남운의 『쏘련印象』의 저술 배경과 주요 내용, 그리고 그것이 지니는 정부 수립기 북한사 연구상의 자료적 가치를 정리해 보았다. 『쏘련印象』은 정부 차원의 관찬서가 아닌 개인 저작물이지만 저자가 정부 각료이고 그 간행 취지가 정부 수립기 북한 국가건설의 당면 과제 해결에 기여하고자 하는 소련 방문 보고서라는 점에서 공적 성격을 갖는 인텔리용 사상교양서였다. 백남운은 이 책을 통해 '조소경제문화협정' 체결의 의의와 소련의 사회주의 발전상, 그리고 새로운 타입의 소련 인민상 등을 소개함으로써 정부 수립기 북한의 '교육문화일꾼', 곧 지식층에게 요구되는 인민민주주의 국가건설의 정치사상의식을 고양시키고자 하였다.

이와 관련하여 백남운이 강조한 가장 핵심적인 요점은 소련의 사회주의 발전과 이를 영도한 소련공산당 및 스탈린 노선의 위대성을 소개하고 이것이 향후 북한 인민민주주의가 나아가야 할 국가건설의 기본 방향이자 원리임을 천명하는 데 있었다. 특히, 유일당의 유일관리제 원칙은 당면 국가건설과 민주통일의 급속한 발전에서 가장 중요한 교훈으로 삼아야 할 정치 원리였다. 따라서 인민민주주의의 국가적 발전을 위해서는 북한 지식층이 소련 사회주의의 지도사상인 맑스 · 레닌주의로 무장하고 소련의 선진적인 과학과 그 경험을 배워 새로운 타입의 혁명적 인텔리로 성장할 것이 요구되었다. 그리고 이러한 정치 · 사상 교육을 통해 궁극적으로 김일성과 노동당이 영도하는 인민민주주의 국가건설 노선의 정당성을 재인식시키고자 한 것이 『쏘련印象』 간행의 본지였다.

『쏘련印象』 전편을 통해 쉽게 느낄 수 있듯이 이 책은 소련 사회주의 건설상에 대한 극찬, 스탈린에 대한 무한한 경모심 등, 일제시기 이래 학계의 '거벽'으로서 역사인식의 주체성을 중시하였던 백남운의 인상에 비추어 볼 때 다소 지나친 느낌이 들 정도의 친소적 서술 분위기를 보이고 있다. 더욱이 백남운이 노동당 소속이 아니라 근로인민당 소속이라는 점에서 이러한 서술 분위기는 어느 면에서 노동당 주변에 있는 지식인 각료의 '처세'로 비추어질 수도 있을 것이다. 그러나 이러한 친소적 경향은 당시 북한 지도부와 지식인 일반에게 보편화된 것으로서, 백남운에게만 특별한 것은 아니었다. 오히려 당시 북한 지도부는 소련과의 관계 강화야말로 국가적 주체성과 자주독립을 보장하는 유일한 기본 조건으로 간주하고 있었다. 말하자면 이 책은 이러한 국가적 요구에 적극 부응한 것이었다.

따라서 노동당 소속이 아닌 지식인 각료에 의해 인민민주주의 국가건설의 사회주의적 방향 설정과 맑스·레닌주의 사상무장을 특별히 강조하고 있는 이 책은 정부 수립기 북한사 연구에 여러 음미할 만한 소재를 제공한다. 특히 당시까지도 아직 북한에서는 인민민주주의 국가건설에 대한 이론적 정리가 확립되어 있지 않았고, 또 분단 상황과 관련하여 맑스·레닌주의를 공공연하게 국가 이데올로기로 강조하지 않고 있었다는 점 등을 생각할 때, 그리고 6·25 전쟁 이후 사회주의 국가건설 노선이 전면화된다는 점을 고려할 때 이 책은 북한 정부 수립기만이 아니라 주체사상이 확립되기까지의 북한 사회주의 사상사를 연구하는 데에도 의미심장한 재료를 제공해 주고 있다. 이러한 의미에서 이 책의 복간을 반갑게 생각하며 부족하나마 해제를 마무리한다.

* 글을 맺으면서 해제 작성에 도움을 준 김성보·박명림 교수와 홍정완·이세영 석사생에게 감사의 뜻을 전한다.

(출전: 백남운, 『쏘련인상』, 선인, 2005.)

제2부

이훈구론

일제하 이훈구의 농업론과 경제자립사상

1. 머리말

일제강점기 한국의 가장 큰 사회 현안은 농민·농촌문제였다. 민족갱생과 해방은 피폐한 농민과 농촌을 구제하지 않고서는 불가능하였다. 그리하여 1920·30년대 각종 사회운동단체와 지식인들은 적극적으로 농민·농촌구제를 주창하고 농민운동·농촌운동을 전개하였다. 그러나 당시 운동단체·지식인들의 운동논리나 농업개혁 방안은 내부의 일정한 편차를 동반하면서 크게 사회주의 계열과 민족·자본주의 계열로 나뉘고 있었다.[1] 농업문제 인식과 그 타개논리는 민족해방과 신국가 건설의 체제적 방향 설정과 밀접히 연관되었고, 그것은 해방 후 남

---

1) 金容燮, 「日帝强占期의 農業問題와 그 打開方案」, 『韓國近現代農業史研究』, 一潮閣, 1992. 金容燮 교수는 이 가운데 민족·자본주의 계열의 농업문제 대책을 크게 농민 입장과 지주 입장의 방안으로 구분하고, 李晟煥(全朝鮮農民社)과 같이 급진적인 농민 입장의 방안을 주창한 일부 논자의 경우는 社會民主主義的 경향의 中道路線으로 파악하였다. 꼭 같은 의미는 아니지만 일제하 당시에도 이러한 구분은 통용되었다. 예컨대 「現下 民族主義勢力과 社會主義勢力」이라는 주제로 민족운동 진영을 일별한 『三千里』 1932년 3월호의 安在鴻, 鄭雲永, 金若水의 글을 참조할 것.

북한의 '토지개혁'과 '농지개혁'으로 상징되듯이 두 방향의 국가건설사상으로 귀결되었다. 이 의미에서 일제하 농업개혁론의 추이에 대한 계통적 접근은 해방 후 분단국가 형성의 내면을 이해하는 중요한 작업과제가 된다.

이 연구는 이러한 작업의 일환으로서, 心堂 李勳求(1896~1961)의 농업경제사상을 통해 일제하 민족·자본주의 경제사상의 일단을 살펴보고자 한 것이다. 이훈구는 1920년대 일본 東京帝大와 미국 위스컨신대학에서 농업경제학을 연마한 후 1930년대 崇實專門 農學科 교수로 재직한, 당대 대표적인 자본주의 농업경제학자였다. 또한 그는 1930년대 YMCA와 함께 기독교 농촌운동의 양대 흐름을 이룬 장로교 농촌운동의 지도급 인사로 활동하였다. 그리고 해방 후에는 미군정 농무부장으로 재직하면서 정부 수립 직전까지 남한 농정을 총괄하였고, 정부 수립 후에는 제헌의원으로서 농지개혁법 입법과정에 참여하였다.[2] 말하자면 그는 일제하 민족·자본주의 계열을 대표하는 농업경제학자, 농촌운동이론가였고, 해방 후 남한 자본주의 국가건설 과정에 주요한 역할을 담당한 농정관료였다. 또한 1950년대 이승만정권 시기에는 교육계에서 활동하다 1959년부터 반독재투쟁과 혁신계운동에 참여하여 反獨裁民主守護聯盟 공동대표, 社會大衆黨 총무위원, 統一社會黨 정치위원, 民族自主統一中央協議會 공동의장 등을 역임하였고, 5·16 쿠데타 직후 수감되어 옥중 사망하였다.[3] 일제하 활동과 해방 후 경력으로 볼

2) 그는 1946년 1월 미군정 農商局長에 취임한 이래 農務局長(1946.2.21), 農務部長(1946.3.29), 過渡政府 農務部長(1947.6.3)을 역임하고, 1948년 4월 制憲國會 출마(무소속)를 위해 사임하였다. 제헌국회에서는 産業勞農委員會 農林分科委員會 소속으로서 農地改革法 입법과정에 참여하였다.

3) 1950년 제2대 총선에 낙선한 뒤 단국대 학장(1955), 성균관대 총장(1956~57)을 역임한 그는 1959년 11월 錢鎭漢과 함께 民族主義民主社會黨을 결성하고 정치활

때 흔한 예는 아니나, 그는 말년 이승만정권이나 舊韓民黨系의 보수 정치세력에 참여하지 않고 민족통일 지향적이고 非保守 中間派的인 정치 행로를 걸었다.

이훈구의 경력을 이같이 살피면, 그의 활동과 사상은 한국 근현대 사상사의 한 축을 이루는 민족·자본주의 경제사상의 실체와 특질을 파악하고, 해방 후 자본주의국가 창출과정이었던 미군정 농업정책과 남한 농지개혁에 대한 이해를 풍부히 하는 데 요긴한 소재가 될 것이다. 그러나 이러한 의미 부여에도 불구하고 그간 이훈구에 대한 학문적 분석은 거의 이루어지지 않았다. 이는 비단 이훈구에 한정된 것이 아니라 이 계열 경제학자 전반에 걸친 연구 상황인데, 최근 김용섭 교수가 일제하 농업개혁론 추이를 검토하는 가운데 이훈구의 농업론을 민족·자본주의 계열의 농민 입장의 견해로 정리함으로써 연구의 단서를 열어놓았다.[4] 본고는 이에 힘입어 일제하 그의 경제사상의 전모를 소농주의 농업경제학의 형성과 경제자립사상의 실천적 전개에 초점을 맞추어 살펴본 것이다.

특히 이와 관련하여 본고에서는 그가 주자학적 환경에서 성장한 후 일본과 미국에 유학하여 자본주의 학문과 사상을 훈련받고 기독교 진

동을 재개하였다. 反獨裁 非保守 聯合運動에 동참하여 1960년 2월 2일 결성된 反獨裁民主守護聯盟 공동대표(朴己出, 徐相日, 李勳求, 張澤相, 鄭華岩)가 되었고, 4·19 이후 社會大衆黨 중앙위원으로 총선에 출마해 參議員에 당선되었다. 혁신세력의 분열과 함께 1961년 1월 統一社會黨에 참여하는 한편, 1961년 2월 25일 民族自主統一中央協議會가 결성되자 의장단(대표의장 金昌淑, 공동의장 李勳求, 盧正一, 崔謹愚, 金達鎬)에 취임하였다. 조직활동 경험이나 독자적 정치기반이 없었기 때문에 元老 입장에서 운동을 지원한 이상은 아니었으나, 5·16쿠데타 직후 체포되어 대전형무소에 수감 중이던 1961년 6월 13일 심장마비로 사망하였다.

4) 金容燮, 앞의 책, 428~445쪽.

영에서 활동하였다는 점에 유념하였다. 이는 일제하 민족·자본주의 계열의 지도적 위치에 있었던 지식인이 걸은 가장 전형적인 성장 코스이자 활동무대의 하나였고, 이들은 해방 후 남한 자본주의 국가건설 과정에 중요한 일익을 담당하였다. 이러한 점에서 비록 개인적인 차원이지만 이훈구의 경제사상 분석은 일제하 민족·자본주의 계열 주력부대의 하나인 기독교 진영의 농업문제 인식과 자본주의 국가건설사상, 해방 후의 실천적 전개 등을 이해하는 데 유익한 작업이 될 것이다. 본 연구가 의도하는 일차적인 분석 목표는 여기에 있다. 더불어 이로부터 그가 이승만정권에 협력하지 않고 혁신계운동에 동참하게 되는 내면적 배경과, 6·25전쟁 이후 극도로 경색된 사상상황 속에 전개된 진보적·통일지향적 지적 풍토의 다양한 저변을 전망해볼 수 있지만, 이 작업은 해방 후 그의 활동에 대한 분석과 함께 별도의 기회를 갖고자 한다.

2. 학문체계의 형성과 기독교 농촌운동

1) 자본주의 소농경제이론의 수용

(1) 성장 환경과 지주적 농학의 훈련

이훈구는 1896년 4월 忠南 舒川郡 麒山面 山亭里에서 李鶴珪의 장남으로 태어났다. 그는 고려말 조선조 대표적 양반거족의 하나인 韓山 李氏家(戶長公系 文襄公派)로, 牧隱 李穡의 20대손이었다. 대대로 한산과 기산에 집성촌을 이루며 세거한 이씨 宗系는 정치적으로 주변화된 재지사족, 토착양반가였다.[5] 이씨가가 재지사족으로서 族團的 결집을 유지하고 자신들의 독특한 가풍을 형성할 수 있었던 구심점은 조선주자학의 초석을 닦은 이색의 존재였다. 특히 15, 16세기에는 주자학 통치 이념이 더욱 강화되면서 명분과 윤리를 강조한 이색의 학문에 대한 관심이 높아졌는데,[6] 그 일환으로 1574년 이색을 배향한 祠宇가 건립되고 1611년 文獻書院의 사액을 받게 되자 이씨가는 그 享祀儀禮와 선조에 대한 선양을 통해 주자가례를 훈련하고 종문의 결집과 가세를 유지해나갔다.[7] 이색의 학문과 사상은 이씨가의 가학으로 전수되었고 가풍의 바탕을 이루었다.

종계의 한 支派(直長公派)에 속하는 이훈구 집안은 18세기 이후 후사 잇기에 급급하여 宗門에서조차 주변화된 처지였다.[8] 그의 집안이 종문의 영향력 있는 위치로 성장한 것은 한말, 일제 초기 조부 李冕稙(莘巖, 1838~1921)과 부친 이학규(湖隱, 1868~1951)에 의해서였다. 특히 1871년 대원군의 서원철폐령에 의해 문헌서원이 毁撤되고 개항 이후의 사회변동 속에서 이씨가의 결집력이 점차 해체되었는데, 이면직은 이에 대응하여 종문의 결속을 다지는 데 중심적인 역할을 하였다.

---

5) 高麗末 정치적 패배와 함께 피살된 李穡의 장자 李種德(文襄公) 가계인 韓山의 宗系는 韓末에 이르기까지 顯達한 인물을 배출하지 못하였다. 韓山 李氏 家系에 대해서는 『韓山李氏大同系圖譜』, 農經出版社, 1979 참조.

6) 李穡의 政治經濟思想에 대해서는 李景植, 『朝鮮前期 土地制度硏究』, 一潮閣, 1986, 66~83쪽 ; 李泰鎭, 『韓國儒敎社會史論』, 지식산업사, 1989, 162~168쪽 ; 都賢喆, 「牧隱 李穡의 政治思想硏究」, 『韓國思想史學』 3, 1990, 51~66쪽 등 참조.

7) 李鶴珪, 『湖隱集』 1卷(1952, 李勳求가 편집한 筆耕 謄寫本) ; 舒川郡, 『내고장 文化遺蹟總覽 3』, 1993, 184~191쪽. 이러한 문중 특성과 관련하여 한산의 이씨 종문은 黨色을 크게 내세우거나 黨爭에 깊이 연류되지 않았지만 대체로 西人, 老論의 입장에 가까웠다.

8) 이훈구의 6대조인 李嶙(1713~1767) 이후 李東昌(1753~1783), 李承元(1778~1815), 李源泰(1804~1830)에 이르기까지 4대 동안 그의 집안은 손이 귀하고 단명하였다. 이 기간의 집안 내력에 대해서는 李鶴珪, 『湖隱集』 1卷 참조.

그는 祭田을 늘려 훼철된 문헌서원의 永慕齋에 花樹會[종친회]를 만들고, 1901년 흉년이 들자 同族을 賑救하고 일이 있을 때 "相救相助"하기 위해 宗義稧를 설치 운영하였다.[9] 나아가 1906년 稧錢을 기금으로 麒山學校를 설립하여 가학과 가풍을 유지하고 가문을 빛낼 인재 양성을 도모하였다.[10]

이러한 종문 육영사업은 이학규에 의해 계승되었다. 그는 宋秉璿, 田愚 등을 사숙하면서 주자학에 정진하였으나 당시 권세가가 관직을 독점하고 외세가 國事를 농단함을 개탄하여 벼슬을 구하지 않고 향리에 은둔하였다.[11] 일제강점기에 그는 오로지 "克己治家 顯揚祖先 勉進後學"한바, 주자학과 家産經營에 힘쓰면서 부친의 문중사업을 계승하여 종의계와 기산학교 운영에 주력하였다.[12]

이훈구의 청소년기 성장 배경과 환경은 대강 이러하였다. 한말 그의 집안을 일으키고 문중의 중심 역할을 한 조부와 부친은 이색에 뿌리를 두고 대대로 가학으로 전수된 주자학을 고수한 채 봉건적 세계관 속에서 가문의 이름과 향촌의 지위을 지키기에 급급했던 전형적인 儒者였다. 이훈구는 청년기에 이르기까지 기산학교에 출입하며 신학문에 대해 거부감을 가진 이들로부터 주자가례와 한학을 익히고 문중사업의

---

9) 李鶴珪, 『湖隱集』 1卷, 201~203쪽 ; 2卷, 355~362쪽. 宋秉璿이 이를 칭송하여 그를 惠民院 內部主事로 추천하고 이어 參書官에 임명되었으나 모두 부임하지 않았다.

10) 李鶴珪, 위와 같음. 곧 麒山學校는 宗門 아동을 대상으로 하는 書堂이었다.

11) 李鶴珪, 『湖隱集』 2卷, 372쪽. 斥邪論的 排日意識을 가진 이학규는 1906년 충청북도 觀察府 主事에 特敍되었으나 응하지 않고 田愚와 같이 이른바 '不出位 不謀政'이라는 山林의 出處觀을 택하였다. 李勳求의 實弟 李容求(1918~)씨에 의하면 李鶴珪는 일제말기 創氏改名과 米穀供出을 끝까지 거부하였다고 한다.

12) 李鶴珪, 앞의 책, 355~359쪽, 361~363쪽, 372쪽. 일제하 李鶴珪는 전답 100여 斗落 정도를 소유한 中小地主였다고 한다(李容求의 증언).

대를 잇기 위한 훈련을 받았다.13) 이러한 가풍과 가학의 훈련은 그의 자각 여부와 관계없이 여러 면에서 그의 사회의식과 사상 형성에 영향을 주었다.14) 또한 이 과정에서 그는 유학 원전에 대한 기초적인 소양을 쌓고 상당량의 문집을 섭렵한 것으로 보이는데, 이는 이후 그의 학문연구에 중요한 밑거름이 되었다.15)

그러나 외세 강점하에 새로운 근대사조가 지식층을 압도하는 현실 속에서 무기력한 낡은 학문이 청년기에 접어든 그의 지적 욕구를 만족시킬 순 없었다. 가학을 훈련하는 과정에서 그는 점차 유학에 대한 강한 비판의식을 갖게 되었다.16) 또한 그 자각 이면에는 대다수 농민층이 소작농, 농업노동자로서 극단의 생활고에 시달리고 있는 농촌현실이 존재하였다.17) 그는 이러한 현실을 눈앞에 두고 토착 양반지주가의

13) 李容求의 증언.

14) 예컨대 李橲의 명분론과 윤리관, 사회정치관 등은 이후 기독교적 자본주의 倫理道德觀과 결합되는 가운데 그 특유의 道德主義 · 人格主義 인간관 형성에 바탕이 되고 현실인식의 底流를 이루었다. 또한 부친의 封建的 排日意識은 그가 민족주의자로 성장해가는 밑거름이 된 반면, 그 소극적 出處觀은 그의 행동양식이나 處世觀에 깊은 영향을 끼쳤다. 이러한 여러 측면은 그의 農業改革 · 農村運動論 분석을 통해 확인될 것이다.

15) 이는 그가 박사학위논문을 작성할 때 방대한 양의 文集을 활용하였던 점에서 잘 알 수 있다. 학위논문에 대해서는 후술한다.

16) 그는 1920년대 근대 학문의 세례를 받으면서 儒學者를 漢族文化에 중독되어 "昔日의 榮華를 꿈꾸는 大明流의 儒者"라 비웃고, 書堂敎育이 "朝鮮的 精神과 朝鮮魂을 근본적으로 상실"시키는 해독을 끼치고 있다고 격하게 비판하였다(李勳求, 「우리 農村과 그 敎育(9) · (11)」, 『朝鮮日報』 1926년 7월 25일, 27일자).

17) 모시산업으로 유명한 韓山은 금강 河口에 위치하면서 조선후기 이래 동쪽 내륙으로 林川, 江景으로 연결되고 남으로 群山, 沃溝와 접하면서 江海間을 이용하는 유통경제가 발달하였고, 또한 기산과 한산을 가로질러 금강으로 빠지는 吉山川과 吉上川 주변의 稻作이 발달하여 米穀流通이 성행하였다. 이러한 지역적 특성을 배경으로 이미 조선후기부터 이곳이 다른 지역에 비해 농촌사회의 分解

자제가 흔히 그러했던 것처럼 한학이나 배우며 무사안일의 습관에 젖어 정신적으로 타락하고 "不生産的 人間"으로 청년기를 허비하고 있는 것을 심각히 고민하며 방황하였던 것으로 보인다.[18] 이러한 방황 끝에 22세가 되는 1917년 집안의 반대를 무릅쓰고 水原農林學校에 진학하였다.

수원농림학교는 일제의 식민농정과 관련하여 운영되는 정책적 전문 官立學府였다.[19] 당시 식민농정의 일관된 목표는 조선을 일제의 식량공급지, 상품시장으로 수탈한다는 것이었다. 이에 일제는 토지조사사업과 함께 지주제를 기반으로 생산증진을 강조하는 농사개량사업을 전개하고, 그 보완책으로서 농민층을 통제하기 위한 농촌교화사업, 농촌조직화사업을 추진하여 농촌의 계급적 갈등을 완화하고자 하였다.[20] 수원농림학교는 농촌 일선에서 농사개량과 생산증대를 독려하는 농업기술 지도자, 소작농민의 불만을 무마하는 농촌교화의 지도자를 양성

가 더 촉진되고 있었다는 것은 19세기 중엽 인접한 林川 지역의 事例(金容燮, 「朝鮮後期 無田農民의 問題 — '林川郡家座草册'의 分析」, 『증보판 朝鮮後期農業史研究(1)』, 지식산업사, 1995)를 통해 충분히 추찰할 수 있다.

18) 그는 이후 書堂이 "遊惰安逸한 습관"을 조장하고 "非僧非俗의 반거둥"의 "不生産的 人間"을 만들어 농촌사회에 해독을 끼치고 있다면서, 자신도 "다량의 經驗"을 하였다고 토로하였다(李勳求, 「우리 農村과 그 教育(11)」, 『朝鮮日報』 1926년 7월 27일자).

19) 水原農林學校의 성격에 대해서는 이미 언급한 바 있기 때문에(방기중, 『한국근현대사상사연구』, 역사비평사, 1992, 37~41쪽), 여기에서는 주로 學風을 중심으로 간략히 논한다.

20) 崔元奎, 『韓末 日帝初期 土地調査와 土地法 研究』, 연세대 박사학위논문, 1994 ; 이하나, 「1910~32년 日帝의 朝鮮農村 再編과 '模範部落'」, 연세대 석사학위논문, 1994 ; 鄭然泰, 「1910년대 日帝의 農業政策과 植民地地主制」, 『韓國史論』 20, 1988 ; 鄭泰憲, 「1910년대 식민농정과 금융수탈기구의 확립과정」, 『3.1 민족해방운동 연구』, 청년사, 1989.

함으로써 이러한 식민농정을 충실히 이행하는 데 기여하였다.

따라서 이 학교 농학은 일본자본의 농촌지배를 합리화하고 지주제 지배질서를 유지하는 가운데 생산증식과 계급완화를 추구하는 지주적 농학이지 않을 수 없었다. 이는 학맥상으로 볼 때 당시 일본 농정학의 주류를 이루면서 지방개량운동의 논리로 동원되었던 지주적 농본주의 농정학이 조선에 이식된 것이었다.[21] 그리하여 이 학교 교수들은 조선 농촌의 피폐는 저열한 농업생산력, 조선인 지주의 과도한 수탈, 소작인의 약탈농업과 나태성, 농민의 사치와 소비과다 등에 원인이 있다고 주장하면서, 농사개량에 대한 지주의 적극적 참여와 소작인에 대한 온정주의를 강조하고, 또한 지주와 소작인이 협조하는 공동체 질서를 조직하여 농사개량과 생산력증대를 꾀하는 데 농촌구제의 해법이 있다고 설교하였다.[22]

이훈구는 수원농림학교의 이러한 학풍 속에서 비로소 봉건적 세계관을 탈각하고 근대적 자본주의 세계관에 개안하였다. 당시 그는 학업에 상당히 충실하였던 것으로 보이는데,[23] 이 과정에서 풍부한 자연과학적 지식과 농업생산의 기술적 훈련을 배우고 생산노동의 중요성을 자

---

21) 1900~10년대 日本 農政學과 農本主義에 대해서는 후술. 이러한 移植作業을 주도하고 이 학교 교육체계를 확립하는 데 주요한 역할을 한 이는 교장 本田幸介였다. 그는 일본 農本主義 農政學의 본산인 東京帝大 農學部 교수로 재직하다 1906년 勸業模範場 책임자로 부임한 이래 1919년까지 총독부 농업교육을 주도하였다. 이와 관련해서는 本田幸介, 「朝鮮を去るに臨んで」, 『朝鮮農會報』 14-11, 1919 참조.

22) 방기중, 앞과 같음 ; 向坂幾三郎, 「地主のつとめ」, 『朝鮮農會報』 9-5, 1914.5 ; 永岡堯, 「朝鮮地主界의 危機」, 『朝鮮農會報』 12-2, 1917.2 ; 永岡堯, 「地主의 利益과 名譽」, 『朝鮮農會報』 12-12, 1917.12.

23) 1917년 水原農林專門學校로 개편된 후 제1회 졸업생(1920.3)인 그는 졸업 당시 4명의 우등생 가운데 하나였다(『水原農林專門學校校友會會報』 13, 1920, 86쪽).

각하는 동시에 기초적인 자본주의경제학, 농업경제학 이론을 체득하였다. 특히 무엇보다도 농촌 현장에 대한 실태조사를 통해 조선 농촌의 피폐상을 생생하게 관찰하는 가운데 농민의 생활난에 깊은 우려와 동정심을 갖게 되었다. 이러한 과정에서 그는 조선의 장래가 농촌문제의 해결에 달려 있다는 실천적 문제의식을 갖게 되었고, 이를 위해서는 조선농촌에 대한 학문적 탐구가 필요하다는 것을 자각하였다.[24] 전반적으로 그는 교수들이 강조하는 지주적 농본이념과 '愛農思想'에 공감하고 그들의 농업관·농정론의 틀 안에서 농촌현실을 이해하였다고 보인다. 그러나 농촌현실에 대한 이해가 깊어질수록 지주적 농정론에 의문을 갖게 되었고, 특히 3·1운동을 경험하면서 점차 조선의 농촌문제가 식민지 강점과 밀접히 연관되어 있다는 점을 자각한 것으로 보인다. 그것을 학문적으로 정리할 수 있었던 것은 동경유학을 통해서였다.

(2) 동경제대 농정학과 소농주의 농업론

이훈구는 1921년 4월 東京帝大 농학부 농학과 제2부(농업경제학 전공)에 選科生으로 입학하여 1924년 3월 졸업하였다.[25] 그가 유학하던 시기의 일본은 정치적 사상적으로나 사회경제적으로 커다란 격동기였다. 제1차 세계대전까지의 자본주의 발전, 노농문제의 전면화, 전후 세계사조의 동향 등과 관련하여 민주주의와 사회개조를 주장하는 '大正데

---

24) 李勳求, 『朝鮮農業論』, 漢城圖書株式會社, 1935, 5~6쪽.

25) 『東京帝國大學一覽』 大正 13年版, 東京: 東京帝國大學, 1924, 學生生徒姓名, 75쪽. 농학과는 1919년 學部制 실시와 함께 技術農學을 전공하는 1부와 農業經濟學, 農政學을 전공하는 2부로 구분되었다(2부는 1925년 農業經濟學科로 독립). 選科生은 학부장의 승인을 얻어 강좌를 선택하여 듣고 시험절차를 거쳐 합격증을 받는 제도였다. 東京帝大 농학부 연혁, 강좌, 교수진에 대해서는 東京帝國大學, 『東京帝國大學五十年史 下册』, 東京: 東京帝國大學, 1932 참조.

모크라시운동'이 전개되었다. 또한 1920년의 공황을 계기로 농촌위기가 심화되고 사회주의사상의 확산과 함께 노농운동, 무산정당운동이 고양되었다. 이훈구는 이러한 사회정세, 사상동향을 경험하며, 이와 밀접한 관련하에 전개된 동경제대 농학부의 학풍 속에서 학문적 기반을 닦았다.

동경제대 농학부는 명치유신기 이래로 농림관료와 농촌지도자 배출구 역할을 하고 농업정책의 기반을 제공한 官學이었다. 따라서 그 학문도 일본 자본주의가 요구하는 생산력 증대를 실현하고 자본주의 발달에 수반되는 농촌위기를 수습하여 체제의 안정을 도모하는 농정학으로 발달하였다. 19세기 말 이래 1910년대까지 이러한 학풍을 수립하고 동경제대 농정학을 주도한 이는 농본주의 농학자 横井時敬이었다.[26)]

横井時敬은 역사학과 경제학의 발전단계론에 입각하여 명치유신기 일본 소농의 성격을 자본주의 화폐경제에 편입되지 못한 영세경영으로 간주하고 농촌위기를 농본주의 농업입국론으로 타개하고자 하였다. 농업입국의 주체는 생산력 증대의 담당자로 간주한 지주였다. 그는 소농보호론을 주창하였지만 이는 위로부터의 농촌교화를 의미하는 것이었고, 교화의 주재자는 농촌 지배계급인 寄生地主層이었다.[27)] 요컨대 横井時敬의 농정론은 역사학과 경제학과 지주적 농본이념에 입각하여 일본 자본주의 발전의 토대로서 천황제 국가지배 질서의 농촌적 기반 — 지주제와 영세 소농경영의 결합 — 을 안정적으로 유지한다는 데 핵심이 있었

---

26) 横井時敬(1860～1927)은 1893년부터 1922년까지 농학 제1강좌(농업경제론)를 담당하면서 이 대학 農政學, 農業經濟學 학풍을 확립하였다. 그의 학문에 대해서는 住谷一彦, 「形成期日本ブルジョアジ — の思想像」, 『近代日本經濟思想史 1』, 東京: 有斐閣, 1969, 186～194쪽 ; 東京帝國大學, 『東京帝國大學學術大觀』, 東京: 東京帝國大學, 1942, 782～785쪽 등 참조.

27) 横井全集刊行會, 『横井博士全集 第二卷』, 東京: 大日本農會, 1925, 255쪽 ; 第四卷, 77쪽 ; 第七卷, 「地主論」, 375～392쪽.

다.[28] 따라서 농정의 관건은 지주보호책을 강구하여 생산력을 증대시킨다는 전제하에 소농을 보호하고 지주와 소작인 간의 대립을 완화하는 데 있었다. 이러한 橫井時敬류의 농업관, 농정론은 1910년대까지 동경제대 농학부의 일반적 입장이었고, 수원농림학교의 농학도 여기에 뿌리를 두고 있었다.[29]

그러나 1920년대 전반 농업문제가 전면화되면서 동경제대 학풍은 전환기를 맞이하였다. 1920년 일본 농상무성 농정과장 石黑忠篤을 비롯한 농정개혁팀이 소작입법 제안과 함께 토지제도의 개혁을 주창하자 이를 둘러싼 논란과 의견대립이 심화되었는데, 이 과정에 동경제대 농학과가 깊이 관여되었기 때문이었다.[30] 즉, 농정개혁팀의 브레인 역할을 한 농학과 신진 교수 那須皓가[31] 소작입법 논의를 위해 설치한 小作制度調査

28) 農本觀念에 특별한 가치를 부여하는 일본 農本主義는 농촌의 체제적 안정과 농업의 자립화를 기반으로 천황제 국가질서와 자본주의 발전을 유지한다는 社會政策的 農政理念이다. 農本主義論은 二宮尊德의 報德思想에 영향을 받았다는 점에서는 공통되나 1930년대에 이르기까지 시기에 따라 여러 부류로 분화 전개되는데, 1910년대 농본주의의 주류는 橫井時敬流의 입장이었다(농본주의의 추이에 대해서는 奥谷松治, 「日本における農本主義思想の流れ」, 『思想』 407, 1958 ; 櫻井武雄, 「昭和の農本主義」, 『思想』 407, 1958 등 참조).

29) 東京帝國大學, 『東京帝國大學學術大觀』, 785~789쪽 ; 飯沼二郎, 『朝鮮總督府の米穀檢査制度』, 東京: 未來社, 1993, 31~41쪽.

30) 石黑忠篤(1884~1960)의 개혁정책과 이를 둘러싼 논란에 대해서는 竹村敏郎, 「地主制の動搖と農林官僚 — 小作法草案問題と石黑忠篤の思想」(앞의 『近代日本經濟思想史 1』) ; 暉峻衆三, 『日本農業經濟史』, 全雲聖 譯, 춘천: 강원대학교출판부, 1991, 169~176쪽 등 참조.

31) 那須皓(1888~1984)는 橫井時敬의 제자이자 石黑忠篤의 친구로서, 1911년 東京帝大 농학부를 졸업하고 1917년 농학과 교수로 부임하여 1922년 이래 農政學經濟學 제3강좌를 담당하였다. 그의 학문활동에 대해서는 東京帝國大學, 『東京帝國大學學術大觀』, 796~802쪽 참조.

委員會에 참여하여 역시 위원으로서 지주 측 입장을 대변한 橫井時敬의 농정론을 전면 비판하고 소농 입장의 농정론을 주창하였다.

那須皓 역시 사회정책적 농정을 강조하였고, 농정의 실천적 목표도 소작쟁의를 완화하여 농민을 사회주의자로부터 분리시키고 농촌질서를 안정시키는 데 두었다.[32] 이러한 점에서 橫井時敬과 상호 공통되는 점이 있었으나 농정이념과 논리는 크게 달랐다. 那須皓는 농업경영과 생산력 증대의 주체를 소농으로 파악하고 이들의 자립적 성장을 바탕으로 지배체제의 근대화를 지향하였다. 또한 농촌위기는 토지소유 관계, 분배문제의 불균등과 과잉 농촌인구에 원인이 있기 때문에 소농층의 자립을 위해서는 지주 보호가 아니라 지주 소유권에 통제를 가해야 한다고 주장하였다.[33] 또한 농촌교육과 소농단결을 강조하여 덴마크식 국민고등학교운동, 협동조합운동에 주력하는 한편 滿蒙移民論을 주장하였다.[34] 요컨대 那須皓의 농정론은 지주제의 점진적 해체, 농촌 과잉 인구의 해결, 소농 중심의 농촌경제의 자립적 개조를 통해 안정된 자본주의와 소농체제를 유지하고 사회주의의 농촌침투를 방어한다는 데 그 목표가 있었다.[35]

---

32) 那須皓, 『農政論考』, 東京: 岩波書店, 1928, 38～39, 141, 266쪽.

33) 那須皓, 「岐路に立てる農民心理と農地政策」·「小作立法の本質」·「公正なる小作料」(『農政論考』 所收) ; 那須皓, 『農業政策』, 東京: 日本評論社, 1931, 제3장 제1절. 이를 실현하는 관건은 小作人團結權 인정과 公正地代率의 적용을 주요 골자로 하는 小作立法이었는데, 특히 그가 리카아도 地代論을 원용하여 최선의 분배문제 해결책으로 제안한 公正地代率은 3割强, 4割弱이었다(那須皓, 「公正なる小作料」).

34) 竹村敏郎, 앞의 글, 337～338쪽 ; 那須皓, 『人口食糧問題』, 東京: 日本評論社, 1927.

35) 그는 대공황 이후 이를 더욱 발전시켜 小農主義 統制經濟論과 協同組合主義에 입각하여 농업생산·배급체계의 協同組合化·共同經營化와 組合國家論을 제

이와 같이 1920년대 전반 소작입법 문제와 관련하여 농촌개조의 계급적 기반 설정과 일본 독점자본주의의 발전전망을 달리하는 두 계통의 동경제대 농학부 농정론이 격렬히 대립하였다. 橫井時敬은 지주소유권 제한과 소작인조합 인정은 농촌위기를 심화시킨다고 주장하면서 소작법에 반대하였고, 那須皓는 이를 반동적 견해로 비판하였다. 소작법 논의는 지주 측의 강력한 반발로 橫井時敬이 제안한 소작조정법 논의로 후퇴하였지만 이를 계기로 那須皓의 농정학은 동경제대 농학부의 새로운 학풍으로 자리잡았다.[36]

1920년대 전반 이러한 학적 전환기에 재학한 이훈구는 두 계통의 학풍에 영향을 받으면서도 橫井時敬의 농정학보다 那須皓의 농정학에 더욱 심취하였다. 그는 那須皓의 농정학을 바탕으로 농업경제학의 기본골격을 세우고 조선 농업문제에 대한 입론을 세워나갔다.[37] 소농주의 농업론에 입각하여 조선 농업문제의 핵심을 토지소유문제, 소작문제로 파악하고 이를 분배관계의 합리적 조정을 통해 해결한다는 것이었다. 동시에 그는 조선 농업문제의 식민지적 특성에 주목하고 그것을 민족적 관점에서 파악하고자 노력하였다. 토지소유의 불균등과 소작문제

창하고(那須皓, 「農村經濟の改造と農民心理」, 『矢作教授還曆紀念 農業政策の諸問題』, 東京: 日本評論社, 1931 ; 那須皓, 『新農村の基調』, 東京: 日本青年館, 1937), 滿蒙移民事業과 農村更生協會(협회장은 石黑忠篤) 조직을 주도하였다(東京帝國大學, 『東京帝國大學學術大觀』, 800~801쪽).

36) 1925년 那須皓 주도로 농업경제학과가 창설되었는데, 1930년대에 이르기까지 野間海造, 渡邊庸一郞, 東畑精一, 近藤康男, 錦織英夫 등 교수진은 모두 那須皓의 제자였고, 石黑忠篤 농정팀의 일원인 小野武夫 역시 강사로 출강하였다.

37) 직접 확인하지 못했지만 우수한 평가를 받은 그의 卒業論文이 東大 농학부에서 출간 중에 있다는 한 신문기사로 미루어보아(『朝鮮日報』 1926년 7월 10일자), 那須皓는 李勳求에 대해 호감을 가졌던 것으로 보인다. 이러한 師弟間의 인연은 이후 국제 공동학술연구로 이어진다(후술).

심화의 가장 중요한 배경을 일본 독점자본의 토지겸병으로 정리한 것이 이를 잘 말해주고 있다.[38)]

또한 이러한 농업관·학문관의 형성은 당시 조선·일본을 막론하고 맑스주의가 급속히 유포되고 있는 사상적 분위기 속에서 그가 어떠한 지적 취향에 흐르고 있는가도 보여주는 것이었다. 서구의 각종 정치·사회사상과 철학사조가 개방적으로 소개되는 가운데 '大正데모크라시'가 추구하는 사상적 지향은 민중의 성장에 기초한 민주주의적 국민국가의 형성에 있었고, 이에 대한 논의의 초점은 결국 국가의 정치·사회체제를 어떠한 방향으로 이끌어갈 것인가 문제였다. 이 가운데 那須皓류의 소부르주아적 농정학은 노자협조적 사회개조를 추구하는 사회개량주의 사조를 반영하였다. 那須皓는 토지의 무상몰수를 주장하는 맑스주의에 반대하고 자본의 가치와 사유재산제를 인정하여 점진적·중간적 방법을 강조하였다.[39)] 이는 맑스주의에 거부감을 갖는 지식청년들에게 매력적인 사조로 수용되었다.

특히 3·1운동의 좌절과 함께 새로운 방향을 모색한 민족주의 성향의 조선유학생들은 당시 유행한 사회진화론, 문화주의, 강력주의 등 각종 부르주아 사조와 더불어 이러한 개량주의적 사회개조론에 경사되는 경우가 많았다.[40)] 이훈구 역시 이러한 조류에 영향을 받는 가운데 東

38) 이는 졸업 직후 발표한 다음 小考를 통해 쉽게 확인된다(「農村經濟의 危機」, 『朝鮮日報』 1925년 1월 1일자 ; 「農村金融과 小作農의 悲哀」, 『朝鮮日報』 1925년 12월 1~5일자 ; 「우리 農村과 그 教育」, 『朝鮮日報』 1926년 7월 17~29일자).

39) 那須皓는 자신의 입장을 中間派로 규정하고 이를 인도주의·인격주의적 '人間本位'의 農政觀이라고 주장하였다(那須皓, 「公正なる小作料」, 『農政論考』, 東京: 岩波書店, 1928, 263~267쪽).

40) 『學之光』 20~22호(1919~21)의 유학생들의 글 ; 박찬승, 『한국근대정치사상사연구』, 역사비평사, 1992, 176~185쪽.

京朝鮮留學生學友會와 東京市朝鮮人基督青年會를 중심으로 활동한 민족주의 계열의 유학생들과 교류하면서 민족현실을 인식하고 장래를 전망하였던 것으로 보인다.[41] 그가 이 시기 기독교에 입교한 것도 이러한 교류를 통해서였다.[42]

1924년 3월 동경제대를 수료한 이훈구는 기독교 계통의 公州 永明學校에 부임하여 약 2년간 교직에 종사하였다. 이 시기 그는 일제의 수탈농정, 일본 독점자본의 토지겸병, 고율소작료 등과 관련하여 격화되고 있는 농민운동을 주목하면서 소작문제를 중심으로 농촌경제 연구와 농촌교육문제를 정리하는 등 학문적 과제를 구체화하기 시작하였다.

(3) 위스컨신 학파와 사회개량주의 농정학

이훈구는 1926년 7월 미국 감리교청년회 교육부 추천으로 미국 캔사스 주립 농업대학에 유학함으로써 학문의 새로운 전환기를 맞이하였다.[43] 그는 대공황 전야 황금기를 구가하고 있는 미국 독점자본주의의 호황과 사회실정을 생생히 체험하는 한편, 미국 농업경제학 조류를 통해 학문 시야를 넓히면서 학부 학위논문을 준비하였다. 유학 1년 만에

41) 3·1운동 전후한 시기 東京의 대표적인 민족주의 계열 유학생조직은 學友會였다. 이훈구가 입학할 당시 학우회 동향에 대해서는 「學友會記事」, 『學之光』 22, 1921, 101～102쪽 참조. 또 朝鮮人基督青年會 역시 주요한 민족주의 학생조직이었는데, 金度演은 이를 '在日留學生指導機關'이라 하였다(金度演, 『나의 人生白書』, 康友出版社, 1968, 66쪽).

42) 그가 어떠한 경위를 통해 基督教를 받아들였는지는 잘 알 수 없지만, 위의 東京市朝鮮人基督青年會에 참여하면서였다고 생각된다. 당시 유학생의 경우 선배의 권유나 교제를 목적으로 기독청년회에 출입하면서 信者가 되는 경우가 많았다고 한다(金度演, 위와 같음).

43) 『朝鮮日報』 1926년 7월 10일자. 그는 『朝鮮日報』 美洲 特派員도 겸하였다(『朝鮮日報』 1926년 7월 29일자).

그는 캔사스 주립 농업대학에서 그간 정리한 「朝鮮의 土地所有關係와 小作問題」를 미국 농업경제학 방법론으로 재구성하여 과학사(M.S.) 학위를 취득하였고,[44] 1927년 가을 위스컨신 대학 농업경제학과 박사과정에 진학하였다. 특히 미국 경제학·농업경제학계의 독특한 위치를 점하였던 위스컨신 대학에서의 훈련은 이후 그의 연구활동에 특별한 의미를 부여하였다.

19세기 말 이래 미국에서는 독점자본주의의 발전과 함께 사회적 모순이 심화되고 노동문제·농업문제가 심각한 사회문제로 대두한 한편, 노농계급의 인민주의운동이나 급진적 사회주의운동이 성장하였다. 이러한 양상에 직면하여 公私 양면에서 독점자본 본위의 전통적인 자유방임주의적 자본주의 질서를 개혁하자는 진보주의운동이 전개되었다. 그것은 독점자본가나 대지주에게 제도적 통제를 가하여 국민 일반의 사회복리를 증진시킴으로써 노농계급의 불만을 완화하고, 국내질서를 안정시키는 동시에 사회주의운동의 확산을 저지하려는 사회개량주의 운동·정책이었다.[45] 위스컨신 대학은 경제학, 농업경제학 양면에서 이러한 진보주의 개혁운동의 이론적 기반을 제공하고 정책입안에 밀접히 관여하면서 사회개혁을 주창한 대표적인 학파였다.

이러한 위스컨신 대학의 경제학 학풍을 창설한 개척자는 일리(R. T. Ely)였다.[46] 기독교 사회주의자로서 역사학파의 영향을 받은 일리는

---

44) 제목은 "The Tenure of Farmland in Korea"였는데, 직접 확인하지 못하였다.

45) 이것이 1910년대까지의 미국을 進步主義(革新主義) 시대라 부르는 배경인데, 이 사정에 대해서는 최웅·김봉중, 『미국의 역사』, 소나무, 1992, 제9장 혁신주의 시대 ; 有賀貞, 「ウイルソン政權とアメリカの參戰」, 『岩波講座世界歷史 24』, 東京: 岩波書店, 1970, 258~263쪽 참조.

46) 일리(1854~1943)는 1876년 컬럼비아 대학 졸업 후 독일 하이델베르그 대학의 크니스(K. Knies)에게서 歷史學派 經濟學을 배우고 1892년 위스컨신 대학에 부

고전학파의 자유방임주의, 맑스주의의 사회혁명론을 모두 배격하고 귀납적 역사적 방법론에 의한 경제학의 인간화를 주장하는 한편, 국가권력에 의한 제도개혁과 협동조합운동 등을 통해 독점자본주의의 폐해와 노농문제를 해결할 수 있다는 입장을 취하였다. 일리와 함께 그 제자들은 이 학풍을 크게 발전시켰다. 그리하여 이 대학은 위스컨신 주를 진보주의 개혁의 선두주자로 만든 라폴레트(R. M. Lafollette) 개혁 프로그램을 제공하고 이후 뉴딜정책의 브레인(New Dealer)을 다수 배출한 제도학파 경제학의 중추가 되었다.[47] 또한 농업경제학 분야에서도 일리와 스코트(W. A. Scott), 테일러(H. C. Taylor), 그리고 이훈구의 지도교수인 히바드(B. H. Hibbard) 등에 의해 유력한 학파를 형성하였다.[48]

위스컨신 학파는 농업경제학을 농학, 농업경영학과 구별되는 사회과

임하여 1925년까지 많은 제자를 양성하였다. 李勳求가 "米國經濟學의 泰斗"라 말한 그대로, 일리는 1885년 독일 社會政策學會를 모방한 美國經濟學會 창설을 주도한 이래 미국 경제학의 새로운 장을 여는 데 중심적인 역할을 하였다. 일리에 대해서는 Joseph Dorfman, *The Economic Mind in American Civilization* (New York : The Viking Press MCMXLIX, 1949) Vol. 3, pp. 161~164 ; Vol. 4, pp. 211~214 ; John Eatwell ed., *The New Palgrave A Dictionary of Economics*, Vol. 2, 1988, pp. 129~130 등 참조.

47) 이는 1904년 위스컨신 대학에 정착한 일리의 제자 커먼스(J. R. Commons, 1862~1945)에 의해 창도되었다. 커먼스는 制度學派 창시자인 베블린(T. Veblin)의 急進的 組合主義에 비해 온건한 개혁을 주장한 社會改良主義者였다. 이에 대해서는 Joseph Dorfman, op. cit., Vol. 3, pp. 276~294 ; Vol. 4, pp. 377~394 ; 金光洙, 『歷史學派』, 崇田大學校出版部, 1986, 제7장 制度學派 등 참조.

48) 특히 위스컨신 農業經濟學을 발전시킨 이는 테일러(1873년생)와 히바드(1870년생)였다. 1902년 부임한 테일러는 小作問題, 農業經營 및 市場問題 전문가였고, 아이오와 대학에 재직하다 1913년 부임한 히바드는 農業史, 土地政策 및 政策史, 土地利用論을 주전공으로 하였다. 그리하여 일리 · 스코트 · 테일러 · 히바드의 지도를 받은 졸업생들이 다수 學界, 官界(農務省)에 진출함으로써 위스컨신 학맥을 형성하였다.

학의 범주로서 농업생산·소비를 둘러싼 인간관계를 다루는 경제학이라는 입장을 취하여 농업경제제도의 분석을 중시하였다.49) 또한 역사학파의 영향 아래 역사적·지리적 분석과 귀납적·실증적·통계적 방법을 중시함으로써 전통적으로 농업사, 토지제도사, 토지정책사 연구의 주도적인 위치를 점하였고, 농업경영 실태나 시장구조에 대한 현장조사 및 통계분석 연구도 활발하였다.50) 그 연장에서 이 대학 농업경제학은 토지경제학(Land Economics)을 중심으로 발달하였다.51) 이 대학 농업경제학·토지경제학은 농업생산의 주체이자 민주주의 담당자인 독립자영농의 안정적 성장을 통해 자본주의 발전을 기한다는 전통적인 소농 중심의 '농본주의 농업관'을52) 바탕에 깔고 크게 세 가지 입론을 중시하였다. 곧, 농업문제의 발생을 토지겸병에 의한 소유의 불균등·자영농의 위기·소작문제 등에서 찾는 소농경제론, 토지소유문제·소작문제를 생산관계의 문제가 아니라 토지이용과 분배의 문제로 파악하는 토지이용론, 토지의 공익성을 중시하여 사적 소유권을 인정하는 한도 내에서 토지소유·토지이용에 대한 의식적 합리적 국가통제를 농업문제 해결의 최선책이라고 보는 사회정책론 등이었다.53)

---

49) B. H. Hibbard, *Agricultural Economics* (New York : McGraw-Hill Book Company, Inc, 1948), pp. 2~5.

50) Henry C. and Anne Dewees Taylor, *The Story of Agricultural Economics in the United States* (Ames Iowa : The Iowa State College Press, 1952), pp. 79~83, 277~315, 403~411.

51) Henry C. and Anne Dewees Taylor, op. cit., pp. 769~771, 848~850, 869~870 ; 金壎, 「土地經濟簡要와 朝鮮現象略論」, 『우라키』 7, 1936, 7쪽. 그 일환으로 일리는 1920년 위스컨신 대학에 土地經濟學硏究所(The Institute for Research in Land Economics)를 창설하였다.

52) 齋藤眞, 「1920年代のアメリカ」, 『岩波講座世界歷史 26』, 東京: 岩波書店, 1970, 262~263쪽.

이러한 관점에서 위스컨신 학파는 지주 통제와 소작농 보호책(소작입법, 소작조건 개선, 소작인 조직화 등), 보호관세, 이민법 수정과 家産法 강화, 공유지 확대와 토지이용의 조정, 토지위원회 구성 등 각종 입법과 제도개혁을 주장하였다.[54] 요컨대 사회개량주의적 농정책이었다. 이 농정책은 1910년대까지 루스벨트(T. Roosevelt) 농업개혁, 라폴레트 위스컨신 농업개혁, 윌슨(W. Wilson) 농업개혁 등의 국가정책에 적극 수용되었다. 또한 번영의 시대라는 1920년대 보수주의 시대에 접어들어서도 농업문제가 계속 악화되자 월레스(H. C. Wallace) 농업구제정책에 참여하는 등 대공황기에 이르기까지 위스컨신 학파는 농무성과 긴밀한 협조 아래 정부 정책에 관여하였다.[55]

1920년대 후반 미국에서 이훈구의 학적 환경은 이러하였다. 이렇게

---

53) Joseph Dorfman, op. cit., Vol. 4·5, pp. 211~214 ; Henry C. and Anne Dewees Taylor, op. cit., pp. 824~826, 862~865. 특히 이 학파 토지경제론의 핵심 기반은 土地利用論이라 할 수 있는데(이에 대해서는 당시 노스웨스턴 대학에 재학 중이었고 미군정기 農務次長을 지낸 金壎, 위의 글, 7~16쪽에 간략히 소개하고 있어 참조된다), 그 연장에서 이 학파는 이미 1910년대부터 소작제를 自作農創定 과정의 합리적 단계로 이용할 수 있다고 보는 이른바 '사다리론(Theory of the agricultural ladder)'을 주장하였다(Henry C. and Anne Dewees Taylor, op. cit., pp. 820~826). '사다리론'의 學說史的 성격에 대해서는 Shu-Ching Lee, "The Theory of the Agricultural Ladder", *Agricultural History* 21, 1947.1 ; 孫玄德, 「南北戰爭 以後 美國南部 小作制에 관한 一 硏究」, 『經濟史學』 13, 1989.12, 246~251쪽 참조.

54) Joseph Dorfman, op. cit., Vol. 4·5, pp. 212~214 ; Henry C. and Anne Dewees Taylor, op. cit., pp. 591~600, 824~826, 857~865.

55) 주 54와 같음. 農務省에는 위스컨신 출신이 많이 진출하였는데, 특히 일리 제자 가운데 가장 뛰어난 土地經濟學者로 평가받은 그래이(L. C. Gray, 1881년생)가 1922년 농무성 농업경제국 土地經濟課長으로 취임하여 대공황기에 이르기까지 農務省 土地政策을 주도하였다(Henry C. and Anne Dewees Taylor, op. cit., pp. 850~852, 870).

보면 위스컨신 학파의 농업경제학은 동경제대 那須皓의 그것과 기본적으로 상통하면서 좀 더 세련된 자본주의 경제학체계를 갖춘 것이었다. 실제 那須皓는 위스컨신류의 미국 농업경제학, 농정론을 숙지하였고, 이로부터 일정한 영향을 받고 있었다.[56] 말하자면 이훈구의 미국 유학은 동경 유학의 연장으로서, 사회개량주의 소농경제학의 일관된 훈련과정인 셈이었다. 그는 위스컨신 대학 土地經濟硏究所를 출입하면서 那須皓의 농업경제학에 한 단계 앞서가는 위스컨신의 학풍과 연구방법을 연마하는 데 주력하였다.

이훈구가 지도교수 히바드의 지도 아래 학위논문 주제를 '조선토지제도사'로 설정한 것도 이러한 훈련과정의 하나였다.[57] 그는 논문 서문을 통해 이 주제를 다루는 접근방법으로서 토지이용론의 관점과 제도적·역사적 방법, 귀납법·연역법의 병용을 특별히 강조하였고, 각 시대의 경제적 사회생활과 깊이 연관된 조선의 토지제도와 토지정책을 토지이용의 관점에서 사실 그대로 분석하고 토지정책이 농업조건의 변동과 어떻게 연관되어 있는가 하는 점을 살피는 데 연구목표를 두었다.[58] 이는 역사학파 및 제도학파 경제학의 영향이었지만, 아울러 그는 리카아도

---

56) 那須皓, 『農政論考』, 9~10쪽, 71~80쪽 ; 那須皓, 『日本農業論』, 東京: 千倉書房, 1929 ; 那須皓, 『農業政策』, 東京: 日本評論社, 1931 등 참조. 또한 그가 미국 주도로 1925년 결성된 太平洋問題硏究會에 가담하여 적극 활동한 것(후술) 역시 그 일환이지만, 이러한 점에서 李勳求의 위스컨신 대학 진학은 우연이 아니었다고 생각된다.

57) Lee Hoon Koo, *A History of Land System and Policies in Korea* (Ph. D. Thesis, University of Wisconsin, 1929), Preface, pp. 2~3. 이 논문은 전 10장에 걸쳐 古代(古朝鮮~三國)의 토지제도, 高麗·朝鮮의 토지제도와 주요 分給收租地 분석, 量田과 田品, 산림정책, 조세제도 등을 다루고 있는데, 아마도 근대적 방법에 의한 한국인의 通史的 土地制度史 연구로는 최초의 것이 아닐까 한다.

58) Ibid, Preface, pp. 1~2.

(D. Ricardo) 지대론이나 맬더스(T. R. Malthus)의 인구론, 신고전학파의 한계주의론 등 자본주의 농업경제학 훈련에 필수적인 여타 근대 경제학이론에 대한 접근도 심화시켰다.[59] 또한 토지이용론의 관점에서 현실 토지문제 · 농업문제를 다루는 데 필요한 구체적인 분석방법과 현장조사방법도 체계적으로 훈련하였다.[60] 이러한 과정에서 그는 위스컨신 학파로서의 능력을 인정받았고, 졸업 후 농무성 토지정책 주무자인 선배 그래이(L. C. Gray)의 주선으로 농무성 농업경제국 촉탁(통역관)으로 근무하면서 1930년 여름까지 약 1년간 연구활동을 지속하였다.[61]

2) 기독교 사회 · 민족관과 농촌운동

(1) 留學生總會와 사회 · 민족관의 심화

미국 유학을 통해 이훈구의 소농적 학문관의 내면을 이루는 기독교적 윤리관과 부르주아적 사회 · 민족관도 더욱 심화되었다. 이러한 사회의식의 심화는 위스컨신 학풍의 영향뿐 아니라 당시 미국의 한인민

---

59) 李勳求, 「小作問題의 經濟學的 一考察」, 『朝鮮日報』 1927년 8월 19일~9월 13일자 ; 李勳求, 「生產事業上 比準報酬 두 法則의 連鎖作用」, 『우라키』 3, 1928, 80~84쪽.

60) 현장조사를 중시하는 미국 토지경제사 연구의 한 특징은 일정하게 定型化된 연구 분석틀을 활용하는 것으로, 때로 그 분석틀은 國家政策을 위해 공동 마련되기도 하였다. 예를 들어 1919년 위스컨신 학파가 주도적으로 참여하여 마련한 農務省 農業委員會 土地經濟 硏究槪要를 보면, 土地資源, 土地價値, 土地所有權 및 小作制, 移民과 植民化, 土地政策 등 다섯 항목을 설정하고 각 항목마다 연구해야 할 소주제들이 상세히 제시되어 있다(Henry C. and Anne Dewees Taylor, op. cit., pp. 849~850).

61) 李勳求, 『朝鮮農業論』, 漢城圖書株式會社, 1935, 7쪽 ; 李勳求, 「南京金陵大學敎授時代」, 『三千里』 1940.6, 121쪽.

족운동 세력이나 유학생사회의 사상적, 지적 분위기와도 밀접한 관련이 있었다. 길지 않은 유학 기간이었지만 이들과 교유하면서 인간관계의 폭을 넓히고 민족의 현실과 미래에 대한 고민을 같이하였다.

일제 강점 이전 30여 명에 불과했던 재미 유학생은 특히 3 · 1운동을 전후하여 급증하기 시작하여 1920년대 중반 이후 그 수가 500여 명에 달하였다.[62] 1920년대 유학생은 대부분 미국 선교회 추천이나 기독청년회 주선으로 합법적 절차를 밟아 유학한 기독교 신자들이었는데, 이들의 조직적 결속을 도모하면서 유학생 사회의 사상적 분위기를 주도한 것이 1919년 결성된 北美 朝鮮留學生總會였다.[63] 총회의 주도인물은 대개 국내 기독교 민족주의 세력이나 在美 한인민족운동단체와 밀접히 연관된 청년 지식인들이었다.[64] 이들은 대개 평양 장로교 계열의 同友會, 서울 감리교 계열의 YMCA, 興業俱樂部 등 국내 기독교 민족주의 단체와 직접 · 간접 연관을 갖는 가운데 귀국 후 종교 · 교육 · 언론 · 실업계 등에 진출하였다. 따라서 총회는 이러한 국내 단체와 밀접

---

62) 대학, 대학원 재학생은 300여 명 수준이었는데, 평안도 출신이 가장 많았고, 서울 · 경기 출신이 그 다음이었다. 이에 대해서는 「留美學生統計表」, 『우라키』 1, 1925, 156~160쪽 ; 「美州留學生及留學生會略史」, 같은 책, 164쪽 ;「留米學生統計」, 『우라키』 4, 1930, 153~154쪽 등 참조.

63) 1919년 1월 1일 창립한 北美朝鮮留學生總會와 유학생 실태에 대해서는 「美州留學生及留學生會略史」, 『우라키』 1, 1925, 164~166쪽 ; 張世雲, 「米學生總會의 過去 十年을 回顧하면서」, 『우라키』 4, 1930, 5~8쪽 ; 吳天錫, 「美國留學案內要覽」, 『우라키』 4, 1930, 179~190쪽 참조.

64) 시기에 따라 변동이 있지만 1920년대 留學生總會의 주도인물(간부)을 들면, 역대 회장인 李春昊(초대), 李用稷(2대), 廉光燮(3대), 田慶武(4대), 曺喜炎(5대), 張世雲(6대), 李勳求(7대) 등과 1929년까지 기관지 발간을 전담한 吳天錫, 그외에 李柄斗, 金麗植, 金度演, 金壎, 張德秀, 盧俊鐸, 金昌俊, 李明雨, 許眞業, 宋福信, 柳瀅基, 黃昌夏, 李容卨, 崔慶植, 金學洙, 尹致暎, 金良洙 등이었다.

한 연관을 가지면서 교포사회의 민족운동 세력을 양분하였던 安昌浩의 興士團이나 李承晩의 同志會의 영향을 받고 있었다.[65] 말하자면 유학생총회는 기독교 민족주의 세력의 인적 자원을 충원하는 주요한 배출구였고, 그만큼 주도 인물들은 국내외 정세나 민족운동 동향에 많은 관심을 가지고 있었다.

이들은 국내 민족주의 세력들이 새로운 활로를 모색하는 1925년을 전후하여 기관지(『우라키』)를 발행하는 등 선전활동을 강화하였다. 특히, 유학생 사회 내부에는 교파의 차이, 정치적 연계관계에서 오는 갈등이 존재하였기 때문에 기독교와 유학생이라는 공통점을 기반으로 유학생의 공동체적 유대감과 사회적 연대의식을 선전하고 조직화하는 데 노력하였다.[66] 이에 적극 동참한 이훈구는 박사학위 취득 후인 1929년 9월 7대 회장에 선출되어 유학생 조직을 총괄하였다.[67] 그는 박사학위 취득이 쉽지 않은 유학 실정에서 이례적으로 3년이란 짧은 기간에 학위를

---

65) 당시 在美 韓人運動團體의 동향에 대해서는 김원용, 『재미한인 50년사』, California: Korean Affairs Institute, 1959 참조.

66) 1920년대 후반 뉴욕 留學生總會를 주도하였던 金度演의 회고에 의하면, 유학생들은 이러한 갈등 극복에 노력하였지만 일반적으로는 유학생총회 후원에 적극적인 安昌浩와 興士團을 더 선호하였다고 한다(金度演, 앞의 책, 110~116쪽). 監理敎 추천으로 도미한 李勳求가 이후 興士團과 관계가 깊은 長老敎 계통에서 활동한 것이나 해방 이후에도 李承晩에 협력하지 않고 끝내 대립적인 길을 걷게 된 점 등을 미루어보면, 그 역시 李承晩보다는 安昌浩 계열과 가깝게 지낸 것으로 추측된다.

67) 이때 유학생총회의 임원은 다음과 같다. 부회장 張世雲, 총무 崔慶植, 서기 韓鼎寅·許奎, 재정부장 金世旋, 사교부장 吳天錫, 종교부장 朴仁德, 운동부장 申瑩徹, 편집부장 李勳求(겸임), 영업부장 金壎, 理事部 이사장 김마리아, 부이사장 金仁俊, 서기 盧在明, 이사 朱元燮, 金鳴善, 張錫永, 宋昌根, 金鑌億, 葛弘基, 高炳南, 洪聖三, 朴敬浩, 崔奎南, 金鍾哲, 金述根 (「留學生會及留學生動靜」, 『우라키』 4, 1930, 150쪽).

취득하고 미국 관리가 됨으로써, 크게 신망을 받았던 것으로 보인다.

유학생총회 간부들은 기독교 윤리관에 입각한 미국 교육이념의 세례와 무엇보다도 유학생활을 통해 가장 충격적으로 경험하는 압도적인 자본주의 물질문명으로부터 많은 영향을 받고 있었다.[68] 따라서 미국식 진보주의와 보수주의에 대한 개인적 선호도의 차이는 있었지만, 이들은 총회의 '주의주장'으로 기독교적 인격주의와 자유주의 가치관, "강자의 철학"으로서의 진화론적 사회관, 극단의 개인주의 배격과 민족의식의 자각 등을 제창하였고, 사회주의에 대해서는 강한 거부감을 견지하였다.[69] 이러한 입장에서 민족단결과 교육진흥 · 산업진흥 · 과학진흥 · 농촌진흥 등 각종 실력양성운동을 민족운동의 당면과제로 설정하고 이에 대한 유학생들의 책무를 각성시키는 데 주력하였다.[70] 경제적 실력양성론은 당시 재미 민족운동 지도자들도 강조한바,[71] 이 시기 민족주의 세력의 일반적 사상 동향을 반영하는 것이었다. 이훈구는 유학생 사회의 이같은 기독교적 공동체 분위기 속에서 민족의 장래에 대한 실천적 유대감을 형성하였다. 그가 농촌진흥, 농민구제를 조선기독교의 당면과제로 인식하고 농촌운동을 향후 자신의 실천과제의 하나로

68) 廉光燮, 「在美朝鮮學生의 現狀及將來」, 『우라키』 1, 1925, 14~19쪽 ; 「美國留學生의 美國文明에 對한 感想」, 『우라키』 3, 1928, 1~11쪽.

69) 金良洙, 「米國留學生 出身을 엇더케 보는가 」, 『우라키』 2, 1926, 10쪽 ; 廉光燮, 「宗教와 人生과의 關係」, 같은 책, 26~33쪽 ; 曺喜炎, 「進化論을 是認하여야 할가」, 같은 책, 34~40쪽 ; 「우라키 主張」, 『우라키』 3, 1928, 52쪽 ; 「우라키 主張」, 『우라키』 4, 1930, 104쪽.

70) 廉光燮, 주 68의 글 ; 李柄斗, 「科學의 價値」, 『우라키』 1, 1925, 93~95쪽 ; 金良洙, 위의 글 ; 「우라키 主張」, 『우라키』 3, 1928, 53~54쪽 ; 崔晃, 「朝鮮을 産業化하자」, 『우라키』 4, 1930, 100~103쪽.

71) 李承晩, 「朝鮮學生에게 告함」, 『우라키』 4, 1930, 1~2쪽 ; 徐載弼, 「朝鮮의 將來」, 같은 책, 3~4쪽.

삼은 것은 이러한 유대감을 바탕으로 하는 것이었다.

이러한 점과 관련하여 그의 기독교관은 개인적 복음이나 종교적 구원을 구하는 전통적인 보수적 복음주의가 아니라 사회적 평등과 공동체적 복리를 중시하는 社會福音主義에 입각해 있었다. 이러한 의미에서 기독교에 대한 그의 자세는 자유주의적이고 개방적이었다. 이는 그가 기독교의 본질을 권력, 권세에 대한 "희생적 반항정신"으로 파악하고, 예수정신의 근본을 일반 민중들이 일용할 식량을 확보하는 데 있다고 주장한 점에 잘 반영되고 있었다.[72] 이러한 종교관은 자유방임적 개인주의를 비판하는 위스컨신 학풍과 그 저변의 기독교사회주의, 사회복음주의 전통을 접하는 가운데 더욱 확고해졌다.

더불어 그가 이같은 기독교관을 갖게 되고 유학생 사회에 강한 실천적 유대감을 가질 수 있었던 저변은 식민지 현실을 거부하는 민족의식과 밀접한 관련이 있었다. 국수주의적 형태는 아니지만 그는 조선정신, 조선혼의 원류로서 단군을 역사적 실재로 인식하였으며, 조선역사의 유구성에 대해 강한 자부심을 가지고 있었다.[73] 그의 민족의식은 일제의 조선 강점을 "조선인의 의사에 반하는" "군사적 점령"으로 간주하고, 1919년의 "거대한 민족운동"은 "세계를 경악시킨 일제의 무자비한 학살과 탄압"으로 무산되었지만 "자유와 정의를 위한 조선민중의 투쟁은 결코 포기되지 않을 것"이라고 강조한 데서 잘 나타나고 있었다.[74]

이와 함께 사회진화론을 수용하는 사회관도 한층 분명해졌다. 그는

72) 李勳求, 「宗教와 權勢」, 『新生』 1932.11, 17~18쪽 ; 李勳求, 「朝鮮예수교와 農村」, 『宗教時報』 3, 1933, 14쪽.

73) Lee Hoon Koo, *A History of Land System and Policies in Korea*, pp. 1~3 ; 李勳求, 『朝鮮農業論』, 1~2쪽.

74) Ibid., pp. 3~4.

유학 이전인 1920년대 전반 조선의 농촌운동을 이끌고 있는 두 지도이념, 곧 "우승열패의 진화론적 자본주의 사회조직을 唱歌"하는 민족주의 이념과 "상호부조의 해방적 사회주의 신사회 건설을 절규"하는 사회주의 이념 모두에 대해, "의식의 진보, 주의의 발전으로 우리 사회적 생활의식과 민중적 生의 욕구가 절실하고 철저해지는 것"이라 하여 중간적 입장을 취하였다.[75] 그러나 미국에서의 압도적인 물질문명의 경험과 유학생 사회의 지적 교류를 통해서, 그리고 진화론적 사회관을 바탕으로 점진적 제도개혁과 온건한 사회운동으로 건전한 자본주의 농촌사회를 건설할 수 있다는 위스컨신 학풍이나 미국 진보주의 사조에 공감하면서 반맑스주의, 반사회주의적 입장을 보다 견고히 하였다.[76]

(2) 太平洋問題硏究會와 국제학술연구

미국 농무성에 근무하던 1930년 초, 그는 오랫동안 구상한 연구과제를 구체화하고 이후 학술활동의 중요한 전환점이 된 계기를 맞이하였다. 국제민간학술조직인 太平洋問題硏究會(Institute of Pacific Relations) 國際調査委員會가 1929년 10월 일본 京都에서 열린 제3회 太平洋會議에서 '조선의 토지이용 및 농촌경제'에 관한 조사연구 계획을 결정하고 그를 책임연구자로 선정하였기 때문이다.[77] 미국의 주도와 일본의 협조에 의해 1925년 7월 하와이에서 결성된 태평양문제연구회는, 태평양지역의 정치 · 경제 · 문화에 관한 문제를 조사 연구하고 이 지역 국가 · 민

---

75) 李勳求, 「農村金融과 小作農의 悲哀(1)」, 『朝鮮日報』 1925년 12월 1일자.

76) 李勳求, 「小作問題의 經濟學的 一考察(2) · (8)」, 『朝鮮日報』 1927년 8월 21, 9월 11일자 ; 李勳求, 「權力 · 富力 · 智力」, 『新生』 1932년 6월호 ; 李勳求, 「朝鮮農村의 疲弊原因과 其 對策(3)」, 『農民生活』 7-7, 1935.7 · 8 합집, 473~474쪽.

77) 李勳求, 『朝鮮農業論』, 6~7쪽.

족간의 상호교류와 협조관계를 유지한다는 목적으로 2년마다 태평양회의를 개최하였다.[78] 이 단체의 학술담당 기구인 국제조사위원회는 극동지역 소농경제 조직에 관한 일련의 조사 연구를 추진하여 동경제대의 那須皓와 南京 金陵大의 버크(J. L. Buck)에게 각각 일본과 중국의 토지이용 연구를 위촉하였는데, 이훈구에게 의뢰된 과제는 그 공동연구의 일환으로 추가된 것이었다.[79] 이와 동시에 그는 태평양문제연구회와 밀접한 연관을 가진 미국 지리학회(American Geographical Society)로부터 '만주 개척지역의 조선이주민 실태'에 관한 조사 연구도 의뢰받았다.[80]

이러한 그의 연구활동은 복잡한 의미를 갖는 것이었다. 태평양문제연구회는 민간단체였지만 이 시기 제국주의체제의 위기와 관련하여 국가 상호간, 또는 약소민족 사이의 이해관계를 반영하여 정치성을 짙게 띠었다.[81] 학술활동에서도 만주문제, 극동의 토지·인구문제 등 국제적 이해관계가 첨예한 주제들이 채택되는 가운데 그 연구성과를 국가이익에 활용하고자 하는 미국, 일본의 제국주의적 의도가 저변에 깊이 개입되었다.[82] 특히 미국 측은 주제 설정 외에 연구방법에서도 주도권

---

78) 이 단체의 결성과정과 성격에 대해서는 고정휴, 「태평양문제연구회 조선지회와 조선사정연구회」, 『역사와 현실』 6, 1991, 285~302쪽 참조.

79) 李勳求, 앞의 책, 7~8쪽. 여기에는 그 개인 학력과 경력이 참작되었겠지만 스승 那須皓와의 관계도 작용했을 것이다. 那須皓는 당시 國際調査委員會의 핵심 멤버였고, 1930년 同위원회 부위원장을 역임하면서 1931년 上海에서 열린 제4회 太平洋會議 학술작업을 총괄하였다(那須皓, 「國際調査委員會について」, 那須皓 編, 『太平洋會議』, 太平洋問題調査會 刊行, 東京: 岩波書店, 1932, 52~53쪽).

80) 李勳求, 『滿洲와 朝鮮人』, 평양숭실전문, 1932, 緒論 ; *Pacific Affairs* Vol 3. No. 7 (Institute of Pacific Relations, 1930.7), p. 717. 이 연구 의뢰는 태평양문제연구회의 극동지역 小農經濟 연구나 滿洲 연구의 일환이었다.

81) 고정휴, 앞의 글, 317~323쪽.

82) 고정휴, 위의 글, 299~301쪽. 이 때문에 단체 내부에서도 운영방향을 둘러싼

을 행사하며 이러한 의도를 실천하였다.[83] 미국 지리학회 역시 "식민지대의 학술적 연구"를 하는 곳으로서, 미국의 이해를 직접적으로 관철하는 식민주의적 학술기관이었다.[84] 요컨대 그의 연구는 자신의 주관적 인식과 관계없이 미국의 동아시아정책과 내면적으로 연관된 민간 학술작업의 일환이라는 성격을 지니고 있었다. 이같은 일련의 연구는 그가 1931년 숭실전문 교수로 부임한 뒤 본격적으로 추진되었고, 이후 한글판으로 출간됨으로써 그의 主著가 되었다.[85] 또한 이 일련의 연구 의뢰 과정은 미국학술계와 조선학술계에 조선농업문제 전문가로 그의 이름을 알리는 계기가 되었다.

갈등이 존재하였다. 이 정황에 대해서는 那須皓, 앞의 글, 47~52쪽 ; J. N. Thomas, *The Institute of Pacific Relations* (Univ. of Washington Press, 1974), pp. 6~7 등 참조.

83) 예컨대 極東地域 小農經濟 연구에서 채택된 분석틀(조사용지) 역시 기본적으로 주 60에서 언급한 美國 土地經濟學의 방법론이었다. 당시 李勳求는 美農務省 Gray의 조사용지, 那須皓의 조사용지, 버크의 조사용지 등을 참조하면서 조선 실정에 맞는 조사용지를 작성하는 데 상당한 시간을 소비하였다고 술회하였다(李勳求, 『朝鮮農業論』, 10~11쪽).

84) 李勳求는 滿洲 연구의 계기를 "저자가 米國에 잇을 때 우연한 기회로 同國 뉴욕市에 잇는 米國 地理協會를 알게 되엿고 또 그 협회에서는 植民地帶에서의 新人間生活이 어떠케 하면 가장 적은 희생으로 가장 큰 행복을 齎來할 수 잇는가 보기 위하야 全世界的으로 植民地帶의 學術的 硏究를 하는 중이엿다. 東亞의 식민지대는 滿洲에 잇을 뿐이요 저자가 조선사람이므로 이런 사실을 참작하여 동 협회에서는 滿洲植民地帶의 과학적 연구를 저자에게 懇請하엿다"고 술회하였다(李勳求, 『滿洲와 朝鮮人』, 2쪽).

85) 地理學會 의뢰 연구(*The Pioneer Belt in Manchuria with Special Emphasis on Korean Settlement*)는 1931년 말 보고된 후『滿洲와 朝鮮人』(평양숭실전문, 1932.9)으로 출간되었고, 太平洋問題硏究會 의뢰연구(*Land Utilization and Rural Economy in Korea*)는 1933년 2월 보고된 후 『朝鮮農業論』(漢城圖書株式會社, 1935)으로 출간되었다.

(3) 숭전 농학과와 장로교 농촌운동

이훈구는 1931년 3월 조선예수교장로회에서 운영하는 평양 숭실전문에 농학과가 신설되자 교장 尹山溫(George. S. McCune)의 권유로 농학과 교수 겸 과장으로 취임하였다.[86] 취임과 함께 그는 만주와 조선 농촌경제에 관한 조사연구를 마무리하는 한편, 숭전 농학과의 특성과 관련하여 장로교 농촌운동에 깊이 관여하면서 지도적인 역할을 수행하였다.

1920년대 농업문제의 심화와 함께 사회주의 진영과 결합된 농민운동이 활발히 전개되자 이에 대응하여 민족주의 진영도 1920년대 후반부터 적극 농민운동·농촌운동을 전개하기 시작하였다.[87] YMCA를 비롯한 기독교 진영 역시, 1928년 4월 예루살렘에서 개최된 國際宣敎大會에서 컬럼비아 대학 교수 브루너(E. S. Brunner)가 『朝鮮農村 實態調査報告書(*Rural Korea*)』를 제출하면서 기독교의 적극적인 농촌사업을 촉구한 것이 주요한 계기가 되어 선교와 농촌사업의 결합을 적극 모색하였다.[88] 그 일환으로 장로교에서도 鄭仁果의 요청에 따라 1928년 8월 장로회총회에 농촌부를 신설하고 1930년까지 22개 전국 老會에도 농촌부를 설치함으로써 농촌사업의 기반을 마련하였다.[89]

---

86) 그는 1930년 여름 太平洋問題硏究會와 地理學會에서 의뢰한 연구과제를 준비하기 위해 귀국하였다. 그러나 태평양문제연구회 내부사정과 관련하여 작업이 천연되자 9월 미국선교회가 운영하는 南京 金陵大學 농업경제학 교수로 부임하였다가 崇專 농학과 신설과 함께 자리를 옮겼으며, 1932년부터는 副校長을 겸임하였다.

87) 1920년대 농민운동·농촌운동 연구에 대해서는 역사문제연구소, 『민족해방운동사』, 역사비평사, 1990, 제10장 ; 朴贊勝, 「韓國近代 民族解放運動硏究의 動向과 國史敎科書의 敍述」, 『歷史敎育』 47, 1990 참조.

88) 閔庚培, 『韓國基督敎社會運動史』, 大韓基督敎出版社, 1987, 228~229쪽, 257~258쪽.

장로교 농촌운동은 크게 두 단계를 거치면서 활성화되었다. 하나는 1931년 숭전 농학과 설치였다. 농학과 개설은 교장 윤산온이 "조선 농촌에서 실제 지도자로 튼튼한 농부가 될 일꾼을 양성하고자 하는 것"이라고 설립 취지를 밝힌 바와 같이, 크게 보아 장로교 농촌운동의 일환이었다.[90] 특히 농업전문가인 교수진의 확보는 농촌부의 선전 및 교육사업을 구체적으로 실천에 옮길 수 있는 기반이 되었다.[91] 이 사업은 농학과 과장인 이훈구를 중심으로 이루어졌다. 다른 하나는 1933년 9월 농촌부 사무국 총무직이 신설되면서 총무 裵敏洙를 비롯한 '基督教農村硏究會' 그룹이 농촌부 활동의 전면에 나선 것이었다. '기독교농촌연구회'는 1920년대 중반 이래 농촌경제의 자립을 달성하고 사회주의의 농촌침투에 대항한다는 취지에서 기독교 농촌선교사업을 모색한 曺晩植, 배민수와 이들의 지도를 받은 장로교 청년 교역자들이 1928년 결성한 농촌운동조직이었다.[92] 농촌부 설치 초기에 이들은 전면에 나서지 않았으나 핵심 인물인 배민수가 총무에 취임하면서 농촌부 활동을 전담하였다.[93] 따라서 1933년 9월 이후 장로교 농촌운동은 배민수를

---

89) 長老敎 農村運動과 관련해서는 한국기독교역사연구소, 『한국기독교와 역사 II』, 기독교문사, 1990, 228~231쪽 ; 方基中, 「일제하 裵敏洙의 農村運動과 思想」, 연세대 교육연구소 제2회 배민수기념강좌 요지문, 1994.10.25 ; 韓圭茂, 「日帝下 韓國 長老敎會의 農村運動」, 『吳世昌敎授華甲紀念韓國近現代史論叢』, 1995 등 참조.

90) 『朝鮮日報』 1931년 3월 7일자 ; 숭실대학교, 『숭실대학교 90년사』, 1987, 134~137쪽.

91) 農學科 敎授陣에 대해서는 숭실대학교, 위의 책, 151~153쪽 참조.

92) 方基中, 앞의 요지문 ; 劉載奇, 「예수村建設의 三大理論」, 『農民生活』 3-9, 1931.9, 32쪽. 회원의 전모는 알 수 없으나, 曺晩植, 裵敏洙 외에 주요 인물은 교역자 劉載奇, 朴鶴田과 수원농림학교 출신의 농학자 金聲遠 등이었다.

93) 裵敏洙(1896~1968)의 경력과 활동에 대해서는 方基中, 앞의 요지문 ; 노치준,

중심으로 하는 농촌부 사무국과 이훈구를 중심으로 하는 농학과 교수진의 합작운동으로 전개되었다.

이들이 주력한 농촌사업은 크게 네 가지였다. 첫째, 기독교 농촌사업의 긴급성을 알리고 구체적인 농촌구제책을 제시하는 선전활동이었다. 이는 1929년 6월 창간된 기관지 『農民生活』이 중심이 되었다. 『농민생활』은 초기에 농촌부에서 주관하였으나 이훈구의 역할이 커지면서 1934년 숭전(농학과)에 경영권이 완전 이관되어 농학과 교수진의 활동매체가 되었다.[94] 둘째, 기독청년 농촌지도자를 양성하기 위한 高等農事學院 운영이었다. 1933년 7월 개원한 농사학원은 이훈구가 원장을 맡아 사업을 총괄하였고, 운영은 농촌부에서 주관하였다. 이 학원은 "농촌교회 지도자들에게 농업의 실제적 기술과 조선농촌갱생운동의 정신적 作興을 수양케" 한다는 취지 아래,[95] 덴마크 國民高等學校를 모방하여 3년 코스의 하기강습을 실시한 농촌지도자 양성기관이었다.[96] 셋

「배민수목사와 한국기독교 민족운동」, 『신학이해』 11, 호남신학대학, 1993.12 등 참조.

94) 李勳求는 1932년부터 『農民生活』 편집에 간여하여 1933년에 영업부장이 되었고, 1934년 경영권이 崇專으로 이관되자 잡지 발간을 총괄하였다(『죠선예수교쟝로회총회데二十一회회록』, 35쪽 ; 同 二十二회회록, 25쪽 ; 同 二十三회회록, 58쪽). 한편 농촌부에서는 1935년부터 새로운 기관지 『農村通信』을 월간으로 간행하였다.

95) 李勳求, 「高等農事學院 開設에 對하야」, 『實生活』 4-7, 1933.7, 12~13쪽.

96) 교수과목은 農學 및 각 방면의 農業技術, 農業經濟學, 協同組合論, 農村福音 등이었고, 1936년까지 두 번에 걸쳐 총 49명의 졸업생을 배출하였다. 學院 운영과 졸업생에 대해서는 장로회총회 제22~25회 회록 ; 李勳求, 「高等農事學院第二回事業一斑」, 『農民生活』 6-9, 1934.9, 552~556쪽 ; 李勳求, 「高等農事學院事業一斑」, 『農民生活』 5-9, 1933.9, 2~4쪽 ; 『農村通信』 7, 1935.9, 2쪽 ; 韓圭茂, 「1930년대 韓國基督教會의 農村指導者養成機關에 관한 일 고찰」, 『한국근현대사연구』 3, 1995, 268~273쪽 등 참조.

째, 농사강습회 · 농촌수양회 등 농촌순회 계몽강연을 매년 개최하였다. 농촌부 사무국과 농학과는 매 동절기에 합작 또는 개별적으로 각 노회 농촌부와 연계하여 장로교 신도가 많은 북한, 만주, 영남지역에 순회강연을 실시하였다. 넷째, 각 교회 단위의 농촌사업을 활성화하는 것이었다. 이를 위해 각 교회에는 농촌부 또는 農友會가 조직되었는데, 여기에는 농촌부 '기독교농촌연구회' 그룹이 주요한 역할을 하였다.[97]

요컨대 장로교 농촌운동은 농촌경제 자립과 농촌 선교를 결합한 복음주의적 농촌갱생운동으로서, 교회를 거점으로 상호부조적이고 자립적인 기독교 농촌공동체를 건설한다는 것이 그 목표였다. 곧, 자본주의 경제제도 내에서 교회와 협동조합을 매개로 생산과 노동, 소비생활을 공동조직하여 유통기구의 중간수탈을 배제하고 농업생산력을 증진시켜 자작농 체제에 입각한 자립적인 기독교 모범농촌을 만든다는 것이었다.[98] 이훈구 등은 이러한 농촌경제 자립의 실천적 대안을 이론적으로 제시하면서 농촌지도자 양성에 주력하였고, 배민수와 '기독교농촌연구회' 그룹은 복음주의 이념을 주도하면서 지방교회를 거점으로 운동의 조직적 실천을 담당하였다.[99]

전체적으로 볼 때 장로교 농촌운동은 농민을 주체로 하는 농민운동은 아니었다. 그것은 교역자와 기독교 지식인이 주체가 되어 농촌지도자를 양성하고 농촌 교인에게 농업경영 개선과 협동조합 조직의 필요성을 주입하는 개량적 농촌교육운동, 농촌계몽운동이었다. 그러나 이

---

97) 주사업은 교회를 중심으로 協同組合을 만들어 농촌경제를 조직화하고 기독교정신에 입각하여 생활개선과 농민의식 개조를 추진하는 데 있었다.

98) 方基中, 앞의 요지문 ; 「模範農村을 建設하자」, 『農民生活』 5-9, 1933.9.

99) 이 역할분담은 일면 農村運動의 主眼點을 약간 달리하는 양 그룹간의 입장 차이를 반영하는 것이기도 하나, 본고의 목표가 長老敎 農村運動의 성격 해명에 있는 것이 아닌 만큼 이 점은 裵敏洙와 관련하여 별도의 검토 기회를 갖고자 한다.

러한 농촌운동도 1930년대 중반을 넘기면서 내외의 난관을 맞이하였다. 안으로는 교회 내 보수적 복음주의의 농촌운동 비판론이 더욱 거세졌고,[100] 밖으로는 일제의 탄압이 강화되었기 때문이었다. 이러한 가운데 신사참배 거부 문제와 관련하여 1937년 6월에 숭전 폐교가 확정되자 이훈구는 교수직을 사임하였고, 이와 때맞추어 장로회총회 역시 농촌부 폐지를 결정함으로써 장로교 농촌운동은 좌절로 끝났다.[101]

3. 조선농촌 위기론과 경제자립사상

1) 소농주의 농업관과 조선농촌 위기론

(1) 농촌위기의 소재와 지주제 인식

1920년대 농업경제학의 훈련과정에서, 그리고 1930년대 학술활동과 농촌운동을 통해서 이훈구가 시종일관 견지한 실천적 문제의식은 농촌경제의 자립이었다. 이는 조선의 농촌경제가 근본적으로 파멸에 이르고 있다는 현실인식에 바탕을 둔 것으로서, 그는 이러한 농촌의 피폐상을 민족갱생의 전망을 불가능하게 하는 심각한 민족적 위기로 받아들였다. 따라서 민족갱생을 전망하기 위해서는 농촌위기의 원인을 찾아 치유하고 구제하여 농촌경제의 자립을 이루지 않으면 안 되었다.

이러한 농촌현실관과 위기의식은 소농경제론과 조선농촌의 특수성

100) 閔庚培, 앞의 책, 271～276쪽.

101) 『죠선예수교쟝로회총회뎨二十六회회록』, 42쪽 ; 배민수, *Who Shall Enter the Kingdom of Heaven?*, 1951, 대한예수교장로회총회 농어촌부(영인본), 1993, 351～361쪽.

인식에 기반을 두고 있었다. 그는 자본주의경제에서 농촌경제가 건전하게 발전할 수 있는 요체를 자립적 소농경제의 안정에서 구하였다. 그가 말하는 소농은 농촌의 계급구성상으로 볼 때 자작농을 기본으로 하면서 자작 겸 소작농을 포함하는 계층으로서, 그는 이들을 "농촌중산계급", "농촌부르주아지"로 간주하였다.[102] 이들은 명실공히 농업생산력을 증대시켜가는 농업 증산의 주체일 뿐만 아니라 사회적으로도 향토의식이 강하고 농촌 전체의 이해와 자신의 이해를 같이하기 때문에 농촌사회의 개량, 농촌문화의 증진에 항상 유의하고 그러한 실력도 갖춘 "농촌중견층"이었다. 그는 이들의 "건실한 발전"에 "고귀한 가치"를 부여하였고, 이것이 자본주의 사회조직하에서 "가장 원하는 바"임을 천명하였다.[103] 이에 반해 소작농에 대해서는 그들의 곤궁한 처지와 관련하여 농업개량에 성의가 없고 약탈농업에 익숙하다고 하여 생산주체가 아니라 구제대상으로 파악하였고, 지주(특히 부재지주)는 무위도식하며 소작료를 최대한 착취하려는 심리를 가지고 있어 소작인의 약탈농업을 야기하는 "사회의 기생충"으로 간주하였다.[104]

---

102) 李勳求, 「農村中産階級의 沒落과 그 對策」, 『東方評論』 1-3, 1932.7, 29쪽. 그는 총독부에 의해 地主甲으로 분류되는 不在地主는 농민이 아닌 土地資本家로, 地主乙(自作兼地主)은 자본가적 지주가 아닌 농민층으로 파악하였고, 純小作人 및 農業勞動者, 窮農 등은 농촌프롤레타리아로 규정하였다. 이 가운데 소작인은 농업경영자로서 企業家의 성격도 겸한 것으로 보고 있다(주 114 참조). 곧 그는 自立的 小農을 '농촌부르주아지'로 간주한 것인데, 각국에 따라 달리 나타나는 小農의 존재형태에 대해서는 명확한 논의를 결하고 있다.

103) 李勳求, 위의 글, 29~30쪽 ; 李勳求, 「農村經濟의 危機」, 『朝鮮日報』 1925년 1월 1일자. 이에 그는 자본주의 경제조직의 "건전한 농촌"을 형성하기 위해, "최대의 생산고"를 얻기 위해, "최선의 방식으로 토지를 이용"하기 위해, "견실한 농민층을 형성"하기 위해 自作農을 보호하는 것이 가장 필요하다고 역설하였다(李勳求, 「小中農의 徹底的 保護」, 『農民生活』 8-3, 1936.3·4 합집, 168쪽).

요컨대 소농주의·자작농주의 경제관은 그의 농업인식의 출발점이었다. 이 경제관은 소농이론으로서 뒷받침되었다. 그는 자본주의 발전 과정에서 농촌이 위축되고 농촌위기가 발생하는 것을 불가피한 사실로 인정하고 그것을 세계사적 현상으로 파악하였다. 곧, 산업혁명 이후 "大資本主義世界의 創造"는 산업조직을 근본적으로 개편시켜 상공업에 기초한 도시의 농촌 착취가 진행되었고, 세계대전 후의 과잉생산과 대공황기의 불경기, 협상가격차 등에 의해 농촌위기가 더욱 심화되었다는 것이다.[105] 그러나 그는 이러한 농촌위기가 맑스주의 大農理論에서 주장하는 바와 같은 농민층의 양극분해에 의한 필연적인 소농경제의 몰락으로 연결된다고 보지 않았다. 상공업과 달리 농업과 그 생산력 담당자인 자작농은 외부에 대한 자립성과 저항성이 강하기 때문에 농촌경제는 도시경제에 비해 강한 탄력성을 갖고 있다는 소농이론에 근거해서였다.[106]

문제는 조선의 경우 이와 같은 소농경제의 자립적 기반 자체가 근본적으로 파멸에 이르고 있다는 농업문제의 특수성에 있었다. 그 핵심 문제는 세계 어느 나라에서도 유례를 찾아볼 수 없을 정도로 진행되는 토지소유관계의 극심한 분해 현상이었다. 그는 농업의 자본주의적 발

---

104) 李勳求, 「農村金融과 小作農의 悲哀(4)」, 『朝鮮日報』 1925년 12월 4일자 ; 李勳求, 「農村中産階級의 沒落과 그 對策」, 29쪽 ; 李勳求, 「小作問題의 經濟學的 一考察(7)」, 『朝鮮日報』 1927년 9월 1일자.

105) 李勳求, 「우리 農村과 그 敎育(1)」, 『조선일보』 1926년 7월 17일자 ; 李勳求, 「朝鮮農村의 疲弊 原因과 其 對策(1)」, 『農民生活』 7-5, 1935.5, 295~297쪽.

106) 李勳求, 「農村經濟의 危機」 ; 李勳求, 「農村中産階級의 沒落과 그 對策」, 31쪽. 다만 그는 大農에 대한 小農의 우월성을 주장하기보다 소농의 탄력성을 강조하는 편이었다. 곧 농업에서도 자본주의 경제원리인 "資本第一主義"에 의한 대농경영의 우월성은 인정하였다(李勳求, 「朝鮮農村의 疲弊原因과 其 對策(3)」, 『農民生活』 7-7, 1935.7·8 합집, 475쪽).

전에 대한 대농이론의 양극분해론은 거부하였지만, 농촌현실에서 진행되는 '중산계급 = 농촌부르주아지'의 몰락과 양극분해, 토지소유의 양극분해는 실체로서 인정하였다.[107] 곧, 지주·자본가에 의한 대토지소유는 해마다 늘어나는 반면, 자작농·자작겸소작농은 토지를 상실하고 소작농으로 몰락함으로써 대공황기 소작지 비율(56.2%)이 자작지 비율을 압도하는 가운데, 인구의 80%를 차지하는 농민의 78% 이상이 소작농 또는 자작 겸 소작농으로서 지주제에 편입되었기 때문이었다.[108] 심각한 토지소유관계의 분해와 자작농의 몰락상, 이것이 그가 인식한 조선 농촌위기의 근본적 소재였다.

이에 따라 농촌위기의 현실적 초점, 농촌위기의 특수성 문제는 자연 농민의 절대다수를 긴박하고 있는 소작문제에 모아지지 않을 수 없었다. 그런데 자본주의 농업경제학의 훈련을 받은 그는 본시 지주제를 근대적 자본주의 경제제도로 인식하였다. 지주제는 자본주의의 발달과 근대적 토지사유제도의 성립에 따라 자연적으로 발생한 사회경제조직으로서, 지주와 소작인이 자유의사로 토지 사용에 관한 권리와 의무관계에 대한 계약을 체결하는 근대법적 임대차 관계라는 것이었다.[109] 이때 지주의 사적 토지소유는 "과거 노동의 자본화"한 결과물이며, 지대 — 리카아도의 경제지대 — 역시 토지자본에 대한 이자로서 지주의 정당한 취득분으로 인정되었다.[110] 따라서 지대 자체가 곧 소작문제를

---

107) 李勳求, 앞의 「農村中産階級의 沒落과 그 對策」, 30~31쪽 ; 李勳求, 『朝鮮農業論』, 296~299쪽. 그는 이를 농촌중산계급의 "貧富兩極運動"으로 표현하였다.

108) 그의 토지소유관계 분석에 대해서는 李勳求, 위의 책, 281~291쪽 참조. 그는 이러한 地主制 편입률은 미국(44.4%), 중국(36.8%), 일본(68.7%)에 비교하여 유례없는 파멸적 현상이라고 강조하였다(李勳求, 같은 책, 292쪽).

109) 李勳求, 「小作問題의 經濟學的 一考察(1)」, 『朝鮮日報』 1927년 8월 19일자 ; 李勳求, 위의 책, 262~263쪽.

발생시키는 것은 아니고, 분배과정에서 지대가 합리적으로 책정된다면 소작문제는 나타나지 않을 것으로 파악하였다. 이것이 그가 소작문제를 본질적으로 토지이용 문제이자 분배의 문제라고 간주하는 所以였다.[111]

그는 일제하의 지주제 역시 기본적으로 근대법적 토지사유제도에 입각한 근대적 지주제로 인식하였다. 그것은 1917년 일제의 토지조사사업 종결과 함께 "결정적으로" 근대법적·자본주의적 토지사유제도가 확립되었다고 파악하였기 때문이다.[112] 그러면서도 조선의 지주제는 역사적 특성과 관련하여 극히 가혹한 소작조건을 동반함으로써 심각한

---

110) 그는 역사학파의 거두 리스트를 인용하여 土地所有 形式의 역사적 발달을 土地公有 단계, 土地公有의 私的 이용 단계, 土地私有의 私的 이용 단계로 구분하고, 제3단계를 자본주의적 土地利用 형식으로 파악하였다. 그리고 그 所有形式과 觀念은 과거 "노동이 資本化"한 과정에서 배태된 것이라 하여 지주의 토지소유(土地資本)를 노동을 통한 부의 축적 결과로 파악하였고, 토지이용의 결과인 地代를 정당한 자본의 취득분(利子)으로 간주하였다(李勳求, 「小作問題의 經濟學的 一考察(8)」, 『朝鮮日報』 1927년 9월 11일자). 그가 地主制를 자본주의 경제제도로 파악하고, 소작문제를 리카아도 地代論에 입각하여 인식해야 한다고 강조한 것은 이러한 立論에서였다(李勳求, 같은 글 2, 『朝鮮日報』 1927년 8월 21일자 ; 李勳求, 위의 책, 263쪽)..

111) 李勳求, 「小作問題의 經濟學的 一考察(3)·(4)」, 『朝鮮日報』 1927년 8월 28일, 29일자.

112) Lee Hoon Koo, *A History of Land System and Policies in Korea*, pp. 55~56 ; 이훈구, 앞의 책, 265~267쪽. 그는 古代社會 이래 朝鮮의 토지제도는 원칙적으로 國有制였지만 土地私有關係는 오랜 역사적 기원을 가지고 있어 三國末期인 7세기경 이미 私的 土地所有權이 맹아적으로 형성되어 조선왕조 말기까지 성장하였고, 또 사적 소유권의 형성과 軌를 같이하면서 특히 조선왕조 후기 이래 地主制가 발달하였다고 파악하였다. 그러나 土地調査事業 이전의 이러한 사적 소유권은 近代的 所有權은 아니며, 지주제 역시 近代的 經濟制度가 아니라고 간주하였다.

소작문제가 발생하고 있다고 주장하였다. 우선 조선인 지주, 특히 도시 부재지주의 토지소유는 자신의 노동을 축적하여 자본화한 결과가 아니라 대개 과거 특권적 지위와 권세를 이용한 불법적 토지축적이라는 것이었다.113) 또 조선의 소작인은 경영규모의 영세성에도 불구하고 각종 영농자본을 소유하고 직접 경리를 담당하고 있는 "독립된 자본가", "기업가"인 동시에 "노동자"라는 복합적 성격을 띤 소농경영자로 존재하고 있다는 점이었다.114)

여기에 근대적 토지법의 성립과 함께 "지주만능주의(Landlordism)" 소작관행이 보편화됨으로써 소작문제가 심화되었다는 것이다. 곧 이 시기 지주제는 과거 "봉건주의" 시기 지주가 소작인의 "사회적 보호자"로서 "온정주의"를 베풀던 구래의 것이 아니라, "개인주의와 자본주의가 군림"함에 따라 근대법으로 보장된 자본주의 임대차 형식 속에서 소작권은 철저히 배제되고 지주의 이익만을 반영하는 지주 본위의 제도로 운영되고 있다는 것이었다.115) 이와 같은 지주제의 특성에 의해 소작인은 5~6할에서 최고 8~9할에 이르는 유례없는 고율소작료, 보통 1년에 불과한 소작기간, 공과금의 소작인 전가, 무상의 노동력 봉사 등 봉건적 농노와 다를 바 없이 착취당하며 기아선상에서 "死線"을 방황하고 있다는 것이었다.116) 요컨대 극단적인 地主主義와 고율소작료에 기

113) 李勳求, 「小作問題의 經濟學的 一考察(8)」, 『朝鮮日報』 1927년 9월 11일자 ; 李勳求, 위의 책, 311쪽, 323쪽. 그는 이를 朝鮮地主制의 "傳統的 缺陷"이라 표현하였다.

114) 李勳求, 「小作問題의 經濟學的 一考察(3)」, 『朝鮮日報』 1927년 8월 28일자. 그는 이것이 노동자에 가까운 美國 小作農과 朝鮮 小作農의 차이점이라고 지적하였다.

115) 李勳求, 앞의 책, 311쪽, 323쪽.

116) 李勳求, 위의 책, 299~312쪽 ; 李勳求, 「小作問題의 經濟學的 一考察(6)」, 『朝

인한 소작인의 한계생산과 생활난, 그것이 자작농 몰락에 뒤따르는 농촌위기의 所在였다. 그가 "농촌문제는 소작농의 문제"이며, 소작인 생활 여하에 "조선민족의 흥망성쇠"가 달려 있다고 강조한 소이는 여기에 있었다.[117] 특히 지주주의에 의한 소작권의 불안정은 소작인의 약탈농업을 조장하여, 농업생산력의 저하는 물론 수입 감소를 초래해 소작인의 비애를 만성화하는 요인이었다.[118]

여기에 그의 위기의식을 더욱 증폭시킨 것은 소작문제의 심화가 필연적으로 농민층의 계급의식을 증대시키고 종내 계급투쟁을 격발시키고 있다는 점이었다.[119] 그는 소작쟁의가 가혹한 지주제의 특성과 관련하여 불가피하게 발생하고 있는 소작인의 자연발생적 계급투쟁이라는 점을 인정하였다.[120] 그러면서도 소작쟁의는 근본적으로 "농업경제의 온건한 발전에 대한 한 癌腫"이라 하여 건전한 농촌의 자립과 평화에 악영향을 미치는 것으로 간주하였다.[121] 특히 그는 1920년대 이래 해마다 격증하는 소작쟁의 배후에 사회주의·공산주의 사상이 결합되

鮮日報』 1927년 8월 31일자. 이에 그는 조선 지주제를 아일랜드의 커티어(Cottier) 소작제와 유사한 것으로 간주하였고, 이 때문에 조선의 小作料를 資本主義 經濟地代 범주로 처리하면서도 경제학적으로 이와 반드시 같은 것은 아니라는 단서를 달았다(李勳求, 같은 책, 311쪽 ; 李勳求, 「小作問題의 經濟學的 一考察(4)」 ; 李勳求, 「收納期와 小作料 問題」, 『農民生活』 8-9, 1936.11, 637~638쪽).

117) 李勳求, 「農村金融과 小作農의 悲哀(2)」, 『朝鮮日報』 1925년 12월 2일자 ; 李勳求, 위의 책, 292쪽.

118) 李勳求, 「農村金融과 小作農의 悲哀(4)」, 『朝鮮日報』 1925년 12월 4일자 ; 李勳求, 위의 책, 308쪽.

119) 李勳求, 위의 책, 299쪽 ; 李勳求, 「農村中産階級의 沒落과 그 對策」, 31쪽.

120) 李勳求, 위의 책, 324쪽.

121) 李勳求, 위의 책, 331쪽 ; 李勳求, 「小中農의 徹底的 保護」, 169쪽.

어 있다는 점을 잘 알고 있었고, 이를 깊이 우려하였다.[122] 여기에 그가 일제하 농촌위기에 어떻게 접근하고 있는가 하는 점이 극명하게 드러나고 있다.

(2) 농민몰락 · 소작문제 심화의 원인

이훈구는 자작농 몰락과 소작문제 심화로 정리한 농촌위기의 원인을 여러 각도에서 진단하였다. 이러한 원인 분석은 곧, 농업문제 인식의 기본입장을 반영하는 동시에 그 내용에 따라 타개책의 방향도 정해지는 것이 아닐 수 없었다. 그는 크게 세 방향에서 이에 접근하며 상호 인과관계에 있는 여러 원인을 거론하였다. 하나는 식민지 조건에서 발생하고 있는 일본 독점자본의 토지침탈과 식민농정의 문제, 다른 하나는 자본주의 상품경제에 편입되는 가운데 자립성을 상실하고 있는 농촌경제 내부의 문제, 그리고 마지막 하나는 농촌과잉인구 문제였다.

이 시기 극심한 토지소유 분해현상과 관련하여 그가 가장 중시한 배경은 東拓을 비롯한 일본 대자본, 대지주의 토지겸병이었다. 그는 토지제도에 대한 史的 검토를 통해 토지소유관계의 불균등 현상과 지주제는 이미 조선후기 이래 논란이 되어온 오랜 사회문제임을 알고 있었다.[123] 그러나 그것이 본격적으로 농촌경제를 파탄시키기 시작한 것은

122) 李勳求, 위의 책, 323~325쪽. 그는 1920년대 急進的 農民運動을 이끈 운동단체의 지도자들을 일본유학생 출신의 社會主義者로 간주하였고, 또한 극렬히 전개된 1931년도 소작쟁의 중 70%가 小作人 團體와 연관된 점을 주목하였다(李勳求, 같은 책, 328쪽).

123) Lee Hoon Koo, *A History of Land System and Policies in Korea*, pp. 54~55. 이에 조선후기 이래 여러 識者들이 量田과 土地改革을 주장하였고, 그 연장에서 大韓帝國期에는 국가적 量田事業이 추진되었으나 현실화되지 않았다고 하였다.

일제강점기부터라고 보았다. 곧, 일제가 강압적으로 토지조사사업을 추진하여 근대적 토지제도를 확립하고 치안을 확보하면서 東拓, 不二興業, 熊本, 藤井 등 일본 대자본의 토지겸병이 전면화되었다는 것이다.[124] 특히 일본에 비해 지가가 저렴하고 은행의 토지대부 이자율에 비하여 고율소작료에 의한 토지투자 이윤율이 훨씬 높다는 점,[125] 그리고 부채를 이기지 못한 중소지주나 농민층의 토지방매 등이 일본 대자본의 토지겸병을 촉진시키는 주요한 요인이었다. 이에 곡창지대인 全北을 비롯하여 三南의 稻作地帶를 대상으로 한 이들 대자본의 토지겸병은 기왕의 불균등한 토지소유관계를 더욱 심화시키고 '농촌중산계급'과 중소지주의 몰락을 촉진하였으며, 이들의 대농장 경영과 소작인 수탈이 소작문제를 일약 사회문제로 확대시킨 근본원인이 되었다고 강조하였다.[126]

일본 대자본·대지주 본위로 추진되는 총독부 농정은 이러한 농민몰락을 더욱 가속화시키는 또 하나의 요인이었다. 산미증식계획의 일환으로 실시된 토지개량사업 및 수리조합사업이 대표적인 수탈농정이었다. 이훈구는 산미증식계획의 동기와 본질을 '농가경제의 충실'을 기한 것이라는 총독부 구호와 달리 일본의 식량문제를 해결하기 위한 제국주의 국가정책으로 파악하였다. 따라서 산미증식계획에 의한 농업개량과 경지확대에 의해 "장족의 발전"을 거듭한 생산량 증대는 "풍년기아" 현상에 단적으로 나타나듯이 조선 농촌경제와는 무관하며, 오히려 농

124) HOON K. LEE, *Land Utilization and Rural Economy in Korea* (Chicago, Illinois: The Univ. of Chicago Press, 1935), chapter 12. Agricultural Colonization, pp. 281~289. 『朝鮮農業論』에는 이 12장이 누락되어 있다.

125) 李勳求, 『朝鮮農業論』, 316~317쪽.

126) 李勳求, 위의 책, 267~275쪽. 이에 小作爭議 역시 日本人農場에서 가장 많이 일어나고 있다고 지적하였다(李勳求, 같은 책, 328쪽).

민생활을 곤궁화하는 데 기여하고 있을 뿐이라고 주장하였다.[127] 이러한 농정의 본질은 산미증식계획의 일환으로 실시된 土地改良令에 단적으로 나타난바, 그 입법정신은 철저하게 일본인 대자본·대지주에게 은택을 주는 것이라고 지적하였다.[128] 또한 半官 반강압적으로 시행된 수리조합사업 역시 일본인 대자본 위주의 수탈농정이라고 비판하였다. 증산량을 초과하는 수리조합비는 농민·지주 전체를 채무자로 만든 반면, 일본인 대자본의 토지겸병은 수리조합을 통해 더욱 발달함으로써 조선인 지주·유지들까지 반대할 만큼 수리조합은 "怨府化"되어 있다는 것이었다.[129]

토지겸병, 총독부 농정에 상호 조응하여 농민의 토지방매를 강요하는 농가부채 역시 농촌경제의 자립기반을 파괴하는 주요 요인이었다. 그는 대공황기 기준으로 전 농가의 75%가 매 호당 약 170원, 개인당 약 28원에 해당하는 총 8억 원의 채무를 지고 있는 현실이 농촌위기의 주요 원인이라고 파악하였다. 특히, 이 가운데 다액의 부채에 시달리는 것은 은행, 금융조합 등 식민지 금융기관에 토지를 저당잡힐 수 있는 지주와 자작농이며, 저당잡힐 토지가 없는 소작인은 연 3~5할의 고리대나 심지어 연 12할의 장리에 긴박되어 농가경제는 그야말로 총체적

127) 李勳求, 위의 책, 113~116쪽, 226쪽 ; 李勳求, 「豊年饑饉의 米穀問題」, 『農民生活』 5-11, 1933.11.

128) 李勳求, 위의 책, 229~230쪽.

129) 李勳求, 위의 책, 232~244쪽. 특히 수리조합은 대공황기 米價暴落, 地價下落과 관련하여 지주층을 경제적 파산위기에 몰아넣은 반면(李勳求, 「水利組合의 危機 — 朝鮮農村經濟의 癌腫」, 『東光』 30, 1932.2, 34쪽), 1932년 현재 122개 水利組合 구역에서 8% 미만의 일본인 지주가 50% 이상의 토지를 소유하고 있는 바와 같이 일본인의 土地兼併은 수리조합 구역에서 가속도로 진행되고 있고 이에 따라 小作問題도 이 지역에서 더욱 심각하다고 강조하였다(李勳求, 같은 책, 273~275쪽).

파산으로 향하고 있다는 것이었다.[130] 이와 같이 농가경제가 총체적으로 부채에 시달리게 된 또다른 주요 요인으로 그가 특별히 주목한 것은, 조선농촌에 내재하는 특수성 문제와 자본주의 상품경제에의 편입과 함께 만성화된 유통구조의 중간수탈 및 농가수지 불균문제 등이었다.

조선농업의 내재적 특수성이란 농업기술 및 경영방식의 저급성과 낮은 생산력 수준을 의미하였다. 그는 집약농업이 조선농업의 한 특성이고 특히 총독부 강압정책에 의한 신품종과 개량농법의 보급으로 수확고의 급증을 보았지만, 일본과 비교하면 여전히 조방적이어서 反當 수확고가 일본의 2분의 1에 불과하다고 주장하였다.[131] 또한 "과학과 기계"를 응용한 서구 농업에 비해 농기구가 너무 저열하고, 각종 경작과정에 다량의 노동력을 허비하고 있으며, 多肥 사용으로 지력 소모가 많은 점 등을 낮은 농업생산력의 원인으로 지적하였다. 농지의 분산성이 심한 것도 영농의 합리적 운영을 어렵게 하는 주요한 한계였다.[132] 그리고 이와 같이 "원시적이고 전통적"인 영농방식이 고수되고 있는 이유를 특히 농민의 80%가 문맹이라는 농촌교육의 부재에서 구하였다.[133] 그는 농민의 무지야말로 농촌피폐, 농민몰락의 근원적인 내적 요인이라고 생각하였다.

그는 이러한 저열한 농업생산 수준을 유지하고 있는 농촌경제에 자본주의적 상품경제가 침투하면서 농가수지는 크게 악화되지 않을 수

130) 李勳求, 「農村金融과 小作農의 悲哀(3)」, 『朝鮮日報』 1925년 12월 3일자 ; 李勳求, 위의 책, 401~406쪽 ; 李勳求, 「農村의 癌, 農家負債를 어더케 하면 整理할 수 잇을까?(1)」, 『農民生活』 6-3, 1934.3, 135~137쪽.

131) 李勳求, 위의 책, 109~121쪽.

132) 李勳求, 위의 책, 177~181쪽.

133) 李勳求, 「우리 農村과 그 教育(1)」, 『朝鮮日報』 1926년 7월 17일자 ; 李勳求, 위의 책, 105~108쪽.

없다고 보았다. 우선 일본의 공장제 생산품이 침투한 지 30년 만에 과거 농가수입의 주요 원천이었던 각종 농촌수공업이 "절멸"됨으로써 농가수입, 농촌구매력이 크게 저하하였다는 것이다.[134] 또한 金肥 사용의 증대 등 농업경영이 자본주의 유통경제에 깊숙이 편입됨에 따라 생산비가 날로 증대하여 경영압박이 가중된 점도 농가수지 불균의 중요한 요인이었다.[135] 반면 여전히 "봉건적 생산양식의 遺型"에 머물러 있음에도 불구하고 농민의 소비성향은 "근대적 자본주의화"하여 농가수지 악화를 더욱 부채질하고 있다고 보았다.[136] 그는 이러한 제반 양상의 본질을 이른바 '도시의 농촌 착취'로 설명하였다. 곧, 상공업에 기초한 '도시경제 = 자본주의경제'의 침투에 따라 농촌의 부가 도시로 이동함으로써 농촌은 도시의 "魚肉"이 되고 농촌 피폐가 심화되고 있다는 것이었다.[137]

---

134) 李勳求,「朝鮮農村 救濟策에 對하야(2)」,『宗敎時報』10, 1933.10, 13쪽 ; 李勳求, 위의 책, 60쪽.

135) 李勳求, 위의 책, 368～379쪽, 453～464쪽 ; 李勳求,「農村의 負擔을 輕減케 하자」,『農民生活』6-6, 1934.6, 347～349쪽. 특히 대공황기 穀價 하락과 鋏狀價格差는 이 경영현실을 더욱 심화시켰다(李勳求,「朝鮮農村의 疲弊原因과 其 對策(1)」, 295～297쪽).

136) 李勳求, 앞의 책, 299쪽 ; 李勳求,「朝鮮農村 救濟策에 對하야(1)」,『宗敎時報』1933.9, 13쪽.

137) 李勳求,「朝鮮農村의 疲弊原因과 其 對策 (1)·(2)」,『農民生活』7-5, 1935.5, 294～297쪽 ;『農民生活』7-6, 1935.6, 374～375쪽. 이외에도 도시에 거주하는 不在地主의 小作料나 고리대금업자의 利子도 도시의 농촌수탈 양상의 일환으로 파악하였고, 여기에 농촌보다 도시에 혜택을 주는 총독부 課稅政策이 이를 가중시켜 농촌피폐를 가져오는 간접적 요인이 되고 있다고 주장하였다. 이러한 의미에서 그는 농촌에서 생산된 富를 농촌에 그대로 머무르게 하면 농촌 피폐는 해결될 것이라고 斷言하였다(李勳求,「어떠한 困境에도 土地를 保有하자」,『農民生活』7-1, 1935.1, 7쪽).

마지막으로 그가 농촌몰락, 소작문제 심화의 원인으로 강조한 것은 농촌과잉인구였다. 그는 토지이용과 인구문제의 상호 관련성을 극히 중시하였다. 특히 상공업의 미발달에 따른 노동시장 부족에 기인하여 전 인구의 80%가 농촌에 편만해 있는 실정에서, 연평균 22만 명에 달하는 인구증가와 "인구압박"은 농촌경제를 필연적으로 몰락의 도정으로 이끌고 있다고 보았다.[138] 우선 과잉인구가 미곡이출 때문에 심각한 농촌의 식량부족을 더욱 심화시켰기 때문이다.[139] 그러나 더 심각한 것은 경지부족문제였다. 곧 협소한 농경지에 농민의 80%가 소작제에 편입되어 있는 현실 속에서 과잉인구는 절대적인 경지부족을 초래하였다는 것이다.[140] 따라서 "토지기갈증"에 걸린 소농민은 불가피하게 "극렬한 借地競爭"에 뛰어들지 않을 수 없었고, 차지경쟁에서 승리하는 "유일한 무기"는 고율소작료였다.[141] 이것이 소작농이 "한계생산자의 위치"에서 "진정한 의미의 지대 이외에 자기 노동소득의 일부까지 지불"하며 몰락하는 저간의 사정이었다. 농촌 과잉인구는 고율소작료

138) 李勳求, 「小作問題의 經濟學的 一考察(5)」, 『朝鮮日報』 1927년 8월 30일자 ; 李勳求, 「朝鮮人口 史的 發展의 硏究(4)」, 『東亞日報』 1932년 7월 23일자 ; 李勳求, 『朝鮮農業論』, 91~99쪽.

139) 그는 1938년 지난 10년간 미곡은 250만 석, 보리는 270만 석 增産되었으나 일본 移出量이 격증하고 농촌인구 역시 약 113만 명이 증가하여, "豊年飢饉"에 나타나듯이 1인당 미곡소비량은 더 축소되었다고 하여 인구문제가 계속 심화되고 있다고 보았다(李勳求, 「農村人口 都市集中의 原因」, 『朝光』 30, 1938.4, 69~71쪽).

140) 그는 경지면적이 일정 증가함에도 불구하고 농가 1호당 경작면적이 년년 감소하는 이유는 "無制限으로 늘어가는 人口"에 있으며, 이는 피할 수 없는 현상이라 하였다(李勳求, 『朝鮮農業論』, 201~208쪽).

141) 李勳求, 「小作問題의 經濟學的 一考察(5)」, 『朝鮮日報』 1927년 8월 30일자 ; 李勳求, 위의 책, 85~87쪽, 304~306쪽.

를 창출하고 지주만능주의를 가능케 하는 중요한 내적 요인으로 특별히 강조되었다.

이와 같이 그는 토지소유의 분해에 의한 농촌중견층의 몰락, 지주주의 관행에 의한 소작문제 · 계급투쟁의 심화 등을 이 시기 농촌위기의 기본 소재로 파악하고, 여러 각도에서 그 원인을 분석하였다. 거론된 원인은 당시 농업문제의 심각성을 우려하는 지식인이라면 흔히 언급하는 것이었으나, 그는 자본주의 농업경제학 이론과 광범한 통계조사 자료를 동원하여 이를 학문적으로 체계화하여 제시하였다. 특히, 소농주의 입장과 관련하여 농촌위기의 본질을 소유의 문제로 인식한 점은 그가 민족 · 자본주의 지식인으로서는 비교적 철저하게 이 시기 농업문제에 접근하고 있음을 보여주는 것이었다. 그러나 또한, 그러한 이론체계와 소부르주아 계급관에 바탕을 두었기 때문에 그의 농촌위기론은 사회주의 계열, 맑스주의 지식인들의 농업문제 이해와는 본질적인 차이를 갖는 것이었다.[142]

2) 사회개량적 농업타개책과 경제이념

(1) 토지 · 소작문제 대책과 농촌진흥책

토지문제 대책 그는 농업타개의 근간이 되는 것은 토지문제의 해결

142) 이는 그의 農業觀이 집약된 「農村中産階級의 沒落과 그 對策」과 같은 紙面에 발표된 白南雲의 농업론(白南雲, 「自作農創定計劃」, 『東方評論』 1-3, 1932.7)을 상호 비교해보면 쉽게 확인되지만, 특히 일부 맑스주의 경제학자들이 이훈구의 농업론에 대해 집중 비판을 가한 것은 농촌위기에 대한 人口論的 관점과 부르주아적 土地所有論 · 土地利用論이었다(李淸源, 「昨年 朝鮮學界의 收穫과 趨勢 一考 (1)~(3)」, 『朝鮮中央日報』 1936년 1월 1일, 12일, 14일자 ; 印貞植, 『朝鮮の農業機構分析』, 東京: 白揚社, 1937, 88~91쪽).

이라고 보았다. "농지소유문제가 사활문제"라고 강조한 바와 같이,[143] 자작농 중심의 농촌경제의 자립을 위해서는 무엇보다도 극심한 토지소유관계의 불균, 지주제 문제가 해결되지 않으면 안되었다. 그가 제시한 대책은 자작농유지 및 창정사업과 협동조합적 토지회사의 설립이었다. 자작농유지·창정사업은 자본주의 국가의 전통적인 토지정책의 하나였다. 이는 지주의 사적 소유권을 인정하는 가운데 국유지나 지주지 일부를 소작인에게 매각하고 소작인은 토지대금을 일정기간 연부상환 방식으로 변제하는 것이 상례인데, 총독부 역시 소작쟁의 대책으로 1932년부터 이 사업을 추진하였다. 그는 평소 이를 바람직한 최선의 토지문제 해결책으로 생각하였지만, 그러면서도 총독부 자작농창정사업은 자작농의 몰락을 만회하기에 "鳥足之血"에 불과한 정책이라고 간주하여 사업의 실효성에 대해서는 극히 회의적인 입장을 취하였다.[144]

협동조합적 토지회사 설립은 그 차선책·보조책으로 구상된 것이었다.[145] 취지는 "자본주의의 장점"을 살려 유지들의 대자본이나 농촌 소자본을 총동원하여 회사를 설립하고 토지경영사업과 유통사업을 추진하되, 이를 "협동조합주의" 원리에 따라 운영함으로써 그 이익이 대자본 출자자가 아니라 농촌의 영세자본 출자자에게 돌아갈 수 있도록 하자는 것이었다.[146] 토지경영사업은 특별한 사정에 의해 대량방매되는

143) 李勳求, 『朝鮮農業論』, 274쪽.

144) 李勳求, 「農村中産階級의 沒落과 그 對策」, 31쪽 ; 李勳求, 위의 책, 334쪽.

145) 李勳求, 「農村中産階級의 沒落과 그 對策」, 31쪽 ; 李勳求, 「朝鮮農村의 疲弊原因과 其 對策(4)」, 『農民生活』 7-10, 1935.10, 711쪽.

146) 李勳求, 「朝鮮農村의 疲弊原因과 其 對策(3)·(4)」, 『農民生活』 7-7, 7-10, 1935. 7·8 합집, 1935.10. 다만 협동조합의 일반적 원칙인 일인 일표주의를 엄격히 적용하면 大資本의 출자가 줄어들 염려가 있다고 하여 出資 資本額에 따라 일정한 비율로 表決權을 부여하는 절충적 방법이 좋다고 하였다. 그는 이 사업에

지주·부호가의 토지를 싸게 구입하여 그것을 小面積으로 분할하여 그 지역의 토지 없는 근면한 농민에게 적정가격으로 판매함으로써 자작농을 창출한다는 것이었다.[147] 이때 토지대금은 토지 소출로 20년 내지 25년에 걸쳐 연부상환하면 된다고 하였다. 또한, 회사가 직접 미간지를 개간하여 역시 같은 방법으로 자작농을 창정하는 것도 가능하다고 보았다.[148] 유통사업은 유통과정을 통한 도시 상공업자본의 농촌 착취에 대한 대책이었다. 곧, 회사가 비료의 제조 매매, 농구의 제작과 매매, 종자·묘목의 채취 양성, 저리자금의 융통 등 일반 협동조합에서 행하는 각종 사업을 추진함으로써 도시자본, 상인의 중간착취를 배제하고 농촌·농민에게 이익이 돌아갈 수 있도록 한다는 것이었다.[149]

소작문제 대책 그는 토지소유문제의 해결을 농업타개의 근본대책으로 생각하였지만 현행 지주제 내에서 소작문제를 해결할 수 있는 당면 방안도 중시하였다. 전술한 바와 같이 그는 지주제를 사적 토지소유권에 입각한 근대적 임대차 계약관계로 보았기 때문에 그 계약조건이 자본주의적 공정성과 합리성을 갖는다면 소작문제는 발생하지 않을 것이라고 생각하였다.[150] 문제는 지주만능주의에 의한 공정성·합리성의

필요한 資本金을 대략 1,000만 원 정도로 추산하고, 1주 20원의 株式을 50만 주 발행하여 자본을 규합하고자 하였다. 자본이 없는 小農民은 매년 5원씩 4회 불입하여 1주를 확보하도록 하면 된다고 주장하였다.

147) 그는 우선 資本金의 절반인 500만 원 정도를 투자하면 이 사업을 추진할 수 있을 것이라 생각하였고, 농민에게 판매하는 토지의 適定價格은 원가에 인건비 및 投下資本의 이자와 소액의 이윤을 합한 정도면 될 것으로 보았다(李勳求, 위의 글 3, 711쪽 ; 李勳求, 위의 글 4, 798쪽).

148) 李勳求, 위의 글 6, 『農民生活』 7-11, 1935.11, 797~798쪽.

149) 李勳求, 위의 글 6·7·8, 『農民生活』 7-11~8-1, 1935.11~1936.1.

150) 李勳求, 「小作問題의 經濟學的 一考察(4)·(8)」, 『朝鮮日報』 1927년 8월 29일,

결여에 있었다. 따라서 이를 개선하면 소작문제는 해결된다고 보았다. 개선책의 요점은 소작입법을 추진하여 대지주와 토지겸병에 대한 통제를 가하고, 지주-소작인 간의 계급대립을 완화하는 데 있었다.[151] 개선의 주대상은 소작쟁의의 가장 큰 원인인 소작료와 소작기간 문제였다.

소작료의 공정한 책정과 관련해서는 지주와 소작인이 각기 투여한 생산요소에 따라 생산물을 "按分比例"하는 방식을 주장하였다. 곧 지주는 자기 토지자본에 대한 이자를 지대로 취득하고, 자본가·기업가·노동자의 성격을 공유한 소작인은 자기 영농자본에 대한 이자, 기업활동에 대한 이윤, 노동에 대한 임금 등을 취득하면 공정한 분배관계가 성립된다는 것이었다.[152] 그는 그 합리적 안분비례 방식의 하나로 구미 각국에서 자본가가 토지에 자본을 투자할 때 흔히 사용하는 방정식을 응용할 것을 제안하였는데, 이에 따라 그가 산정한 공정 지대율은 생산액의 3~4할이었다.[153] 그는 "관대하고 선량한 지주가 보통 행하

9월 11일자.

151) 李勳求, 「朝鮮農地令의 施行과 地主와 小作人의 覺醒」, 『農民生活』 6-10, 1934.10, 602~603쪽.

152) 李勳求, 「小作問題의 經濟學的 一考察(3)·(4)」, 『朝鮮日報』 1927년 8월 28일, 29일자 ; 李勳求, 「收納期와 小作料問題」, 『農民生活』 8-9, 1936.11, 637~639쪽.

153) 李勳求, 「小作問題의 經濟學的 一考察(8)·(9)」, 『朝鮮日報』 1927년 9월 11일, 12일자. 이 方程式은, 地價(V) = 純收入(A)/利率(R) + 土地增價(I) / 2 × 利率(R)인데, 통상 매매되는 地價와 金融利子率을 비교하여 토지자본에 대한 純收入 = 地代를 산출한 것이다. 그는 金融利子率은 조선에서 통용되는 은행저금 이자율을 적용하는 것이 가장 적합하지만(이후 1936년에는 不動產 抵當 利子率이 좋다고 하였다(李勳求, 「收納期와 小作料問題」, 『農民生活』 8-9, 1936.11, 639쪽). 미국에서 學理的으로 주장되는 이자율인 0.10을 적용할 경우 地代는 지가의 약 6/100~7/100 정도가 된다고 추산하였다. 따라서 斗落 당 200원, 耗租 2석을 수확할 수 있는 上畓의 경우 소작료는 12~13원이 되는데, 이를

는" 이 정도 소작료면 지주와 소작인 양측이 다 만족하고 소작쟁의는 사라질 것이라고 피력하였다.[154] 한편 약탈농업의 원인이 되고 있는 소작기간에 대해서는 최소한 5년은 보장해야 소작인의 안정된 농업경영이 가능하다고 주장하였다.[155]

농촌 과잉인구 대책 그는 지주주의를 배양하는 과잉인구문제가 해결되지 않으면 소작문제는 해결될 수 없다고 파악하였다. 그가 제안한 대책은 계획적인 농민의 도시이주와 농업이민 등 두 방안이었다.[156] 우선 농민의 도시이주를 위해서는 농촌노동력을 흡수할 수 있는 도시 상공업의 발달이 전제되었다. 그는 조선의 상공업은 일본 대자본의 독점지대화에 따라 일부 조선인의 근대적 공장제 생산이 존재하지만 조선인 중소자본으로는 도저히 경쟁할 수 없는 파행적 발전을 걷고 있다고 주장하였다.[157] 이러한 자본과 기술의 민족적 열세에 의해 전망은 어둡지만 중국·만주·일본 사이에 무한한 시장을 갖고 있다는 지리적

현재 穀價와 비교하여 地代率을 산정하면 소출의 3~4할이 된다는 것이다. 이 공정지대율은 東京帝大 재학시절 그의 스승 那須皓가 이미 주장한 것으로(주 33), 여기에 미국 경제학계의 地代論을 보충하여 정리한 것이라 할 수 있다.

154) 李勳求, 「小作問題의 經濟學的 一考察(9)」; 李勳求, 「收納期와 小作料問題」. 실제 3할 정도면 당시 생산조건으로 보아 지주의 토지투자의욕을 크게 감퇴시킬 수 있는 地代率로서, 소작료 문제만 국한시켜볼 때 이 정도 지대율을 주장한 論者는 그리 흔치 않았다. 예컨대 1929년 朝鮮之光社가 기획한 소작문제 특집이나 1931년 東光社에서 조사한 지식인들의 농촌구제책 등에서 제시된 地代率을 볼 것(「現下 朝鮮의 小作問題와 그 解決策 如何」, 『朝鮮之光』 82, 1929.1; 「農村救濟策」, 『東光』 20, 1931.4).

155) 李勳求, 『朝鮮農業論』, 307~308쪽.

156) 李勳求, 「農村과 移民問題」, 『農民生活』 9-3, 1937.3.

157) 李勳求, 앞의 책, 60~63쪽.

조건과 관련하여 상공업 발전의 가능성은 존재한다고 보았다.[158)]

농업이민은 南鮮에서 北鮮으로의 이주나 露領 이민도 거론하였지만 그가 주로 강조한 것은 滿洲 이민이었다.[159)] 그는 만주의 사회실정과 조선인 거주 상황에 대한 학술조사를 통해 이 지역 사정을 숙지한바, 이곳을 "조선인에게 사활의 문제가 달린 곳"으로 간주하였다.[160)] 곧, 조선인 이주민을 둘러싼 정치경제적 정세와 중국의 조선인 압박정책에 의해 불안정한 점이 있으나,[161)] 이 지역이 조선의 농업문제를 해결하고 조선경제를 진흥하는 데 투자가치가 지극히 크다고 보았기 때문이다. 특히 그는 조선인 이주민들이 直播農法을 이용하여 개척한 水田農業의 발전상에 주목하고 그 전망이 극히 유망하다는 점을 들어 조선인 자본가들의 투자와 계획적 농업이민을 권하였다.[162)]

생산력증대책 · 협동조합론 · 농촌교육진흥론 이상과 같은 방안 이외에도 농촌·농민구제를 위한 여러 대책이 강구되었다. 우선 농가부채

---

158) 李勳求, 위의 책, 64~65쪽 ; 李勳求, 「外來資閥의 投影과 經濟機構內容 檢討」, 『東亞日報』 1936년 6월 3일자. 따라서 朝鮮人 商工人이 결집을 꾀하여 金融機關을 설치하고 大百貨店을 건설하는 등 각종 자구책을 마련하면 상공업을 재건할 수 있다고 주장하였다(李勳求, 「朝鮮商工業 現狀과 再建工作 具體的 方法」, 『東亞日報』 1935년 1월 2일자).

159) 李勳求, 「小作問題의 經濟學的 一考察(10)」 ; 李勳求, 「農村과 移民問題」.

160) 李勳求, 『滿洲와 朝鮮人』, 緖論.

161) 그가 주요 불안요인으로 꼽은 것은 조선인 이주민의 주도권을 共産主義團體들이 장악하고 있는 점, 淸人地主들의 조선인 착취, 그리고 무엇보다도 朝鮮人을 일본의 앞잡이, 주구로 파악하는 중국인의 경계심과 전통적인 中華意識에 의한 민족적 차별 등이었다(李勳求, 위의 책, 106~109쪽, 152~160쪽, 240~251쪽).

162) 李勳求, 「滿洲農業에 關한 이야기 몇 가지」, 『農民生活』 8-2, 1936.2, 103~105쪽.

문제에 대한 응급대책이 필요하였고, 더불어 조선농업에 내재하는 문제점을 해결하고 농가수입을 증대하기 위한 각종 생산력증대책과 협동조합 조직이 모색되었다. 그리고 이를 실천하기 위한 농촌계몽운동, 농촌교육운동이 요구되었다.

농가부채 대책으로는 부채정리조합을 제안하였다. 그는 일부에서 농촌모라토리엄을 근본책이라고 주장하기도 하나, 이는 현실적으로 불가능할 뿐 아니라 부채를 갚지 않는 것은 "우리 사회도덕의 근본관념과 배치"된다고 하여, 현실적 · 점진적 방안으로 일본에서 많은 효과를 보고 있는 부채정리조합을 조직하자고 주장하였다.[163] 이는 10인 이상의 농민이 조합을 결성하여 공동연대책임제로 금융기관으로부터 저리자금을 융통하여 고리채를 갚고 10~20년 장기 분할상환하는 것으로, 곧 고리채를 저리채로 전환함으로써 부채를 경감하는 방안이었다.[164]

또한, 조선농촌이 피폐하게 된 주요 원인이 낮은 농업생산력과 도시의 농촌 착취에 의한 농가수지의 악화에 있다고 보았기 때문에, 그는 특히 농가수입을 증대하여 농촌구매력을 회복시키기 위한 당면 구제책을 중시하였다. 그가 농촌구제의 "근본적 방책", "적극적 대책"으로 간주한 생산력 증대책과 협동조합론이 그것이었다.[165] 생산력 증대책으로는 과학기술의 응용과 농법 개발, 稻作 중심에서 다각농업으로의 전환, 농촌수공업 · 농가부업의 부활 등으로 농가수입을 증대하는 것이

---

163) 李勳求, 「農家負債를 엇더케 하면 整理할 수 잇을가?」, 『農民生活』 6-5, 1934.5, 138쪽.

164) 李勳求, 위의 글, 287~288쪽 ; 李勳求, 「어떠한 困境에도 土地를 保有하자」, 『農民生活』 7-1, 1935.1. 그는 큰 자금은 東拓이나 殖銀, 적은 자금은 金融組合, 勸農共濟組合 등에서 융통하면 된다고 하였다.

165) 李勳求, 「朝鮮農村 救濟策에 對하야(3)」, 『宗教時報』, 1933.12, 17~18쪽 ; 李勳求, 「農家更生의 機會를 捕捉하자」, 『農民生活』 7-11, 1935.11.

강조되었고, 더불어 소극적 대책이기는 하지만 자작자급과 소비절약도 중요한 농가수지 개선방안으로 주장되었다.166) 농민의 조직적 단결과 농업경영의 공동조직화를 목적으로 한 협동조합은 유통과정을 통해 농촌을 중간착취하는 도시 대자본에 대항하는 최선의 방책으로 제론되었다.167)

더불어 그는 낮은 생산력과 농가수지 악화의 근원적 요인이 농촌교육의 부재, 농민의 무지에 기인한다고 파악하여 농촌교육 · 농촌계몽을 "모든 농촌문제 해결의 열쇄", "도탄과 사멸에서 벗어나는 혈로"로 간주하였다.168) 특히, 민족정신을 빼앗고자 하는 총독부의 식민주의 "蒙民的 教育政策"을 비판하고, 一面一校主義에 입각한 '학교교육 = 公普教育'의 추진과 덴마크 국민고등학교 교육과 같은 농업보습교육의 실시를 주장하였다. 그 교육목표는 농촌의 보수적 수구사상을 타파하고 흔히 拜官主義, 출세주의에 빠져 도회지를 동경하는 농촌청년에게 親土愛鄕主義와 인격주의를 갖게 하고 농업실무를 익히도록 하여 농촌문제를 해결하고 생산력 증대를 담당하는 농촌사회의 중견층으로 양성하는 데 있었다.169)

---

166) 위와 같음 ; 李勳求, 「朝鮮農村을 어떻게 하면 振興할가?」, 『農民生活』 6-4, 1934.4 ; 李勳求, 「榮農方式의 改良을 提唱함」, 『農民生活』 9-5, 1937.5.

167) 李勳求, 「蟻蜂의 哲學」, 『農民生活』 5-8, 1933.8 ; 李勳求, 「朝鮮農村을 어떻게 하면 振興할가?」 ; 李勳求, 「農村景氣와 農民의 覺醒」, 『農民生活』 9-4, 1937.4. 그는 협동조합 외에 전통적 농민조직인 契나 農友會 등도 그러한 역할을 할 수 있다고 보았다.

168) 李勳求, 「우리 農村과 그 教育(2)」, 『朝鮮日報』 1926년 7월 18일자.

169) 李勳求, 위의 글 ; 李勳求, 「農村青年과 鄕土精神」, 『農民生活』 4-4, 1932.4 ; 李勳求, 「農村青年에게 보내는 나의 希望」, 『農民生活』 8-4, 1936.4 ; 李勳求, 「農村教育 問題에 對하야」, 『農民生活』 8-7, 1936.9. 그는 농업경제와 관련해서 볼 때 교육은 결국 생산능률을 증진시키는 것을 목적으로 한 用具에 불과

(2) 사회개량적 경제자립의 실천이념

이와 같이 이훈구는 자작농 창정과 소작제도의 개선, 생산력 증대책과 협동조합운동, 농촌교육운동 등 여러 방안을 당면 농업타개책으로 제시하였다. 이는 개인적 학술작업에 한정된 것이 아니라 장로교 농촌운동의 실천방안으로 제론된 것이었다. 이러한 점에서 그의 농업타개책은 민족경제의 자립을 주장한 1930년대 민족·자본주의 계열의 농업문제 인식과 그 타개논리의 한 전형을 보여주고 있었다. 이를 염두에 두면서 이하 그의 농업타개책에서 확인되는 경제자립사상의 이념과 성격을 살펴보고자 한다.

그가 지향하는 농업타개의 체제적 방향은 "현하의 정치조직을 시인하고 또 경제기구를 가지고 만족하면서 이 자본주의의 사회조직을 그대로 두고 우리가 실행할 수 있는 것으로 농촌에서 생산된 부를 농촌에서 소유하고 쓸 수 있게 하는 방법이면 될 것"이라는 언급에 단적으로 나타나 있듯이,[170] 명백히 자본주의 사회, 자본주의 경제를 지향하는 것이었다. 요컨대 자작농 중심의 자립적 소농경제를 바탕으로 한 건전한 자본주의의 발전이 그가 추구하는 농업타개의 기본방향이자 목표였다. 이에 그는 "사회적 기구의 변혁을 단행하야 현대 경제조직의 근본적 변경"을 주장하는 농업문제의 사회주의적 해결방식은 실행 가능성이 없고 실행한다 하더라도 농촌구제를 보장할 수 없는 "허구망상", "탁상공론"이라 하여 단호히 거부하였다.[171] 이러한 전제하에 그는 자

하다 하여 生産力 增大와 관련하여 농촌교육의 의미를 중시하였다(李勳求, 『朝鮮農業論』, 101쪽).

170) 李勳求, 「朝鮮農村의 疲弊原因과 其 對策(3)」, 『農民生活』 7-7, 1935.7·8 합집, 474쪽.

171) 李勳求, 위의 글, 473~474쪽.

작농을 몰락시키고 농촌위기를 심화시키는 지주제 중심의 농촌경제, 농촌을 희생시키는 도시상공업 중심의 독점자본주의체제의 수정을 추구하였다. 극단적인 지주주의의 지주제, 대자본 · 부재지주의 토지겸병과 독점자본의 농촌 착취는 통제되고 극복되어야 했다. 이러한 점에서 소부르주아 계급관과 반독점적 자본주의관을 기반으로 한 그의 농업타개책은 농민적 입장을 견지하였다.

그러나 이같이 지주제를 건전한 자본주의 발전에 장애가 된다고 보고 지주제 해체를 농촌경제 자립의 궁극적 목표로 설정하면서도 그는 또한 식민지 조건하의 현실성을 이유로 지주제의 전면적 해체를 주장하는 농업문제 · 토지문제의 "정치변혁적" 해결방식에 대해서는 반대하였다. 그는 민족해방운동의 일환으로 추구되는 이러한 "외과수술적 방법"에 의한 "驚天動地的 變革"에는 "과격한 고통"과 "희생"이 따르고, 또한 주관적 객관적 정세가 이를 허락하지 않는다고 하여 이 방안을 비현실적인 "架空說"에 불과하다고 비판하였다.[172] 이러한 입장에서 그는 지주제의 전면적 해체가 아니라 자작농창정안을 비롯한 각종 점진적 농업타개책을 경제자립의 당면 실천방안으로 주장하였다. 곧 그가 제시한 농업타개책은 현저히 점진적 개량적 성격을 갖는 것이었다.[173] 그러나 지주제를 인정한 위에서 모색되는 자작농창정안은 총독

172) 李勳求, 위와 같음 ; 李勳求, 「農村中產階級의 沒落과 그 對策」, 31쪽. 여기에서 그가 말하는 변혁적 방안이 無償沒收 無償分配案을 의미하는지 全面的인 有償買收 有償分配案을 말하는 것인지 불확실하다. 그러나 어느 쪽이든 전면적인 地主制 打破를 의미하는 것으로, 이는 그것을 실행할 수 있는 권력형성이 요구되는 만큼 民族解放을 전제하는 土地改革論이었다.

173) 이러한 입장은 그의 土地制度史論에서도 일관되게 나타나고 있다. 예컨대 그는 조선시기 토지개혁론의 이념적 근거를 제공한 평양 箕田의 實在를 인정하지 않았고(Lee Hoon Koo, *A History of Land System and Policies in Korea*,

부 정책에 잘 드러나는 바와 같이 효과를 기대할 수 없는 것이었다. 그가 차선책으로 강구한 토지회사 설립안 역시 기본적으로 자본가 · 지주의 참여와 협조 없이는 실현 불가능한 사업으로, 장로교 내부에서도 비판이 제기될 정도로 극히 개량적인 방안이었다.[174]

이러한 성향은 그의 농업타개책이 농민의 주체적 운동에 기반을 둔 것이 아니라는 점에 더욱 분명히 드러나고 있었다. 소작인조합의 결성과 소작운동의 활성화에 대한 거부감이 단적인 예였다. 이는 민족 · 자본주의 계열에서는 비교적 여러 논자가 시급한 당면이익 획득방안으로 제기한 것인데,[175] 이미 확인한 바와 같이 그는 소작운동을 유해한 것으로 간주하고 지주와 소작인의 타협과 합리적 해결을 주장하였다.[176] 물론 그는 농민구제 · 농촌진흥의 주요 수단으로 협동조합 조직과 농민단결을 누차 강조하였다.[177] 그러나 그것은 지주와 총독부 농정에 저항하는 농민운동 조직이 아니라 생산증대를 달성하고 독점자본에 소극적으로 대처하는 경제자립 조직이었다. 그리고 조직의 운영원리는 노

---

pp. 23～33), 또한 茶山의 土地改革論과 관련해서도 閭田論에 대해서는 한마디 언급없이 점진적 개혁론인 井田論만을 거론하여 "拔群絶頂"의 견해라 극찬하였다(李勳求, 「農政學上으로 본 茶山先生」, 『朝鮮日報』 1935년 7월 16～17일자).

174) 1934년 5월 農民生活社 주최로 農村問題座談會가 개최되었는데, 참석자 가운데 일부가 李勳求의 대책을 소극적 방안으로 비판하고 "根本的 産業制度의 大變動"의 필요를 논하자 그는 현실성을 들어 당면 구급책의 중요성을 강조하고, 土地會社의 경우에도 지주 · 자본가의 慈善的 자세가 있으면 실현 가능하다고 주장하였다(「農村問題座談會(1)」, 『農民生活』 6-5, 1934.5, 305～307쪽).

175) 주 154에서 언급한 『朝鮮之光』, 『東光』의 農村救濟策 참조.

176) 주 121 ; 李勳求, 「收納期와 小作料問題」, 639～640쪽.

177) 주 167 ; 「農村問題座談會(1)」, 308～309쪽.

자협조를 기반으로 하는 협동조합주의였다. 그의 농업타개책이 농민운동론이 아니라 경제자립론 · 농촌구제책이 되고, 나아가 그 실천운동인 기독교 농촌운동이 농민운동이 아니라 농촌운동이 되는 이유는 이같이 소작농민의 주체적 역량을 신뢰하지 못하는 소부르주아적 농민관 · 계급관과 개량적 · 협조주의적 실천관에 있었다.[178]

따라서 그가 추구하는 농업타개와 경제자립의 요점은 결국 일제 농정책에 의존하는 체제내적 방향으로 귀결되고 있었다. 농민의 주체적 힘에 의존하지 않는 한 지주만능주의를 해결할 수 있는 유일한 힘은 현실적으로 국가권력에 의한 소농주의 농정에서 찾을 수밖에 없었다. 그가 가장 애착을 보인 공정지대율 시행도 일제의 소작입법을 통하지 않고서는 실현될 수 없는 것이었다. 그가 소농 보호에 극히 미온적인 총독부 농정에 대해 끊임없이 회의하면서도 또한 기대감을 잃지 않았던 것도 이러한 이유에서였다.[179] 그리하여 1934년 공포된 조선농지령에 대해 "朝鮮農政史上에 한 획긔적인 시긔를 만든 것으로 特筆大書할 가치를 가진" 소작문제의 근본 대책이라고 높이 평가하고,[180] 따라서 지주와 소작인은 "법의 근본정신을 잘 이해하고 서로 각성하야" 농업을 발전시키고 소작인도 "진정한 조선농업의 발전"을 위하여 무리한 요구

178) 이에 그는 농촌계몽운동에서도 "主義宣傳" 같은 政治的 활동의 배제를 특별히 강조하였다(李勳求, 「먼저 啓蒙運動을 하자(2)」, 『農民生活』 6-1, 1934.1, 5쪽).

179) 그가 총독부 농정을 비판하면서도 늘 "不在其位 不謀其政"이라는 朱子學者의 出處觀을 인용하여 소극적이고 기회주의적 입장을 취한 것도 이러한 기대감과 깊은 연관이 있었다(李勳求, 「春窮期를 앞둔 우리 農民의 生途를 어떻게 할까」, 『農民生活』 7-4, 1935.4 ; 李勳求, 「朝鮮農村의 疲弊原因과 其 對策(3)」, 474쪽).

180) 李勳求, 「지나간 一年을 回顧하고 農民生活의 新局面을 展開하자」, 『農民生活』 6-12, 1934.12, 703~704쪽 ; 李勳求, 『朝鮮農業論』, 334쪽.

는 하지 말 것을 강조하였다.[181] 또한 1936년 2·26사건 후 성립한 廣田 군부내각이 통제경제를 표방한 신정강을 통해 "지주주의에서 소농주의에의 전환"을 농촌대책의 하나로 내세운 것에 대해, 그는 어느 정도 철저하게 실현될지 의문이나 조선농촌의 "복음"이라 하여 "큰 기대"를 걸었다.[182]

이렇게 보면 소농 본위의 자본주의 농촌경제의 자립을 추구하는 그의 농업타개책은 농민의 협조주의적 각성과 사회정책적 농정에 의해 지주제와 결합된 독점자본주의체제를 수정하는 데 요점이 있었다. 점진적 사회개조를 추구하는 사회개량주의 경제이념이었다. 이는 농업경제학자로서 그가 훈련받은 학문의 성격상 자연스러운 것이었다. 那須皓의 농정론이나 위스컨신 학파의 토지이용론에 단적으로 나타나듯이, 자본주의 소유론에 입각한 그 학풍에서 지주제는 생산관계가 아니라 자본주의 내부의 비합리적 독점의 문제였다. 따라서 농업문제는 경제적 합리주의, 계급협조주의, 협동조합주의 원칙에 의한 국가권력의 통제와 조정으로 해결될 수 있는 문제였다. 이훈구의 농업타개책이 사회개량주의적 성격을 띠고 통제경제정책에 일말의 기대를 갖게 되는 바탕은 이러하였다. 물론 그가 "경제적 국가주의로의 전향"과 "국가주의적 통제경제정책"을 낙관적으로만 전망한 것은 아니지만, 그 학문의 성격상 이 외에 달리 특별한 경제자립의 방안을 가질 수 없었다.[183]

181) 李勳求, 「朝鮮農地令의 施行과 地主와 小作人의 覺醒」, 『農民生活』 6-10, 1934.10, 603쪽.

182) 李勳求, 「小中農의 徹底的 保護」, 『農民生活』 8-3, 1936.3·4 합집, 170쪽.

183) 李勳求, 「世界經濟動向의 管見(1)·(2)」, 『東亞日報』 1935년 1월 3일, 4일자 ; 李勳求, 「青鷲의 날개 밑에선 米國의 農村經濟」, 『新東亞』 1935.2, 44~46쪽. 그는 統制經濟政策에 비교적 성공한 국가로 미국, 영국, 일본 등을 들면서 특히 미국 뉴딜 農政策을 높이 평가하였다.

그러나 당시 呂運亨이 지적했듯이 이 시기 농업문제는 사회개량적 구제책으로 치유될 수 있는 성질의 것이 아니었다.[184] 농촌경제의 회복을 위해서는 소작문제에 대한 근본적인 치유책, 전면적인 생산관계의 재조정이 필요하였다. 그가 '근본적 대책'으로 주장한 생산력 증대책이나 협동조합론도 소작인에게 생산기반이 부여되지 않는 한 소극적인 당면이익 획득운동에 그칠 수밖에 없었다. 또한, 일제의 통제경제 농정책 역시 조선인 본위의 '자력갱생'이 될 수는 없었다. 통제경제 농정책은 부분적인 지주 통제로써 농촌의 계급적 모순과 농민의 계급투쟁을 완화하고 민족적 저항을 차단하기 위한 농촌통제책·사상통제책이었고, 전시경제를 준비하는 병참기지화정책의 예비공작이었다.[185] 그가 일제 농정책에 기대감을 버리지 못하면서도 끊임없이 회의한 데서 알 수 있듯이, 이 점은 그 자신도 자각하였다. 말하자면 그 기대감은 일종의 민족적 절망감에서 나오는 것이었다. 요컨대 일제강점하에서 조선농민의 민족적 경제자립이란 본질적으로 불가능하였다. 농업타개·경제자립의 진정한 실천은 민족해방을 통해서만 가능한 것이었다.

---

184) 呂運亨, 「朝鮮農村問題의 特質 — 探究된 規定의 集約的 再現」, 『中央』 4-2, 1936.2, 33~35쪽. 여운형은 현단계 농촌문제의 근본적 해결에 눈을 감는 두 유형의 改良主義的 農村問題觀이 있다고 지적하였다. 하나는 농촌의 經濟關係를 전혀 문제삼지 않고 농촌생활과 농촌문화 향상만 云謂하는 견해이고, 다른 하나는 經濟關係는 문제삼기는 하나 농촌경제의 근본적 矛盾(生産關係)을 잊고 統制下에 지배되고 있는 體制內에서 그것을 해소할 수 있다는 견해인데, 여운형이 "民衆에 대한 似是非的 役割"을 하고 있다고 지적한 後者의 견해가 곧 李勳求流의 농업론이었다.

185) 1930년대 統制經濟 農政策에 대해서는 金容燮, 앞의 책, 415~427쪽 ; 방기중, 앞의 책, 208~216쪽 ; 정태헌, 「1930년대 식민지 농업정책의 성격전환에 관한 연구」, 『일제말 조선사회와 민족해방운동』, 일송정, 1991 ; 鄭然泰, 『日帝의 韓國 農地政策』, 서울대 박사학위논문, 1994, 제3장 등 참조.

이러한 이훈구의 실천관은 1930년대 전반적으로 개량화되고 있던 민족·자본주의 계열의 경제적 실력양성운동의 추이와 맥락을 같이하는 것이었다. 또한, 소농주의 입장에서 열렬히 민족경제 자립을 주창한 인사 가운데 1930년대 후반 소농주의와 노자협조 슬로건 아래 추진된 총독부 통제경제정책에 일말의 기대감을 가지고 때로 관제 자력갱생운동에 편입되었던 일부 지식인의 논리와 정서 역시 이와 유사하였다. 그리고 1930년대 말 일제의 본격적인 민족말살정책과 함께 그 기대감이 무너졌을 때, 이들이 취할 수 있는 길은 오직 두 가지였다. 허구적인 '자력갱생'을 명분으로 황민화정책에 앞장서거나, 아니면 경제자립의 뜻을 간직한 채 은둔하여 해방을 기다리는 길이었다. 1938년부터 조선일보사 운영에 참여한 이훈구는 1940년 8월 『조선일보』 폐간과 함께 후자의 길을 선택하였다.[186]

4. 맺음말

이상에서 일제하 민족·자본주의 계열의 대표적인 농업경제학자이자 기독교 농촌운동 이론가였던 이훈구의 농업경제사상을 그의 학문과 관련하여 살펴보았다. 개인 사례에 불과하지만 이로써 일제하 민족·

---

186) 그는 1937년 6월 崇專을 사임한 후 大同農村社 專務에 취임하여 농촌사업을 전개하다 1938년 1월 朝鮮日報社로 籍을 옮겨 주필, 부사장(『朝光』, 『女性』 담당)을 역임하였다. 조선일보가 폐간되자 은퇴하였는데, 1941년 東洋之光社가 基督教 親日人士를 초빙하여 개최한 '英米打倒座談會'에 誌上參加한 것(李勳求, 「루스벨트 대통령의 지위 및 아메리카의 장래」, 『東洋之光』 1942.2 ; 최원규 엮음, 『日帝末期 파시즘과 韓國社會』, 청아, 1988, 333~335쪽)을 제외하면 일제에 특별히 협력한 행적은 발견되지 않는다.

자본주의 경제사상의 일단을 해명하고자 하는 우리의 연구목표에 어느 정도 접근할 수 있었다. 이하 검토한 요점을 해방 후 그의 활동을 염두에 두고 간략히 정리하여 稿를 맺고자 한다.

이훈구는 일제하 농촌경제의 피폐상을 민족갱생의 전망을 불가능하게 하는 민족적 위기로 인식하였다. 민족갱생을 전망하기 위해서는 그 원인을 찾아 치유하고 구제하지 않으면 안 되었다. 그는 농촌위기의 소재를 토지소유의 극심한 불균등과 격렬한 계급투쟁을 동반하고 있는 소작문제의 심화에서 구하고, 이에 대한 다각적인 타개방안을 모색하였다. 이는 그 개인적인 학술작업이 아니라 그의 위치와 관련하여 1930년대 민족·자본주의 계열의 경제적 실력양성운동의 한 흐름을 형성한 장로교 농촌운동의 실천방안으로 제론된 것이었다. 이와 관련하여 그가 시종일관 견지한 농업타개의 기본방향은 자작농 중심의 자립적 소농경제의 형성이었고, 그 체제적 지향점은 이를 바탕으로 건전한 자본주의사회를 수립하는 것이었다. 따라서 소농경제의 안정된 자립을 위해서는 지주 본위의 농촌경제, 이와 결합된 도시상공업 위주의 독점자본주의체제는 수정되어야 했다. 곧, 그의 소농경제론은 반독점사상을 바탕에 깔고 있었다. 또한, 이러한 입장에서 그는 사적 소유권을 부정하는 농업문제의 사회주의적 해결 역시 단호히 반대하였다.

협동조합식 토지회사설립안과 소작입법론에 잘 나타나듯이, 그의 농업타개책은 점진적이고 체제내적인 방안이었다. 그는 지주제 해체를 지향하였지만 일제강점하에서 생산관계의 전면적 개혁은 불가능하다고 파악하였고, 지주제와 일제강점을 현실적으로 인정하는 가운데 차선책을 모색하였다. 또한 비타협적 민족의식을 견지하면서도 농업타개를 민족해방의 과제와 연관시켜 논하지 않았고 오히려 현실성을 들어 이를 비판하였다. 이러한 측면은 노자협조적 실천관과 불가분의 관계에 있었고, 소작농을 생산과 문화의 주체가 아니라 계몽의 대상으로 파악하는 농민관과도 밀접한 연관이 있었다. 그는 농촌위기를 소작인의 조직적 소작운동을 통해서가 아니라 협동조합주의에 입각한 경제자립운동과 생산력 증대를 통해 해결하고자 하였다. 지주·소작인의 합리적 타협과 협조가 강조되었고, 농촌교육·농민계몽이 중시되었다. 더불어 그의 농업타개책에서 특별히 중요한 의미를 갖는 것은 사회정책적 농정이었다. 농민의 주체적 힘에 의한 변혁적 해결을 배제할 때 농촌위기를 해결할 수 있는 유일한 힘은 국가권력이었다. 이에 그는 깊은 회의 속에서도 소농주의와 자력갱생을 표방한 일제 통제경제 농정책에 일말의 기대감을 갖기도 하였다.

요컨대 그의 농업타개책은 농민의 협조주의적 각성과 사회정책적 통제경제 농정에 의해 지주제와 결합된 독점자본주의체제를 수정하여 소농 본위의 자본주의 농촌경제를 수립하는 것이었다. 점진적 사회개조를 추구하는 사회개량주의 경제이념이었다. 이같은 경제자립사상의 저변에는 유교적 성장환경을 배경으로 기독교적 생활공간 속에서 형성된 각종 부르주아 가치관과 사회의식, 민족관 등이 깔려 있었지만, 그 기본 바탕은 일본·미국의 사회개량주의 농업경제학이었다. 그가 훈련받은 동경제대와 위스컨신 대학의 농업경제학은 자본주의 소유론을 철저히 견지하면서 국가권력에 의한 사회적·제도적 통제를 통해 소농경제의 자립을 추구하는 학풍이었다. 통제의 원리는 경제적 합리주의, 계급협조주의, 협동조합주의였다. 그러나 이러한 사회개량적 농촌경제자립론은 식민지 조건에서는 체제내적인 '당면이익 획득' 이상의 실천적 의의를 갖기는 어려웠다. 민족해방과 국가권력 획득에 대한 민족적 전망을 농업타개책에 내면화하지 못하는 한, 그리고 현실적인 농업타개의 방도를 일제 농정책에 의존하는 한 그가 바라는 소농경제의 민족적 자립은 실현되기 어려운 것이었고, 그것은 종내 '자력갱생'을 표방한 일제 농정책에 편입될 수밖에 없었다.

이렇게 보면 이훈구의 농업타개책은 1930년대 민족 · 자본주의 진영의 농업문제 인식을 폭넓게 반영하면서도 특히 지주제의 모순 해결과 소농경제의 안정을 통해 민족경제의 자립을 추구하는 농민적 농업개혁론의 한 전형을 보여주고 있었다. 많은 경우 그가 제시한 방안은 민족주의 지식인이나 운동단체가 주장한 농촌구제책과 대동소이하였지만, 그러한 가운데서도 그는 토지소유문제와 분배문제의 중요성을 강조하였고, 소농주의 경제이념을 적극 관철시키고자 하였다. 해방 후 이훈구의 국가건설 활동과 정치적 행로는 이와 같은 경제이념을 바탕으로 한 것이었고, 그 실천과정이었다. 미국유학기의 학연과 관련하여 미군정기 남한 농정을 총괄한 그는, 전체적으로 볼 때 미군정 · 우익진영의 이해를 대변하면서 자본주의국가 건설에 매진하였다. 그러나 지주제의 전면적 해체, 소농경제의 안정을 토대로 민주주의적 자본주의 체제의 건설과 민족경제의 자립을 추구한 그 국가건설의 경제이념은 지주계급의 이익을 대변한 韓民黨이나 농촌 희생의 종속적 자본주의 발전을 추구한 이승만정권과 입장을 같이할 수 없었다. 농지개혁법 입안 당시 중간파 입장의 '농림부안'을 지지한 그가 끝내 남한 지배체제에 편입되지 못하고 1950년대 정치상황과 관련하여 중간파 노선(혁신계운동)에 합류하였던 내면적 배경은 이러하였다.

(출전: 『역사문제연구』 창간호, 역사문제연구소, 1996.)

일제하 이훈구의 한국토지제도사론

1. 머리말

필자는 수년 전 일제하 민족·자본주의 계열의 대표적 농업경제학자였던 李勳求(心堂, 1896~1961)의 농업경제사상을 검토하면서 그가 1929년 미국 위스콘신 대학에 청구한 박사학위논문 'A History of Land Systems and Policies in Korea'에 대해 간략히 소개한 바 있다.[1] 당시 필자는 그동안 학계에 전혀 알려진 적이 없는 이 박사논문에 대해 '근대적 방법에 의한 한국인 최초의 통사적 토지제도사 연구'라는 사학사적 의미를 부여하였지만, 연구 주제의 성격상 이를 구체적으로 언급할 여유를 갖지 못했다. 본 연구는 이 박사논문을 중심으로 이훈구의 한국토지제도사 연구의 주요 입론과 그 특질을 검토하고 그것이 지니는 사학사적 의미를 정리해본 것이다.

주지하듯이 한국에 근대 역사학이 성립한 것은 일제의 한국 강점을

---

1) 방기중, 「일제하 李勳求의 農業論과 經濟自立思想」, 『역사문제연구』 1, 1996, 128~129쪽. 이하 이훈구의 박사학위논문[Lee Hoon Koo, *A History of Land System and Policies in Korea*, (Ph. D. Thesis, University of Wisconsin, 1929)]은 '박사논문'으로 약칭하여 인용한다.

전후한 시기 申采浩를 비롯한 일군의 역사학자의 노력에 의해서였다. 그러나 한국사회경제사 분야는 1920년대까지도 전적으로 일본인 경제사학자·관학자들이 주도하였고, 일제의 한국 강점과 식민지 지배를 합리화하는 이들의 '한국사회정체론'과 '식민지근대화론'이 지식계를 압도하였다.[2] 이러한 일본인의 식민주의 한국사회경제사 인식을 근저로부터 부정하면서 한국 근대역사학의 새로운 지평을 개척한 이는 1933년 『朝鮮社會經濟史』를 출간한 白南雲이었다. 백남운의 저서는 한국인에 의한 한국사회경제사 연구의 본격적 시작이자 한국 맑스주의 역사학의 성립을 알리는 획기적 성격을 지니는 것으로서, 현재 이러한 사학사적 평가와 의미 부여에는 특별한 이견이 없는 것으로 생각된다.[3]

---

2) 물론 당시 근대적 인식방법과 반식민주의에 입각한 한국인의 '한국사회경제사' 서술이 없었던 것은 아니다. 곧 1920년 미국 소재의 신한민보사에서 한글로 간행된 白一奎(Earl K. Paik)의 『한국경제사』가 그것으로, 이는 학술사·사학사적으로 주목할 가치가 있는 저서이다(이 저서에 대해서는 이미 오래 전 洪以燮에 의해 소개된 바 있다. 洪以燮, 「美國版 『韓國經濟史』(약산 백일규 저)의 紹介」, 『學林』 3, 1954). 백일규는 1918년 캘리포니아대학 경제학부를 졸업한 후 신한민보사 주필을 역임하며 대한인국민회 계열에서 활동한 민족주의 지식인으로서, 강렬한 민족주의 역사의식과 반식민주의 실천관을 견지하고 있는 그의 저서는 아마도 한국인에 의한 최초의 근대적 한국경제사 '개설서'가 아닐까 한다. 다만 이 저서는 체재와 내용을 갖춘 본격적 의미의 경제사 서술이나 연구서라기보다 한국의 산업과 역사를 망라해서 소개한 일종의 '産業誌' 성격의 교양서라는 제한성을 가지고 있는데, 이 저서의 학술사·사학사적 의미에 대해서는 별도의 검토가 필요할 것이다.

3) 金容燮, 「日本·韓國에 있어서의 韓國史敍述」, 『歷史學報』 31, 1966 ; 姜萬吉, 「日帝時代의 反植民史學論」, 『韓國史學史의 硏究』, 乙酉文化社, 1985 ; 姜晋哲, 『韓國社會의 歷史像』, 一志社, 1992, 93~98쪽 ; 방기중, 『한국근현대사상사연구』, 역사비평사, 1992, 97~112쪽 ; 方基中, 「백남운」, 『한국의 역사가와 역사학(하)』, 창작과비평사, 1994.

백남운 저서보다 4년 앞서 제출된 이훈구의 박사논문은 한국 '사회경제사학' 태동기의 이와 같은 사학사 동향을 여러 면에서 재음미해 볼 수 있게 하는 새로운 자료이다. 이 논문은 영문으로 작성되었고 이훈구 또한 한글판 간행을 시도하지 않아 당시 조선 학계에 어떠한 지적 충격이나 학문적 영향을 주지 못하였다. 따라서 단지 그 시기적 선구성을 들어 이훈구가 백남운의 사학사적 위치를 대신할 수 있다고 생각하지 않는다. 더욱이 그는 기본적으로 농업경제학자로서, 이 논문 작성 이후 더 이상의 경제사적 탐구를 시도하지 않았기 때문에 이와 같이 오랫동안 사장되어 있던 박사논문 하나를 가지고 그를 경제사학자의 범주에서 사학사 연구의 대상으로 삼는 것 자체가 적절하지 않은 주제 설정인지도 모르겠다.

그러나 이러한 제약성에도 불구하고 이훈구의 박사논문은 자본주의 근대경제학의 방법론에 입각하여 고대에서 일제강점 초기까지 한국 토지제도의 사적 추이와 국가의 토지정책 및 조세정책 전반을 다룬 한국인 최초의 통사적 연구라는 그 사실만으로도 일단 사학사적으로 주목할 가치가 있다고 생각한다. 더욱이 백남운의 저서 출간 이후 일제하 토지제도사를 포함한 한국인의 한국사회경제사 연구가 대부분 맑스주의 계통의 학자들에 의해 진행되었다는 점을 생각할 때,[4] 이러한 연구사적 의미 부여는 충분한 이유가 있다고 생각된다. 따라서 이훈구의 토지제도사 연구는 그간 백남운을 중심으로 파악하였던 1920년대 한국인에 의한 '사회경제사학'의 개척 과정을 좀더 폭넓게 음미할 수 있는 새로운 계기가 되리라 생각한다.

후술하겠지만 현재 한국사학계의 연구 성과와 이론적 수준으로 볼

---

4) 이러한 이유에서 일제하 맑스주의 역사학풍을 '사회경제사학'이라는 용어와 혼용하고 있는 것도 주지의 사실이다.

때 이훈구의 토지제도사론은 여러 면에서 실증적 오류와 이론적 한계를 가지고 있다. 이는 비단 이훈구만이 아니라 백남운을 포함한 일제하 사회경제사 연구자 모두에 공통되는 시대적 제약성이지만 미국에서 논문을 작성한 이훈구 경우에는 그 한계가 더욱 심한 편이다. 특히, 자료이용 문제를 비롯하여 연구방법론과 비판적 논점의 제시가 극히 零星하여 연구의 질적 수준에서 보면 적지 않은 문제가 있다. 이러한 점을 염두에 두면서 본 연구에서는 우선 이훈구가 토지제도사 연구에 착수하게 된 동기와 방법론의 특질을 살펴본 후, 이어 한국 토지제도 발달과정에 대한 이훈구의 주요 입론과 인식체계를 가능한 한 사실 그대로 소개하고 그의 토지제도사론이 지니는 사학사적 의의와 한계를 정리해 보고자 한다.5)

2. 토지제도사 연구의 동기와 방법론

이훈구의 한국 토지제도사 연구의 성격을 파악하기 위해서는 우선 농업경제학도인 그가 토지제도사 연구에 착수하게 된 동기와 문제의식을 이해할 필요가 있을 것이다. 1917년 水原農林專門學校에 진학하여 농업경제학도의 길을 걷기 시작한 이래 그가 필생의 학문적 과제로 삼은 것은 조선의 현실 농촌·농민문제였다. 위기에 처한 조선의 농촌·농민문제를 해결하지 않고서는 민족의 갱생을 전망할 수 없고, 이를 위

5) 그의 농업경제사상에 나타나는 민족·자본주의 역사의식과 계급관·민중관 등에 대해서는 이미 언급한 바 있기 때문에(방기중, 앞의 「일제하 李勳求의 農業論과 經濟自立思想」, 1996) 재론하지 않고, 본고에서는 토지제도사론에 국한하여 논의하였음을 미리 밝혀 둔다.

해서는 무엇보다 현실 농촌 · 농민문제에 대한 과학적 연구가 선행되어야 한다는 실천의식에서였다.[6] 이에 일찍이 그가 조선 농업문제의 핵심 소재로 파악한 것은 극심한 토지소유관계의 분해와 유례를 찾기 힘든 고율소작료를 수반한 지주제의 모순, 곧 토지문제 · 소작문제였다.[7]

이러한 연구 목표의 설정과 관련하여 청년기 그의 학문적 관심은 자연 토지 · 소작문제의 본질을 해명하고 그 타개 방안을 강구하는 데 요구되는 경제학적 · 농정학적 이론 기반과 분석 능력을 체득하는 데 집중되었다. 1921년 일본 東京帝大 농학부 진학을 시작으로 1926년 미국 캔사스 주립 농업대학 석사과정, 1927년 위스콘신 대학 농업경제학과 박사과정으로 이어지는 그의 유학 생활은 그의 말 그대로 이러한 작업을 수행하는 데 필요한 "능력을 修得"하기 위한 학문적 훈련과정이었다.[8] 요컨대 토지제도사 연구는 이러한 훈련과정의 일환으로서, 그 마지막 단계에서의 작업이었다. 당시 조선의 토지 · 소작문제의 본질을 규명하기 위해서는 현행 토지제도 · 소작제도의 역사적 연원과 한국 토지제도 · 토지정책의 역사적 전개 전모에 대한 체계적 인식이 요구되는 것은 당연하였지만, 이 점은 특히 그가 훈련받은 학풍의 성격과도 관련하여 더욱 그러하였다.

이훈구의 학문적 기반과 농업경제학의 기본 골격이 형성된 것은 동경제대 농학부 시기였다. 당시 일본의 농학 · 농업경제학을 대표하는 동경제대 농학부의 학풍은 지주적 농정이념에 입각한 농본주의와 독일

6) 李勳求, 「農村金融과 小作農의 悲哀」, 『朝鮮日報』 1925년 12월 1~5일자 ; 李勳求, 『朝鮮農業論』, 漢城圖書株式會社, 1935, 5~6쪽.

7) 李勳求, 「農村經濟의 危機」, 『朝鮮日報』 1925년 1월 1일자.

8) 李勳求, 『朝鮮農業論』, 6쪽. 이훈구의 학문적 성장 과정에 대해서는 방기중, 앞의 글, 1996 참조.

역사학파의 경제학설에 바탕을 두고 있었고, 그 중심 인물은 일본 지주적 농정학의 대부라고 할 수 있는 横井時敬이었다.[9] 이훈구가 재학할 당시 那須皓가 横井의 지주적 농정학에 반대하고 소농적 농정학을 제창함으로써 농정학 차원에서는 상호 대립되는 학풍이 공존하게 되고 이훈구는 那須의 입장을 따르게 되지만, 경제학설과 학문방법이라는 측면에서는 양 입장 모두 역사학파 경제학의 영향 아래 있었다. 이러한 학풍 속에서 이훈구는 경제발전단계설과 사회정책론을 중심으로 한 역사학파 학설과 귀납적 · 역사적 관찰 및 실증적 통계 분석을 중시하는 역사학파 연구 방법론을 자신의 주요한 학문 기반으로 체화하였다.[10] 이 훈련 과정을 통해 그는 조선 토지 · 소작문제의 역사적 연원에 대한 일정한 기본 지식과 비판적 문제의식을 견지할 수 있었다.

그러나 이훈구가 토지제도사 연구를 학문적 과제로 설정하고 연구에 본격 착수한 것은 미국 유학 이후, 특히 위스콘신 대학 박사과정에 진학하면서였던 것으로 보인다. 다만 그가 당시 유학 관행상 거의 유례를 찾기 어려울 만큼 이례적으로 2년 만에 논문을 제출하고 박사학위를 취득한 점을 감안할 때 박사과정 진학 이전인 캔사스 주립 농업대학 석사과정 시기에 이미 토지제도사 연구에 대한 일정한 준비를 시작한

9) 방기중, 위의 글, 121~123쪽. 横井을 비롯하여 和田垣謙三, 矢作榮藏 등 당시 농학부의 중심 교수들은 모두 독일 유학파로서, 역사학파 경제학 · 농정학 도입에 열성적이었고, 일본 사회정책학회의 우파그룹을 형성하였다(東京帝國大學, 『東京帝國大學學術大觀』, 第7章 農業經濟學科, 東京: 東京帝國大學, 1942, 785~789쪽).

10) 당시 일본 역사학파 경제학의 동향과 특징에 대해서는 社會思想社 編, 『社會科學大辭典』, 東京: 改造社, 1930, 273쪽, 338~339쪽, 478~479쪽, 1207~1208쪽 ; 門脇禎二, 「官學アカデミズムの成立」, 『日本歷史講座 8』, 東京: 東京大學出版會, 1963 ; 大內兵衛, 『經濟學五十年(上)』, 제1장, 東京: 東京大學出版會, 1959 ; 永原慶二 · 鹿野政直 編, 『日本の歷史家(上)』, 東京: 日本評論社, 1976 등 참조.

것으로 판단된다.[11] 그는 캔사스 주립 농업대학에서 식민지하 한국의 토지소유관계를 다룬 논문으로 일년만에 석사학위를 취득하였는데,[12] 짧은 기간이지만 이 시기는 그의 학문 성장 과정에 매우 중요한 의미를 갖는 시간이었다.

그는 석사논문을 작성하면서 일본에 한 단계 앞서 있는 미국의 경제학·농업경제학 동향과 이론을 습득하고 그것을 종합하는 가운데 자신의 학문 체계와 입장을 확립해 나갔다. 그리고 석사과정 졸업과 함께 그 성과를 총괄 정리하여 발표하였다. 1927년 8~9월, 총 10회에 걸쳐 『朝鮮日報』에 연재한 「小作問題의 經濟學的 一考察」이 그것이었다.[13] 특히 여기에서 그는 이미 위스콘신 대학의 제도학파 농업경제학의 토지이용론 관점을 자신의 이론적 입장으로 정리하고, 역사학파 방법론에 입각하여 한국 토지·소작문제의 역사적 연원에 대한 모색을 시작하였다. 이는 그의 석사과정이 위스콘신 대학 박사과정 입학을 위한 훈

---

11) 이훈구는 석사과정 1년을 포함하여 유학 3년 만에 석사와 박사학위를 취득했는데, 아마 일제하 미국 유학생 가운데 가장 단기간에 박사학위를 받은 인물이 아닐까 한다. 이러한 기록적인 학업 과정은 그가 박사 취득 후 1년간 미국 농무성 통역관으로 근무한 것이나 귀국 후 그의 왕성한 저술 활동에 잘 나타나듯이 무엇보다 탁월한 어학 능력과 집필 능력에 기인한 것이라 할 수 있다. 그러나 이것이 또한 그의 연구의 질적 수준을 떨어뜨리게 하는 주요 원인이 되었다.

12) 논문 제목은 'The Tenure of Farmland in Korea'인데, 직접 확인하지 못하였다. 이훈구는 박사논문 서문에서 식민지하의 당시 한국 토지문제는 석사논문에서 다루었기 때문에 박사논문에서는 논의하지 않았다고 특별히 附記하고 있다.

13) 『朝鮮日報』 1927년 8월 19일~9월 13일자. 석사논문을 바탕으로 작성한 것으로 보이는 이 글에서 그는 맑스주의 토지론에 대한 비판적 입장을 분명히 하는 가운데 자본주의 농업경제학의 입장에서 한국 소작문제에 대한 여러 타개 방안을 제시하였다. 요컨대 이 글은 확립기 그의 학문적·사상적 입장과 조선 농업문제에 대한 기본 인식 틀이 집약된 것으로서, 귀국 이후 왕성한 연구와 실천활동은 기본적으로 이 기조 위에서 전개되었다.

련과 준비 과정이었음을 뜻하는 것으로서, 이 과정에 그에게 많은 도움과 영향을 주었던 인물이 지도교수 펙(Peck)이었다.[14]

이미 정리한 바와 같이 위스콘신 대학은 역사학파 경제학에 바탕을 두고 진보주의 입장의 미국 경제학을 개척한 일리(R. T. Ely)를 중심으로 1910년대 이래 그의 제자들인 경제학의 커먼스(J. R. Commons)와 농업경제학의 테일러(H. C. Taylor) · 히바드(B. H. Hibbard) 등에 의해 사회개량주의 입장의 미국 제도학파 경제학 · 농업경제학의 산실이 되고 있었다.[15] 특히 토지경제학에 강세를 보인 이 대학 농업경제학은 농업생산의 주체를 자영농으로 파악하는 소농주의 입장에서 토지소유문제 · 소작문제를 토지이용과 분배의 문제로 파악하는 토지이용론과 토지소유 · 토지이용에 대한 국가의 의식적 · 제도적 통제를 농업문제 해결의 최선책으로 보는 토지정책론에 주안점을 두었고, 토지 · 소작문제의 역사적 · 제도적 접근과 귀납적 실증 · 통계 분석을 중시하여 미국 토지제도사 · 정책사 연구와 토지이용 · 소작문제 연구의 주도적인 위치를 점하였다. 이훈구는 재학 당시 이 대학 농업경제학과 학과장이며 미국 농업사 · 토지정책사를 전공하는 히바드[16]의 지도를 받는 가운데

14) 펙의 학문 경력이나 성향에 대해서는 파악하지 못했지만, 이훈구가 박사논문 서문을 통해 학위논문 형식에 대해 여러 조언을 한 펙에게 감사의 뜻을 전하고 있는 것으로 보아 펙은 이훈구의 박사논문 작성에 직접 관계하면서 이훈구를 후원하였던 것 같다. 아마 논문 심사위원이었는지도 모르지만, 전후 사정으로 미루어 볼 때 펙은 위스콘신 대학과 무관한 인물이 아닌 것으로 보이며, 이훈구의 위스콘신 대학 진학은 물론 박사논문 주제 설정에도 깊이 관여하였던 것으로 생각된다.

15) 방기중, 앞의 글, 1996, 126~129쪽. 역사학파 경제학과 제도학파 경제학의 상호 연관성과 차이에 대해서는 金光洙, 『歷史學派』, 崇田大學校出版部, 1986, 제7장 ; 田中敏弘, 『アメリカ經濟學史研究』, 京都: 晃洋書房, 1993, 제1부 3장, 4장 참조.

16) 히바드는 일리의 제자로서 1902년 지역농업사로 박사학위를 받고 아이오와 주

이러한 토지경제학 이론과 연구방법론에 한층 더 천착하면서 토지제도사 연구에 본격 착수하였다.

이훈구가 한국 토지제도사 연구에 착수하게 된 저간의 사정과 그 학적 배경은 대체로 이와 같았다. 따라서 연구의 이론적 관점과 연구 방법은 당연히 토지이용론의 관점과 역사학파 방법론을 중시하는 위스콘신대학의 제도주의 학풍에 기초하였다. 그는 박사논문 서문을 통해 이러한 자신의 기본적인 연구 관점을 다음과 같이 제시하였다.

> 한 국가의 토지제도와 토지정책의 역사적 발전은 여러 각도에서 연구될 수 있다. … 경제학자는 주로 公私 양면에서 토지경영과 가장 효과적인 토지이용이라는 관점에서 토지제도와 토지정책에 관심을 갖는다. 경제학자는 생산 요소로서의 토지와 그것이 해당 시대에 얼마나 사회의 경제적 복지에 기여하는가에 관심이 있을 것이다. 그것이 한국에서 토지제도와 여러 시대에 시행된 토지이용 정책을 분석할 때 경제학자가 취한 관점이었다. 심중에 이러한 관점을 가지면서 적어도 부분적으로는 특정 정책의 시행 결과로서 수반되는 농업 조건에 특별히 유념하였다.[17]

토지이용의 관점에서 토지제도사에 접근한다는 것은 기본적으로 분석의 주안점이 다음 두 가지 측면에 있다는 것을 의미한다. 하나는, 토지제도사 연구의 중심 과제가 되는 토지소유 문제를 토지소유를 둘러싼

럽대학에 부임하였다가 1913년 위스콘신 대학에 정착하여 1940년대에 이르기까지 소작문제 전문가인 동료 테일러와 함께 위스콘신 대학 농업경제학 · 토지경제학을 이끌었다. 그의 학문에 대해서는 Benjamin Horace Hibbard, *Agricultural Economics* (New York: McGraw-Hill Book Company, INC., 1948) 참조.

17) 이훈구, 박사논문, 서문, 1쪽.

사회경제적 신분·생산관계의 구조적 해명이라는 차원이 아니라 주로 토지이용 방식과 연관된 법률적·제도적 측면에 주안점을 두고 접근한다는 것이다. 다른 하나는, 따라서 토지소유관계와 토지이용 방식의 제도적 성격과 역사적 전개를 규정하는 가장 중요한 요소로서 국가의 토지정책을 중시한다는 것이다. 이러한 관점에서 이훈구는 박사논문의 전체적인 연구 방향을 "일차적으로 한국의 토지이용에 관련된 사실들을 충실히 기술한 것이며, 필요한 경우에는 다양한 제도들의 공과에 대한 해석과 판단을 덧붙였다. 주로 한국의 토지제도와 토지정책의 구조를 밝히는 데 주력하였다"고 요약하고, 그 분석 방법으로 귀납적·연역적 방식의 병용과 제도적·역사적 접근을 중시하였음을 명시하였다.[18]

이상과 같은 이론적 관점과 연구 방법론은 그의 박사논문의 전체적인 體裁 구성에 여러 형태로 반영되었다. 새로운 자료라는 의미에서 서문과 전 10장으로 구성되어 있는 박사논문의 목차를 소개하면 다음 〈표〉와 같다. 여기에서 그가 어떠한 관점과 시각 위에서 토지제도사에 접근하고 있는지 잘 드러나고 있는데, 이 가운데 그 연구의 방향과 성격을 이해하는 데 주목할 필요가 있는 것은 다음과 같은 측면들이다.

〈표〉 이훈구 박사논문의 목차 구성

서문
제1장 서론
  1절 역사적 개관
  2절 지리·기후 조건
  3절 지역과 인구
  4절 농업 조건
  5절 광업, 어업, 기타 산업 조건
	제2장 고대 농업과 토지제도
	  1절 고대 농업
	  2절 기자정전제
	  3절 삼국시대의 토지제도
	  4절 신라말기의 토지제도

18) 이훈구, 박사논문, 서문, 2쪽.

제3장 토지 조사와 토지 분류 1절 토지 조사 2절 토지 단위 3절 토지 등급 4절 토지 분류 5절 기타 토지에 관한 표시	제4장 관료 토지 1절 전시과 2절 녹과전 3절 과전 4절 직전 5절 공음전시과 6절 공신전 7절 그 밖의 관료 토지
제5장 관청 및 기관 토지 1절 공해전 2절 능침 3절 적전 4절 잡과전 5절 내수사 토지	제6장 군인 토지 1절 역분전 2절 둔전 3절 둔전의 폐단
제7장 왕실 토지 1절 고려왕조의 왕실 토지 2절 조선왕조의 왕실 토지	제8장 사원전과 학전 1절 사원전 2절 학전
제9장 산림, 목초지, 수리정책 1절 산림 2절 목초지 3절 제언과 저수지	제10장 토지세 1절 조선왕조 이전의 지세제도 2절 조선왕조의 지세 3절 공법 또는 공물제도 4절 삼수미 또는 군보미 5절 지세의 징수

비고: 원문에는 각 토지 지목을 번역하여 병기하고 있으나 생략함.

첫째, 연구 대상 시기가 고대 이래 전 시기를 포괄하면서도 전체적으로 연구의 주 대상은 고려와 조선시기의 토지제도·토지정책이며, 고려 이전 시기는 본론의 前史로서 다루어지고 있다는 점이다. 둘째, 고려와 조선시기의 토지제도를 구분하여 양 시기의 토지제도·토지정책의 실태와 그 시기적 변화를 파악하는 데 분석 목표를 둔 것이 아니라,

양 시기를 포괄한 국가의 토지이용 정책과 주요 분급 토지제도에 대한 각론적 분석에 주안점을 두고 있다는 점이다. 셋째, 따라서 일반 민의 토지소유나 토지 내부의 경영관계에 대한 항목 설정은 보이지 않고, 대신 지세를 중심으로 하는 조세제도의 역사적 추이를 주요 토지정책의 일환으로 개관하고 있다는 점이다.

이상과 같은 논문 체재 구성으로부터 그가 국가의 토지이용 원리와 그 정책의 제도적 반영으로서 국가의 토지분급제도와 조세제도의 실태 분석에 연구의 주안점을 두고 있다는 것이 쉽게 확인된다. 물론 이러한 체재 구성이 단지 토지이용론의 관점과 제도사적 접근이라는 연구방법론에 기인한 것만은 아니다. 이는 후술하는 바와 같이 그가 조선에 이르기까지 한국의 토지제도를 기본적으로 國有制로 파악하고 있는 점이 상호 결부되어 있기 때문이었다. 토지제도의 근간을 국유제로 파악하는 한, 분석의 초점이 국가의 토지이용 정책과 국가에 의한 토지분급제도의 구성에 맞추어지는 것은 당연하였고, 또 자료를 통해 그 제도가 명료하게 파악되는 시기가 고려 이후라는 점에서 분석의 초점이 고려와 조선에 맞추어진 것도 자연스러운 일이었다.[19]

이러한 연구의 관점과 분석 방향의 설정은 그가 앞의 인용문에서 자신의 토지이용론 관점이 기존에 한국 토지제도사를 연구한 '경제학자'의 관점과 같다고 언급한 데에서도 잘 드러나고 있다.[20] 이 언급은 그의 연구 성격을 이해하는 데 중요한 함의를 지니는 발언이라 할 수 있는데, 여기에서 말하는 경제학자가 누구를 지칭하는지는 잘 알 수 없

19) 이 외에도 결론이 없는 데 암시되어 있듯이 미국이라는 연구 환경에서 한국 토지제도사가 특수 연구주제일 수밖에 없다는 점이 이러한 제도사적 사실 설명의 경향을 더욱 강하게 요구하였을 것이다.

20) 주 17의 인용문 참조.

다. 그러나 그가 박사논문을 작성할 당시까지 한국 토지제도사를 다룬 기존 연구라 할 수 있는 것은 福田德三 · 黑正巖 · 和田一郞 · 西鄕靜夫 등 한국사회 정체성의 기반으로서 토지제도의 후진성과 혼란상을 주장하여 일제의 조선 강점과 토지조사사업의 정당성을 합리화하는 데 앞장 선 몇몇 일본인 학자나 관리에 의한 것이 전부이기 때문에 당연히 그 경제학자는 이들을 지칭한 것으로 볼 수 있다. 이들 일본인들의 연구 요지는 논지 전개상 후술할 예정이지만, 연구방법론의 차원에서 이훈구와 이들의 연구는 기본적으로 동질성을 지니고 있었다.

주지하듯이 1903~1904년 근대적 경제학 이론과 경제사 연구방법을 동원하여 한국 토지제도의 성격을 처음으로 논한 東京商大 교수 福田德三의 연구나 1923년 福田에 이어 한국경제사를 정리한 京都帝大 교수 黑正巖의 연구는 철저히 역사학파 경제학의 방법론, 특히 독일 역사학파 경제학자 뷔허(K. Bücher)의 경제발전단계설에 입각한 것이었다.[21] 또한 1920년 한국 토지제도사에 대한 최초의 체계적인 연구로 평가되는 조선총독부 관리 和田一郞의 보고서 역시, 역사학파의 경제발전단계설을 직접 적용한 것은 아니지만 기본적으로 역사학파 경제학의 영향 아래 실증적 · 제도사적 방법론에 입각하여 형태론적으로 한국 토지제도 · 토지정책의 역사적 추이를 정리한 것이었다.[22] 그리고 조선총독부 농정관리 출신인 西鄕靜夫의 연구는 한국의 농정사를 정리하는 가운데 토지제도 · 토지정책에 대한 관계 사실을 정리한 일종의 자료집 성격을 띠는 것으로서 그 자료 정리의 기본 관점과 방법

21) 福田德三, 「韓國の經濟組織と經濟單位」, 『經濟學硏究』, 東京: 同文館, 1925년판 ; 黑正巖, 『經濟史論考』, 東京: 岩波書店, 1923. 이 점에 대해서는 姜晋哲, 앞의 책(1992), 제1편 4장 日帝 官學者가 본 韓國史의 停滯性과 그 理論에 자세하다.
22) 和田一郞, 『朝鮮の土地制度及地稅制度調査報告書』, 京城: 朝鮮總督府, 1920.

은 和田과 동일하였다.[23]

요컨대 1920년대까지 한국 토지제도사 연구를 주도한 일본인 학자와 관리들의 연구 관점과 방법론 역시, 당시 일본 경제학의 주류 입장을 점하고 있었던 역사학파 경제학에 기반을 두고 있었다. 이 가운데 한국 사회의 정체성 해명을 중시하는 경제학자의 경우에는 역사학파의 경제 발전단계설에 기초하여 한국 토지제도의 낙후성 · 특수성을 강조한 반면, 한국의 토지 · 농업 행정을 직접 경험한 관리들은 실증적 방식으로 한국 토지제도 · 토지정책의 제도적 추이를 정리하는 가운데 그 낙후성 · 특수성을 체계화하고 있었던 셈이다. 이훈구가 자신의 관점을 기존 '경제학자'의 그것과 같은 맥락으로 간주한 것은 이러한 역사학파 경제학의 방법론적 동질성이었다.[24] 다만 이훈구의 경우에는 역사학파 경제학의 방법론을 중시하면서도 제도학파 경제학의 토지이용론 입장에서 그것을 수용하고 있다는 점에 일정한 차이점을 보이고 있었다.

그러나 이 동질성은 방법론과 분석틀의 동질성을 말하는 것이지 토지제도사의 구체적 입론이나 인식체계의 동질성까지 의미하는 것은 아니었다. 이는 별개의 문제로서, 이훈구의 한국 토지제도사 인식은 일본인의 인식에 대해 기본적으로 비판적 입장을 취하는 가운데 그 내용을 크게 달리하고 있었다. 문제는 이러한 비판적 입장을 그 자신이 분명히

---

23) 西鄕靜夫, 『朝鮮農政史考』, 京城: 朝鮮農會, 1921.

24) 그는 1927년 前揭한 글에서 역사학파 경제학자 리스트의 토지소유 형식의 3단계 발전론(토지공유 단계 — 토지공유의 사적 이용 단계 — 토지사유의 사적 이용 단계)에 입각하여 토지소유관계의 역사적 발전 과정을 이해하고, "토지소유의 근본 형식과 관념은 과거 노동의 자본화에서 배태된 것"이라는 토지이용론의 관점에서 '토지사유의 사적 이용 단계'인 자본주의 사적 토지소유의 정당성을 강조하였다(李勳求, 「小作問題의 經濟學的 一考察(8)」, 『朝鮮日報』 1927년 9월 11일자).

표현하지 않고 있다는 점이다.[25] 따라서 그의 토지제도사 인식이 일본인의 그것과 어떠한 차별성이 있는지, 그가 일본인의 토지제도사 인식에 대해 어떠한 비판의식을 내면화하고 있었는가를 살피기 위해서는 방법론과 분석틀의 차원을 넘어서서 그의 토지제도사 인식체계에 대한 구체적인 검토가 필요하다.

3. 토지제도사론의 기본 구성과 주요 논점

이미 여러 연구를 통해 널리 알려진 사실이지만 1920년대까지, 상술한 일본인에 의해 일반화된 식민주의 토지제도사 인식의 요점은 한국사회의 정체적 본질을 반영하는 봉건제 결여의 연원으로서 土地私有의 결여 내지 그 낙후성을 강조한 데 있다.[26] 이 논리를 처음 창도한 福田

25) 이훈구의 토지제도사 연구상의 중요한 한 한계는 연구사 정리를 결여하고 있는 점이다. 더욱 곤혹스러운 사실은 그가 西鄕靜夫의 저서 외에는 이들 일본인 연구를 전혀 참조하지 않은 것으로 나타나는 점이다. 특히 당시 한국토지제도사에 관한 거의 유일한 전문 연구라 할 수 있는 和田一郞의 보고서가 참고문헌에 누락되어 있는 것은 이해하기 어려운 일이다. 1920년대 전반 東京帝大에서 한국의 농업문제를 연구한 그가 이들 연구를 인지하지 못했다는 것은 상식적으로 생각할 수 없고, 또 그의 토지제도사론으로부터 추론할 때 그가 이들 연구를 확인하지 않은 채 박사논문을 작성했다고 생각되지 않는다. 만약 의도적으로 누락시킨 것이 아니라면, 박사논문 작성 당시 이들 연구가 미국에 소개되어 있지 않았을 가능성도 있을 것이다.

26) 金容燮, 앞의 글, 1966 ; 姜晋哲, 앞의 책, 제1편 4장, 1992 ; 旗田巍, 「朝鮮土地制度史の硏究文獻」, 『朝鮮中世社會史の硏究』, 東京: 法政大學出版局, 1972 ; 有井智德, 「土地所有關係 - 公田論批判」, 『朝鮮史入門』, 東京: 太平出版社, 1966 ; 李榮昊, 「조선시기 토지소유관계 연구현황」, 『韓國中世社會 解體期의 諸問題(下)』, 한울, 1986.

德三은 1902년 20여일간 한국을 방문한 후, 한국은 자본주의 국민경제 형성의 보편적 기반이 되는 봉건제도를 결여하였다는 것을 논거로 당시 한국을 국가 개념이나 국민경제가 존재하지 않는 고대적 촌락경제 단계의 정체된 사회로 규정하고, 봉건제도를 결여하게 된 정체적 본질의 연원을 토지사유 관념의 부재에 있다고 하여 이른바 '土地共有制論'을 주장하였다.[27] 福田의 소론은 뷔허의 발전단계설에 입각하여 화려한 이론적 논설을 구사하였지만, 그의 명성에 어울리는 연구라고 하기 어려울 만큼 자료의 접근이 거의 없고 민족적 차별의식과 선입관에 가득찬 것이었으며, 이후 큰 영향을 미치면서 식민지근대화론 · 식민지시혜론의 이론적 · 정신적 토대를 제공하였다.[28]

福田과 같이 이론적 기반을 가지고 한국 토지제도의 경제사적 성격을 논한 것은 아니지만 자료에 입각하여 토지제도의 사적 추이를 처음으로 정리한 이는 和田一郎이다. 和田은 福田의 일원적 共有制論을 부정하고 土地國有制論을 주장하였다. 곧 한국 토지제도는 삼국시기까지 族制 조직에 기초한 공유제였지만 통일신라 이후 唐 제도를 수용하여 공유제를 국가적 규모로 확대한 공전제도(국유제)가 확립되고 그것이 고려와 조선에 계승되었다는 것이다. 그리고 국유제 아래 토지가 아니라 收租權을 지급하는 토지제도가 시행된바, 고려시기 사유지가 발생하였지만 그것은 예외적 · 불법적 문란 현상에 불과하였고 조선전기에 이르러 功臣田 · 別賜田 · 職田 등 개인 수조지의 민전화가 진행되면서 비로소 국가가 토지사유를 제도적으로 인정한 사전제도가 공전제도와

---

27) 福田德三, 앞의 글, 1925, 151~161쪽.

28) 1923년 黑正巖이 福田說을 계승하여 福田의 봉건제결여론을 '진리를 道破한 것'으로 찬양하고 그 논거로서 토지사유의 발달을 전제로 하는 封土制度의 결여를 재삼 주장한 것이 그 좋은 예였다(黑正巖, 앞의 책, 1923, 84~89쪽).

함께 전개되었다고 주장하였다.[29] 和田의 소론은 사실인식에 있어 福田보다 진일보한 것으로, 당시 한국 토지제도사에 대한 일반적 인식으로 자리잡았으나 봉건제 결여와 토지사유의 역사적 낙후성을 전제한 점에서 福田과 인식 기반을 같이하고 있었다. 특히 和田의 소론은 조선시기 토지사유의 발달 현실을 인정하면서도 전체적으로 조선 토지제도의 문란과 토지사유의 전근대성을 부각시킴으로써, 근대적 토지제도·소유권제도의 확립이라는 토지조사사업의 의의를 강조하고 광범한 국유지 강점의 정당성을 합리화하는 데 목표를 둔 전형적인 식민주의 토지제도사론이었다.[30]

1920년대 한국 토지제도사에 대한 일반적 인식은 이상과 같지만, 이훈구 역시 한국 토지제도사의 기본 근간을 토지국유제로 파악하였다. 모든 토지는 왕의 토지라는 王土·王田思想이 성립한 이래 조선시기에 이르기까지 토지제도는 원칙적으로 토지국유제였고, 따라서 한국에 "근대적 토지제도의 기초가 확립"되고 "근대 자본주의적 토지사유제"가 확립된 것 역시 和田과 같이 1918년 조선총독부 토지조사사업의 완료를 계기로 해서였다고 이해하였다.[31] 제도적·법률적 형식을 위주로 관련 사료에 접근할 경우, 고려 田制는 唐制를 모방하였다는 『高麗史』 食貨志 田制條의 첫 화두나 田柴科와 科田法 등 국가 법제로서 시행된 토지분급제도의 존재는 토지국유제 원칙을 자명한 사실로 받아들이게 하고 왕토사상이 단순한 관념이 아니라 현실의 제도로 구현된 토지국

29) 和田一郎, 앞의 책, 제1편, 1920.

30) 주지하듯이 和田은 토지조사사업 당시 총무과장·분쟁지심사위원장이었다. 和田의 연구에 대해서는 旗田巍, 앞의 글, 1972 ; 有井智德, 앞의 글, 1966, 127~129쪽 ; 宮嶋博史, 『朝鮮土地調査事業史の研究』 東京: 東京大學東洋文化研究所, 1991, 12~13쪽 참조.

31) 이훈구, 박사논문, 34~35쪽, 56쪽 ; 李勳求, 『朝鮮農業論』, 1935, 266쪽.

유제의 이데올로기로 인식되게 하였다.

그러나 이러한 제도적 원리 규정의 동일성에도 불구하고 이훈구의 토지국유제론은 和田一郞의 그것과 입론의 성격을 크게 달리하였다. 이훈구의 국유제론은 기본적으로 福田德三의 영향 아래 있는 和田의 정체적 논리와 인식을 거부하고 한국사의 보편적 경제발전 과정을 인정하는 가운데 이와 연관해서 입론된 것이었다. 곧 그의 토지국유제론은 봉건제의 보편적 전개와 사적 토지소유의 현실적 발전을 전제한 것으로서, 이것이 토지제도사 인식의 출발점이자 내면적 비판의식의 핵심 소재였다. 따라서 토지국유제 형성과 단계적 변화 과정, 국유제 원칙하의 토지제도 운영과 사적 토지소유의 현실적 추이, 조선후기 이후 토지문제의 발생 등에 대한 그의 견해는 和田과 질적 차이를 보이고 있었다. 이하 이러한 그의 토지제도사 인식의 요지와 주요 논점을 시기별로 살펴본다.

1) 삼국 토지제도론 - 국유제와 봉건제, 사유의 발생

이훈구의 토지제도사론에 있어 가장 주목할 만한 입론은 삼국시기 토지제도론으로서, 봉건제를 수반한 토지국유제의 성립과 사적 토지소유 맹아론의 제기이다. 그는 한국에 토지국유 원칙에 입각한 토지제도가 형성된 시기를 和田一郞과 달리 삼국시기에 비정하였다. 삼국 이전 고조선에서 삼한에 이르는 이른바 '부족국가' 시기는 농업의 발달 조건에 따라 시기적으로 일정한 차이가 있음에도 불구하고 대체로 箕子朝鮮 이후가 되면 토지소유의 초기 현상이 진행되었다고 파악하고, 이 시기를 일반적으로는 부족·종족 공동체의 공동소유가 발달한 토지공유제 단계의 사회로 규정하였다.[32] 그는 이러한 토지의 공동소유 형태는 특수한 것이 아니라 원시 중부 유럽사회에서도 일반적으로 나타나는 보편적인 현상이라고 주장하였다. 또한, 토지국유제 성립을 전제하는 箕子井田論에 대해 비판적 입장을 취함으로써 토지공유제론의 정당성을 강조하였는데, 그는 기자정전제도의 유적으로 전해 오는 평양의 토지구획 유적을 기자정전 유적이 아니라 고구려의 도시계획 유적으로 보는 견해에 동조하였다.[33]

삼국시기에 접어들어 토지국유제가 성립된 배경은 급속한 농업발달

---

32) 이훈구, 박사논문, 19~22쪽. 그는 和田을 비롯한 일본인들이 신화라고 부정하는 단군조선을 이미 농업에 기반을 둔 고대 부족사회로 파악하였고, 기자조선 이후의 고조선, 한반도 동부의 濊·貊, 한반도 북부와 만주의 肅愼, 한반도 남부의 三韓 등을 농업 발달에 기초하여 土地共有制를 형성한 '국가적 존재'로 이해하였다. 이에 반해 和田은 삼한 단계의 토지제도를 "종족의 共産制度"로 규정하여 상호 유사성을 보이고 있지만, 삼한 등을 국가적 존재로 인정하지 않는 '團體'로 이해하였다(和田一郞, 앞의 책, 1920, 12~14쪽).

33) 이훈구, 박사논문, 23~33쪽. 평양 箕田 유적을 고구려의 도시계획 유적으로 보는 견해는 일본인 關野貞이 제기한 것으로, 이훈구는 이에 동조하되 고구려 번성기, 곧 가장 강력한 전제왕권 하에서 이루어진 것으로 추측하였다. 본래 기자정전론에 대한 관심은 韓百謙 이래 조선후기 실학자들에 의해 고조되었는데, 丁若鏞이 李世勣의 둔전설을 제시한 것 등 몇 경우를 제외하고 실학자들은 대개 기전론을 사실로 인정하고 이에 의거하여 토지개혁을 주장하였다(이 점의 의의에 대해서는 朴時亨, 「箕田論始末」, 『李朝社會經濟史』, 勞農社, 1946, 179~181쪽 ; 金容燮, 『朝鮮後期農學史硏究』, 一潮閣, 1988, 265~267쪽 ; 방기중, 「농지개혁의 사상 전통과 농정이념」, 『농지개혁 연구』, 연세대학교 출판부, 2001, 95~96쪽 참조). 그런데 이훈구는 기전론을 사실로 주장하는 입장을 유교주의에 빠진 맹목적 事大論·慕華論으로 혹평하고 조선적 입장의 독자적인 井田論에 입각하여 기전론을 一笑에 부친 정약용을 조선 농정학의 鼻祖로서 추앙하였다(이훈구, 위와 같음 ; 李勳求, 「農政學上으로 본 茶山先生 - 土地國有論과 勸農政策六科」, 『朝鮮日報』 1935년 7월 16, 17일자). 곧 그의 기전론에 대한 비판적 인식은 기자조선 土地共有制 단계론의 입장과 함께 중국 중심의 유교주의를 배격하는 역사의식을 반영하고 있었다.

에 기초한 전제왕권의 확립이었다. 그는 부족국가에서 왕조국가로 전환하는 시점에 이미 오늘날까지 이어지는 수준높은 농업 단계에 이르렀으며, 이를 바탕으로 왕이 신하와 백성을 지배하는 절대권력을 행사하게 되면서 토지의 공동소유는 소멸하였고, 전제왕권 아래 이른바 '왕의 땅이 아닌 곳이 없고 왕의 신하가 아닌 사람이 없다'는 왕토사상이 성립하였다고 주장하였다.[34] 왕은 국가이자 유일한 지주로서 모든 토지는 왕의 토지인 동시에 公有地(國有地)였고, 이 公有制(國有制) 원칙이 모든 체제를 지배하였다는 것이다.[35] 왕은 필요하면 신하의 토지를 마음대로 뺏을 수 있었고, 전제왕권과 개인 재산 소유권에는 구별이 없었다.[36] 곧, 그가 말하는 삼국시기의 토지국유제는 제도적으로 정착한 국유제가 아니라 폭력적 전제왕권에 기초한 국유제였고, 왕토사상은 단순한 관념이 아니라 현실 속에서 실제 모든 토지와 인민을 지배하는 전제왕권의 통치 원리로 파악되었다.

토지국유의 이러한 專制性을 반영하여 그가 이 시기 토지제도의 가장 특징적인 현상으로 파악한 것이 봉건제의 보편화였다. 이 봉건제론은 그 타당성 여부를 떠나 당시의 연구 동향 속에서는 생각하기 힘든 독창적인 견해라 할 수 있는데, 다음 인용이 그가 제시한 삼국 봉건제론의 기본 요지이다.

> 삼국시대의 토지제도에 대한 정보는 빈약하지만, 전체적으로 봉건제(feudalism)가 보편화되었던 것으로 보인다. 이는 삼국이 부족국가와 삼한

---

34) 이훈구, 박사논문, 34쪽.

35) 이훈구, 박사논문, 37~38쪽. 그는 이 公田制에 입각한 왕토사상을 로마제국 초기 토지제도의 公田(agra publicus)思想과 유사한 것으로 보고 있었다.

36) 이훈구, 박사논문, 35쪽.

국가에서 출현했을 때 이미 나타난 것이다. … 이 시대는 폭력과 농노제(serfdom)의 시대였다. 일반 백성은 토지를 경작했지만 군주의 이익을 위해서였다. … 군주는 지주이자 왕이었다. 토지는 소유의 대상이라기보다 점령의 대상이었다. 이러한 사회구성 아래 왕은 그를 기쁘게 하는 것이면 무엇이든 할 수 있었다. 따라서 왕은 전공을 세운 무장이나 개인적으로 선호하는 이에게 특별히 토지를 하사하였다. 이 특별 토지 하사가 "封土(Bong-To)"나 "食邑(Sik-Uep)", 환언하면 봉토(fief)나 영지(feud)의 기원이었다. 이러한 종류의 토지 하사는 삼국에서 결코 드문 일이 아니었다. 봉토의 내적 구성과 토지보유관계는 밝혀진 바 없는데, 똑같지는 않겠지만 영국의 장원제도(Manorial System)와 매우 유사할 것이다.[37]

곧, 전제왕권을 기반으로 하는 국유제 원칙 아래 왕이 충성을 바친 신하에게 봉토와 식읍을 지급하면서 봉건제가 보편화되었다는 것으로, 그는 특히 이 양상이 고구려와 신라에서 두드러지게 발전하였다고 주장하였다.[38] 그는 봉토와 식읍을 서양의 봉토나 영지와 동질적인 것으로 파악하였고, 그 내부 구성이나 토지경영의 운영원리에 대해서는 추적하지 못하고 있지만 이 토지제도를 기본적으로 영국 장원제도와 유

37) 이훈구, 박사논문, 34~35쪽. ()는 원문상의 영어 표기(이하 같음).

38) 고구려의 경우 동천왕 20년(246년) 위의 관구검을 물리친 密友에 대한 식읍 지급, 서천왕 11년(280년) 숙신 정벌에 공을 세운 達賈의 安國君 책봉, 봉상왕 2년(293년) 연의 모용외를 물리친 高奴子에 대한 식읍 지급 등을 예로 들었고, 신라의 경우에는 법흥왕 19년(532년) 복속된 가락국왕 김구형에 대한 식읍 지급, 진흥왕 23년(562년) 대가야 정벌에 공을 세운 異斯夫에 대한 봉토 지급, 문무왕의 김유신, 김인문에 대한 봉토 지급 등을 예로 들었다. 백제의 경우에는 의자왕 19년(659년) 자신의 아들 41명에게 봉토를 하사한 사례만이 보인다고 하였다(이훈구, 박사논문, 35~37쪽).

사한 것으로 규정하였다.[39] 봉건제에 대한 개념 설명 없이 거두절미하고 식읍을 서양 장원제도와 유사한 것으로 규정하고 있기 때문에 그가 사용하는 봉건제의 의미가 분명하지는 않지만, 이는 물론 맑스주의 사회구성체론에서 말하는 봉건제사회=농노제사회가 아니라 역사학파 경제학에서 사용하는 봉토제도(Lehenswesen)로서의 봉건제였다.[40] 특히 주목할 것은 그가 이러한 봉토 지급과 봉건제의 전개를 삼국에 한정된 특수한 현상이 아니라 윌리엄 하의 영국 경우와 같이 봉건제 단계에 있는 국가들에 보편적으로 나타난 세계사적 현상이라는 사실을 강조하고 있는 점이었다.[41]

나아가 그는 이와 같이 봉건제가 발달하는 가운데 삼국시기 후반에 접어들어 사적 토지소유권이 발달하기 시작하였다는 토지사유맹아론을 제기하였다.

> 한편 삼국시대 후반에는 토지의 사적 소유권 발달의 몇몇 맹아가 발견된다. 경제생활의 전반적인 발전과 생산의 요소 또는 원천으로서 토지의 중요성을 인식하게 되면서 몇몇 성공한 귀족과 그들의 작인(tenants)들이 점차 하사받은 땅의 처분권을 얻게 되었다는 것은 자연스러운 결과로 보인다. 물론 아무리 해도 그 개인의 사적 토지소유권은 오늘날 사람들이 익숙하게 생

---

39) 그는 봉토와 식읍을 봉건제로 파악하면서도 그 내적 구성과 운영원리를 호민, 하호, 노예나 순장 등 이 시기 신분과 결부된 토지지배·농민지배의 실상을 보여주는 자료와 연관시켜 천착하지 못하고, 단지 노예와 농노들이 봉토와 식읍의 경작을 담당하였다는 것만 언급하는 데 그치고 있다(이훈구, 박사논문, 38쪽).

40) 그는 인용문에서 이 시기를 '농노제의 시대'로 표현하고 있지만, 맑스주의 경제학설을 거부하고 역사학파 경제학의 입장을 취하고 있는 그가 유물사관의 사회구성체 개념으로서의 농노제사회를 상정한 것은 아니라고 생각한다.

41) 이훈구, 박사논문, 37쪽.

각하는 그 용어의 법률적인 의미와 동일한 것은 아니다. 그러나 그것은 일종의 왕의 법적 제재가 없는 토지처분이었을 것이다.[42]

그가 사적 토지소유의 발생과 그 맹아적 발전의 근거로 제시한 것은 6세기 후반 온달장군 일대기에 보이는 고구려의 토지매매 기사와 문무왕 4년(664년), 사원에 대한 평민들의 토지 寄進 금지령에 나타나는 토지이전 기사들인데, 이에 근거하여 그는 귀족으로부터 평민에 이르기까지 신분에 관계없이 토지사유화가 진행되었다고 파악하였다.[43] 그리하여 7세기에 이르기까지 토지에 대한 군주의 절대권은 점차 약화되어 간 반면 신하들은 자신의 사적 토지소유권을 더욱 발달시켰다고 하여, 이 시기를 "사적 토지소유권 발달 과정의 태아적 단계 또는 맹아적 시기"로 규정하였다.[44]

이훈구의 삼국 봉건제론과 사적 소유 맹아론은 역사학파 입장에서 福田德三 이래의 봉건제결여론과 사유관념 결여에 입각한 토지공유제론을 정면 부정한 것으로서, 여기에 이훈구의 식민주의 토지제도사 인식에 대한 비판의식이 집약되어 있었다.

2) 통일신라 토지제도론 – 균전제와 국유제의 정착

이훈구가 한국 토지제도 발달사, 사적 토지소유권의 전개 과정에서 결정적 분기로 파악한 것은 통일신라기 唐의 均田制를 도입한 토지정책의 시행이었다. 신라가 삼국통일 후 당의 균전제를 받아들여 토지국

42) 이훈구, 박사논문, 39쪽.
43) 이훈구, 박사논문, 39~41쪽.
44) 이훈구, 박사논문, 41쪽.

유제 원칙을 확립했다는 것은 이미 和田一郞에 의해 언급된 바와 같지만, 이훈구 역시 균전제 도입을 계기로 이 시기를 국유제가 제도적으로 정착하는 시점으로 파악하였다. 그는 삼국통일 후 당에 유학했던 신라 학생들이 대거 귀국하여 정부에 참여하면서 이들에 의해 중국의 제도와 조직을 참조한 다수의 개혁안이 마련되고 시행되었는데, 토지제도의 수용도 그 가운데 하나였다고 보았다.[45]

北魏 孝文帝가 제정한 균전제를 수정 계승한 당 토지제도는 크게 일반 분배 토지인 丁田, 세습 토지인 永業田, 개인 토지인 口分田 등 세 계통의 토지로 구별되는데, 이훈구는 신라에서 시행한 토지제도는 당의 균전제 내용을 다소 변경한 것이면서도 그 기본 구조는 거의 동일한 것으로 파악하였다.[46] 그리하여 잘 알려진 『三國史記』 기사를 토대로 신라의 토지제도를 균전제 구조 속에서 크게 네 계통으로 분류하였다. 첫째는, 성덕왕 21년(722년) 시행한 丁田制로서, 그는 이에 의해 신라의 "모든 성인 백성"들에게 실제 토지가 할당된 것으로 보았다.[47] 둘째는, 경덕왕 14년(755년) 香德 기사에 보이는 口分田 제도의 시행이었다. 셋째는, 그가 祿邑 제도와 동일한 것으로 파악한 官僚田 제도의 시행이었다.[48] 그는 이를 관료에게 봉급 대신 특정 양의 토지를 지정하

45) 이훈구, 박사논문, 42쪽.

46) 이훈구, 박사논문, 42~44쪽. 그는 정약용의 『經世遺表』를 통해 당 토지제도의 개요를 정리하였다.

47) 이훈구, 박사논문, 44쪽.

48) 그는 신문왕 7년(687년) 관료전 제도가 시행되었다가 2년 후 폐지되었다고 이해하였다. 그런데 주지하듯이 신문왕 7년에 시행된 것은 관료전이고 신문왕 9년에 폐지된 것은 祿邑이다. 양자를 같은 토지로 볼 것인가 다른 것으로 볼 것인가는 지금도 의견 차이가 있지만, 그는 양자를 같은 것으로 파악하였다. 또한 녹읍은 경덕왕 16년(757년) 부활되어 신라말까지 시행되었는데, 그는 이 기사를 거론하지 않았지만 고려 전시과를 논하면서 신라 말기까지 관료전이 존재하

여 “그 토지로부터 地代(rent)나 수입(income)을 수취할 수 있는 권리”를 지급한 것으로서, 이후 확립된 관료 토지(전시과 · 과전법)의 기원이 되었다고 보았다.[49] 넷째는, 기존에 존재한 공훈이 있는 무장이나 신하에 대한 토지의 특별 하사, 곧 봉토 · 식읍의 지속이었다.[50]

그는 이들 각 계통의 토지들이 각기 어떠한 추이를 보이면서 전개되었는가는 더 이상 언급하지 않았는데, 여기에서 주목해 둘 것은 이들 각 계통의 토지 지급의 성격 이해이다. 신라 토지제도의 국유제를 처음 논한 和田一郞은 이상의 토지 지급을 토지 자체의 지급이 아니라 정전은 耕作權의 지급으로, 정전 이외의 모든 토지는 收租權의 지급으로 파악하고, 이때 수조권의 租는 “賭租의 성질을 띤 조세”라 규정하였다.[51] 이에 반해 이훈구는 정전이나 구분전의 경우 그 지급의 의미가 어떠한 것인지 명확하지 않지만 국유제 원칙 아래 토지 자체의 지급으로 이해한 것으로 보이며, 봉토 · 식읍 계통의 특별 하사는 당연히 토지 자체의 지급으로 파악하였다. 그런데 관료전 지급에 대해서는 ‘지대나 수입을 수취할 수 있는 권리’를 지급한 것이라 하여 그 성격을 비교적 분명히 밝히고 있다. 이는 도조의 성질을 띤 和田의 수조권 개념과 유사하면서도 그 수취 권리의 본질을 지대로 규정한 점에서 그 권리를 조세로 규정한 和田의 수조권 개념과 질적 차이를 갖는 것이었다.[52] 지대 수취

였다고 한 것으로 보아(이훈구, 박사논문, 73쪽) 녹읍이 부활된 사실은 파악하고 있었던 것으로 보인다.

49) 이훈구, 박사논문, 44~45쪽. 그는 이 관료전 지급을 관료 당대에 한하는 것으로 보았다(이훈구, 박사논문, 73쪽).

50) 이훈구, 박사논문, 45쪽.

51) 和田一郞, 앞의 책, 1920, 21쪽.

52) 이와 관련하여 지적해 둘 것은 그는 ‘地代(rent)’와 ‘租稅(tax)’의 개념을 분명히 구별하여 사용하고 있다는 점이다. 그는 원리적으로 지대 수취권을 지급하는

권의 부여는 사실상의 토지 지급에 준하는 것으로서, 관료전(녹읍)에 대한 이러한 이해는 그가 이 제도를 이후 고려의 관료 토지제도로 이어진다고 파악한 점에서 그의 토지제도사론에서 중요한 의미를 지니고 있다.

이와 같이 당의 제도를 수용한 신라의 균전제 토지정책은 삼국 이래의 토지국유제 원리를 제도적으로 정착시킨 것으로 파악되었다. 특히 그는 같은 시기의 일본 역시 이러한 균전제 토지제도를 수용하는 등 당의 토지제도는 7, 8세기 동아시아 모든 국가들의 모델이었다는 점을 강조함으로써 균전제에 입각한 토지국유제의 제도적 정착을 토지제도 발전 과정의 보편적인 양상으로 규정하였다. 그리고 이러한 균전제 토지제도에 관철되고 있는 기본 원리를 ①토지는 경작자에게 주어져야 한다는 '耕者有田'의 원리, ②균등한 토지분배의 원리, ③사적 활동을 제한하는 공적 토지관리의 원리, ④모든 토지에 대한 동일 과세의 원리 등 크게 네 가지로 요약하였다.[53]이는 곧 균전제 토지정책의 '齊民' 이념으로서, 그는 이러한 균전제의 제 원리를 토지국유제 원칙에 입각한 신라 토지제도 · 조세제도의 기본 정책이념으로 간주하였다.

그리고 이러한 원리와 관련하여 균전제 실시의 의의를 크게 세 가지로 정리하였다. 첫째, 통일 이후 봉토 · 식읍제도가 계속 시행되었음에도 불구하고 이 균전제 원리는 삼국 후반 이래 성장한 사적 토지소유권의 싹을 가로막는 중요한 장애 요인이 되었다는 것이다.[54] 둘째, 그

토지 분급과 조세 수취권을 지급하는 토지 분급은 서로 구분되는 것으로 이해했다고 생각되는데, 이에 대해서는 뒤에서 총괄한다.

53) 이훈구, 박사논문, 45쪽. 그는 소련에서 시행하는 사회주의 토지제도가 여러 면에서 이 원리들을 부활시킨 것이라 하여 균전제를 국유제에 입각한 사회주의 토지제도와 상통하는 것으로 이해하였다.

54) 이훈구, 박사논문, 41쪽.

러나 균전제는 당시의 시대적 요구를 적절히 반영한 것으로서, 이를 기반으로 백성들의 부는 증대하였고 신라는 한국 역사의 "첫 황금기"를 향유할 수 있었다는 것이다.[55] 셋째, 실증적으로 확인하기 어렵지만 이를 계기로 국가의 토지 파악과 토지세 수취를 위한 제도들이 정비되기 시작하였다는 것이다. 당의 頃畝法과 함께 結負制에 입각한 量田이 시행되었고, 조세는 1負당 3升, 곧 結당 30斗가 징수된 것으로 파악하였다.[56]

3) 고려 토지제도론 – 토지분급제의 확립과 사유의 전개

이훈구가 삼국시기 이래의 토지국유제 원칙이 국가의 토지이용 정책의 정비와도 관련하여 여러 계통의 토지분급제도를 수반하면서 제도적으로 확립되는 시기로 파악한 것은 고려시기였다.[57] 그가 이 시기 토지분급제도의 근간을 이루면서 토지소유권의 사적 추이와 관련하여 고려시기 토지제도의 성격을 집약해서 반영하고 있다고 간주한 토지는 관료 토지였다. 곧, 초기 役分田을 거쳐 田柴科에 의해 제도적 확립을 보았고 전시과가 해체된 후에는 祿科田이 시행되다가 고려 멸망을 상

55) 이훈구, 박사논문, 45~46쪽.

56) 이훈구, 박사논문, 46~47쪽, 57~58쪽, 193쪽. 그의 結負制 인식은 후술한다.

57) 전술한 바와 같이 그는 고려와 조선의 토지제도를 시기별로 구분하지 않고 양 시기를 일괄하여 관료 토지, 관청 토지, 군인 토지, 왕실 토지, 사원전과 學田, 산림과 목초지 등 여섯 계통의 분급 토지에 대한 각론적 개관에 치중하였다. 이 때문에 고려 이후 토지국유제 원칙 및 사적 토지소유의 전체적 추이나 그 시기적 성격 변화에 대한 이해가 체계적이지 못하고 그 논지도 다소 혼란스럽다. 이 점을 염두에 두면서 그가 고려시기 토지국유제 원칙과 사적 토지소유의 전개에 대해 어떠한 입장을 취하고 있는가를 확인하는 정도에서 토지분급제도에 대한 그의 인식을 간략히 살펴본다.

징하는 科田法으로 귀결된 兩班田이었다. 그는 관료 토지를 기본적으로 화폐경제에 이르지 못하고 물물교환 단계에 머물고 있는 당시 경제발달 수준을 반영하여 관료에게 봉급 대신 지급한 토지제도로 이해하였다.[58]

관료 토지는 통일신라의 관료전(녹읍)을 계승하여 새롭게 개혁한 것으로, 그는 양 시기 관료 토지의 중요한 차이는 신라의 관료전이 신분에 중점을 두고 있는 데 반해 고려의 관료 토지는 신분에 관계없이 그 관직에 따라 文武官 모두에게 토지를 지급한 데 있다고 보았다.[59] 따라서 고려의 관료 토지제도는 기본적으로 통일신라의 균전제적 국유 원칙을 계승하여 크게 두 가지 원칙에 입각하여 운영된 것으로 이해하였다. 하나는, 세습을 허락하지 않고 당대에 한한다는 것과, 다른 하나는 그러한 전제 아래 사실상의 토지 지급과 다름없는 지대 수취권을 부여하는 것이었다.[60] 여기에서 그가 관료 토지의 성격을 규정하는 것으로 중시한 것은 세습을 허락하지 않는다는 전자의 원칙이었다. 그는 이 원칙을 관료 토지 외에 개인에게 지급하는 여타 토지에서도 일반적으로 적용된 원칙으로 보았는데, 軍人田이나 口分田에 대한 이해가 그 대표적인 경우였다.[61]

---

58) 이훈구, 박사논문, 73쪽, 77쪽. 그가 祿科田을 '관료 수당토지(emolumental lands)'로 英譯한 것도 이러한 인식의 반영이었다(이훈구, 박사논문, 78~79쪽).

59) 이훈구, 박사논문, 73쪽.

60) 이훈구, 박사논문, 75~80쪽, 85쪽.

61) 그는 잘 알려진 공민왕 5년의 군인전 관계 기사에 근거하여 군인전 제도가 고려 초기부터 시행된 것으로 보고 군인 1인당 17결의 토지를 지급한 것을 한 사람의 군인에게는 너무 많은 양이라고 의문을 표하면서도 이를 토지 자체의 지급으로 이해하였고, 또 구분전을 군인 가족 부양을 위한 연금 토지로 파악하면서 세습이 허락되지 않지만 토지 자체를 지급한 것으로 이해하였다(이훈구, 박사논문, 111~112쪽).

이훈구의 고려 토지분급제도 인식의 가장 큰 특징은 국유제 원칙에 입각한 관료 토지 체계 내에 사적 토지소유권이 발달할 수 있는 길이 법적 · 제도적으로 열려 있었다고 파악한 점이다. 곧, 관료 토지의 일환으로 마련된 功蔭田柴科 제도였다. 공음전시과는 태조 왕건이 고려 건국과 통일 과정에서 공을 세우거나 고려에 투항한 이들에게 하사한 功臣田 · 功勳田에서 비롯되어 확립된 토지제도인데, 왕권 확립과 충성의 대가라는 정치적 배경과 관련하여 출현한 것이기 때문에 무엇보다 세습이 인정된 토지라는 점에서 경제적 이유에서 마련되고 당대에 한한 일반 관료 토지와 질적으로 구분된다고 보았다.[62] 그는 이 세습권 인정을 "사적 토지소유의 법적 인정의 길을 연 것"으로 보았고, "많은 경우 단지 지대나 조세를 향유할 권리를 인정한 것에 불과함에도 불구하고, 상속권의 인정은 사적 토지소유권의 발달과 깊은 연관성을 갖는" 의의를 지니는 것으로 파악하였다.[63]

이러한 의미에서 그는 『高麗史』에 '私田' 계통으로 분류되어 있는 일반 관료 토지, 곧 양반전을 '公田'의 범주로 이해하고 功蔭田만이 진정한 '사전'이라고 파악하였다.

> 高麗時代에 와서는 公田과 私田이 확실히 구분되여서 잇섯는데 이 私田은 고려 太祖때부터 이러난 것으로 功臣들에게 田土를 賜與한 것으로 成宗時에 功蔭田柴科의 제도가 확립하엿고 이것은 田土의 世襲權을 준 것이기 때문에

62) 이훈구, 박사논문, 85~86쪽.

63) 이훈구, 위와 같음. 여기에서 그가 공음전시과의 지급 권리 내용을 地代와 함께 租稅를 병기하고 있는 점이 주목되는데, 이에 대한 추가 설명이 없기 때문에 단언하기는 어렵지만 후술하는 왕실 토지의 경우와 같이 공음전시과의 경우에도 조세 수취만을 인정하는 공음전 분급이 존재한 것으로 생각한 것 같다.

後日에 法網이 解弛함을 따라서 土地私有權이 확립되엿던 것이다.[64)]

그 자신은 그 계기성에 대해 언급하지 않았지만 이러한 '사전' 인식은 그가 삼국시기 이래 봉건제와 토지사유 전개의 토대로 파악한 봉토·식읍 계통의 토지 일부가 토지분급제도 체계에 편입되는 가운데 공음전시과로 이어진다고 이해했을 가능성을 엿보게 한다. 여하간 이와 같이 고려시기 사적 토지소유의 발전을 주도한 '사전'을 법적으로 인정된 '제도'로 파악한 것은 고려 토지제도 인식의 근본적인 오류 여부와 관계없이 和田一郞이 고려의 '사전'을 '공전'이 불법적으로 사전화된 것으로 파악한 것과 그 발상을 달리하는 것이었다.

한편, 공음전시과는 사적 토지소유권 발달의 기반이 되었지만 고려 토지제도가 붕괴되는 단서를 제공한 것으로도 파악되었다. 곧, 고려 후반 공음전시과를 중심으로 왕의 토지 지급이 남발되는 가운데 권세가들은 개인 토지는 물론 둔전과 왕실 토지 등을 불법적으로 점탈하여 광대한 규모의 토지를 소유함으로써 국가재정의 고갈과 토지를 둘러싼 갈등이 심화되었고, 토지국유제에 입각한 토지분급제도는 기능을 상실하게 되었다는 것이다.[65)]

이훈구가 고려 토지제도의 사적 추이와 관련하여 주목한 또 다른 토지는 왕실 토지, 특히 왕의 일족에 대한 토지 賜與였다. 고려의 왕실 토지는 주지하듯이 莊·處田, 宮院田, 食邑 등 여러 계통의 토지가 존재하여 복잡한 구성을 가지고 있는데, 그는 일괄해서 두 계통의 왕실

64) 李勳求, 『朝鮮農業論』, 266쪽. 주지하듯이 『高麗史』 食貨志에는 토지가 公田과 私田으로 구분되어 있는데, 이훈구가 말하는 '사전'은 『高麗史』의 용법과 달리 관료 토지 일반이 아니라 功蔭田만을 지칭한 것이다.

65) 이훈구, 박사논문, 86~87쪽, 113~114쪽, 135~136쪽.

토지가 시차를 두고 시행된 것으로 이해하였다. 하나는 말 그대로 토지를 지급하는 토지 사여였다. 그는 현종 20년(1029년) 태자 亨에 대한 토지 지급을 시작으로 이 토지 사여가 처음 나타난 이후 왕자·공주 등 왕족에 대한 토지 사여가 빈번히 이루어졌는데, 이 토지는 공음전시과와 같이 상속이 인정된 토지였다고 보았다.[66]

다른 하나는 12세기 왕족에 대한 직접적인 토지 사여가 불법으로 규정된 후 출현한 새로운 토지로서, 封爵과 함께 지급된 封土(fief)였다.[67] 그는 이 봉토를 기존의 토지 사여와 달리 토지를 지급한 것이 아니라 일정 수의 民戶에 대한 조세 수취권을 부여한 것으로 파악하고 그 성격을 다음과 같이 정리하였다.

> 이 봉토제도의 상세한 내용은 확실히 알 수 없지만, 중세 영국의 장원제도와 유사한 것은 아니었다. 토지 사여 하의 영주와 작인(tenant)간의 관계는 장원제도 아래 존재했던 관계와 비슷했을 것이다. 그러나 봉토제도하의 왕족들은 아마 국가가 그 民戶에게서 징수한 것과 같은 양의 조세(tax) 수취권을 받았을 것이다.[68]

곧, 토지 자체를 지급한 토지 사여 하의 왕족과 농민간의 관계는 영국 장원제도와 유사한 것인 반면, 이 새로운 유형의 봉토는 일정한 세대수로 구성된 민호에 대한 조세 수취권을 지급한 것으로서 장원제도와는 구별되는 특수한 토지분급제도라는 것이었다. 그리고 그 조세 수

---

66) 이훈구, 박사논문, 133~134쪽.

67) 곧 이는 문종대 제도가 정비되고 예종·인종대 가장 성행한 '封爵·食邑制'를 말하는 것이다(김기덕, 『高麗時代 封爵制 硏究』, 청년사, 1998).

68) 이훈구, 박사논문, 135쪽.

취의 내용은 田租에 한정된 것이 아니라 力役·貢納을 포함한 租庸調 전체를 포괄한 것으로 파악하였다.[69] 이러한 고려 '식읍제'에 대한 이해는 이미 확인한 바와 같이 그가 영국 장원제도와 유사한 것으로 간주하면서 삼국 이래 봉건제와 토지사유 전개의 토대로서 중시한 고려 이전의 식읍·봉토제도에 대한 이해와 서로 다른 것이다. 즉, 그는 고려 이전의 식읍은 토지를 대상으로 한 봉토 지급으로, 그리고 고려의 식읍은 조세를 대상으로 한 봉토 지급으로 파악하여 양자를 구별하고 있는 셈이었다.[70] 따라서 12세기 식읍이 등장하기 전에 시행된 왕족에 대한 토지 사여는 고려 이전의 식읍과 같은 계통의 토지 분급이었고, 또한 공음전시과와도 상통하는 '사전' 범주의 토지에 가까운 것이었다.

끝으로 이훈구의 고려 토지제도론의 성격을 이해하는 데 중요한 문제는 토지이용론 관점과 관련하여 특별한 의미를 지니는 結負制 量田·租稅論이다. 그는 균전제 원리에 기초한 토지국유제하에서 양전, 곧 토지조사와 이에 필요한 토지 단위·등급·분류 등 제반 기술적 원칙의 정비 문제를 국가의 토지이용과 조세 부과의 균등화, 소유관계의 법적 확인, 토지가치 결정 등을 위한 필수적인 토지정책의 일환으로 중

69) 이훈구, 박사논문, 134쪽. 租庸調 전체를 포괄한 것으로 파악한 점에서 단서가 필요하지만 특히 그가 '국가가 징수하는 것과 동일한 양'이라는 점을 摘示하면서 조세 수취권을 지급하는 토지분급제도를 상정한 것은 주목할 가치가 있다고 생각한다.

70) 그가 이 고려 식읍에 대해 '식읍'이라는 고유 명칭을 병기하지 않고 '봉토'라는 일반 용어로 일관한 것은 이러한 점을 의식해서였는지도 모르겠다. 그러나 고려 식읍에 대한 그의 이해는 타당하지만 양 시기의 식읍을 별개로 보는 인식은 잘못된 것이다. 주지하듯이 삼국시기의 식읍 역시 토지보다는 民戶 지배에 주안점을 둔 것으로서 양자는 기본적으로 연속적인 성격의 봉토이다(李景植, 「古代·中世 食邑制의 構造와 展開」, 『孫寶基博士停年紀念韓國史學論叢』, 지식산업사, 1988 ; 河炫綱, 「高麗 食邑考」, 『歷史學報』 26, 1965).

시하였다.[71] 그리고 고려시기에 국유제 원칙에 입각한 토지분급제도가 확립되었다는 것은 그 기초 과정으로서 이러한 양전정책이 제도적으로 정비되었음을 뜻한다고 파악하였다.[72] 전술한 바와 같이 그는 통일신라기 경무법과 결부제를 사용한 양전이 이루어졌다고 보았지만, 확인되는 최초의 양전은 고려 현종 3년이며 문종대에 이르러 토지 등급과 단위가 표준화되어 결부제에 입각한 양전 제도가 확립되었다고 이해하였다.[73]

양전론과 관련하여 특히 주목되는 것은 그가 한국의 독자적인 토지 단위, 양전 단위로서 結負制가 지니는 역사적 의미를 중시하고 이에 의거한 토지정책을 한국 토지제도사의 주요한 특질로 설정하고 있는 점이다.[74] 고려시기에 한정할 때 그의 결부제 인식의 요점은 크게 두 가지였다. 하나는, 결부 단위는 신라 중기 이래 사용된 토지 면적 단위로서 그것이 유일한 양전 단위로 표준화된 것은 문종 23년(1069년)이며, 그 실면적은 시기에 따라 계속 변화하였다는 것이다.[75] 다른 하나는,

---

71) 이훈구, 박사논문, 47쪽, 62쪽, 66쪽.

72) 『高麗史』 食貨志의 經理條 편성이 그러한 것과 같이 그가 고려·조선의 토지분급제도를 검토하기에 앞서 양전정책을 먼저 정리한 것은 이러한 국유제론의 발상법에 의거한 것으로, 이는 和田一郎의 경우에도 마찬가지였다.

73) 이훈구, 박사논문, 47~48쪽.

74) 이훈구, 박사논문, 47~53쪽, 58~60쪽. 예컨대 그는 일본이 한국 병합 후 "의도적으로 한국의 전통적인 측량법과 양전제도를 폐지하고 자신들의 제도를 적용하였다"(이훈구, 박사논문, 61쪽)고 주장하여 토지조사사업의 근대적 성격 여부와 관계없이 토지조사사업이 한국의 전통적 양전제도의 강제적 폐기를 수반한 침략 과정이었음을 비판하였다.

75) 이훈구, 박사논문, 58~59쪽. 그는 신라시기 結負 면적이 頃畝 면적과 일치할 것이라는 정약용의 의견을 신빙성이 없다고 보았다. 그러나 그는 문종 23년의 '1結 方33步' 기사를 인용하면서도 이에 대한 실 면적 산출을 시도하지 않았다.

결부 단위는 단순한 토지 면적 단위에 그치는 것이 아니라 과세의 균등화를 목표로 한 "과세의 기본 단위"이기도 하다는 것이다.[76] 이러한 결부제 인식은 극히 기초적인 개념 규정에 불과하고, 또한 결부 단위가 '일정한 소출'을 기준으로 한 면적 단위이자 과세 단위라는 결부제의 본질 파악과는 아직 거리가 있는 것이었다.[77] 이러한 입론 위에서 그는 고려 태조대에는 신라의 제도를 계승하여 1결당 30두를 징수하다가 성종 11년(920년), 토지의 등급과 소유 및 분류에 따라 차등이 있는 상세한 세율이 적용됨으로써 조세제도의 전반적 체계가 확립되었다고 파악하였다.[78]

4) 조선시기 토지제도론 – 관료 토지의 개혁 · 해체와 결부 양전제

조선시기 토지제도의 구성과 추이에 대해 이훈구가 주목한 논점은 크게 네 가지로 요약된다. 첫째, 조선전기 관료 토지제도의 개혁과 해체. 둘째, 사적 토지소유권의 발달. 셋째, 결부 양전제의 체계화. 넷째, 19세기 토지 · 조세문제의 심화 등이 그것이다. 전술한 바와 같이 이 시기에 대해서도 토지제도의 구성과 추이에 대한 총론적 정리가 결여되

---

76) 이훈구, 박사논문, 59쪽.

77) 그는 결부제가 소출 기준의 단위로 확정된 것은 후술하듯이 조선시기에 이르러서였다고 이해하였다. 결부제의 사적 추이와 그 성격에 대해서는 金容燮, 「結負制의 展開過程」, 『韓國中世農業史硏究』, 지식산업사, 2000 참조.

78) 이훈구, 박사논문, 193~194쪽. 그는 잘 알려진 이 성종 11년 '差等收租' 기사의 본문을 公田 租率, 細註를 私田 租率로 파악하여 고려초기 十一稅 조율보다 세액이 크게 증가하였다고 주장하면서도 이에 대해 "과세의 정밀성과 균등성이 신장되었다"고 평하고 있어 별 고민 없이 이 조율을 실제 국가 수조율로 파악하였음을 알 수 있다.

어 이와 같은 논점들이 상호 유기적 연관 속에서 체계적으로 제시되어 있지 못하지만 그것을 간략히 재정리하여 소개하되, 넷째 문제는 별도의 항목으로 검토한다.

토지국유제론을 견지한 이훈구의 토지제도사 인식의 특질이 집약적으로 드러나는 대목은 조선왕조 건국의 경제적 기반을 제공한 科田法에 대한 이해 방식에서이다. 그는 1391년 고려의 마지막 관료 토지분급제도로 제정되어 조선 초기까지 시행된 과전법을 "완전하고도 철저하게, 그리고 결정적으로 私田을 국유화한 조치"이자 "대개혁"으로 평가하였다.[79] 그 사전의 대상과 내용에 대해서는 명확한 설명이 없는데, 그는 이 조치에 의해 고려의 '사전 제도'는 실제 폐지되었다고 보았다.[80] 곧, 과전법은 고려 관료 토지와 마찬가지로 '공전 제도'였고, 그 성격을 규정하는 원리는 역시 세습을 허락하지 않는 토지 지급이었다. 그리고 이러한 원리는 과전법에 이어 분급 내용을 개정한 마지막 관료 토지제도인 職田法에서도 동일하게 관철된 것으로 파악하였다.[81]

조선의 관료 토지를 이와 같이 국유제 하의 '공전 제도'로 파악하였기 때문에 그는 과전법을 '대개혁'으로 평가하면서도 전시과와 비교되는 과전법·직전법의 특질이나 그 토지 지급의 성격을 특별히 고민하지 않는 가운데 관직에 따른 분급 토지 結數만 간략히 소개하는 데 그치고 있었다. 더욱이 과전법에 대한 『高麗史』의 기록은 실태 파악이 복잡한 전시과와 달리 토지 분급의 의미가 토지세(田租) 수취권인 '收

79) 이훈구, 박사논문, 79쪽.

80) 그는 『朝鮮農業論』에서도 이 점을 거듭 강조하였는데(주 83 참조), 고려 토지제도론으로부터 유추한다면 그가 말하는 '사전제도'는 세습이 인정된 분급 토지들이다.

81) 이훈구, 박사논문, 83~84쪽.

租權' 분급인 동시에 그 수조액은 국가의 수조액과 동일한 十一稅, 곧 1결당 쌀 30斗라는 점이 명확히 규정되어 있고, 또한 과전법에서 말하는 공·사전 개념도 이 수조권분급제도 체계 내에서의 분류라는 것이 쉽게 파악됨에도 불구하고 그는 이에 대해 천착하지 않았다.[82] 그가 16세기 직전법 폐지와 함께 관료 토지제도가 소멸되었다는 것을 강조하면서도 관료 토지제도의 해체 과정이 토지국유제 원칙이나 사적 토지소유의 전개와 어떠한 연관성을 가지고 있는가에 대해 특별히 주목하지 않은 것도 이러한 인식의 연장이었다.

그는 오히려 조선시기 사적 토지소유의 추이 역시 기본적으로 고려의 사적 토지소유의 전개와 동일한 루트를 통해 전개된 것으로 파악하였다. 그는『朝鮮農業論』에서 과전법 시행 이후 조선시기 사적 토지소유의 일반적 동향에 대해 다음과 같이 요약한 바 있다.

> 李朝 太祖는 당시에 문란된 田制를 개혁하여 私田制度를 폐지하엿으나 민간에서 土地私有에 대한 욕망은 경제생활의 발전을 따라 水의 就下함과 같이 작고작고 增長되여 드디어 妨遏치 못하고 一般人民의 土地私有를 허용치 아니치 못하엿다.[83]

82) 이 점은 그 자료의 의미가 너무 자명하기 때문에 和田一郎의 경우 잘 나타나듯이 토지국유제론을 견지하는 입장에서도 반드시 관심을 갖기 마련인데 이훈구는 이를 전혀 분석 대상으로 삼지 않았다. 더욱이 그는 지대와 조세 수취권을 구분하여 이해하였고, 또 과전법이 "조선초기 토지세 제도의 기반이 되었다"(이훈구, 박사논문, 195쪽)고 규정하면서도 과전이 私有地를 대상으로 한 수조권 분급이라는 사실을 인식하지 못했다. 여기에 국유제론에 입각한 그의 토지제도사론의 한계가 집중 반영되어 있는바, 이 점 역시 뒤에서 총괄할 생각이다.

83) 李勳求,『朝鮮農業論』, 266쪽.

그는 이 사유화의 기본 추세를 고려의 경우와 마찬가지로 공신전과 賜田 등 왕의 특별 토지 하사를 통해 이루어졌다고 파악하였다. 그는 공신전을 "고려시대의 功蔭田柴科와 본질적으로 동일한 것"으로 규정하고, 그 동질성을 역시 토지의 세습을 인정한 점에서 찾았다.[84] 이와 함께 왕의 특별 하사 토지인 사전이 또한 사적 토지소유 전개에 주요한 위치를 점한 것으로 보았다. 사전 역시 4대까지 세습이 인정되어 많은 경우 이를 이용한 불법적인 과정을 통해 완전한 사유지가 되었다는 것이다. 특히 공신전과 사전을 받은 이들은 대부분 과전을 받는 관료층이었기 때문에 이미 조선전기부터 대토지를 소유한 관료들이 증가하였다고 하였다.[85] 곧 인용문에서의 토지사유에 대한 '욕망'의 주체, 일반 인민의 실체는 곧 관료·양반층이었다. 이와 같은 사적 토지소유 전개에 대한 이해 방식은 조선시기에 이르러서도 모든 토지는 왕의 토지라는 '왕토사상'이 토지소유관계에 여전히 작동하고 있다는 이해를 전제로 한 것이었다.[86]

과전법 시행과 관련하여, 그리고 조선전기 토지제도 운영에서 이훈구가 중시한 것은 국가의 토지이용 정책의 정비, 곧 結負 量田制度의 체계화였다. 그는 고려후기 토지제도의 문란과 함께 고려 문종대에 정비된 결부제 양전법 역시 제대로 운영되지 못했기 때문에 과전법 시행 이후 국가의 토지이용과 과세의 균등화를 위한 양전제 개혁이 요구되었다고 보았다. 그 개혁은 세종대에 이루어졌는데, 그는 그 개혁의 핵

84) 이훈구, 박사논문, 88쪽.

85) 이훈구, 박사논문, 89~90쪽. 그가 이와 같이 조선시기 토지사유 전개의 주요 계기를 功臣田·賜田으로 파악한 점은 和田一郎과 차이가 없다. 다만 관료 토지(과전·직전)를 公田으로 이해한 점에서 이를 私田으로 간주한 和田과 견해를 달리하였다.

86) 李勳求, 『朝鮮農業論』, 266쪽.

심 내용을 토지 단위로서 결부만을 사용할 것을 재확인한 것, 토지의 등급에 따라 다른 尺을 사용하는 '隨等異尺制'에 입각한 田分六等法과 작황을 고려한 年分九等法의 실시로 정리하였다.[87)]

그는 이 '수등이척제'에 의한 결부 양전제의 본질을 "이론상 모든 등급의 토지 1결은 같은 환경 하에 동일한 소출을 내는 것"이라고 파악함으로써 이 단계에서 결부 단위는 '일정한 소출'을 기준으로 하는 면적 단위이자 과세 단위가 되었다고 보았다.[88)] 이러한 결부 양전제와 과세 방법에 의해 이 시기 토지세, 곧 전세는 논 1결에 쌀 20두에서 4두까지 차등 수조되었다. 그는 이 조세정책을 균등 과세의 원칙, 지불 능력의 원칙, 十一租의 원칙 등 크게 세 가지 齊民的 정책 이념을 반영한 것으로서, 그 내용이 복잡하여 실행 가능성에 대한 의문이 제기될 수 있지만 전체적으로 조세제도의 기술적 발달을 반영한 것으로 평가하였다.[89)] 한편 이 세종대의 '수등이척제' 양전법은 주지하듯이 조선전기 어느 시기엔가 '單一量尺制'로 바뀌었는데,[90)] 그는 그 개정이 인조 12년(1634년) 삼남지방에 대한 양전 시행과 함께 이루어진 것으로 파악하였다.[91)]

---

87) 이훈구, 박사논문, 48~50쪽, 59쪽, 196~198쪽.

88) 이훈구, 박사논문, 197쪽. 따라서 1결의 실제 면적은 토지 등급에 따라 많은 차이가 나게 되어 있었고, 이에 그 보완으로서 일종의 절대면적 단위인 斗落制와 日耕制가 병용되어 결부제와 함께 한국의 전통적인 측량 단위로 사용되었다고 하였다(이훈구, 박사논문, 60~61쪽).

89) 이훈구, 박사논문, 198쪽. 특히 여기에서 주목되는 것은 십일조의 원칙인데, 곧 그는 1등급 토지 1결 上上年 전세액이 쌀 20두라는 것은 그 1등급 토지 1결의 실제 소출량이 200두임을 전제로 한다는 것을 명확히 하였다.

90) 이 사정에 대해서는 이영훈, 「『田制詳定所遵守條劃』의 制定年度」, 『古文書硏究』 9·10, 1996 ; 金容燮, 『韓國中世農業史硏究』, 知識産業社, 2000, 252~254쪽 참조.

91) 이훈구, 박사논문, 51쪽. 또한 효종대에 양전 제도에 대한 상세한 법규들이 제정

5) 19세기 토지·조세문제의 심화와 일제의 토지 점탈

이훈구의 한국 토지제도사론의 최종 논점은 19세기 토지·조세문제의 심화와 그 귀결로서의 일제의 한국 강점과 토지 점탈이었다. 그는 한국의 토지제도는 양란기의 혼란을 거치면서 법적·제도적 조정을 이룬 후 18세기 영·정조 시기에는 비교적 원활하게 운영되었다고 보았다. 그러나 18세기 말 이후 19세기에 이르러 한국의 토지제도는 조세제도의 부패와 함께 "큰 혼란"을 맞이하였고, "토지소유권에 대한 국왕의 기반" 곧 왕토사상에 입각한 토지국유의 원리는 현저히 위협을 받게 되었다고 주장하였다.[92] 그는 19세기에 이와 같이 토지제도·조세제도가 혼란에 빠지게 된 기본 배경을 국가의 토지·조세정책의 문란과 이와 인과관계에 있는 관료층·중간층(胥吏·導掌 등)의 토지약탈·농민수탈에서 구하였다. 이 가운데 그가 특히 중시한 문제는 量田과 屯田·宮房田 문제였다.

양전은 토지제도·조세제도 운영의 기반이 되는 정책인데, 곧 18세기 전반 이후 오랫동안 양전이 시행되지 않는 가운데 19세기에 접어들어 국가의 토지파악과 통제력이 상실되고 관료와 서리층의 토지약탈과 농민수탈이 증가함으로써 토지소유와 보유를 둘러싼 분쟁이 급증하고 농민·평민들의 불만이 견딜 수 없는 상태가 되었다는 것이다. 여기에 또한 隱結을 비롯하여 이 시기 조세제도의 특성을 이용한 지방관들의 중간수탈이 급증하여 국가재정의 고갈은 물론 농민층의 불만이 고조되었다고 지적하였다.[93] 특히 그는 당시 이러한 양상에 대해 사려깊은

되어 『續大典』에 수록됨으로써 조선후기 양전과 조세정책의 기본 법규로 적용되었음을 소개하고 있다(이훈구, 박사논문, 51~54쪽, 199~200쪽).

92) 이훈구, 박사논문, 54쪽.

다수의 학자들이 양전과 토지제도의 개혁을 주장했지만 정부는 그러한 요구에 귀를 기울이지 않았음을 강조하였다.[94]

토지정책의 또 다른 차원의 문제로서 이러한 폐단을 심화시킨 것은 국가의 둔전과 궁방전 정책이었다. 둔전은 고려 이래로 그 역사가 오래된 것인데, 특히 그가 문제로 삼은 것은 양란 이후 국방상의 문제와 관련하여 남설되기 시작한 營門屯田의 폐단이었다. 영문둔전에는 영문이 직접 소유한 둔전과 개인 사유지에 대해 수조권을 분급한 수조지로서의 둔전 두 계통이 있어 소유지의 경우에는 소작농민인 屯民에 대해 지대를 수취하였고, 수조지의 경우에는 조세를 수취하였다. 토지관리와 지대·조세 징수를 위해 관리인·導掌이 임명되었고, 그 지대와 조세액은 법률로 정해져 있었다.[95] 문제는 어느 경우를 막론하고 둔전 설치 과정에서 농민 사유지에 대한 침탈이 빈번하고 관료나 도장의 중간 수탈이 심하여 농민의 불만을 증대시켰고, 특히 '投託' 둔전의 경우 영문과 실제 지주 사이의 소유권 분쟁이 빈발하였으며, 또 둔전 남설에 따른 면세지 증가는 국가재정 고갈의 원인이 되었다는 것이었다.[96]

---

93) 이훈구, 박사논문, 54쪽, 201쪽, 207~209쪽, 215쪽. 그는 이러한 田政 운영의 문란상과 수탈상을 잘 알려진 丁若鏞의 『牧民心書』 관계 기사를 통해 집중 부각시켰다.

94) 이훈구, 박사논문, 54~55쪽.

95) 이훈구는 법전상의 둔전 규정에 의거하여 이러한 둔전의 운영 원칙과 함께 각 영문·아문 소속 둔전에 대해 소상히 소개하고 있다(이훈구, 박사논문, 117~129쪽).

96) 이훈구, 박사논문, 118~119쪽, 130~131쪽. 그는 영문의 둔전 설치 경로를 국가의 토지 지급, 영문의 토지 구입, 개인 소유지의 투탁, 관둔전의 移轉, 수조지의 절수 등 크게 다섯 가지로 구분하였다. 이 중 투탁 둔전은 개인이 조세를 피하기 위해 불법적으로 명목상의 소유권을 영문에 위탁하는 것인데, 시간이 지남에 따라 영문이 소유권을 주장하게 되면서 소유권 분쟁이 빈발하였다.

궁방전은 임란 이후 왕족에 대한 토지 하사가 시작되면서 발생하였다. 궁방전 역시 면세 특권과 함께 소유권을 부여한 有土宮房田과 수조권만을 지급한 無土宮房田으로 분류되는데, 이훈구는 궁방전 지급이 증가하고 그 규모가 커지면서 이미 17세기에 농민에 대한 궁방의 토지 침탈과 국가재정의 고갈 등 그 폐단이 심화되었다고 지적하였다.[97] 이에 18세기에 이르러 정부가 궁방전의 지대액이나 수조액을 법제화하고 궁방의 농민 침탈에 대한 금지 규정을 강화함으로써 분쟁이 없어졌는데,[98] 19세기에 접어들어 폐단이 다시 급증함으로써 궁방전은 토지제도 문란의 주요한 배경이 되었다고 강조하였다. 즉, 둔전과 마찬가지로 궁방의 농민토지·사유지 침탈, 중간관리인인 도장의 농민 수탈, 궁방에 투탁한 개인 사유지의 소유권을 둘러싼 분쟁, 궁방전과 사유지 사이의 토지 경계 불분명에 따른 소유권 분쟁, 무토궁방전 수조에 대한 관리와 서리들의 중간 수탈 등에 의해 농민층의 불만과 국가재정 악화가 심화되었다는 것이다.[99]

요컨대 19세기 토지·조세문제의 요점은 국가 토지정책의 파탄과 둔전·궁방전의 폐단을 주요 배경으로 한 왕실·관료·중간층의 농민에 대한 토지 약탈, 소유권 분쟁의 심화, 지대와 조세 등 농민 수탈의 증가 등에 있었다. 이훈구가 이와 같이 19세기 토지·조세문제 심화의 주요

---

97) 이훈구, 박사논문, 137~141쪽. 그는 유토궁방전이 陳田 개간지의 하사, 몰수 토지 하사, 국유지의 이전, 개인 사유지의 구입, 법적 상속인이 청구하지 않은 토지의 양도 등을 통해 증가하였는데 폐단이 심해지자 인조대에 궁방이 개인 사유지를 구입하는 것을 금지하였다고 이해하였다.

98) 곧 『續大典』과 『大典通編』의 궁방전 규정이다.

99) 이훈구, 박사논문, 143~144쪽, 146~147쪽. 특히 그는 궁방전의 관리인인 도장이 궁방으로부터 보수를 받지 않았기 때문에 소작인 착취와 농민 토지 약탈에 앞장섰다고 강조하였다.

배경으로서 특히 국가 토지정책의 파탄과 둔전·궁방전의 폐단을 중시한 것은 크게 두 가지 문제의식에서였다.

하나는 그로 인한 토지 약탈과 수탈 증대가 1894년 발발한 농민층의 “대반란”, “동학란”의 직접적인 배경이 되었다는 점에서였다.[100] 이미 조선후기 이래 여러 학자들이 토지개혁을 요구하였음에도 불구하고 이를 외면한 국가 토지정책의 결과가 대규모 농민항쟁으로 귀결되었다는 인식은 그가 토지·농업문제에 어떠한 생각을 가지고 접근하고 있는가를 잘 엿보게 한다. 곧, 이러한 인식은 소농주의 입장에서 지주제를 해체하고 자영농 중심의 농업 발전을 추구하는 동시에 그 동력을 기본적으로 국가의 정책과 제도개혁에서 구하는 그의 농업개혁·농업경제사상의 특질을 반영한 것이었다.[101]

다른 하나는 그것이 일제의 식민지 강점과 병행된 토지정책으로 연결되고 또 토지약탈의 주 대상이 되었다는 점에서였다. 그는 1894년 농민항쟁을 계기로 조선 정부·대한제국 정부는 일련의 토지·조세개혁 정책을 추진하였지만 성과를 거두지 못하였고, 이는 1905년 일제의 “강제 보호국화” 이후 “식민지화 작업”으로 연결되었다고 파악하였다.[102] 곧, 한편으로 토지조사사업과 지세제도의 개정, 다른 한편으로 동양척식주식회사의 설립이 그것이었다. 그는 토지조사사업에 의해 근대적 토지제도와 지세제도가 확립되었지만 이에 의해 “모든 조세 부담자가 그 지불 능력의 한계를 넘는 과도한 양”의 조세를 강요당하게 되었다고 강조하였다.[103] 또한 동양척식주식회사는 둔전·궁방전을 국유

100) 이훈구, 박사논문, 131쪽, 147쪽, 209쪽, 215쪽.

101) 방기중, 앞의 「일제하 李勳求의 農業論과 經濟自立思想」, 1996 참조.

102) 이훈구, 박사논문, 131쪽, 147쪽.

103) 이훈구, 박사논문, 216쪽. 그는 1911년 6,240,000円이었던 총독부 토지세 수입

지로 탈점하고 농업식민화를 추진하기 위해 설립한 식민지 토지회사로서, 이 회사에 의해 한국 농민의 토지는 일본인 농업이민자들의 차지가 되었다고 비판하였다.104)

4. 토지제도사론의 사학사적 의의와 한계

이상 이훈구는 삼국시기 土地國有制 원칙에 입각한 토지제도가 성립한 이후 한국의 토지제도는 내적으로 여러 단계의 변화를 거치면서 발전하였고, 토지제도의 근대적 전환은 일제의 식민지화 작업인 토지조사사업을 통해 이루어졌다고 파악하였다. 그 자신은 이러한 단계적 변화를 논리화하여 제시하지 않았지만 그것을 요약하면, ①삼국시기 이전 土地共有制 단계, ②삼국시기 봉건제를 수반한 토지국유제의 성립과 사적 토지소유 형성의 맹아 단계, ③통일신라시기 균전제 실시에 입각한 토지국유제의 정착 단계, ④고려시기 토지분급제도의 체계화에 의한 토지국유제의 확립과 사적 토지소유의 발전 단계, ⑤조선전기 과전법에 의한 토지국유제의 재편 · 강화 단계, ⑥조선후기 · 한말 토지국유제의 형식화와 사적 토지소유의 일반화 단계, ⑦일제 토지조사사업

이 1919년에는 2배에 달하는 11,120,000円, 1922년에는 14,770,000円으로 급증하였고, 또한 1924년에는 지세율이 일본에서는 1000분의 13에서 1000분의 10으로 줄어든 것과는 대조적으로 조선에서는 오히려 1000분의 17로 크게 증가하였다고 비판하면서 근대적인 일제 토지 · 지세제도의 수탈성을 강조하였다.

104) 이훈구, 박사논문, 132쪽, 147쪽. '東拓'에 대한 다음과 같은 그의 인식이 이러한 비판의식을 집약해서 보여준다. "동양척식회사는 한국인 소작농민과 농장을 일본인 이민자들이 차지하도록 몰아붙인 半官的 식민지 회사이기 때문에 그 존재는 한국인에게는 더욱 분통터질 뿐 아니라 죽느냐 사느냐의 문제이다."

에 의한 토지국유제의 해체와 근대 자본주의적 토지제도의 확립 등 크게 일곱 단계로 구분되는 것이었다.

한국인에 의한 최초의 통사적 토지제도사 연구로서 이훈구의 이러한 입론과 체계는 일제의 식민지 침략 논리를 대변한 일본인 학자·관리들에 의해 한국 토지제도사 연구가 독점되고 있었던 1920년대 당시의 연구 상황을 생각할 때 여러 측면에서 음미할만한 사학사적 의의를 지니고 있었다. 우선 지적·사상적 입장과 긴밀한 연관성을 갖는 일반 연구방법론의 차원에서 볼 때 역사학파·제도학파 경제학 방법론에 입각하고 있는 그의 연구는 넓은 의미에서 한국 역사학파 경제사학의 '개척'이라는 사학사적 의의를 지니는 것이었다. 백남운 이래 당시 한국인의 사회경제사 연구가 대부분 맑스주의 계열의 학자들에 의해 진행되었다는 점과 관련하여 그간 역사학파 입장의 경제사 연구는 딱히 그 실체를 파악하기 어려웠는데, 곧 이훈구의 연구는 체계를 갖춘 일제하 역사학파 경제사 연구의 실체를 확인해 주는 최초의 사례가 될 것이다. 그리고 역사학파·제도학파의 학문적 입장이 자유방임주의를 주장하는 고전파 경제학에 반대하면서 국민경제·계급문제에 대한 국가의 적극적 개입과 정책적 해결을 중시하여 상대적으로 진보적 입장을 취하면서도 기본적으로 자본주의체제를 옹호하는 가운데 맑스주의 학풍과 사상적으로 대척적 관계에 있었다는 점에서, 그의 연구는 또한 이 시기 민족·자본주의 입장의 경제사 인식의 한 전형을 보여주는 것이었다.

그러나 이훈구의 토지제도사 연구의 사학사적 의의는 이러한 연구방법론 차원에 국한되는 것이 아니었다. 전술한 바와 같이 福田德三 이래 '한국사회정체론'과 '식민지근대화론'을 유포시키며 일제의 조선 강점을 합리화하는 데 앞장선 일본인의 식민주의 사회경제사·토지제도사 연구 역시 역사학파 경제학에 뿌리를 두고 있었다. 그러나 이와 같이 학문관과 연구방법론의 일정한 동질성에도 불구하고 그의 토지제도사 입론과 인식체계는 이들의 특수적·정체적 인식을 거부하고 궁극적으로 '식민지근대화론'의 수탈적 본질을 폭로하고자 하는 反植民主義 입장을 취하였다. 요컨대 그의 연구가 지니는 보다 본질적인 사학사적 의의는 그것이 반식민주의 입장의 역사학과 경제사학의 개척이라는 점에 있었다.

반식민주의 인식의 출발점은 토지국유제의 성립과 봉건제의 보편적 전개, 사적 토지소유의 맹아 등을 전면 제론한 삼국 토지제도사론이었다. 그의 토지제도사 인식에서 가장 창의적인 성격을 지니고 있는 이 입론은 이론적 불명확성과 논리적 일관성의 취약함을 가지고 있었지만 福田德三의 토지공유제론·봉건제결여론이나 和田一郎의 삼국 토지공유제론을 정면으로 부정한 최초의 것이었다. 특히 삼국 토지공유제론은 한국사의 정체적 본질을 논증하기 위한 식민주의 사회경제사 인식의 기본 입론으로서, 봉건제결여론이나 사적 토지소유 결여론도 모두 이로부터 도출된 것이었다. 그러나 그는 이미 삼국시기에 전제왕권에 입각한 토지국유제 원칙과 '王土 = 公田思想'의 이데올로기가 성립하는 가운데 이와 동시에 영국 초기 장원제도와 동질적인 봉건제가 보편화되고 그 연장에서 삼국 후반기 신분을 불문한 귀족과 평민들의 토지 사유화가 전개되기 시작하였다고 주장함으로써 한국 토지제도 발전사의 세계사적 보편성을 드러내고자 하였다.

한국 토지제도사의 보편적 성격을 부각시키고자 하는 이러한 문제의식은 토지국유제의 역사적 전개에서도 잘 드러나고 있었다. 均田制論과 '私田制度'論이 그것이었다. 그가 토지국유제 원칙이 정착되는 계기를 통일신라기 당 균전제의 수용에서 구한 점은 和田一郎의 국유제 성립론과 서로 상통하는 것이었지만, 균전제에 접근하는 관점은 질적으로 구분되고 있었다. 그는 균전제 토지제도의 성립을 이 시기 동아시아 세계의 보편적 현상으로 파악하였을 뿐만 아니라 균전제 시행에 의한 국유제의 정착이 사적 토지소유 전개에 주요한 장애 요인이 되었다는 것을 인정하면서도, 그것을 사회발전의 정체성을 초래한 부정적인 요소가 아니라 오히려 당시 사회적 요구에 부합하는 국가의 토지정책으로 파악하고 이에 기초하여 통일신라는 '황금기'를 향유할 수 있었다고 주장하였다. 이러한 균전제 인식은 토지국유제를 지탱하는 균전제적 국가 토지정책의 제 원리, 곧 '경자유전'의 원리, 균등 토지분배의 원리, 공적 토지관리의 원리, 동일 과세의 원리 등을 '齊民的' 토지정책의 모델로서 긍정적으로 파악하고자 하는 그의 토지개혁관·토지정책론이 투영된 것이기도 하였다.[105]

또한 고려시기 이래 국유제하의 사적 토지소유의 전개를 토지분급제도 체계 내에 제도적으로 세습이 인정된 '사전 제도'에 의해 합법적으로 전개되었다고 파악함으로써 사적 토지소유의 전개 자체를 제도의 문란상으로 간주한 和田一郎의 국유제론과 인식의 틀을 달리하였다. 和田 견해는 일제의 광범한 국유지 점탈을 합리화하기 위한 논리로서 원천적으로 사적 토지소유 발전의 보편적 역사성을 염두에 둔 것이 아니었다. 반면 이훈구는 사적 토지소유의 전개를 경제 발전에 따라 당연히 수반되는 보편적 역사 과정으로 간주하였고 그것은 정책적·제도적 계기를 통해서 이루어진다고 보았다.[106] 물론 그도 왕조 교체 단계에

105) 곧 이러한 균전제 인식은 조선후기 실학파의 토지개혁론에 대한 긍정적 인식과 마찬가지로 일제하 그의 토지개혁·농업개혁 사상의 투영이었다.

106) 주 24의 의미가 곧 이를 말한다. 바로 이러한 이유에서 그는 토지국유제 원칙의 관철 양식을 "형식상"의 문제로 파악하고 그 이면의 현실과 구별하고 있었다(李勳求, 앞의 「小作問題의 經濟學的 一考察(8)」; 李勳求, 『朝鮮農業論』, 266쪽).

서 나타나는 토지제도 혼란상의 주요 배경을 왕족 · 귀족 · 관료들의 불법적 토지 점탈과 관련하여 이해하였다. 그러나 기본적으로 이 양상의 본질은 국가 토지정책과 제도운영의 파탄이라는 정책 · 제도의 문제로 파악되었다. 따라서 그 혼란상은 사적 토지소유 전개의 결과로 나타나는 모순과 갈등의 표현으로서, 이는 토지정책과 제도개혁으로 해결되어야 하는 문제였다. 여기에 그가 견지한 제도학파 토지이용론 관점의 특질이 잘 드러나고 있었다.

반식민주의 입장과 결부된 이러한 관점의 토지제도사 인식을 가장 명료히 보여주는 것이 19세기 토지문제 인식과 일제 토지정책 비판이었다. 그는 19세기 한국 토지제도의 양상을 국가기관 · 왕족 · 관료 · 중간층들의 토지 · 조세 수탈이 만연한 극도의 혼란상으로 파악하였고, 이에 대한 농민층의 불만이 결국 대규모 농민항쟁을 야기하였음을 강조하였다. 그런데 한국에 "근대자본주의적 토지제도"가 확립된 것은 토지조사사업 종료와 함께였지만 그 이전에도 "완전히 土地私有權이 발달 안 된 것은 아니"라고 지적하고 있듯이,[107] 그는 이러한 혼란상의 기저에 국유제 원칙을 근본적으로 위협하는 사적 토지소유의 일반화가 존재한다는 것을 명확히 인식하고 있었다. 그러나 그에게 문제는 사적 토지소유의 보편적 전개에 있는 것이 아니라 그 불법적 · 수탈적 토지 사유화 과정을 가능하게 하는 정책과 제도의 파탄에 있었다.[108] 이것

---

107) 李勳求, 『朝鮮農業論』, 266쪽.

108) 전술한바 그는 사적 토지소유의 발전을 근대 자본주의로 나아가는 보편적 과정으로 파악하였고 원론적으로는 자기 노동을 자본화하여 형성된 근대적 지주의 사적 토지소유는 정당한 것이라 하여 자본주의 사적 소유를 옹호하였다. 그런데 이 시기 토지 사유화는 자기 노동의 전화물이 아니라 기본적으로 특권적 지위와 권세를 이용한 '봉건주의' 시기의 불법적 토지축적으로서, 그는 이것을 일제하 한국인 지주, 특히 도시 부재지주의 역사적 연원으로 파악하고

이 그가 이 시기 토지정책 · 토지개혁 문제를 가장 중요한 시대적 과제로 간주한 인식 배경이었고, 이 연장에서 광범한 국유지 약탈을 수반한 일제의 식민지 토지 · 농업정책이 추진될 수 있었다고 파악한 것이다.

이훈구의 한국토지제도사론에 나타나는 반식민주의 토지제도사 인식의 주요 논점은 대체로 이와 같은 것이었다. 이렇게 보면 그의 토지제도사론은 4년 후 백남운이 『朝鮮社會經濟史』에서 정리한 반식민주의 경제사론과 상호 유사한 비판의식의 공감대를 가지고 있음을 확인하게 된다. 그것은 무엇보다 봉건제결여와 사적 토지소유의 미발달을 이론화하고 토지조사사업의 침략성을 합리화하는 데 주요 논거가 된 일본인의 삼국 토지공유제론에 대한 백남운의 다음과 같은 비판에 집약적으로 표명되어 있다.

> 고구려의 원칙적인 土地公有制度를 이해하지 못한 어느 일본학자는 고구려의 토지제도에 대해 「共産主義가 동반되었던 시대」라든가 … 하는 따위의 대단히 일시적인 생각을 마음대로 떠들고 있다. … 가장 심한 도그마의 표본은 韓日倂合 후 토지조사에 의해 종래의 共有에 관한 분쟁이 일소되고 土地私有制가 확립됨으로써 半島 인민의 행복이 증진될 수 있었다고 떠들어대고 있는 것이다. … 이런 거짓말의 장본인인 和田一郞박사를 비롯해서 淺見倫太郞박사, 기타 '半可通'의 學者들은 조선 토지제도가 아시아적 封建制에 속한 사실을 전혀 이해하지 못하였기 때문에 헛되이 「共有制」라는 역사적 용어를 飜弄하여 「土地調查」의 사유제도로서의 공적을 이론화하였지만, 토지조사는 帝國主義에 의한 생산 영역의 분할에 지나지 않는 것이다. 즉 봉건적 사유제의 자본주의제로의 개편에 지나지 않는 그 본질적 관계를

있었다(李勳求, 『朝鮮農業論』, 311쪽, 323쪽).

은폐하는 것을 임무로 삼는 일본 부르주아 학자는 이 신형 사유제의 기초를 세우는 어용학의 훈련은 풍부하지만, 고구려 토지제도의 본질에 대해서는 전혀 무지한 것이다.[109]

이러한 비판의식에 입각하여 백남운 역시 중앙집권제의 물질적 기초로서 삼국 토지국유제론을 제창하고 食邑制·賜田制 등 토지국유제하에서 파생된 토지사유제의 합법적 전개가 통일신라기에 이르러 봉건적 私領으로 발전하였다고 정리하였다.[110] 물론 두 사람이 견지한 연구방법론과 이론체계가 본질적으로 다르고, 분석 대상과 스케일도 큰 차이가 있기 때문에 이 비판의식의 공감대와 토지국유제론의 유사성을 확대 해석할 필요는 없을 것이다. 더욱이 백남운은 토지국유제에 기초한 삼국시기의 사회구성을 노예제사회로 규정하였고 이훈구와 달리 통일신라 균전제 시행에 부정적 입장을 취하고 있을 뿐 아니라 관련 자료의 구체적인 사실 인식이나 해석에 있어서도 많은 차이를 보이고 있다. 또 19세기 토지·조세문제에 대해서도 백남운은 정책과 제도의 파탄이라는 관점에서 접근하는 이훈구와 달리 그것을 자본주의 맹아의 발생과 내재적 근대화 과정을 수반한 봉건체제 해체기의 사회모순으로 파악하는 등 두 사람의 역사인식은 근본적으로 그 방법과 체계를 달리하였다.

그럼에도 불구하고 이러한 비판의식의 공감대와 토지국유제 발상의 유사성은 1920년대 전인미답의 학문적 여건에서 일본인의 식민주의 사회경제사·토지제도사 인식을 근원적으로 비판·극복하고자 할 때 그 비판·극복의 기본 방향이 어디에 있는가 하는 것을 잘 반영해주고 있다. 이러한 점에서, 그리고 두 사람이 수원농림학교 선후배 사이이며

109) 白南雲, 『朝鮮社會經濟史』, 213~214쪽.

110) 白南雲, 『朝鮮社會經濟史』, 340~342쪽, 431쪽.

東京에서 유학 시기를 같이 보내며 교류했다고 하는 사실과도 관련하여, 이들이 이러한 비판의식의 공감대와 발상의 유사성을 보이는 것은 결코 우연이 아니었다고 생각된다.[111] 이훈구의 연구가 당시 학계에 어떠한 지적 충격도 주지 못했다는 근원적인 제약성을 안고 있음에도 불구하고 그의 연구에 대한 이와 같은 사학사적 의미 부여는 곧, 1920년대 한국인에 의한 반식민주의 경제사학의 개척이 백남운과 이훈구, 상호 사상적 입장을 달리하는 두 계통의 인물에 의해 동시에 진행되었다는 사실을 새롭게 확인해 주는 것이다.

그러나 이상과 같은 사학사적 의미 부여에도 불구하고 이훈구의 토지제도사론은 여러 면에서 간과할 수 없는 이론적 · 실증적 한계를 보이고 있다. 더욱이 현 단계 한국사학계의 토지제도사 연구 성과와 이론적 수준으로 평가한다면,[112] 일일이 매거하기 어려울 만큼 여러 사실

---

111) 이훈구는 백남운(1894년생)과 연령상으로는 두 살 차이, 수원농림학교(1917년 입학)는 5년 후배이다. 그러나 백남운의 東京 유학이 늦어 이훈구(東京帝大 재학 ; 1921.4~1924.3)와 백남운(東京商大 재학 ; 1919.4~1925.3)은 유학생활을 같이 보냈다. 그런데 백남운은 당시 수원농림학교 후배들과 종종 모임을 갖고 학문적 관심사나 현실문제에 대해 대화를 나누었다고 하는데, 이훈구 역시 그러한 후배 중의 한 사람이었을 것이다. 두 사람 모두 전형적인 전통 儒者(朱子學者)의 자제로서, 특히 백남운은 대학 예과 시절 '조선경제철학사'와 '조선경제학사' 연구에 뜻을 둔 바 있었고 본과에 진학한 1922년부터 이미 『朝鮮社會經濟史』를 起稿하기 시작하였는데, 이 점은 농림학교 입학 전까지 서당 교육을 받은 이훈구가 조선 儒者들의 경제론에 대해 상당히 해박한 지식을 가지고 있었고 또한 조선 토지 · 소작문제를 자신의 연구 영역으로 삼고 있었다는 점과 관련하여 주목할 필요가 있을 것이다(방기중, 앞의 책, 1992 ; 방기중, 앞의 글, 1996 참조). 요컨대 대학시절 두 사람은 연구대상을 달리 설정하면서도 본질적으로 같은 영역의 관심사를 가지고, 그리고 각기 맑스주의와 역사학파라는 상이한 학풍의 길을 걸으면서 서로 교류하였던 것으로 보인다.

112) 최근까지의 토지제도사 연구 성과에 대해서는 金容燮, 「前近代의 土地制度」,

인식의 오류와 해석상의 문제가 존재한다. 그런데 이러한 오류와 한계의 상당 부분은 기본적으로 그가 토지국유제 입장을 취한 데에 연유한다. 국유제 원칙은 그의 토지제도사론의 전 체계를 관통하는 기본 입론이기 때문에 사실 이는 그의 입론 전체의 타당성 여부를 규정하는 문제라고도 할 수 있는데, 특히 이와 관련하여 가장 문제가 되는 것은 상호 긴밀한 연관관계에 있는 다음 세 가지 측면이다.

첫째는, '收租權分給制度'인 토지분급제도에 대한 오해이다. 그는 통일신라시기 이래 국가에서 마련한 토지분급제도를 모두 토지 자체의 지급이나 이에 준하는 지대 수취권의 부여로 파악하였다. 그는 이러한 해석을 당연한 것으로 받아들였고, 오히려 그 지대 수취권의 세습 여부에 대해 더 많은 관심을 부여하였다. 그가 이해한 지대 수취권으로서의 토지 분급은 和田一郎이 말하는 '賭租의 성격을 띠는 수조권'과 의미가 다른 것이었다. 고려시기 식읍에 대한 이해나 특히 조선후기 둔전과 궁방전에 대한 인식에 잘 나타나 있듯이 그는 지대 수취권과 구별되는 개인 사유지에 대한 조세·田租 수취권을 지급하는 수조권 분급이 존재한다는 것을 명확히 파악하고 있었다. 그럴 때 그는 이 수조권이 국가가 수취하는 수조액과 동일한 것으로 파악하였고, 따라서 '지대에 해당하는 수조권' 개념은 상정하지 않았던 것으로 보인다. 이미 언급한 바와 같이 그는 통일신라 이래 '齊民' 이념을 추구하는 '모든 토지에 대한 동일과세' 정책이 토지·조세정책의 기본 방향이었다고 확신하였기 때문이다.[113] 그러나 그의 확고한 국유제 입장은 국가 수조액과 동일

『韓國學入門』, 學術院, 1983 ; 姜晋哲, 앞의 책, 제2편, 1992 ; 한국역사연구회, 『한국역사입문 ①·②·③』, 풀빛, 1996 등의 연구사 정리가 참조된다.

113) 필자는 바로 이 점에서 그가 토지국유제론을 돌파할 수 있는 주요한 단서를 찾았다고 생각한다. 그럼에도 불구하고 수조권분급제도의 본질을 인식할 수

한 이러한 수조권 개념을 토지분급제도와 연관지어 인식하지 못하게 하였다.

둘째는, 통일신라시기 均田制 토지정책에 대한 과대 해석이다. 그에게 균전제의 시행은 토지국유제 원칙의 제도적 정착을 의미하는 것이기 때문에 그의 토지제도사론에서 중요한 위치를 점하고 있다. 물론 이 시기 균전제 시행에 대해서는 현재 학계에서는 부정적인 입장이 일반화되어 있기는 하지만 이를 인정하는 견해도 여전히 존재하기 때문에 균전제 시행론 자체는 오류의 문제가 아니라 학설상의 견해 차이의 문제이다.[114] 문제는 그가 이 균전제 시행의 의미를 지나치게 확대하여 그 자신이 창의적으로 주장한 삼국시기의 봉건제 형성과 사적 토지소유의 맹아적 전개의 의의를 더 이상 발전시키지 못하였다는 점에 있다. 이는 같은 토지국유제론의 입장을 취하면서도 백남운이 통일신라시기에 접어들어 오히려 사적 토지소유의 발전에 주목하여 봉건적 私領의 성립을 논하였던 것과 그 입론의 방향과 성격을 크게 달리하는 것이었다.

셋째는, 사적 토지소유 발전사 인식의 한계이다. 연구사적으로 삼국시기 말기 이래 사적 토지소유의 발생·발전을 주장한 것은 그가 처음 제창한 탁견임에도 불구하고 그는 국유제 원칙에 매몰되어 사적 토지소유 전개의 계기를 오로지 왕과 국가의 토지 지급에서만 찾는 협애한

없었던 것은 물론 기본적으로 국유제론에서 벗어나지 못한 데에 연유하지만, 또한 '일정한 소출'을 기준으로 한 면적 단위이자 과세단위라는 結負制의 성격을 조선시기 이전에는 인정하지 않은 점도 상당히 크게 작용하였을 것으로 생각된다.

114) 현재 균전제 시행을 주장하는 대표적인 연구로는 兼若逸之, 「新羅「均田成册」의 分析을 통하여 본 村落支配의 實態」, 연세대 박사학위논문, 1984 ; 허종호, 『조선토지제도발달사 1』, 평양: 과학백과사전종합출판사, 1991 등이 있다.

인식을 벗어나지 못하였다. 그 자신 삼국시기 사유화 출현의 논거로 토지매매를 거론했으면서도 조선시기에 이르기까지 왕과 국가의 토지 지급 이외의 사유화 동기와 양상에 대해서는 전혀 언급하지 않았다. 또한 이는 토지 사유화의 주체를 왕족·귀족·관료층으로 한정시키는 것이었고, 이에 따라 그 스스로 삼국시기에 이미 사적 토지소유의 한 주체로 인식한 일반 민의 토지소유는 시야에서 완전히 배제되었다. 그가 『고려사』를 보면 누구나 관심을 갖게 되는 '民田'에 대해 어떠한 언급도 하지 않은 것이 이러한 한계를 단적으로 반영하고 있다. 또 조선시기 사적 토지소유가 일반화되었다고 보면서도 그 실상을 드러내지 않았고, 특히 직전법 해체가 사적 토지소유 전개와 어떠한 연관성을 갖는가 하는 문제를 시야에 넣을 수 없었다.

토지국유제론과 관련된 이훈구 토지제도사론의 주요 한계는 대체로 이와 같다. 그러나 주지하듯이 토지국유제론이 학계에서 극복되기 시작한 것이 1960년대에 접어들어서라는 점을 생각할 때 이러한 한계는 그에게만 존재하는 특별한 것은 아니다. 국유제의 이론적 기반과 그 인식 구조의 차이가 있을 뿐 백남운을 포함한 당시 모든 연구자들이 국유제론에 속박되어 있었다는 점에서 이 한계는 당시 연구 수준을 반영한 시대적 제약성이라고 할 수 있었다. 오히려 그의 토지제도사론에서 더 심각하게 문제되는 것은 이러한 당시의 연구 조건을 감안한 그 위에서 확인되는 한계들이다. 연구방법론과 관련된 분석체계와 이론적 문제, 논지 전개의 논리적 일관성 문제, 자료 접근과 분석 심도의 제한성 문제 등이 그것이다.

전술한 바와 같이 그의 연구는 역사학파·제도학파 방법론에 입각하여 국가의 토지이용정책과 연관된 제도사 분석에 치중하였다. 특히 연구의 본론에 해당하는 고려·조선시기 부분은 전적으로 분급 토지에 대한 각론적 정리로 일관하였다. 따라서 토지제도 발전과 전환의 동인으로서 농업생산력 문제와 토지소유관계의 내적 구성, 곧 계급구성과 경영관계 문제, 농민의 존재 형태 등등의 문제는 검토 대상으로 삼지 못하였다. 또한 한국 토지제도사의 보편적 성격을 거론한 봉건제론도 서양 장원제도와의 유사성만을 거론한 데 그치고 그 개념적 정리나 이론적 틀을 가지고 전개한 것이 아니었다. 당시 백남운이 경제사연구를 주도하고 있는 일본인 역사학파 경제사학에 대해 "외부적인 경제 事象, 경제적 제도 및 형식의 기술적 나열"에 치중하는 "기계론",[115] 또는 실증주의를 강조하는 "방법론의 무능"으로 혹평한 바 있지만,[116] 이훈구의 연구 역시 일면 이러한 방법론적 한계를 노정하였다.

이러한 한계와 연관되면서 이훈구는 자신이 새롭게 제기하거나 중요한 의미를 부여한 事象의 역사적 추이를 계기적 · 인과관계적으로 정리하는 데 매우 소홀하였다. 위에서 언급한 삼국 봉건제와 그 기반으로서의 봉토 · 식읍 문제, 삼국 사적 토지소유의 맹아와 민의 토지소유 문제, 통일신라 균전제 토지정책의 이념 문제, 고려 식읍과 봉토제도 문제, 과전법 개혁 문제 등등이 그러한 예였다. 자신이 의미 부여한 이러한 문제에 대한 인과관계적 정리는 국유제 입장이나 방법론 여부와 관계없이 서술의 논리적 일관성과 연구의 완결성을 위해서 반드시 필요한 것이었지만, 이에 대한 소홀함은 그가 노정한 이론적 틀의 불명료성과 결부되어 연구의 질적 수준을 떨어뜨리게 하는 주요 요인으로 작용하였다.

끝으로 자료 접근과 관련된 여러 한계들이다. 그는 각 시대에 관련된 한국의 기본 史書와 법전 · 총서류를 주요 자료로 활용하였고, 특히 당

115) 白南雲, 『朝鮮社會經濟史』, 10쪽.

116) 白南雲, 「朝鮮經濟史의 方法論」, 『新東亞』 3-2, 1933.12, 123~124쪽.

시로서는 방대한 양의 조선 儒者들의 개인 저작·문집류와, 개항기 이래 외국에서 간행된 외국인의 각종 한국 관련 서적을 참고함으로써 자료 수집과 관련한 지역적 제약성을 극복하기 위해 상당한 노력을 경주하였다.[117] 그러나 이미 언급한 바 그는 福田德三·黑正巖·和田一郎 등 이 분야 연구를 주도한 일본인 연구에 대한 참고나 연구사 정리를 결여하여 박사논문으로서의 격을 갖추지 못하였다. 또, 고대 토지제도와 관련해서는 자료 수집이 불충분하여 상당 부분 西鄕靜夫의 저서에 의존함으로써 삼국시기에 이르는 고대 토지제도 분석에 적지 않은 제약성을 갖게 되었다.[118] 이와 함께 관련 자료를 충분히 詛嚼하면서 사실 관계와 그 내면을 심층적으로 파악하고자 하는 노력이 미흡한 점이나, 특히 자신의 연구를 한국사의 새로운 지평을 개척하는 역사연구의 일환으로 설정하고자 하는 문제의식이 결여된 점도 간과할 수 없는 한계이다.[119]

이상과 같이 이훈구의 박사논문은 최초의 통사적 한국 토지제도사

117) 그는 박사논문 서문에서 자료 수집 문제에 걱정하면서 다음과 같이 이에 대한 사정을 피력하였다. "한국과 멀리 떨어져 있기 때문에 처음에 필자는 자료의 출처에 대한 접근을 적지 않게 걱정했다. 그러나 이러한 어려움은 위스콘신 대학과 시카고 대학의 도서관, 뉴욕 공립도서관, 국회도서관, 그리고 농무성 도서관에서 제공하는 뛰어난 시설들 덕에 부분적으로 극복되었다. 고국과 해외의 동포들 그리고 다른 친구들 또한 때로 매우 중요한 추가 정보들을 매우 친절히 제공해 주었다. 그러나 가장 소중한 자료는 국회도서관(Library of Congress)에서 찾은 것이었다. 이 연구를 하는 과정에서 참고한 대부분의 출판물과 원고들은 참고문헌 목록에 소개하였다"(이훈구, 박사논문, 서문, 1~2쪽).

118) 특히 박사논문 작성 당시 그가 직접 수집하여 참조한 중국 측 관련 자료는 거의 없었던 것으로 보인다.

119) 이는 그가 참조한 당시 한국인 사학자의 역사서가 황의돈·이능화의 저서에 불과할 뿐 아니라 자신의 연구와 관련시켜 한국사 연구와 서술에 대한 인식론적·방법론적 문제를 거론하지 않은 데에서도 잘 드러나고 있다.

연구로서 반식민주의 역사학과 경제사학의 개척이라는 중요한 사학사적 의의를 지니면서도 연구상의 여러 한계를 노정하였다. 미국이라는 지역적 제약성과 농업경제학 분야에서의 토지제도사 연구라는 학문적 특수성을 감안하더라도 이는 연구의 질적 수준 문제와 연관되는 것으로서 백남운의 『조선사회경제사』와 현저히 비교된다. 필자는 이러한 한계의 상당 부분은 그가 영어로 표현하기 쉽지 않은 분야를 연구하면서도 너무 짧은 시간에 지나치게 많은 내용을 정리하고자 한 데 연유하며 그 자신도 이러한 문제를 자각하고 있었다고 생각한다. 1931년 귀국 후 그가 자신의 박사논문을 재정리하여 한글판으로 간행하지 않은 배경에는 현실 농촌·농민문제 연구와 농촌운동에 여념이 없었기도 하지만, 백남운의 저서 출간을 계기로 사회경제사 연구열이 고조되고 있었던 당시 학계 동향이 적지 않게 영향을 미쳤을 것으로 보인다.

5. 맺음말

1910년대 말 이후 1920년대 한국사회는 지적·사상적 격동기였다. 서구의 각종 사상조류와 이론들이 유입되는 가운데 사회 개조와 혁명을 논하고 식민지 약소민족의 자기 정체성과 해방의 길을 찾고자 하는 지적·사상적 기반과 그 인식의 폭은 한말·일제초기 단계와 비교할 수 없을 정도로 확대되었다. 그러나 학술 영역에서는 이러한 인식 지평의 확대가 곧바로 체계적인 연구 성과로 나타난 것은 아니었다. 그것이 가능하기까지는 일정한 이론적 훈련과 탐구 과정이 필요하였다. 특히 식민주의 입장의 일본인 관학자들의 연구가 압도하고 있었던 경제사학 영역은 사회과학적 훈련과 역사적 자료에 대한 탐구가 필요하다는 점에서 더욱 그러하였다.

1920년대의 이러한 모색 과정을 거쳐 이론적 체계를 갖춘 반식민주의 경제사학이 한국 근대 역사학의 한 전통으로 자리잡게 된 것은 1930년대 초반 백남운의 개척적인 노력에 의해서였다. 곧 맑스주의 역사학·경제사학의 성립이었다. 그러나 1920년대에는 또한 백남운과 사상적 입장과 학문적 방법을 달리하는 또 다른 계통의 반식민주의 경제사학의 개척이 이훈구에 의해 시도되었다. 그것은 넓은 의미에서 '민족주의 역사학'의 일환으로 파악할 수 있는 역사학파 경제사학의 개척이었다. 주지하듯이 이훈구와 백남운은 각기 1930년대 민족·자본주의 계열과 맑스주의 계열을 대표하는 경제학계의 巨擘이었다. 당시 이훈구는 백남운과 달리 현실 농업문제를 다루는 농업경제학자로서 자신의 학문 영역을 확립하였지만, 그것은 이와 같이 한국토지제도사에 대한 경제사학적 자기 정리를 바탕으로 한 것이었다.

역사학파·제도학파 경제학의 방법론에 기초하였기 때문에 이훈구의 토지제도사론은 기본적으로 제도사 연구의 특성을 취하였다. 이 점에서 일본인 관학자들의 토지제도사 연구와 방법론을 같이 하였고, 토지제도의 내적 구성과 이와 연관된 경제구조의 체제적 성격 탐구에 주안점을 둔 백남운의 경제사 연구와 성격을 달리 하였다. 그러나 그 토지제도사의 입론과 논점은 일제의 식민지 침략과 토지 점탈을 합리화하는 일본인의 식민주의적 토지제도사 인식과 달리 한국 토지제도사의 보편적 성격을 검증하려는 비판적 입장을 취하였다. 그 비판의식을 논리적으로 명료하게 제시하고 구조적·심층적으로 자신의 입론을 전개하지 못한 여러 한계를 노정했지만, 이러한 연구 시각과 논점은 백남운의 문제의식과 일정하게 상통하였다. 두 사람의 학문적 공감대는 그 사상적 입장과 학문 방법의 차이에 관계없이 일제의 식민지 강점을 근원적으로 거부하고 민족의 장래를 전망하고자 한 1920년대 반식민주의 경제사 인식의 개척이 어디에 비판적 주안점을 두고 있었는가를 잘 보여주는 것이었다.

그러나 이러한 사학사적 의미 부여에도 불구하고 그것은 본질적으로 제한성을 지니는 것이었다. 그의 토지제도사론은 당시 학계에 전혀 알려지지 않았고 어떠한 학문적 영향력을 갖지 못한 채 사장되었다. 필자가 그의 토지제도사론에 대해 무엇보다 아쉬워 하는 것은 바로 이 점에 있다. 이는 결국 이훈구 스스로 자신의 연구가 지니는 여러 한계를 자각하고 의식적으로 학계에 소개하지 않은 데 연유한다고 생각한다. 그러나 1930년대가 한국 현대 학술사 · 사학사의 원형이 형성되는 시점이었다는 것을 생각할 때, 이는 근현대 역사학 · 경제사학의 발전에 대단히 아쉬운 결과를 낳는 계기가 되었다. 어느 면에서 그것은 이 시기 맑스주의 역사학의 형성과 함께 한국 역사학파 경제사학, 반식민주의 입장의 민족 · 자본주의 경제사 연구의 전통이 개척될 수 있는 기회를 상실하는 분기점이기도 하였다. 이러한 의미에서 역사학파 입장이 하나의 학풍을 형성하지 못하고 맑스주의 역사학이 사회경제사 연구를 주도한 1930년대 학문 구도의 창출이 지니는 사상사적 함의와, 그것이 해방 후 한국 현대 역사학 · 경제사학의 전개에 어떠한 영향과 유산을 남기게 되는가 하는 점을 검토하는 것도 향후 중요한 연구 과제가 될 것이다.

(출전: 『東方學志』 127, 연세대학교 국학연구원, 2004.)

Yi Hun-gu's Agricultural Reform Theory and Nationalist Economic Thought

1. Introduction

In colonial Korea, the problem of peasants and rural society (*nongmin-nongch'on munje*) emerged as the principal social issue. As argued by many Korean intellectuals, national revival and liberation from Japanese rule were not possible without first relieving the impoverished state of peasants and rural society. In the 1920s and 1930s numerous social organizations and intellectuals actively promoted the relief of peasants and rural society and initiated peasant movements and rural society movements. These agrarian improvement plans and theories can be classified as socialist and nationalist in orientation, with the latter subdivided into social democratic and capitalist approaches to agrarian reform.[1] The awareness

1) Kim Yong-sôp, "Ilche kangjômgi ûi nongôp munje wa t'agae pang'an", *Chûngbop'an Hanguk kûnhyôndae nongôpsa yôn'gu* (Seoul: Chisik Sanôpsa, 2000); Pang Kie-chung, "Nongji kaehyôk ûi sasang chont'ong kwa nongjông inyôm" *Nongji kaehyôk yôn'gu* (Seoul: Yonsei University Press, 2001).

of the agrarian problem and its theoretical solution was closely related to the issue of national liberation and the direction chosen for state-building, with the result that after liberation from colonial rule in 1945, land reform (*toji kaehyôk*) was pursued in North Korea while agricultural reform (*nongji kaehyôk*) was pursued in South Korea. In this sense, understanding the different trajectories in thinking about agrarian reform during the colonial period has important implications for understanding Korea's post-colonial history, shedding light on the internal forces that led to the formation of a divided Korea.

With such a problematic in mind, this article examines national-capitalist thought in the colonial period through a study of the agrarian reform theories of Yi Hun-gu (1896-1961). After studying at Tokyo Imperial University and the University of Wisconsin in the 1920s, Yi Hun-gu returned to Korea to teach in the Agriculture Department of Sungsil Junior College. In time, he became the pre-eminent authority on capitalist agricultural economics in colonial Korea. He was also active as a leader in the Presbyterian Church rural movement, which formed the mainstream of the Christian rural movements, along with the YMCA, in colonial Korea. In the post-liberation period, Yi Hun-gu became the director of the Farm Affairs Bureau in the US Occupation Government. In that capacity, until the establishment of the South Korean state in 1948, he oversaw the formation and implementation of farm policies in South Korea. After 1948, as a member of the Constitutional Assembly, Yi

Hun-gu was instrumental in enacting the Agricultural Reform Law. That is to say, during the period of Japanese rule, as an agricultural economist and rural movement theorist, Yi Hun-gu was the key intellectual for the national-capitalist position. After liberation, he became a Farm Administration official and played an important role in the process of state-building in South Korea.[2]

The study of Yi Hun-gu's thought and activities is therefore an integral in understanding the character and substance of national-capitalist economic thought, one of the main axes of modern South Korean ideology. It is furthermore essential to understanding U.S. Occupation agricultural policies and South Korean agricultural policies in the 1950s. This article focuses on Yi's agrarian reform theory and national-capitalist economic thought in the period of Japanese rule, particularly focusing on the academic influences which shaped his "small farm" (*sonongjuûi*) theory of agricultural economics and his social reformist (*sahoe kaeryangjuûi*) theory of national economic independence.[3]

---

2) During Syngman Rhee's regime in the 1950s, Yi was active in the academic arena and from 1959 participated in the reform faction and the struggle against dictatorship. He had a number of important posts, such as the joint representative of the *Pandokchae minju suho yônmaeng*, general affairs commissioner of the *Sahoe taejungdang*, political officer of the *Tongil sahoedang*, and joint chairman of the *Minjok chaju t'ongil chungang hyôpûihoe*. After the May 16 coup, he was arrested and died of a heart attack on 13 June 1961 while confined in Taejon Penitentiary.

3) For scholarship on Yi Hun-gu's agricultural theory, see Kim Yong-sop, op. cit., pp. 436-54, and Pang Kie-chung, "Ilche ha Yi Hun-gu ûi nongôpnon kwa

2. Academic Background and Practical Consciousness

Yi was born in April 1896 in Kisan in South Ch'ungch'ông Province. He was born into the Hansan Yi clan, which since late Koryô had been a prominent yangban clan, as the descendants of Yi Saek, a pillar of Chosôn Confucianism. His family resided in Hansan and Kisan, and was therefore native to the clan seat in Hansan. Theirs was a branch of the Yi clan that sought to preserve the power of the clan through Confucian training and veneration of Yi Saek.[4] As the Chosôn dynasty came to a close and the period of Japanese rule began, the greatest influences on Yi Hun-gu were his father and grandfather, who ran a *sôdang*. They opposed Japan's seizure of power in Korea and were bastions of the anti-foreign *ch'ôksa* thought of the period. They were typical Confucian zealots who sought to preserve their clan position within the feudal world order.[5]

Until his adolescence, Yi was trained in the *sôdang* run by his clan, and consistent with their opposition to the "new learning" (*sinhangmun*), he was trained in Confucian and Mencian proprieties and prepared to carry on the affairs of the clan. This understandably

---

kyôngje charip sasang," *Yôksa munje yôn'gu* 1 (1996), pp. 315-45.

4) Yi Hak-kyu [Yi Hun-gu's father], *Houûnjip* vol. 1 (A *munjip* edited by Yi Hun-gu in 1952); Seuchungun, *Naegojang munhwa yujôk ch'ongnam* 3 (1993), pp. 184-191. The Hansan Yi and Yi Hun-gu's family were affiliated with the *sôin/noron*.

5) Yi Hak-kyu, *op. cit.*, pp. 355-59, 361-63, 372.

had a great influence on his social consciousness and pattern of behavior. In particular, at this time Yi acquired a fundamental knowledge of Confucianism and read extensively across from a wide range of Classical Chinese texts, forming an important basis of his later scholarship. However, as trends in the period under Japanese rule overwhelmed traditional intellectuals, the enervated Confucian learning of his youth no longer satisfied him. As a national consciousness awakened in him, he came to blame the traditional *sôdang* education system, which had emphasized Chinese culture, for the loss of national consciousness and spirit. He then determined to study in a modern school.[6)]

In spite of his family's opposition, he enrolled in Suwon Agricultural and Forestry School in 1917 and studied agricultural economics.[7)] This was a government school and operated in accordance with colonial agricultural policy, which at the time had the goal of making Korea into a breadbasket for Japan while exploiting it as a market for Japanese goods. To achieve this, Japan promoted agricultural improvement projects for increased production. Japan sought to preserve the landlord system and ease rural class conflict by promoting the organization and enlightenment of rural society (*nongch'on kyohwa*) as a means to control the peasant class (*nongmin ch'ûng*).[8)]

6) Yi Hun-gu, "Uri nongch'on kwa kû kyoyuk (9), (11)," *Chosôn Ilbo*, July 25, 27, 1927.

7) On Suwon Agricultural and Forestry School, see Pang Kie-chung, Han'guk kû nhyôndae sasangsa yôn'gu (Seoul: Yôksa Pip'yônsa, 1992), pp. 37-41.

The Suwon Agricultural and Forestry School faithfully executed colonial agricultural policy by training the technical leaders who would stimulate agricultural productivity. It fostered rural social leaders who would advocate the enlightenment of rural society and in so doing would pacify the discontented tenant farmers. Accordingly, the school taught a landlord-centered agronomy (landlordism; *chiju-juûi*) that rationalized the rule of Japanese capital over Korean rural society. It advocated easing of rural class conflict and an approach to increasing productivity that sought to preserve the status quo of landlord hegemony.

Yi came to understand the modern capitalist worldview in this environment. He devoted himself to his studies and graduated at the top of his class.[9] In the process, he became well versed in natural science, received training in agricultural technology, and mastered the elements of capitalist and agrarian economic theory. In particular, through his direct study of farming villages in Korea, he was able to witness firsthand the impoverishment of rural society and developed a deep sympathy and concern for the plight of peasants. In this way, Yi came to understand the need to study rural society

---

8) Lee Ha-na, "Ilche kangjômgi 'mobôm purak' chôngch'aek kwa Chosôn nongch'on ûi chaep'yôn," *Hakrim* 19 (1998), pp. 123-80; Chung Youn-tae, "1910 nyôndae ilche ûi nongôp chôngch'aek kwa singminji chijuje," *Hanguk saron* 20 (1988), pp. 413-502; Jung Tae-hern, "1910 nyôndae singmin nongjông kwa kûm'yung sut'al kigu ûi hwangnip kwajông," *3-1 Minjok haebang undong yôn'gu* (Seoul: Ch'ôngnyônsa, 1989).

9) *Suwon nongnim chônmun hakkyo kyouhoe hoebo* 13 (1920), p. 86.

in Korea and its problems.[10] In the process, he became skeptical of the landlord-centered agricultural view and agricultural policy advocated by his teachers, and after his experience in the March 1st movement of 1919, gradually came to realize that Korea's agricultural problems were closely related to Japanese colonial rule. This understanding was academically consolidated during his time as a student at Tokyo Imperial University.

Yi Hun-gu entered the Tokyo Imperial University Agriculture Department in April 1921 and graduated in March 1924. In Japan, it was a time of great turbulence in political thinking. Capitalist development and the problem of peasants and proletarians were major issues until the First World War. After the war, changes in world political thought led to the Taisho period, with its call for democracy and social reconstruction (the Taisho democracy movement). With the panic of 1920, the rural crisis worsened and the peasant/proletarian movement and proletarian party movement gained force as socialist thought took hold. Yi experienced this social and intellectual transformation and established his academic groundwork at the Tokyo Imperial University Agriculture Department, where the academic atmosphere itself was shaped by these changes in society.

The Tokyo Imperial University Agriculture Department had been an outlet for Agriculture and Forestry bureaucrats and rural social leaders since the time of the Meiji Restoration and was the govern-

10) Yi Hun-gu, *Chosôn nongôpnon* (Seoul: Hansông tosô chusik hoesa, 1935), pp. 5-6.

ment school responsible for providing official agricultural policy. Scholarship there sought to realize the demands of Japanese capitalism, which had at first developed on the basis of the landlord system and pursued a landlord-centered agricultural policy that would stabilize the system and deal with the rural crises that accompanied the development of capitalism. The Suwon Agricultural and Forestry School had its roots in these same academic and policy concerns. The person who established this approach and dominated the area of agricultural policy at Tokyo Imperial University was the pro-landlord physiocrat (*nongbonjuûija*) Yokoi Tokiyoshi.[11)]

But as Japan's agricultural problem worsened and as agricultural policy reform as embodied in the 1920 Tenancy Law became a major issue, the academic environment at Tokyo Imperial University began to change. This happened when Nasu Hiroshi thoroughly

---

11) Yokoi Tokiyoshi (1860-1927) was in charge of agricultural economic theory from 1893-1922 and established the academic environment for agricultural policy and agricultural economics at Tokyo Imperial University. He was influenced by the Historical school's economics and argued for a "rich nation, strong army" protectionist policy that sought the founding of the state upon both agriculture and industry. The heart of his theory of agricultural policy was that for Japanese capitalism to develop it was necessary to stabilize the union of the landlord system and petty and small farmers. He sought protect small farms to ease class conflict in the countryside in order to protect landlords as a means to increase productivity. Yokoi Tokiyoshi, "Jinushiron," in Yokoi zenshū kankōkai, *Yokoi hakushi zenshū* vol. 7 (Tokyo: Tai Nihon nō kai, 1925), pp. 375-92; Sumiya Kazuhiko, "Keiseiki Nihon burujoaji no shisō zō", *Kindai Nihon keizai sisōshi* 1 (Tokyo: Ryuhikaku, 1969), pp. 186-94.

criticized Yokoi's theory and advocated instead a small farm theory of agricultural administration (*sonongjuûi nongjôngnon*).[12] Nasu Hiroshi was an aspiring young professor in the Agriculture Department and the leading theorist of agricultural administration reform. He regarded the small farm as the main agent of agricultural management and increased productivity, and sought to modernize the structure of the Emperor System based upon the independence (*charip*) of this group. Moreover, because he located the source of the rural crisis in inequalities in both property relations and the distribution of wealth (*punbae*), Nasu argued that the autonomy of the small farm would require strengthening the regulation of landlords and passing a tenancy law whose central aim was to establish a system of reasonable tenancy fees.[13] The goal of Nasu's agricultural policy theory was to block the penetration of socialism into the countryside

12) Nasu Hiroshi (1888-1984) was a student of Yokoi Tokiyoshi and graduated from Tokyo Imperial University in 1911. He became a professor in the Agriculture Department there in 1917 and from 1922 was in charge of the agricultural policy economics lecture #3. On his scholarship and views concerning the 1920 Tenancy Law, see: Tokyo Imperial University, *Tokyō teikoku daigaku gakujutsu taikan* (1942), pp. 796-802; Takemura Tohiro, "Jinushisei no dōyō to nōrin kanryo," *Kindai Nihon keizai shisōshi* 1 (Tokyo: Ryuhikaku, 1969); Teruoka Shusan, *Ilbon nongôp kyôngjesa* (Chôn Un-sông trans., Ch'unch'ôn: Kangwôn University Press, 1991), pp. 169-76.

13) Nasu Hiroshi, "Kiro ni tateru nōmin shinri to nōchi seisaku," "Kosaku rippō no honshitsu," "Kōsei naru kosaku ryō," *Nōsei ronkō* (Tokyo: Iwanami shoten, 1928); Nasu Hiroshi, *Nōgyō seisaku* (Tokyo: Nihon hyoronsha, 1931), chapter 3.

and to preserve a system of independent small farms wedded to capitalism. This was to be achieved by gradually dissolving the landlord system and equalizing the distribution of wealth (*punbae ûi kongjônghwa*), seeking the solution to rural overpopulation, and promoting small farm solidarity and cooperative association movements.[14]

Nasu's agricultural policy theory began to take hold at the Tokyo Imperial University Agricultural Department as a new academic trend associated with the Tenancy Law, and Yi Hun-gu developed his own understanding of Korea's agricultural problem based on Nasu's framework.[15] With this understanding of Nasu's small farm agricultural policy theory, Yi viewed the essence of Korea's agricultural problems as a matter of property relations and tenancy issues. He thought this could be resolved through a coordinated and rational approach to land distribution (*punbae kwangye*). However, he did not accept Nasu's perspective as it was, which admitted Japanese colonial control of Chosôn and mainly sought to resolve Japan's agricultural problems. He received Nasu's agricultural economy from the viewpoint of the Chosôn national perspective and did his best to understand the colonial characteristics of the Chosôn agricultural problem. This is clearly illustrated when he identified the accumulation of land by Japanese monopoly capital as the most important

14) Nasu Hiroshi, *Nōsei ronkō* (Tokyo: Iwanami shoten, 1928), pp. 38-39, 141, 266.

15) Nasu Hiroshi regarded Yi highly, and their relationship as teacher and student later led to an international collaborative research project.

cause of unequal property relations and the worsening of the tenancy problem in Korea.[16)]

This clearly shows what kind of position Yi adopted within the intellectual trends of Taisho democracy. At this time, various kinds of Western political and social theory were introduced to Japan, and Marxism was rapidly disseminated. As the socialist movement developed, it came into conflict with various ideologies that sought to defend Japanese capitalism. Nasu Hiroshi's agricultural policy theory reflected one trend of social reform that opposed Marxist revolutionary theory and sought the cooperation of labor and capital. Nasu advocated a gradualist and centrist form of social reconstruction that recognized private property and the value of capital and opposed the Marxist argument for the uncompensated confiscation of land. This became a very attractive alternative for those young intellectuals opposed to Marxism.

Particularly after the collapse of the March First Movement, many Korean students in Japan who were disposed to nationalism and seeking new ideas were attracted to this sort of reformist Social Reconstructionism, as well as other bourgeois tenets (such as social evolutionary theory and culturalism) popular at the time.[17)] Yi was

---

16) This can be seen in the following articles Yi published in the *Chosôn Ilbo* shortly after graduating: "Nongch'on kyôngje ûi wigi," January 1, 1925; "Nongch'on kûmyung kwa sojaknong ûi piae," December 1-5, 1925; "Uri nongch'on kwa kû kyoyuk," July 17-29, 1926.

17) See *Hak chi kwang* 20-22, 1919-1921, for the writings of Korean foreign students: Park Chan-seung(Pak Ch'an-seung), *Hanguk kûndae chôngch'i sasangsa*

similarly influenced by these trends and associated mainly with those nationalist students in Japan who were active in the Tonggyông Chosôn yuhaksaeng haguhoe (Tokyo Korean Student Fellowship) and the Tokyo Korean YMCA. In this we see his concern for the future and his recognition of the realities confronting the nation, and it was in this way that he became a Christian.

Yi completed his studies at Tokyo Imperial University in March 1924 and taught for two years at the Christian Yôngmyông School in Kongju. At this time, he was concerned about the intensifying peasant movement associated with Japan's exploitative agricultural policy, the accumulation of land by Japanese monopoly capital, and high tenancy fees. His research focused on the problems of rural education, the rural economy and especially the tenancy problem. In July 1926, through the invitation of the U.S. Methodist Young Men's Association Education Bureau, Yi was able to study at the Kansas State Agricultural University, and this was to be a turning point in his life. After only one year he completed his thesis, "The Tenure of Farmland in Korea" and received his M.S. In the fall of 1927 he entered the doctoral program of the Agricultural Economics Department at the University of Wisconsin. The University of Wisconsin had a unique position in the field of economics in the U.S., and Yi's training there was to have a particular significance for his later scholarly activities.

---

yôn'gu (Seoul: Yôksa pip'yôngsa, 1992), pp. 176-185.

In the U.S., with the rise of monopoly capital in the late 19th century, social contradictions worsened and labor and agricultural problems became serious social issues. In the process, working class and farm movements arose, along with populist and radical socialist movements. To counter this, the progressivist (*chinbojuûi*) movement arose from another quarter and sought to reform the laissez-faire capitalist order, which was the basis of monopoly capitalism. The goal of this movement was to stem the spread of socialism while preserving the social order and alleviating the grievances of the working class and farmers. This was to be achieved through the insitutional regulation of monopoly capitalists and landlords, and by promoting social welfare projects.

The University of Wisconsin provided the theoretical basis for this sort of progressive reform movement and was exemplary of those schools advocating social reform. They were closely involved in drafting actual policy. The pioneer who established the character of the University of Wisconsin Economics program was R. T. Ely.[18] Ely was a Christian socialist influenced by the Historical School's economics.

18) R. T. Ely (1854-1943) graduated from Columbia University in 1876 and went on to study Historical school's economic thought from K. Knies at Heidelberg University. He began teaching at the University of Wisconsin in 1892 and had many students. He founded and led the American Economics Association, modeled after the German Social Policy Association, and had an important role in creating a new era for economics in the U.S. See Joseph Dorfman, *The Economic Mind in American Civilization*, vol. 3 (New York: The Viking Press, 1949), pp. 161-64; vol. 4, pp. 211-14.

He rejected classicism and Marxism and stressed the need to humanize economics, which he felt should be informed by inductive and historical methods. Ely argued for dealing with the abuses of monopoly capital and the labor/farmer problem through state-led institutional reforms and by establishing cooperative associations. Through Ely and his students, such as J. R. Commons, this approach made great progress and the University of Wisconsin became the center of a core, institutionalized approach, which in turn had the effect of making the state government into a forerunner of progressive reform.[19)]

This academic environment of social reformism also prospered in the field of agricultural economics in the hands of such Ely-influenced scholars such as H. C. Taylor and Yi's own academic advisor, B. H. Hibbard. These figures understood agricultural economics as a social science that was distinct from agronomy and stressed the need to analyze the agricultural economy.[20)] Agricultural economics at the University of Wisconsin emphasized land economics and led U.S. research on the history of land policy, the land system, and agricultural history. As such, it was influenced by the historicist and institutional schools and promoted historical analysis as well as inductive, empiricist, and statistical methodologies.[21)] As a part of this

---

19) Joseph Dorfman, op. cit., vol. 3, pp. 276-94; Vol. 4, pp. 377-94; Kim Kwang-su, *Yôksa hakp'a* (Seoul: Sungsil University Press, 1986), Ch. 7. Chedohakp'a.

20) B. H. Hibbard, *Agricultural Economics* (New York: McGraw-Hill Book Company, 1948), pp. 2-5.

process, Ely founded the Institute for Research in Land Economics at the University of Wisconsin in 1920.

Because the Wisconsin School theory of small farmer agricultural policy regarded the self-cultivator as the subject of agricultural production and the agent of democracy, it sought to develop capitalism on the secure growth of the self-cultivator. This theory stressed three arguments: 1) a theory of land ownership that saw the causes of the agrarian problem in terms of tenancy issues, the crisis of self-cultivators, and inequalities in property holding; 2) a theory of land utilization that understood the tenancy problem not as one of relations of production but as one of land utilization and distribution; and 3) a theory of social policy that emphasized land as a form of public interest, and while recognizing the rights and limits of private property, saw the principal solution to the agricultural problem in the state regulation of land ownership and land utilization. This school actively promoted its so-called "social reformist" agricultural policies, which sought institutional reforms and laws as the regulation of landlords, the Tenancy Law, the organization of tenants, the strengthening of the Homestead Law, regulation of land use, and the formation of land committees, all of which were intended to foster and protect the self-cultivator. These proposals were adopted as official agricultural policy in a variety of

21) Henry C. and Anne Dewees Taylor, *The Story of Agricultural Economics in the United States* (Ames Iowa: Iowa State College Press, 1952), pp. 79-83, 277-315, 403-11, 769-71, 848-50, 869-70.

forms until the time of the Great Depression.[22)]

Yi built on his study of agricultural administration at Tokyo Imperial University through his training at Wisconsin in agricultural economics and emerged with a more sophisticated understanding of capitalist economics. His experience in the U.S. was an important stage in the process of his training in small farm-centered social reformist agricultural economics. An important element was his exposure to the academic environment and research methods of the Wisconsin School while studying under Hibbard at the Institute for Research in Land Economics. Part of this training was his dissertation, *A History of Land System and Policies in Korea* where he particularly emphasized land utilization theory and institutional-historical methods. The objective of the study was to analyze, from the perspective of land utilization, Korea's land system and policy, which were deeply related to the economic lifestyle of each era.[23)] After studying the history of the Korean land system, Yi recognized Korean traditional Confucian ideas about agricultural reform and land reform. This came to be an important intellectual basis for his agricultural economic thought. It was a new understanding of *Silhak* thought that argued social reform and agricultural reform led by the state (king) on behalf of the small farmer. Yi was especially influ-

---

22) Joseph Dorfman, op. cit., vol. 4-5, pp. 212-14 ; Henry C. and Anne Dewees Taylor, op. cit., pp. 591-600, 824-26, 850-70.

23) Lee Hoon Koo (Yi Hun-gu), *A History of Land System and Policies in Korea* (Ph.D. diss., University of Wisconsin, 1929), Preface, pp. 1-3.

enced by the thought of Chông Yag-yong.[24)]

In this process, Yi gained a deeper understanding of such modern economic theories necessarily related to his training in capitalist agricultural economics, such as Ricardo's ground rent theory, Malthusian demographics, and the doctrine of limits (*han'gyejuûi*) of the neo-classical school. Yi also studied the methods of on-site survey and concrete analysis needed for treating land and agricultural problems from the perspective of land utilization theory. In this process, he earned recognition as a skilled member of the Wisconsin School. After graduation he was offered a job as official translator for the U.S. Department of Agriculture's Agricultural Economy Bureau, through the auspices of his upperclassman, L. C. Gray, who was a supervisor of land policy there. At this time Yi was able to continue his research in the U.S. for another year, until the summer of 1930.[25)]

Yi's time of study in the U.S. deepened his sense of nationalist praxis and his understanding of ethics and the Social Christian

---

24) Ibid., pp. 54-55; Yi Hun-gu, "Nongjônghak sang ûro bon Tasan sônsaeng," *Chosôn Ilbo,* July 16-17, 1935. He used a huge amount of materials published by the government during the Koryo and Chosôn periods and various writings by bureaucrats and intellectuals in his doctoral dissertation. It is most unlikely that he saw those materials in the U.S. for the first time, rather, he was acquainted with those materials from his youth. This means that he came to newly understand Korean traditional agricultural reform and land reform, which he had studied during his youth, through his later academic training and research abroad on the history of the Korean land system.

25) Yi Hun-gu, *Chosôn nongôpnon* (Seoul: Hansông tosô chusik hoesa, 1935), p. 7; "Namgyông kûmnûng taehak kyosu sidae," *Samch'ôlli* (June 1940), p. 121.

Gospel, which were at the heart of his small farm academic views. This deepening of his practical and social consciousness was not only due to the influence of the progressive environment of the Wisconsin School, with its Christian Socialist tradition, but was also closely related to the Korean nationalist movement in the U.S. and the intellectual atmosphere of Korean students (*yuhaksaeng*) there at that time. Although he was not in the U.S. long, his interaction with Korean students expanded his social experience, and they agonized together over the reality and future of their nation.

Korean students in the U.S. in the 1920s were generally Christians who had gotten through the legal processes required for studying abroad either through the offices of the YMCA or the invitation of American missionary churches in Korea.[26] The North American Korean Students Assembly (*Pukmi Chosôn yuhaksaeng ch'onghoe*) was formed in 1919 and shaped the intellectual climate shared by Korean students and strengthened their organizational unity. The leaders of the Assembly were largely Christian nationalists in Korea or young intellectuals closely associated with Korean-American nationalist organizations. Such individuals generally had relations with Christian nationalist groups in Korea like the Pyongyang Presbyterian Church leaders that were closely related to An Ahn Chang-ho(Ch'ang-

---

26) Prior to the colonial period there were no more than 30 Korean students in the U.S., but after the March First Independence Movement in 1919, that number rose to over 500: "Yumi haksaeng t'onggye p'yo" in "Miju yuhaksaeng kûp yuhaksaeng hoe yaksa," *Urak'i* (April 1930), pp. 153-54.

ho), or the Seoul Methodist Church-led YMCA and Enterprise Promotion Club (*hûngôp kurakpu*) associated with Syngman Rhee. Upon returning to Korea, these individuals were active in the fields of religion, education, the media and business.[27] In other words, the North American Korean Students Assembly was a major outlet for the recruitment of Christian nationalists, and its leaders were naturally very concerned with affairs in Korea and abroad, as well as the activities of the Korean nationalist movement in general.

In approximately 1925, Korean nationalists were seeking a new strategy and these Christian nationalist leaders redoubled their promotional activities; for example they published the magazine *Urak'i*. Since there existed sectarian differences and conflicts born of differing political relationships within the foreign student community, leaders in the Assembly strove to organize and promote solidarity among Korean students in the U.S. emphasizing their shared status as Christians and foreign students in the U.S. Yi Hun-gu actively supported this endeavor and was elected the seventh president of the Assembly in September, 1929. The reality for foreign students was that it was not easy to obtain a degree. Yi, however, earned his Ph.D. in the unprecedented span of three years and also became an official of the U.S. government, which gained him respect

27) Kim Wôn-yong, *Chaemi hanin 50nyônsa* (1959); Bang Seonju(Pang Sôn-ju), *Chaemi hanin ûi tongnip undong* (Ch'unch'ôn: Hallim Taehakkyo ch'ulp'anbu, 1989); Ko Jung-Hyoo(Ko Chông-hyu), "Taehanminguk imsijôngbu kumi wiwônbu (1919-1925) yôn'gu" (Ph.D. diss, Korea University, 1991).

and popularity among Korean students in the U.S.

The Assembly staff was immersed in American notions of liberal democracy rooted in Christian social ethics. As students abroad, they were strongly affected by the overwhelming level of materialism in the U.S. While individual members may have had differences in personal preferences concerning the American doctrines of progressivism or conservatism, the Assembly advocated as its ideological position such things as Christian personalism (*ingyôkchuûi*), liberalism, the social evolutionary belief in the survival of the fittest, the eradication of extreme individualism and recognition of national consciousness, and a strong opposition to socialism.[28] Thus, they considered the tasks confronting the nationalist movement to be the promotion of nationalist unity and the various self-strengthening projects of developing education, industry, science and rural society. The staff of the Assembly sought to awaken Korean students in the U.S. to these goals.

Yi Hun-gu shared in this pro-American / Christian / nationalist intellectual atmosphere of the Korean student community, and it was in this environment that his actual affinities concerning the future of his nation were formed, with nationalist consciousness as the basis. Yi considered Tan'gun, the progenitor of the Korean race, an actual historical figure and the source of national spirit and soul (*Chosôn*

28) "Miguk yuhaksaeng ûi Miguk munmyông e taehan kamsang (int'ôbyu)", *Urak'i* 3 (1928), pp. 1-11; "Urak'i Ch'ujang", *Urak'i* 3 (1928), p. 52; *Urak'i* 4 (1930), p. 104.

chôngsin, Chosôn hon). Yi was a nationalist with a strong sense of pride in the primordial nature of Korean history.[29] He adhered to an anti-Japanese nationalism fundamentally opposed to colonization and stressed that the Korean people's fight for justice and freedom must not be abandoned.[30] In this process, his capitalist views, which included social evolutionary theory, were considerably clarified. His anti-Marxist position was reinforced through his experience of American materialism and gained further support as he came to sympathize with the Wisconsin School doctrine that it was possible to build a healthy capitalist rural economy through gradual institutional reform.[31]

Yi's Christian beliefs were founded upon this sort of national-capitalist thought and social theory. His was not the traditional, conservative gospel that preached individual or religious salvation but was instead the Social Gospel Christianity that stressed social equality and collective salvation. Yi's Christian views were shaped in a period when the contradictions of American capitalism were intensifying and when the fundamentalist theology, with its doctrine of salvation in life after death, was waning. In contrast, at this time a liberal Social Gospel and a Christian socialist theology were devel-

29) Yi Hun-gu, *Chosôn nongôpnon*, pp. 1-2.

30) Yi Hun-gu, *A History of Land System and Policies in Korea* (Ph.D. diss., University of Wisconsin, 1929), pp. 1-4.

31) Yi Hun-gu, "Chosôn nongch'on ûi p'ip'ye wônin kwa ki taech'aek (3)," *Nonmin saenghwal* 7, no. 7 (1935), pp. 473-74.

oping that stressed social salvation movements and the reconstruction of capitalist society.[32] Yi believed that the basic doctrine of the spirit of Christ was found in the pursuit of the economic independence of the common man.[33] Based on this sort of practice, he believed that peasant relief and a rural movement was the proper way to national revival, and Yi determined that his own role in it would be in the area of academic activities.

In March 1933 Yi became an instructor and head of the Agriculture Department of the Pyongyang Sungsil Junior College operated by the Korean Presbyterian Church, and in so doing began in earnest his academic activities in Korea. This was the time of the Great Depression and in order to overcome the crisis of capitalism, Japan contrived the Manchurian Incident, pursued the formation of the Japanese-Manchurian block, and reconfigured its colonial policy for Korea. Yi's academic activities began in this context in two directions.

He first completed an international research project that had been commissioned before he had assumed his post at Sungsil Junior College. He had been commissioned in 1929 by the U.S.-led Institute of Pacific Relations to study the land utilization and the rural economy in Korea, and he had also been commissioned by the

---

32) Lefferts A. Loetscher, *The Broadening Church : A Study of Theological Issues in the Presbyterian Church since 1869* (Philadelphia: University of Pennsylvania Press, 1954), pp. 75-80; Pang Kie-chung, *Paeminsu ûi nongch'on undong kwa sasang* (Seoul: Yonsei University Press, 1999), pp. 147-48.

33) Yi Hun-gu, "Chosôn yesugyo wa nongch'on", *Chonggyo sibo* 3 (1933), p. 14.

American Geographical Society to study the condition of settlers in the Manchurian frontier area.[34] Yi completed the bulk of this research after arriving at Sungsil Junior College, and it was published in both English and Korean.[35] This gave him recognition as a professional in the field of Chosôn agriculture in the U.S., and made him the most prominent and famous nationalist agricultural economist in the Chosôn academy.

The other avenue of academic activity was theoretical and concerned the Presbyterian rural movement, which was intimately related to the Sungsil Junior College's Agriculture Department. The Socialist peasant movement made great gains as the agricultural problem worsened in the 1920s. To counter this, nationalist forces began their own rural or movement in the second half of the 1920s. In the Christian sector, the main impetus came when Columbia University professor E. S. Brunner presented his study, *Rural Korea*, at the Jerusalem International Missionary Conference in April 1928,

34) These studies were closely related to U.S. policy for East Asia. The study commisioned by the Institute of Pacific Relations was done jointly with Yi's former teacher, Nasu Hiroshi, who was a key member of the staff of that body.

35) After the study commisioned by the American Geographical Society, "The Pioneer Belt in Manchuria with special Emphasis on Korean Settlement," was published in late 1931. It was published in Korean as Manju wa Chosônin (Pyôngyang: Sungsil chônmun hakgyo, June 1932). The Institute of Pacific Relations study, "Land Utilization and Rural Economy in Korea" was published in February 1932 and then in Korean as Chosôn nongôpnon (Seoul: Hansông tosô, June 1935).

and called for further rural activities from Korean Christianity. From this time, Christians began to actively initiate rural movements. The Presbyterians Church also established its Rural Society Bureau of the Secretariat in 1928, and from this time began its own rural movement.[36] Because Sungsil Junior College was run by the Presbyterian Church Secretariat, its Agriculture Department naturally played the role of coordinating the Presbyterian rural movement from its inception. Yi was responsible for publishing the Rural Society Bureau's official journal, *Nongmin saenghwal* (Peasant Life) and was active as a theorist providing the rationale of the Christian rural movement and national-capitalist solutions for the Korean agricultural problem.[37]

Yi's academic activities at Sungsil Junior College came to an end in the latter half of the 1930s with the rise of the Japanese military Fascist system and the intensification of thought control. In June of 1937, in relation to the Shinto Shrine Worship Order, it was decided to close Sungsil Junior College. Yi resigned his post there and took a position as managing director of the Taedong Nongch'onsa (Taedong

---

36) On the Presbyterian rural movement see: Min KyoungBae, *Hanguk kidokkyo sahoe undongsa* (Seoul: Taehan kidokkyo ch'ulp'ansa, 1987); Han Kyumoo, *Ilcheha Hanguk kidokkyo nongch'on undong* (Seoul: Hanguk kidokkyo yô ksa yôn'guso, 1997); Pang Kie-chung, *Paeminsu ûi nongch'on undong kwa sasang* (Seoul: Yonsei University Press, 1999); and Chang Kyu-sik, *Ilcheha Han'guk kidokkyo minjokjuûi yôn'gu* (Seoul: Hyaean, 2001).

37) Pang Kie-chung, "Ilcheha Yi Hun-gu ûi nongôpnon kwa kyôngje charip sasang," pp. 136-39; *Paeminsu ûi nongch'on undong kwa kidokkyo sasang*, pp. 169-74.

Rural Company), a rural enterprise institution founded by the progressive nationalist Yi Chong-man. This organization began a form of ideal village movement based on the principle of corporatism (*chohapjuûi*) that sought to establish farm collectives for the purpose of creating self-cultivating farmers and tenant farmer autonomy.[38] However, Yi could not endorse the radical collectivized farm movement's goals of group land ownership and the communal collectivization of producers and laborers, and in January 1938 he moved to the Choson ilbo, where he became editor and vice president until the paper was closed in 1940.

3. Consciousness of the Agricultural Problem and Agricultural Reform Thought

Throughout his period of training in agricultural economics in the 1920s and his academic activities in the 1930s, Yi consistently maintained that the real problem of rural society was the lack of autonomy in the rural economy and peasant life in general. This was based on a realistic awareness of the fundamental collapse of the rural economy and the view that the impoverishment of the countryside was a severe crisis and one that prohibited any hope for national revival. Accordingly, the prospects for national revival rested

---

38) Pang Kie-chung, "Ilche malgi taedong saôpch'e ûi kyôngje charip undong kwa inyôm," *Hanguksa yôn'gu* 95 (1996), pp. 157-68.

upon the discovery and resolution of the cause of the rural crisis. For Yi, this meant establishing the autonomy of the rural economy and peasant life.

This understanding of rural crisis and of the realities of Korean rural society formed the basis of Yi's small farm economic thought and his understanding of the particular nature of the Korean countryside. As was discussed above, Yi located the key to the healthy development of the rural economy in the autonomy of small farms, centered especially upon self-cultivating farms. Yi viewed the small farm as the main agent of agricultural productivity increases and the basis of a strong, locally-conscious rural leading class or rural bourgeoisie. For Yi, protecting the self-cultivating farm was the most important precondition for realizing a sound capitalist economy in the countryside, for achieving the highest level of productivity, and for putting the land to use in the best way possible.[39] In contrast, he felt that rather than being treated as the active agent of increased productivity, tenants had become a passive object of relief efforts, and landlords (particularly absentee landlords) had become social parasites that caused tenant farmers to engage in "plunder farming".[40]

---

39) Yi Hun-gu, "Nongch'on chungsan kyegûp ûi mollak kwa kû taech'aek", *Tongbang pyôngnon* 1, no. 3 (July 1932), p. 29; Yi Hun-gu, "Sojungnong ch'ôlchô chôk poho", *Nongmin saenghwal* 8, no. 3 (March-April 1936), p. 168.

40) Yi Hun-gu, "Sojak munje ûi kyôngjejôk ilgoch'al (7)," *Chosôn ilbo*, 1 September, 1927; Yi Hun-gu, "Nongch'on chungsan kyegûp ûi mollak kwa kû

This small farm economic view was supported by a small farm theory. Yi recognized that inevitably rural society would atrophy and a rural crisis would occur in the process of capitalist development, and considered this a world historical phenomenon. In particular, he saw the general causes of the worsening of the rural crisis to be the surplus production of the 1920s, the Great Depression, and the intensification of negotiated price margins (*hyôpsang kagyô kch'a*). However, he did not view the crisis, as did Marxists, as one of the inevitable decline of the small farm economy due to the polarization of the peasant class. This was because Yi's thinking was based on a small farm theory that argued that agriculture was unlike industry because self-cultivators had a innate strong resistance to and independence from external forces; therefore the rural economy had a much stronger elasticity than did the urban one.[41]

However the problem was that the foundation for the autonomy of the small farm economy itself had come to ruin. The decline of the self-cultivator, accompanied by the disintegration of land property relations and the development of the landlord system led to the bankruptcy of peasant life as the problems of tenancy and chronic household debt intensified. Yi pointed out that during the Great Depression, the amount of land under tenant cultivation reached

---

taech'aek," p. 29.

41) Yi Hun-gu, "Nongch'on chungsan kyegûp ûi mollak kwa kû taech'aek," p. 31; Yi Hun-gu, "Chosôn nongch'on ûi p'ip'ye wônin kwa ki taech'aek (1)," *Nongmin saenghwal* 7, no. 5 (1935), pp. 295-97.

56.2 percent, and while the farming population was 80 percent of the total, more than 78 percent were tenants or self-cultivating tenants, a shockingly high rate of tenancy compared to the U.S. (44%), China (36.8%) and Japan (66.7%). Tenants usually paid the unprecedented high tenancy fees of 50-60 percent and sometimes as high as 80-90 percent of the harvest. In relation to landlords, they were no better off than feudal serfs and lived constantly on the verge of starvation. This, Yi argued, was the basic nature of the rural crisis.[42] Korea's family farm economy was such that prior to the Depression, 75 percent of farm families were in chronic debt totaling 800,000,000 yen, and were subject to usury and the mortgage of their land. The rural economy was headed for total bankruptcy.[43]

What were the causes and structural conditions that provoked the tenancy problem and the decline of self-cultivators? Yi lists five factors.

The first was the landlord-centered land policy of the Japanese Government General. Yi, who had been trained in capitalist agricultural economics, recognized the landlord system as a modern capitalist economic system. This is because the existing landlord system was a socioeconomic system formed according to the development

42) Yi Hun-gu, *Chosôn nongôpnon* (1935), pp. 281-312; Yi Hun-gu, "Sojak munje ûi kyôngjehak chôk il koch'al (6)", *Chosôn ilbo,* August 31, 1927.

43) Yi Hun-gu, ibid. (1935), pp. 401-06; Yi Hun-gu, "Nongch'on ûi am, nongga puch'ae rûl ottôk'e hamyôn chôngri hal su issûlkka? (1)," *Nongmin saenghwal* 6, no. 3 (March 1934), pp. 135-37.

of capitalism and the establishment of a modern land ownership system in which the landlord and tenant engaged in the modern legal relations of letting and hiring through freely entered into contracts that determined their rights and obligations concerning land use.[44] Yi regarded the established Japanese land survey as a modern land use system, and the landlord system under Japanese rule was at least in principle also a modern one.[45] The problem was that the rights of tenants had been completely omitted from the rights and duties inherent to the modern capitalist letting and hiring system guaranteed by law. The landlord system thus reflected only the interests of landlords, and tenants suffered unprecedented tenancy fees ranging from 50-60 percent of yield, even going as high as 80-90 percent. They usually were able to contract the land for no more than a year at a time, had to pay the taxes on the land, and provided uncompensated labor for the landlord.[46]

The second problem stemmed from Japan's colonial landlord-centered policy. Japanese capitalists and large landowners operating large farms continued to accumulate land. Japan forcibly pushed through the land survey and established a modern land system as well as the system of colonial rule. As such, large capitalists such

44) Yi Hun-gu, ibid. (1935), pp. 262-63; Yi Hun-gu, "Sojak munje ûi kyôngjehakjôk il koch'al (1), (8)," *Chosôn ilbo,* August 19, September 11, 1927.

45) Yi Hun-gu, ibid. (1935), pp. 265-67; Yi Hun-gu, *A History of Land System and Policies in Korea,* pp. 55-56.

46) Yi Hun-gu, *Chosôn nongôpnon*, pp. 299-312, 323; Yi Hun-gu, "Sojak munje ûi kyôngjehakjôk il koch'al (6)," *Chosôn ilbo,* August 31, 1927.

as Touyoutakushoku, Fuji Kōgyō, and Kumamoto increasingly accumulated land, the rural middle class and small and medium landlords experienced accelerated decline. Yi argued that a fundamental reason why the tenancy problem had expanded in a single leap to become a social problem was the exploitation of tenants and the operation of large farms by Japanese capitalists—especially in the North Cholla province and throughout the rice belt in the south.[47)]

The third problem was Japan's exploitative agricultural policy and the control of rural society by finance capital in the 1920s, best seen in the Rice Products Proliferation Plan (*sanmi chûngsik kyehoek*). Yi judged this plan to be a form of imperialist state policy designed to relieve Japan's food problem. He argued that the Rice Products Proliferation Plan, which demanded increased production and agricultural improvements, was unrelated to the actual improvement of the Korean rural economy but was merely a way to benefit Japanese large landowners, and just as there can be starvation in times of plenty, created distress and hardship for Korean peasants.[48)] In particular Yi pointed to the semi-coerced implementation of irrigation association enterprises (*suri chohap saôp*) that reduced Korean landlords and peasants alike to debtors and accelerated the accumu-

---

47) Yi Hun-gu, ibid., (1935), pp. 267-75; Lee, Hoon K., *Land Utilization and Rural Economy in Korea* (Chicago: University of Chicago Press, 1932), pp. 281-89.

48) Yi Hun-gu, *ibid.*, (1935), pp. 113-16; Yi Hun-gu, "Pungnyôn kikûn ûi mogok munje," *Nongmin saenhwal* 5, no. 11 (November 1933).

lation of land by Japanese capitalism. Yi also argued that against the backdrop of this exploitative agricultural policy, colonial financial institutions such as bank and finance associations strengthened the control of capital over Korean agriculture and turned peasants into chronic debtors.

Fourth, the internal characteristic of Korean agriculture and rural society was peasant ignorance and the decline of agricultural production. Yi argued that the causes of Korean rural society meeting with crisis and the ruin of the peasant life were not just the external conditions of Japan's exploitative agricultural policy and the rule of capital. The inferiority of Korean agricultural technology and management methods and the low levels of production were also important factors.[49] The reason for this, he felt, was the 80 percent illiteracy rate among peasants. Peasant ignorance was a basic cause of rural impoverishment and peasant decline.[50] Accordingly, because a capitalist commodity economy was penetrating a rural economy that had a low level of production, it was inevitable that farm households went into worsening debt. Rural impoverishment worsened as rural society was thus subject to capitalist control—the so-called extortion of the countryside by the city—in all its aspects of production, circulation, and consumption, among other things.[51]

---

49) Yi Hun-gu, ibid., (1935), pp. 109-21, 177-81.

50) Yi Hun-gu, ibid., (1935), pp. 105-08; Yi Hun-gu, "Uri nongch'on kwa kû kyoyuk (1)," *Chosôn ilbo*, 17 July, 1926.

51) Yi Hun-gu, "Chosôn nongch'on kujech'aek e taehayô (1)," *Chonggyo sibo*

The fifth problem was one of rural overpopulation. Yi thought the correspondence of land utilization and the population problem to be of great importance. Given the underdevelopment of industry and an inadequate labor market and the fact that peasants accounted for 80 percent of the total population, the average annual population increase of 220,000 would exacerbate shortages in foodstuffs and arable land and necessarily become a factor in the decline of the rural economy.[52] Accordingly, tenant farms inevitably experienced an all-out land rent war, and the only weapon capable of winning that war was a willingness to suffer high tenancy charges.[53] In other words, Yi's interpretation was that rural overpopulation was an important structural factor in creating high tenancy charges and a sense of landlord omnipotence.

The above are Yi Hun-gu's main arguments concerning the national crisis of Korean rural society and agriculture. We have seen how he viewed the agricultural problem of this period. His solution and proposed direction for reform were based on this sort of analysis. The solutions he proposed for the agricultural problem ranged over a variety of forms, but if we accept his own categorization, then

---

(September 1933), p. 13; "Chosôn nongch'on ûi p'ip'ye wônin kwa ki taech'aek (1), (2)," *Nongmin saenghwal* 7, no. 5 (May 1935), pp. 294-97 and 7 ; *Nongmin saenghwal*, no. 6 (June 1935), pp. 374-75.

52) Yi Hun-gu, ibid., (1935), pp. 91-99, 201-08; Yi Hun-gu, "Chosôn ingu sajôk paljôn ûi yôn'gu (4)," *Tonga ilbo,* July 23, 1932.

53) Yi Hun-gu, ibid., (1935), pp. 85-87, 304-06; Yi Hun-gu, "Sojak munje ûi kyôngjehakjôk il koch'al (5)," *Chosôn ilbo,* August 30, 1927.

there are three main approaches: measures for dealing with the land problem, measures for the tenancy problem, and relief for rural society and peasants.

His plan for the land problem was the heart of his agricultural reform.[54] Without the reform of the landlord system and resolution of inequities in land property relations, the actual establishment of a rural economy centered on the self-cultivator would be impossible. Yi was steeped in a small farm theory of universal land ownership that held that for the rural economy to develop and have autonomy in a capitalist system, it was necessary for peasants to own land. Thus, while recognizing the landlord system as a modern economic one, Yi nevertheless was confident that it would have to be actively dissolved; the problem was how. Because he subscribed to the capitalist theory of private property, he fundamentally refused to recognize the revolutionary land reform theory that advocated the confiscation of land without compensation to its owners. Furthermore, he thought that the argument for carrying out land reform in one fell swoop was impractical and unrealistic given the fact that Korea was a colony.[55] Rather than the total deconstruction of the landlord system, Yi argued for gradual reform measures. He proposed gradual measures to establish cooperative association land companies

---

54) Yi Hun-gu, ibid., (1935), p. 274.

55) Yi Hun-gu, "Nongch'on chungsan kyegûp ûi mollak kwa kû taech'aek," p. 31; Yi Hun-gu, "Chosôn nongch'on ûi p'ip'ye wônin kwa ki taech'aek (3)," *Nongmin saenghwal* 7, no. 7-8 (July-August joint issue, 1935), p. 474.

(*hyôpdong chohapsik t'oji hoesa*) and enterprises for the creation of self-cultivating farms (*chajaknong ch'angjông saôp*).

Self-cultivating farm creation enterprises were a traditional land policy of capitalist states. While recognizing the private property rights of landowners, the government under these plans would sell state-owned land or parts of privately owned land to tenants, who customarily could pay off the land price in yearly installments over a fixed period. The Government-General promoted this from 1932 as a measure for dealing with the tenancy disputes of that period. While Yi generally felt that this was the most desirable means for resolving the worst land problems, he was skeptical about the effectiveness of the Government-General's implementation of it, as it was done only for appearances.[56)]

Cooperative land companies were conceived as an alternative measure because Yi was disappointed with the Government-General's land policy; they were intended as a solution to the land problem that Koreans themselves could implement. The gist of the plan was to take advantage of the merits of capitalism and make full use of large capital and rural petty capital and form land companies that would promote cooperative land management enterprises, with the profits being returned to the rural petty and small capitalist investors.[57)]

---

56) Yi Hun-gu, ibid., (1935), p. 334.

57) Yi Hun-gu, "Chosôn nongch'on ûi p'ip'ye wônin kwa ki taech'aek (3) (4) (6)," *Nongmin saenghwal* 7, no. 7-8, 10, 11 (July-August, Ocotober, November 1935).

These companies would buy land cheaply from landlords and divide it into small parcels, and then sell it to diligent, landless peasants who would repay their mortgage over a 20-30 year period, thereby creating self-cultivating farms. The company could also directly reclaim uncultivated land as another means of creating self-cultivating farms.

Yi's measures for dealing with the tenancy problem focused on the tenancy customs of the landlord system. As discussed above, Yi considered landlord omnipotence and rural overpopulation the most important causes of the worsening tenancy problems. Accordingly, he felt that the most effective policy was to legislate changes in the tenancy system and confront the problem of rural overpopulation.

Yi realized the landlord system was based upon modern contractual relations premised upon the right to private property, and felt its institutional improvement would resolve the inequities and irrationalities to a certain extent. Enacting a tenancy law would restrict the harsh exploitation and accumulation of land by large landlords and stabilize the lives of the peasant class. The central element of a tenancy law would be the rational determination of rents and contract periods. Yi felt that rents should be established as they were in the West and set at a rate that fairly reflected the production contribution of both landlord and tenant. Yi estimated a fair rate would be 30-40 percent of yield.[58] As far as the tenancy con-

58) Yi Hun-gu, "Sojak munje ûi kyôngjehakjôk il koch'al (3), (4), (8), (9)," *Chosôn ilbo*, 28, 29 August, 11, 12 September, 1927; Yi Hun-gu, "Sunapki wa sojangnyo munje," *Nongmin saenghwal* 8, no. 9 (November 1936), pp. 637-39.

tract period, which was one cause of the practice of plunder farming, Yi argued that tenants should be guaranteed terms of at least five years in order to allow for secure farm management practices.[59]

Yi proposed the emigration of peasants into the cities and the transfer of farming to land in Manchuria and China as a solution to the problem of rural overpopulation. Of course, the emigration of peasants into the cities was predicated upon the development of urban industries' ability to assimilate rural labor power. Yi saw that under the domination of Japanese monopoly capital, Korean capital and technology remained inferior and so had poor prospects. Despite this, he felt that given Korea's geographic situation, it had potentially unlimited markets in China, Manchuria and Japan. Thus there existed at least the possibility for development, and so the emigration of the rural population into the cities had to be actively considered.[60] Yi argued by extension for the export of agriculture. Although such things as Manchuria's political situation and racial prejudice in China were obstacles, Yi considered that to the extent it was a life and death problem for Korea, investing in those areas had a high value as a solution to Korea's agricultural problems and would advance the Korean economy considerably.[61]

---

59) Yi Hun-gu, ibid., (1935), pp. 307-08.

60) Yi Hun-gu, ibid., (1935), pp. 60-65; Yi Hun-gu, "Oerae chabôl ûi t'ûyong kwa kyôngje kigu naeyong kômt'o," *Tonga ilbo,* June 3, 1936.

61) Yi Hun-gu, "soron," *Manju wa Chosôn'in*; "Manju nongôp e kwanhan iyagi myôt kkaji," *Nongmin saenghwal* 8, no. 2 (February 1936), pp. 103-05; Yi Hun-gu, "Nongch'on kwa imin munje," *Nonmin saenghwal* 9, no. 3 (March 1937).

Yi's measures for the relief of peasants and rural society involved a variety of remedies geared to improving farm household accounts (*suji*), which would resolve farm household debt and elevate peasant lifestyles. Yi felt that a major cause of the impoverishment of rural society in Korea was the chronic debt and worsening ratio of income to expenses for farm households, which followed low productivity and the squeezing of the countryside by urban industrial capital. Yi thought it would be impossible to elevate peasant lifestyles and remedy the rural crisis without solving the problem of farm household debt. Yi proposed three major relief measures.

One measure was a variety of farming improvements intended to increase productivity and augment farm household earnings. These included the application of scientific techniques and the development of agricultural technology, the conversion of a rice-centered monoculture into the raising of diverse crops, and the resurrection of rural handicrafts and farm household by employments. Yi also pointed to the self-reliance of self-cultivators and the importance of cutting expenses to improve household accounts.[62] Another measure was establishing cooperative associations to provide the peasant organizational basis crucial to agricultural and farm management

62) Yi Hun-gu, "Chosôn nongch'on kujech'aek e taehayô (3)," *Chonggyo sibo* (December 1933), pp. 17-18; Yi Hun-gu, Chosôn nongch'on ûl ôttôk'e hamyôn chinhûng halkka?," *Nongmin saenghwal* 6, no. 4 (April 1933); Yi Hun-gu, "Yôngnong pangsik ûi kaeryang ûl chech'angham," *Nongmin saenghwal* 9, no. 5 (May 1937).

reform. Yi argued that the best way for rural society and peasants in a capitalist system to obtain economic independence and to minimize the exploitation of capitalist middlemen was to form peasant self-preservation cooperative associations and to operate farms and distribution projects collectively.[63] The final relief measure was the promotion of peasant education and rural enlightenment. Yi believed that the internal cause of low agricultural productivity was peasant ignorance, and therefore the key to the rural problem was peasant education and rural enlightenment. An implicit criticism of colonial education policy, Yi's position strongly argued for implementing additional agricultural education along the lines of a Denmark-style public high school, which would crack the hold of feudal ideas in the countryside and train a rural middle class (*chunggyôn ch'ûng*) to take the lead in solving the rural problem and increasing productive power.[64]

Yi consistently held that the basic remedy for the rural crisis was the creation of an autonomous small farm economy centered upon

---

63) Yi Hun-gu, "ûibong ûi ch'ôrhak", *Nongmin saenghwal* 5, no. 8 (August 1933); Yi Hun-gu, "Nongmin kaengsaeng ûi kihoe rûl p'och'ak haja," *Nongmin saenghwal* 7, no. 11 (November 1935); Yi Hun-gu, "Nongch'on kyônggi wa nongmin ûi kaksông," *Nongmin saenghwal* 9, no. 4 (April 1937).

64) Yi Hun-gu, "Uri nongch'on kwa kû kyoyuk (2)," *Chosôn ilbo*, 18 July, 1926; Yi Hun-gu, "Nongch'on ch'ôngnyôn ege ponaenûn na ûi hûimang," *Nongmin saenghwal* 8, no. 4, April 1936; Yi Hun-gu, "Nongch'on kyoyuk munje e taehayô," *Nongmin saenghwal* 8, no. 7 (September 1936).

the self-cultivating farm. Yi made clear his small farm agricultural theory was intended for a capitalist system.[65] However, he did not advocate a form of capitalism that endorsed the landlord system and the rule of monopoly capital, but instead upheld a small farm-based anti-monopoly capitalism. Yi sought to remedy the landlord-centered agricultural system in Korea where the landlord enjoyed every privilege and the self-cultivator was brought to ruin. Yi also sought to remedy the industry-centered monopoly capitalist system that sacrificed the countryside. The subject of capitalist development was for Yi not the landlord or monopoly capital, but the rural middle strata of autonomous small farms. Yi's small farm agricultural reform theory was grounded upon a revised capitalism that was anti-monopolist and took the perspective of the petty bourgeois class.

The gist of Yi's small farm agricultural reform plan was to establish a small farm-based capitalist, rural economy by awakening peasants to class cooperation as well as rectifying the monopoly capital and landlord system. This was to be achieved through a state-led social policy and a planned economy farm administration (*sahoe chôngch'aek chôk tongje kyôngje nongjông*). This reformist idea of gradual social improvement achieved within the capitalist system was a natural outgrowth of Yi's academic training. Yi's understanding of agricultural economics was based on capitalist land ownership and land use theories, and involved a theory of social policy for

---

65) Yi Hun-gu, "Chosôn nongch'on ûi p'ip'ye wôn'in kwa ki taech'aek (3)," *Nongmin saenghwal* 7, no. 7-8 (July-August 1935), pp. 473-74.

farm administration in which the landlord problem was not an issue of productive relations, but the result of an irrational monopoly that heavily favored the landlord. Yi accordingly felt that the agricultural problem could be solved through state regulation and mediation based upon the principles of economic rationalism, class cooperation, and the importance of collaborative associations (*hyôpdong chohapjuûi*).

However, Yi resolutely opposed socialist revolutionary theory and its call for the fundamental upheaval of social and economic structure. Yi criticized as delusional the socialist argument for land redistribution grounded on Marxist agricultural theory, which he felt could never be accomplished, and even if it were, couldn't guarantee the relief of rural society.[66] As illustrated in his views of land utilization and demographic theory, Yi's agricultural economic ideas were fundamentally distinct from Marxist ones. In the 1930s, the Marxist and national-capitalist camps came into acute conflict over the future of the nationalist movement and their understanding of the agricultural problem. Yi stood clearly on the anti-socialist and anti-Marxist side of issues at that time.[67]

Related to this sort of intellectual position, Yi's agricultural improvement plans were entirely reformist in nature. Though Yi subscribed to a small farm agricultural economic thought and actively

---

66) Ibid.

67) On intellectual currents in the 1930s, see Pang Kie-chung, *Han'guk kûnhyô ndae sasangsa yôn'gu*, pp. 85-100.

sought the dissolution of the landlord system and the autonomy of the rural economy, he opposed radical dissolution of the landlord system through land reform as not only unrealistic but leading to pain and sacrifice. Instead, Yi advocated all kinds of gradualist remedies, beginning with his self-cultivating farm creation plan.[68] Yi's self-cultivator farm creation plan, which was to be implemented within the landlord system, could not be expected to be effective, and this can be clearly seen in Government-General policy. And his alternate plan to establish land companies could never be realized without the fundamental participation and cooperation of capitalists and landlords.

This sort of reformist disposition is even more visible in the fact that his agricultural remedies were founded upon the notion of class cooperation. Yi argued that the socialist-affiliated Red Peasant Union movement and tenancy disputes would only exacerbate tenant class-consciousness and inter-class conflict, and therefore were harmful to creating a sound rural economy. Instead, Yi advocated rational solutions and cooperation between landlords and tenants.[69] Of course,

68) This argument can be found in his approach to the theory of land reform of *Silhak*. For example, Yi only mentioned and highly praised Jôngjônnon based on his advocacy of private land ownership and the theory of small farm administration without mentioning radical Yôjônnon, who argued for non-compensated confiscation and a collective farming system when he evaluated the agricultural reform thought of Chông Yag-yong. Yi Hun-gu, "Nongjônghak sang ûro bon Tasan sônsaeng," *Chosôn Ilbo*, July 16-17, 1935.

69) Yi Hun-gu, ibid., (1935), pp. 299, 323-25, 331; Yi Hun-gu, "Sojungnong ûi

Yi saw peasant solidarity and cooperative organizations as the principle means to peasant relief and rural development. Yet these were not peasant movement organizations opposed to landlords and colonial policy. They were, on the contrary, movements for enlightenment and economic autonomy that sought to increase production and which were passive in their stance towards monopoly capital. The operating principle of the cooperative associations Yi proposed was the cooperation of labor and capital. Yi's agricultural reform plan was not a peasant movement theory but was rather a theory of economic autonomy and a plan for rural relief, and its actual implementation by the Christian rural movement was in the form of a rural movement rather than a peasant movement. This is because Yi, with his petty bourgeois view of the peasant and his cooperativist practice (*chohapjuûi chôk silch'ôngwan*), viewed the peasant not as the subject of the movement but as the ignorant object of enlightenment.

With the principle of class cooperation, the small farm agricultural economic policy of the state was the most important one among Yi's agricultural remedies. It was his academic opinion that the only possible way to resolve landlords' omnipotence was the state policy of small farm agricultural economy if the subjective power of peasants could not be expected. The remedies for agricultural reform he proposed could not be carried out without Japanese and the Government-

Ch'ôlchô chôk poho," *Nongmin saenghwal* 8, no. 3 (March-April 1936); Yi Hun-gu, "Sunapki wa sojangnyo munje," pp. 639-40.

General's administrative power. Herein lies the dilemma and limits of his agricultural reform theory. The dilemma inevitably arose from the gap between his nationalistic sense of value opposing Japanese colonial control and his agricultural remedy to seek impetus through the systemic control of the state to resolve agricultural problems. And it was deepened by the realistic factor of the agricultural control policy of the Government-General in 1930s.

As is well known, the Government-General had known the serious problem of Chosôn agriculture and recognized that it was the basic background of spreading the socialist peasant movement. Thus they acknowledged it would be difficult for Japan to stabilize her ruling system in Korea unless the structural contradiction of Korean agriculture was relieved and peasants' complaints pacified so that rural society was stabilized.[70] This was the background for the Government-General promoted Rural Society Improvement Movement (*Nongch'on Jinhûngundong*) in accordance with the agricultural control policy under the slogan of 'self revival' (*Jaryôkgaengsaeng*) and 'capitalist-labor cooperation' (*Nojahyôpcho*) ideology from 1932. This policy also made Korean people the subject of the Japanese emperor (*Hwangminhwa*), moving from a so-called '*naesonyunghwa*' to '*naesonilche*'. Accordingly, most Korean peasants and the entire agricultural nationalistic movement were dismantled or merged into

70) Chōsen Sōtokuhu Keimukyoku, *Chōsen no chianjyōkyō*, 1930, Nōminundōkō; Ugaki Kazushige, *Ugaki Kazushige Nikki*, vol. 2 (Tokyo: Misuzushobō, 1972), pp. 932, 949-50.

the Rural Society Improvement Movement by the government from the late 1930s onward. In the process, some intellectuals and rural society activists who hoped for the economic autonomy of small farmers cooperated or actively corresponded with the policy of the Government-General, and collaborated with Japan.[71)]

Yi Hun-gu argued that the ideology of the agricultural control policy of the Government-General was very similar to the ideas of small farm agricultural economic thought and cooperative agricultural reform. However, the agricultural control policy of the Government-General could not be "self-revival measures" for Korean peasants in relation to the structural nature of Japanese capitalism and of the colonial policy in Korea. The basic nature of that policy was to control peasants and their thoughts in order to prevent nationalistic resistance, preserving the landlord ruling systems and relieving the class conflicts of rural society partially deepened by the control of landlords. It was also a preparatory maneuver to make Korea a supply base to prepare for the invasion into China to break through the systemic crisis of Japanese capitalism.[72)]

---

71) Pang, kie-chung, "Ilche Malki Daedong saôpch'e ûi Kyôngje charip undong kwa inyôm"; Pang, Kie-chung, 1930nyôndae Mulsan jangryô undong kwa minjok jabonjuûi kyôngje sasang," *Tongbanghakji* 115 (2002), pp. 88-94.

72) Kim Yong-sop, ibid., pp. 419-36; Pang Kie-chung, *Han'guk Kûnhyôndae sasangsa yôn'gu*, pp. 208-16; Jung Tae-hern(Chông T'ae-hôn), "1930nyôndae sikminji nongôp jeongchaek ûi songgyôk jonhwan e kwanhan yôngu," *Ilchemal Chosôn sahoe wa minjok haebang undong* (Seoul: Ilsongjông, 1991); Chung Youn-tae(Chông Yôn-t'ae), "Ilche ûi han'guk nongji jeongchaek" (Ph.D.

In the end, national economic independence of Korean peasants was impossible under colonial control. At this time, the agricultural problem could not be resolved through social reformist remedies or Japanese agricultural policies to control her colony. To recover the rural economy and peasants' life, what was needed was to establish a fundamental remedy to tenant problems and resettle the overall production relations. Therefore, for the genuine economic independence of rural society and peasants, it would be possible only when national liberation was accomplished and the democratic agricultural reform was implemented by the new Korean state.

Yi was also well aware that the agricultural control policy of the Government-General could not be a practical resolution for Korean peasants under colonial control. He was basically skeptical of the policy of the Government-General and did not cooperate with the Rural Society Improvement Movement. However, he had a measure of hope for the promulgation of the Chosôn Farm Land Law in 1934 and the Hirota Military Cabinet's championing in 1936 of a planned economy and a small farm party platform.[73] It was natural for him to waver due to the nature of his ideas of agricultural reform and remedies; that was the dilemma of his social reformist economic

---

diss., Seoul National University, 1994), Chapter 3.

73) Yi Hun-gu, "Chosôn nongjiryông ûi sihaeng kwa chiju wa sojakin ûi kaksông," *Nongmin saenghwal* 6, no. 10 (October 1934), p. 603; "Chinagan illyôn ûl hoego hago nongmin saenghwal ûi singukmyôm ûl jôngae haja," *Nongmin saenghwal* 6, no. 12 (December 1934), pp. 703-704; "Sojungnong ûi ch'ôlchô chôk poho," p. 170.

thought and the limits. Although he was wavering between his economic ideas and the policy of the government, he never collaborated with the Government-General and chose retirement, a passive resistance way of life, just before the Pacific War when the wartime Fascist system intensified. This was due to his nationalistic sense of value associated with his social reformist economic thought.

4. Conclusion

Yi's small farm theory of agricultural reform sought to rectify monopoly capitalism and the landlord system associated with it by awakening peasants to class cooperation and through a planned economy farm administration. It sought national economic autonomy and the resolution of the rural crisis by establishing a small farm-based capitalist rural economy. This agricultural reform theory was a form of social reform that sought to gradually reconstruct the colonial capitalist system dominated by landlords and Japanese monopoly capital. Yi's national-capitalist values and social consciousness were shaped by his Confucian upbringing and Christian social experience and were confirmed through his training in social reform, agricultural economics in Japan and the U.S.

The agricultural economic reform theory Yi was exposed to at Tokyo Imperial University and the University of Wisconsin was one that clung to the capitalist notion of property and sought to establish a small farm economy through state regulation of land ownership and by limiting the influence monopoly capital had on the countryside. The guiding principles for that regulation and autonomy were economic rationalism, class cooperation, and the establishment of cooperative associations. However, given the colonial situation whereby the Korean state had lost its sovereignty, it was difficult for this sort of agricultural reform theory to obtain results by working within the system. Insofar as Yi's agricultural reform theory could not internalize the nationalist aspiration for national liberation and for the seizure of state power, it would be hard for him to realize his dream of a nationally autonomous small farm economy. In the end, Yi's logic, which espoused small farms and an ideology of class cooperation, could not be assimilated or subordinated to Japan's colonial planned economic agricultural policy.

Yi Hun-gu's agricultural reform theory was not merely an individual project but was adopted as the rationale of the Christian rural movement, and so was at the heart of nationalist-capitalist debates. For this reason it is very relevant to our understanding of the politics of the nationalist movement in the 1930s. The agricultural reform plan proposed by Yi was in many ways substantially the same as the rural relief proposals made by nationalist intellectuals and organizations, but Yi put greater emphasis on the problems of land ownership and the distribution of wealth (*punbae munje*), and actively sought to substantiate his small farm economic ideology. In particular, his recognition of the essence of the rural crisis as a problem both of land ownership and the distribution of wealth (*punbae*) shows us that he had, for a national-capitalist intellectual, a relatively thorough approach to Korea's agricultural problems in this period. Yi not only sharply criticized the socialist argument for a revolutionary peasant movement and land reform, but he also became a spokesman for the national-capitalist camp who raised the debate concerning the agricultural problem to its highest level. As such, Yi stood as the representative agricultural theorist for the national-capitalist camp.

After liberation, Yi's state-building activities and political path grew from this sort of agricultural reform thinking and was its practical substantiation. Because Yi had already been recognized by the American academy and government as a capable agricultural economist, he was appointed chief of the Agricultural Affairs Bureau by the Occupation Government and oversaw South Korean agricultural policy and put it in practice. During the state-building period, he became a member of the legislative assembly and played an important role in establishing an agricultural reform plan for South Korea as a member of the Agriculture and Forestry Committee. With respect to the overall situation at that time—that is to say, one in which the united democratic nation-state building movement was broken-down and the divided-nation state system was established—we can say he sold out to the project of capitalist state building with the American Occupation Government and the right wing against the socialist state building movement of the left wing after liberation.

However, Yi actively sought the autonomy of the national economy and wanted to build an anti-monopoly capitalist state on the basis of the dissolution of the landlord class and a secure small farm economy. He therefore was not able to go along with the political position of the Korean Democratic Party (*Hanmindang*), which represented the interests of the landlord class, or with Syngman Rhee's pursuit of dependent capitalist development. Although the liberation from colonialism intensified ideological conflicts in terms of determining the way to establish a new nation-state and political interests, Yi devoted himself to his economic thought even more than in the colonial period and his ideological nature became more reformist. This is the reason why Yi supported the legislative assembly's (June, 1947 - April, 1948) land reform bill planned by the centrist faction (*Chungganpa*) with the cooperation of the American Occupation Government, after the South Korean government was established, and why he actively led the Agricultural and Forestry Bureau's agricultural land reform bill, which represented the interests of peasants against the Korean Democratic Party, who represented the interests of the landlord class.[74] Also, he actively participated in the anti-despotism democratization and reformist party move-

74) Refer to Pang Kie-chung, "Nongji kaehyôk ûi sasang chônt'ong kwa nongjông inyôm," *Nongji kaehyôk yôn'gu* (Seoul: Yonsei University Press, 2001), pp. 112-27. Yi did his best to represent the peasants' interests on the land reform bill against the Korean Democratic Party establishing the Korean Laborer-Peasant Party(Daehan Nonongdang) and submitting an independent land reform bill.

ments and played a leading role with the progressive political group beginning in 1959 when Syngman Rhee and his government propelled dependent economic and agricultural policies that represented the interests of the capitalists while sacrificing the interests of the rural society and peasants. In the end, his small farm, anti-monopoly economic thought joined with progressive nationalism, resisting the conservative anti-communist nationalism, that had become the mainstream political ideology of the South after the national division. Here, we can find the modern meaning of Yi Hun-gu's economic thought of the Japanese colonial period in the context of Korean modern political intellectual history.

(출전: *Seoul Journal of Korean Studies* 19, Institute of Korean Studies, Seoul National University, 2006.)

제3부

배민수론

I. 일제하 배민수의 농촌운동과 사상

II. 일제하 배민수의 기독교 농촌운동론

III. 편자 서문 — 福音主義와 基督教 農村運動 —

일제하 배민수의 농촌운동과 사상

1. 연구의 성격과 목표

이 발표는 근현대 한국기독교사, 민족운동사에 커다란 족적을 남기고 연세대학교 발전에 공헌한 裵敏洙의 삶과 사상을 기념하기 위한 학술사업의 하나로서 준비된 것이다. 본인에게 주어진 연구과제는 '배민수의 기독교 농촌운동'으로서, 그가 평생을 두고 심혈을 기울였던 기독교 농촌운동과 그 사상을 학문적으로 정리함으로써 그의 삶과 사상이 지니는 역사적 의미와 현대적 의의를 조명하려는 것이다. 즉, 이 연구는 한국기독교사의 한 단면을 살피는 데 그치지 않고, 나아가 한국 근현대사에서 대단히 중요한 비중을 차지하는 농업·농촌문제의 역사적 추이와 성격을 한 기독교인의 농촌운동과 사상을 통해 접근해본다는 한국 근현대 농촌운동사·사상사 연구의 일환이다. 더불어 이와 같이 농촌사회를 구원하기 위해 헌신한 한 농촌운동가의 실천적 사례를 역사적으로 조명하는 작업은, 오랫동안 고난의 길을 걸어왔고, 특히 최근 UR(Uruguay round) 문제와 관련하여 심각한 존립 위기에 처해 있는 한국 농업문제의 극복 방안 모색에도 조그만 도움이 될 수 있을 것이다.

배민수는 크게 두 단계에 걸쳐 왕성한 농촌운동을 전개하였다. 그 첫

단계는 일제 강점기인 1920 · 30년대였고, 둘째 단계는 6.25전쟁기부터 타계할 때까지인 1950 · 60년대였다. 두 시기 한국의 농업 · 농촌이 처한 시대적 조건과 환경이 달랐던 만큼 농촌운동의 성격과 과제도 서로 같을 수 없는 것이지만, 그러면서도 두 시기 상호간에는 그 맥락이 관통되고 있는 기본 문제가 존재하였다. 그것은 농촌의 피폐와 농민의 경제적 열악이었고, 이에 대한 농촌경제 · 농민생활의 진흥과 자립화 문제였다. 다만 앞 시기에는 그것이 이민족의 강점하에서 진행되는 민족적 수탈과 지주제 문제를 중심으로 전개된 반면, 뒷 시기의 그것은 농지개혁에도 불구하고 농촌문제가 해결되지 못하고 특히 자본주의 산업화 과정에 의해 농업 · 농촌이 더욱 소외되는 데에서 발생하는 문제라는 점에 서로 차이가 있었다. 이러한 한국 근현대 농업 · 농촌문제의 소재와 관련하여 두 시기에 걸친 배민수의 농촌운동과 사상 역시 기본적으로 일관된 내용을 가지고 있었다. 말하자면 1950 · 60년대 농촌부흥사업과 '三愛學院' 운영을 통해 그가 제시한 기독교 농촌운동관과 그 실천론은 일제 강점기 가혹한 시대적 조건 속에서 전개된 농촌운동 과정에서 이미 확립된 것이다. 따라서 그의 농촌운동 사상을 체계적으로 이해하기 위한 가장 기초적인 절차는 일제 강점기 그의 농촌운동 활동을 정리하는 것으로, 본 발표는 이러한 의도에서 준비된 것이다.

2. 일제하 농업문제와 농민 · 농촌운동

일제하 한국 농업 · 농촌문제는 무엇보다도 토지문제를 중심으로 상호 인과적 관계에서 발생하고 있는 세 가지 양상에 집약되고 있었다. 하나는 지주 · 자본가 계층의 토지겸병의 성행, 곧 지주제 확대와 이에 따른 토지소유의 극심한 불균등 현상이었다. 지주제의 확대는 이미 한말 이래 진행된 것이지만, 일제하에서는 일제의 수탈적 농업정책과 관련하여 더욱 발달하였다. 당시 일제는 한국을 자국의 자본주의를 발전시키기 위한 원료 및 노동력 수탈지, 상품시장으로 지배한다는 일관된 목표하에 1910년대 토지조사사업, 1920년대 산미증식계획 등 일련의 수탈농정을 추진하였다. 그런데 이러한 농정책은 지주제, 지주층을 기반으로 강행되었다. 일본 자본주의는 본시 지주제를 한 축으로 삼고 있어서 일제는 지주제를 통해, 지주층을 지원하는 가운데 한국농업을 지배하고 그 생산물을 수탈하였다. 그것은 물론 일본인 지주·자본가를 위주로 한 것이나 한국인 대지주에게도 그 혜택을 나누어줌으로써 이들을 식민통치의 협력자로 삼고자 하였다. 이에 따라 일본인 지주·자본가와 일부 한국인 지주층의 토지겸병이 성행하여 기업적인 대농장제

〈표〉 토지겸병과 농민층분해 추이 (단위: 호(戶), %)

연도	지주(갑	지주(을)	자작농	자·소작농	소작농	기타
1917	15,485 (0.6)	57,713 (2.2)	517,996 (19.6)	1,061,438 (40.2)	989,362 (37.4)	- -
1922	17,157 (0.6)	81,926 (3.1)	534,907 (19.7)	971,877 (35.8)	1,106,598 (40.8)	- -
1927	20,737 (0.8)	84,359 (3.0)	519,389 (18.7)	909,843 (32.7)	1,217,889 (43.8)	29,131 (1.0)
1932	32,890 (1.1)	71,923 (2.4)	476,351 (16.3)	742,961 (25.4)	1,546,456 (52.7)	60,407 (2.1)
1939			539,629 (17.8)	719,232 (23.8)	1,583,358 (52.4)	181,914 (6.1)

출전: 朝鮮總督府 農林局 『朝鮮農地年報』

비고: 지주(갑)은 전부 소작을 주는 자주, 지주(을)은 일부 소작을 주는 지주, 기타는 화전민과 농업노동자를 합한 것.

가 발달하였고, 많은 농민들은 토지를 잃고 소작농으로 전락하였다(표 참조). 일제 농정책은 이른바 '耕者有田' 정신에 입각한 농민층의 보호 육성이나 농민생활의 안정과는 근본적으로 거리가 먼 것이었다.

다른 하나는 이와 같이 지주제가 발달하는 가운데 전 농민의 7~8할에 달하는 소작농민들이 고율소작료와 과다한 조세부담에 시달리며 기아선상에서 허덕이고 있는 농민생활의 피폐화 현상이었다. 소작료는 보통 생산물의 50~70%에 이르는, 세계 어느 곳에서도 그 유례를 찾아보기 힘든 고율이었다. 여기에 지주들은 지세 · 공과금과 비료대 등 각종 부담을 소작인에게 전가시켰다. 이러한 가혹한 수탈은 일제 당국의 지원을 받고 있는 일본인 농장에서 더욱 심하였다. 대부분 영세농인 소작농들은 적자생산을 하는 것이 보통이었으며, 설사 적자를 면하더라도 봄이 되면 벌써 양식이 떨어져 기아에 시달리는 것이 일반이었다. '饑餓豊年' 현상에 단적으로 나타나듯이 특히 1920년대 말 대공황기 이후 이 양상은 더욱 심화되었다. 그러나 농민들은 소작지라도 경작하기 위해 이러한 과다한 부담과 기아를 감수할 수밖에 없었다. 여기에서 탈락할 경우 그들을 기다리는 것은 이농이었다. 당시 고향을 등지고 화전민이 되거나 만주나 중국, 일본, 심지어 시베리아까지 유리하는 농민이 계속 증가하고 있었던 것은 이러한 농촌현실을 배경으로 하는 것이었다.

이상과 같이 지주제를 중심으로 하는 일제하 농업 · 농촌문제의 심화는 자연 소작쟁의 등 생존을 위한 농민들의 저항을 야기하였다. 이른바 농민운동의 발달이었다. 朝鮮勞農總同盟(1924), 朝鮮農民總同盟(1925) 등이 결성되었고, 농민들은 농민조합을 만들어 조직적으로 소작쟁의를 전개하였다.[1] 소작쟁의는 일본인 농장에서 빈번하였는데, 이는 이 시

1) 농민들이 주장하는 요구조건은 일반적으로 ①소작권 박탈 문제, ②고율소작료 문제, ③각종 공과금 전가 문제, ④마름의 중간수탈 문제 등의 시정이었다.

기 농업문제가 단순한 경제문제가 아니라 민족문제의 연장임을 의미하였다. 특히 농업문제를 심화시킨 주 요인이 일본인 지주 위주의 정책을 강행하고 있는 일제 당국의 수탈농정에 있었기 때문에 농민운동은 반일적 민족운동이라는 정치적 성격을 갖지 않을 수 없었다. 그런데 또한 농민운동은 사회주의 사상에 영향을 받는 경우가 많았으며, 이 경향은 대공황기에 이르러 더욱 증대하였다. 농민들은 자신들의 비참한 처지가 일본 자본주의의 주체인 지주·자본가들의 토지겸병에 기인한다고 보고 이들에 대해 적대의식을 가지고 있었기 때문에 자연스럽게 반자본주의 사상을 자신들의 운동이념으로 받아들였다. 그리하여 당시 사회주의자들은 농민조직과 운동에 큰 영향력을 발휘하면서 그 운동의 방향을 사회주의 사회를 건설하기 위한 계급투쟁으로 지도해나갔다.

이러한 양상은 1920년대 주로 사회·문화운동이나 계몽운동을 통해 민족의 각성과 독립의 역량을 강화하는 데 주력한 민족주의 세력에게 큰 충격과 자극을 주었다. 더욱이 농민이 전 인구의 8할을 차지하는 현실에서 민족의 갱생과 해방에 대한 전망은 피폐한 농촌과 농민생활을 구제하지 않고서는 불가능한 것이었다. 그리하여 민족주의 진영은 1920년대 후반부터 농업·농촌문제를 해결하기 위한 적극적인 농민운동·농촌운동을 전개하였다. 예컨대 천도교에서는 朝鮮農民社를 중심으로 농민계몽운동, 야학운동, 共生組合運動, 공동경작운동 등을 추진하여 농민의 권익 옹호와 경제자립을 도모하고 교세 확장을 꾀하였으며, 일본유학생 출신인 일부 지식인들은 協同組合運動社를 설립하여 협동조합 조직을 위한 계몽운동을 전개하였다. 그간 주로 선교사업과 사회봉사활동에 주력하던 기독교 역시 농업·농촌문제의 심각성을 인정하고 조선중앙기독청년회(YMCA), 장로교 농촌부, 교회 등을 중심으로 농민의 자립과 농촌진흥을 위한 계몽·교육운동, 생활개선과 절제운동, 협동조합운동, 이상촌건설운동 등을 전개하였다. 그리하여 대공황기인 1920년대 말에서 1930년대 전반에는 좌우 이념적 대립과 '농민획득경쟁'의 양상을 동반하면서 각종 농민운동·농촌운동이 광범하게 전개되었다. 배민수가 농촌운동에 투신하여 농촌문제의 기독교적 해결을 통해 민족의 앞날을 전망하게 되는 시대적 배경은 이러하였다.

3. 농촌운동에의 투신과 장로교 농촌부 활동

배민수가 농촌문제에 관심을 갖고 농촌운동을 접한 것은 1920년대 후반 崇實專門 재학 중이었다. 주지하는 바와 같이 의병운동에 참여하다 순사한 부친의 영향으로 남달리 투철한 민족의식을 배우며 성장한 그는 이미 10대 후반부터 서북지역의 애국기독청년들과 함께 민족운동을 시작하였다. 大韓國民會 朝鮮支部 활동과 3·1운동 당시 성진시위운동을 주동한 혐의로 두 번의 옥고를 치른 사실에서도 잘 나타나듯이, 그의 청년시절은 대단히 투쟁적이고 비타협적이었다.

그러나 1920년 두 번째 옥고를 치른 뒤 이러한 그의 성향과 기질은 변화를 맞이하였다. 출옥 후 그는 복음전도 활동에 전념하는 가운데 臨政 독립운동의 현황을 살피고 민족운동의 새로운 방향을 모색하기 위해 1923년, 4개월간 중국을 여행하였다. 여기에서 그가 목도한 것은 민족지도자들의 분열이었다.[2] 큰 실망을 느낀 그는 민족독립은 힘겨운 장기적 투쟁을 요한다고 보아 그 준비를 위해 학업을 계속할 것을 결심

2) 이른바 1923년 1월 3일부터 장장 6개월 동안 진행된 上海 國民代表大會에서 臨政 改編과 운동 방향을 둘러싸고 벌어진 創造派, 改造派, 臨政固守派 간의 대립과 분열을 말한다.

하고 숭실전문에 입학하였다. 민족운동에 대한 그의 입장은 이전에 비해 온건하면서도 정신적인 방향으로 전환하고 있었던 셈이었다. 이러한 변화 속에서 그는 그의 정신적 스승이라 할 수 있는 曺晩植을 만나게 되었고, 이것이 농촌운동에 투신하는 직접적 계기가 되었다. 당시 YMCA 평양총무이자 교육자로서, 가장 잘 알려진 서북지역 민족운동가였던 조만식은 일제에 대한 직접적 정치투쟁보다는 경제적, 문화적, 정신적 실력양성운동을 주도하고, 그 일환으로 농촌의 생활개선과 경제적 자립을 위한 계몽활동을 전개하였다.

조만식과 교류하면서 그는 간디식의 무저항·불복종주의가 민족운동의 적극적인 방법일 수 있다고 생각하였고, 또한 극도의 생활고에 시달리는 농민을 자립할 수 있게 농민을 교육시키고 농촌을 개혁하는 농촌운동 역시 민족운동의 한 길임을 자각하였다. 특히 그는 거세지고 있는 사회주의자들의 반기독교운동과 농촌 침투에 대응하기 위해서도 농촌문제 해결을 통한 기독교 선교가 필요하다고 보았다. 그리하여 조만식과 더불어 평양근교 농촌을 순회하며 강연활동에 참여하는 한편, 몇몇 동료 후배들과 함께 조만식의 집에서 매주 회합하면서 농촌운동에 대한 전망을 모색하였다. 이러한 작업을 통해 그가 崇專을 졸업한 1928년에는 이후 장로교 농촌부 농촌운동의 핵심 그룹이 되는 '基督教農村硏究會'가 기독교 사회주의의 실현을 표방하며 조직되었다.[3] 더욱이 1928년은 기독교 농촌운동이 비로소 조직적, 이론적 체계를 갖추며

3) 이 연구회는 農友會라고도 하였는데, 여기에 참여한 인물들은 정확히 알 수 없으나, 농촌부 설립을 주도한 鄭仁果, 숭전 후배로서 배민수와 함께 농촌부 활동에 핵심적인 역할을 하는 劉載奇, 朴鶴田, 金聲遠 등도 이 회합의 일원이었을 것으로 추측되며, 1920년대 전반 기독교 사회주의를 제창하였고 당시 勉勵會 총무였던 李大偉도 연관되어 있었을 것으로 생각된다.

새로운 단계에 접어든 해이기도 하였다. 한국 기독교의 적극적인 농촌운동 참여를 촉구한 브루너(E. S. Brunner)의 「朝鮮農村調査報告書」가 제출된 예루살렘 국제선교대회(1928.4)를 계기로 기독교 선교와 농촌사업의 결합 문제가 진지하게 모색되었다. YMCA에서는 이 대회에 참가한 申興雨, 洪秉璇 등에 의해 농촌사업이 본격화되었고, 장로교에서도 정인과의 건의로 농촌부를 설치하여 농촌운동 기반을 마련하였다. 이들은 협동조합에 기초한 덴마크식의 농촌 건설을 농촌운동의 이상적 모델로 삼아, 협동조합운동에 주력하면서 농촌생활·농민의식의 개선을 위한 계몽사업을 전개하였다.

그러나 기독교 농촌운동이 본격화한 이 시기 이후 1931년 5월 미국 유학을 결행할 때까지 배민수가 어느 정도 장로교 농촌운동에 간여하였는지는 분명치 않다.[4] 그 자신은 결혼 직후인 이 시기 선교사 마펫(S. A. Moffet)의 배려로 복음운동과 청년운동 지도에 종사하며 영적 생활과 현실생활과의 관계에 대한 해답을 찾기 위해 번민하였다고 회고하였는데, 이는 그의 농촌운동이 원활히 진행되지 못하였다는 것을 반증하는 것이라고 생각된다. 요컨대 그것은, 당시 교회 내부에 그와 농촌연구회 그룹이 생각하는 농촌운동관이 수용되기 어려운 교회이념, 선교이념 상의 근본적 차이가 존재하고 있었기 때문이었다. 교회가 현실문제인 농촌운동에 직접 간여하는 것은 물욕을 고취시키는 행위로 비판하고, 심지어 경제문제나 경제운동을 말하는 것을 악마의 유혹에 빠진 것으로 생각하는 보수적 복음주의가 여전히 강하게 남아 있었다.[5]

---

4) 이 시기 農村部 임원에는 그를 비롯한 그의 후배 그룹의 이름은 보이지 않는다.

5) 閔庚培 교수는 농촌운동에 대한 이러한 교회의 理念的 二分 현상을 교회 전체의 '新·舊 충돌'이란 맥락에서 살펴보아야 한다고 지적하였고(閔庚培, 『韓國基督敎社會運動史』, 1987, 258쪽), 기독교역사연구소는 이를 초월적 神秘主義 信仰運動과

더욱이 농촌운동은 불가피하게 일제 강점에 대한 비판을 동반하게 된다는 점에서 많건 적건 그 내면에 정치성을 띠지 않을 수 없었고, 이 점이 또한 보수적 복음주의자들의 농촌운동 비판의 한 계기가 되었다. 실제 일제 당국은 이러한 점 때문에 농민운동·농촌운동을 불온시하고 탄압하였다. 배민수가 목사·선교사의 신학 세미나에 참여하여 영적 생활과 현실생활, 교회와 사회, 선교와 농촌운동 등의 상호관계에 대한 해답을 얻고자 하였으나 그들의 추상적 일반론에 실망하고, "民主主義와 物質的 生活의 靈性化(spiritualization)"를 배우고자 미국 유학을 결심했다는 회고[6]는 이러한 저간의 사정을 함축적으로 반영하고 있다. 이러한 문제의식을 가지고 그는 유학중 매코믹 신학교의 중도주의 신학 분위기 속에서 학생단체를 조직하여 인종 및 경제문제에 대한 기독교적 해결방법에 관해 많은 토론을 하였다. 그리고 그간 자신이 협소한 민족주의적 애국주의에 매몰되어 있었음을 반성하고 기독교의 세계적 보편주의에 입각하여 민족과 경제문제를 사고하는 훈련을 쌓았으며, 이러한 가운데 농촌운동이야말로 한국에서 기독교정신을 실천하는 가장 긴요한 사업임을 재삼 확인하게 되었다.

그리하여 그는 1933년 여름, 귀국하자마자 본격적인 농촌운동 활동을 전개하였다. 이때는 관제 자력갱생운동인 일제의 농촌진흥운동이 시작되고 미국 교회의 재정지원도 줄어들어 기독교 농촌운동이 난관에 직면하기 시작한 시기였다. 그러나 그는 조만식 및 옛 동료들과 함께 기독교농촌연구회를 재건하고, 1933년 9월 장로교 농촌부 내에 사무국이 설치되자 그 초대 총무에, 그리고 1934년 7월에는 1932년 농촌부

현실적 啓蒙主義 信仰運動이라는 3·1운동 이후 한국 기독교의 기본 흐름 속에서 파악하고 있다(기독교역사연구소, 『한국기독교의 역사 2』, 기독교문사, 1991, 41쪽)

6) 배민수, *Who Shall Enter the Kingdom of Heaven?*, 1993, 315~319쪽.

산하 기관으로 숭전 농학과 내에 설치된 高等農事學院 총무에 취임하는 등 장로교 농촌운동을 총괄하는 임무를 부여받았다. 더불어 그의 지도를 받으며 성장한 박학전과 김성원이 농촌부와 고등농사학원의 간사를 맡았고, 유재기 역시 강사로 참여하였다. 장로교 농촌운동의 지도부 진영은 명실공히 농촌연구회 그룹으로 구성되었다. 여기에 오랫동안 농촌부를 이끌었던 정인과, 尹山溫(G. S. McCune)과 농업경제학자로서 숭전 농학과장, 고등농사학원 원장을 맡고 있었던 李勳求 등이 운동에 동참하면서 이들을 지원하였다.

배민수와 농촌부가 주력한 사업은 크게 세 가지였다. 우선, 무엇보다도 가장 중시한 사업은 농촌사업의 정예부대라 할 수 있는 기독교 농촌지도자 양성이었다. 이는 고등농사학원을 중심으로 전개되었다. 고등농사학원은 덴마크의 국민고등학교를 모방한 것으로, 각 老會에서 추천한 중등교육 이상의 기독청년을 모집하여 농학 및 농업기술 전반에 관한 전문교육과 협동조합론, 기독교정신과 농촌복음 등을 가르쳐 재학 중이나 졸업 후 각 교회의 농촌사업 지도를 담당케 하였다. 1936년까지 두 번에 걸쳐 총 49명의 졸업생을 배출시켰다.[7] 또 하나의 농촌부 기본 사업은 農村修養會라고 하는 농촌순회 지도였다. 농촌의 기독교화를 목적으로 매년 11월부터 다음 해 3월까지 장로교가 발달한 북한과 만주, 남부의 영남지역 노회·교회를 거점으로 계몽적인 순회강연을 실시하였다. 주요 주제는 농사지도, 협동조합 지도, 복음전도 등이었고, 강사로는 배민수를 비롯하여 농촌연구회 그룹이 활동하였다.[8]

---

7) 高等農事學院 운영의 큰 난점은 재정문제였는데, 이를 위해 裵敏洙는 여러 차례 각 지역을 순회하면서 헌금 지원과 후원회 조직을 추진하였다. 그 일환으로 1936년 間島 龍井의 李成國, 文在麟의 적극적 호응에 힘입어 高等農事學院後援會東滿支部가 구성되기도 하였다.

마지막 하나는 각 교회의 농촌사업을 활성화하는 것이었다. 그 주도체로서 교회에는 농촌부 또는 농우회가 조직되었고, 농촌연구회 그룹의 교직자나 고등농사학원 출신이 중요한 역할을 하였다. 주 사업은 교회를 중심으로 하는 협동조합을 만들어 농촌을 조직화하여 농촌의 생활개선과 농민의식 개조를 추진하는 것이었다. 특히, 교회 공동경작을 장려하여 공동노동과 생산의 경험을 쌓고 그 수입은 교회 농촌부의 수입으로 충당하였다.

이와 같이 배민수와 농촌부 농촌운동의 목표는 피폐한 농촌·농민의 경제자립과 협동적 기독교농촌의 건설이었고, 그 성격은 기독 농촌지도자 양성과 협동조합을 통한 농촌조직화, 농업경영의 개선 등을 실천과제로 삼는 교육·계몽운동이었다. 말하자면 그것은 경제적, 정신적 실력양성운동의 일환이었다. 배민수와 그의 동료들은 이 운동의 실천이념으로서 '三愛' 정신을 주창하였다. 곧, 하나님을 사랑하고, 농촌(땅)을 사랑하며, 노동을 사랑하는 정신으로 농촌진흥을 꾀하여야 한다는 것이었다.

그러나 1930년대 중반을 넘기면서 농촌부 활동은 내외로 난관을 맞이하면서 위축되었다. 안으로는 교회 내 보수적 복음주의의 농촌운동 비판론이 더욱 거세졌고, 밖으로는 일제의 민족말살정책이 진행되면서 농촌운동에 대한 탄압이 강화되었기 때문이었다. 사실상 이 시기는 민족주의 계열의 여타 농민운동 역시 대부분 일제의 탄압 속에 관제 농촌진흥운동에 편입된 상황이었다. 그리하여 1937년 숭전 폐교 조치에 때맞추어 장로교는 농촌부 폐지를 결정하였고, 장로교 농촌운동을 주도

8) 고등농사학원 교육에서나 순회강연에서 裵敏洙가 담당한 과목은 農村福音이었고, 협동조합 이론가인 劉載奇가 協同組合論을, 金聲遠이 農事指導 과목을 담당하였다.

한 농촌연구회 그룹도 1938년 6월 義城農友會 사건을 계기로 그 핵심 인물인 유재기·박학전과 주기철 등이 검거되고, 배민수는 배후 혐의로 수배당하는 가운데 미국 망명길에 올랐다. 이로써 배민수와 농촌연구회 그룹의 농촌운동은 좌절로 끝났다.

4. 농촌운동의 사회경제관과 실천론

배민수의 기독교 사상과 농촌운동관은 1951년에 탈고한 자서전과 특히 1958년에 간행한 『그 나라와 韓國農村』에 잘 정리되어 있다. 일제하에서 해방 후까지 그의 농촌운동관과 사상이 기본적으로 일관되어 있다는 것은 서두에서 밝힌 바지만, 그러나 이 자료들은 해방 후 새로운 조건 속에서 집필된 것인 만큼 일제하 그의 생각을 반드시 그대로 반영하는 것은 아니다. 따라서 일제하 해방 후 전 시기에 걸친 그의 농촌운동 사상 전반에 대한 정리는 후일로 돌리고, 여기에서는 이 발표의 마무리로서 1936년 1월 발표한 「基督敎 農村運動의 指導原理」를 중심으로 간략하게 그의 농촌운동관을 언급해 둔다.

일제하 배민수는 당시 자본주의 체제의 경제현실에 대해서 대단히 비판적인 입장을 취하고 있었다. 즉, 자본주의 이윤 추구에 급급한 "無作法의 經濟生活"에 빠진 나머지 세계는 실로 물욕에 정복당하고 자유를 상실한 방종된 상황에 처해 있다는 것이었다. 그리하여 한편으로 전세계 역사는 "優勝劣敗와 弱肉强食하는 생존경쟁의 참담한 피비린내"를 피우고 있으며, 다른 한편으로 농민을 비롯한 대다수 민중들은 표준 이하의 경제생활을 영위하며 빈곤과 궁핍에 속박당하고 있다고 주장하였다. 전자는 제국주의국가의 식민지 침략을 합리화하는 사회진화론적 세계관에 대한 비판이었고, 후자는 격심한 부의 불평등 현상에 대한 비판이었다. 특히 그는 재산을 축적한 신자가 적지 않은 장로교 내에서도 이러한 "무작법한 경제생활"로 인해 물질에 구속당하고 있는 양상이 만연되고 있음을 크게 우려하였다.9)

그리하여 그는 이러한 경제현실과 정신상황을 극복할 수 있는 유일한 길은 물질의 속박에서 벗어나 이를 정복하는 것이며, 그 방법은 도시와 농촌, 민족과 가정을 불문하고 표준적인 물질생활을 이루는 데 있다고 강조하였다. 표준적인 물질생활이란 필요 이상의 이윤(물욕)을 억제하고 부의 균등화를 추구하는 상호부조적 협동생활을 말하는 것이었다. 그 배분 정의의 실천이념은 물론 그리스도의 박애정신으로, 그는 이 주장의 정당성을 그리스도의 경제관으로부터 설명하였다. 즉, 예수의 '사랑' 정신의 근본은 보통사람의 표준 이하의 경제생활, 특히 빈곤한 농어촌민을 바탕으로 한 것이며, 예수가 십자가를 짊어진 진정한 의미, 즉 십자가주의의 본지는 그 정신으로 이들 빈민에게 천국복음을 전파한 데 있다는 것이었다.10) 그가 신비주의를 사이비 종교관, 유물론을 물질적 부를 추구하는 사상이라 비판하고, 그리스도의 세계관, 인생관과 본질적으로 배치된다고 간주하는 근거는 여기에 있었다. 이러한 경제관에 입각하고 있었기 때문에 그는 보수적 복음주의에 정면으로 맞서 "교회강단에서 설교만 하는 바리새인적 이기적 신앙과 실현성 없는 신비주의의 공상적 박애는 일축"해야 한다고 강조하고, 교회는 파탄되

---

9) 즉 信者들 가운데에는 物質의 奴隷가 되어 神과의 장벽을 느끼고 빈곤한 형제에게 불안감을 가지며 기독사업에 소극적이 되어 결국 정신적 자유를 상실하는 경우가 많다는 것으로, 이는 서북지역의 都市 商工層과 地主, 自營農 등을 기반으로 발달한 長老敎의 계층구성과 관련하여 주목할만한 지적이다.

10) 하나님과 농촌과 노동을 사랑하는 '三愛' 精神은 결국 이를 말하는 것이었다.

고 있는 농촌문제에 직접 부딪쳐서 이를 실천적으로 해결할 것을 주장할 수 있었다. 그는 현실세계에서 박애적 상호부조 사회를 형성하고 십자가주의에 따라 현실생활을 진선미화 해가는 사업만이 위대한 복음사업이라고 확신하였다.

그의 농촌운동관은 여기에서 출발하고 있었다. 그는 농촌운동을 물욕을 극복하고 물질세계를 통제하여 기독애를 발휘하는 정신적 물질운동이라 생각하였고, 그 궁극적 목표는 조선농촌의 예수촌화였다. 이와 관련하여 그가 가장 중시하고 강조한 것은, 농촌운동은 개인적 차원에서는 불가능하며 철저히 조직적으로 수행해야만 실현가능한다는 것이었다. 즉, 교회를 거점으로 하는 상호부조적 기독교 농촌공동체를 조직하고 이를 통해 농촌부흥을 꾀한다는 것이었다. 그리하여 그는 "약 100여 호의 농촌을 단위로 하고 각 농가에서 약 5, 6천 평의 토지를 自作하고 부업을 장려하며 소비 · 신용 · 구매 및 이용조합을 조직하여 매호 年産 600원 가량 수입이 되고, 전 洞民이 교회에 참석하여 신실한 신자가 되고, 자녀 교육기관이 완비되어 의무교육을 실시하고, 목욕탕 · 이발소 · 상점 및 일반 사회적 시설이 경제적 균형을 형성하여, 전체가 1인을 위하여 최선을 다하고 1인이 전체를 위하여 충성을 다하여 일반 민중의 생사가 오직 주 예수 그리스도의 뜻대로 되어가는" 농촌사회를 이상적인 기독교 농촌공동체의 한 예로서 제시하였다.[11)]

요컨대 그가 이상적으로 생각하는 자립적 경제공동체의 실현은 크게 두 가지 농촌개혁을 전제하는 것이었다. 하나는 '경자유전'의 원리에 입각하여 지주제로 상징되는 극심한 토지소유의 불균등을 해결하고 자립적 자작농체제(농민적 토지소유)를 창출하는 것이었다. 다른 하나는

11) 裵敏洙, 「基督教農村運動의 指導原理(2)」, 『基督教報』 1936년 1월 21일자.

자본주의 유통구조의 중간수탈을 배제하고 농민의 안정된 경제적 수입과 각종 복지시설의 균등한 혜택을 실현하기 위한 부락 단위의 협동조합을 조직하는 것이었다. 이렇게 보면 그의 농촌개혁 구상은 근본적으로 사적 소유를 전제한 자본주의 경제제도의 틀 안에서 그 제도의 모순을 최소화하고, 협동조합을 매개로 생산과 노동, 그리고 소비생활을 공동조직화함으로써 표준적 · 자립적 농촌을 만든다는 농민적 입장의 '理想村' 운동이었다.[12] 그리고 그 이상적인 모델을 덴마크나 스웨덴식 협동조합에서 찾고 있듯이, 그 사회체제적 이념은 일종의 북구라파식 사회민주주의사회를 지향하는 것이었다. 이러한 그의 농촌운동관은 1920년대 일시 유행하던 기독교 사회주의의 주장과 맥락을 같이하는 점이 있었고, 실제 그 자신도 농촌연구회 초기 활동 과정에서 기독교 사회주의에 영향을 받은 바 있었다. 그러나 그 배분 정의를 실현하고 자립적 공동체를 달성하는 근원적 동력을 그리스도 정신에서 찾고, 이 정신은 본질적으로 유물론과 대립하는 것으로 파악하고 있는 그의 입장은 기독교사상과 사회주의가 동일한 목적을 지향하고 있다고 주장하는 기독교 사회주의와 일정하게 구별되고 있었다.

그러나 그의 이와 같은 농민적 입장의 농촌운동관은 몇 가지 점에서 또한 문제점을 갖고 있었다. 우선, 무엇보다도 영세소작농이 대다수를 차지하고 있는 농촌현실에서 어떻게 지주제 문제를 해결하고 '경자유전'의 원리를 실천할 수 있는지 구체적인 방안을 제시하지 못하였다. 이 문제야말로 농촌개혁의 실현 여부를 결정하는 관건이었다. 또한, 일제의 농촌통제와 관제 농촌진흥운동이 한국인의 주체적 농민운동 · 농

12) 이 점에서 裵敏洙의 農村運動觀은, 産業資本의 진흥을 바탕으로 전형적인 資本主義近代化論의 입장에서 協同組合運動을 전개한 서울 YMCA 계열의 農村運動觀과 일정하게 구별된다.

촌운동을 압도하고 종국에는 그것을 흡수시키고 있는 상황에서 어떻게 이에 대항하고 이상촌을 만들 수 있는지에 대한 구체적인 운동 방침과 논리를 분명하게 제시하지 못하였다. 그것은 당시 체제 내의 합법적인 경제운동으로서 농촌운동을 전개하는 한 필연적으로 당면할 수밖에 없는 문제였다. 당시 농업·농촌문제는 본질적으로 정치성을 내포한 민족문제이자 계급문제였고, 따라서 그 해결은 개량적 방법으로 실현되기 어려운 구조적 조건을 갖고 있었다.

(출전: 연세대학교 교육연구소 주관, 제2회 배민수기념강좌,
『한국농촌발전과 교육의 역할』, 1994.10.25.)

일제하 배민수의 기독교 농촌운동론

— 장로교 농촌운동의 정치사상적 접근 —

1. 서론

일제강점기 한국의 가장 큰 사회 현안은 농민·농촌문제였다. 극심한 토지소유의 불균등을 수반한 일제 수탈농정과 가혹한 지주제의 질곡 아래 대다수 농민층은, 만성적인 농가부채에 시달리며 限界生産·饑餓生産의 처지에서 신음하였다. 피폐한 농민과 농촌 구제는 민족갱생·민족해방의 전망과 직결되는 문제가 아닐 수 없었다. 1920~30년대 각종 사회단체와 지식인들이 농민·농촌구제를 주창하고 농민·농촌운동을 전개한 저간의 사정은 이러한바,[1] 민족·자본주의 진영의 한 축을 이룬 基督敎界 역시 1920년대 후반 이래 농민자립과 농촌진흥을 위한 각종 농촌운동을 전개하였다.

YMCA(朝鮮中央基督靑年會)와 長老敎 農村部를 중심으로 전개된 일제하 기독교 농촌운동에 대해서는 최근 본격적인 실증 분석이 가해짐으로써 운동의 기본 추이와 활동 전모, 그 실천적 성격에 대한 많은 부

1) 일제하 농민운동·농촌운동 연구성과에 대해서는 역사문제연구소, 『민족해방운동사』, 역사비평사, 1990 ; 한국역사연구회, 『한국역사입문 ③』, 풀빛, 1996의 연구사 정리 참조.

면이 해명되었다.[2] 더불어 YMCA 지도자였던 申興雨의 기독교 정치경제사상, 장로교 농촌운동의 이론적 지도자였던 李勳求의 농업경제사상 등 기독교 농촌운동의 인식 기반과 이념적 지향을 밝혀보고자 하는 사상사적 접근도 시도되었다.[3] 특히 이상의 연구성과는 일제하 기독교 농촌운동과 그 사상 기반을 기독교사 차원이 아니라 일반사의 관점에서, 나아가 해방후 국가건설문제·분단형성문제와 유기적으로 연결된 한국근현대사상사의 거시적 맥락 속에서 파악하고자 하는 문제의식을 담고 있다. 그것은 기독교 농촌운동에 대한 사상사적 접근이 남한 자본주의국가건설에 주요한 일익을 담당한 기독교 사회세력의 역사성과 현대적 의미를 이해하는 요긴한 연구 소재라는 의미 부여에 다름아니다.

본 연구 역시 이와 같은 문제의식에서 작성된 것으로, 裵敏洙 목사(1896~1968)의 농촌운동론을 통해 장로교 농촌운동의 실천의식과 정치경제사상의 일단을 살펴본 것이다.

필자가 배민수의 농촌운동론에 주목한 것은 크게 두 가지 이유에서이다. 하나는 그가 1930년대 장로교 농촌부 총무로서 장로교 농촌운동을 총괄 지도한 책임자였기 때문이다. 당시 장로교 농촌운동은 총회 농촌부와 崇專 농학과의 합작운동으로서 전개되었는데, 이훈구를 중심으로 한 농학과 그룹이 이 운동의 학문적 인식기반과 논리를 제공하였다

---

2) 기독교 농촌운동에 대한 선구적 업적은 전택부, 『한국기독교청년회운동사』, 정음사, 1978 ; 閔庚培, 『韓國基督教社會運動史』, 대한기독교출판사, 1987 등을 들 수 있는데, 최근 韓圭茂, 「日帝下 韓國 改新教會의 農村運動 硏究(1925~1937)」, 서강대 박사학위논문, 1995 ; 장규식, 「1920~30년대 YMCA 농촌사업의 전개와 그 성격」 『한국기독교와 역사』 4, 1995 등에 의해 연구 수준이 한 단계 진전되었다.

3) 김상태, 「일제하 申興雨의 '社會福音主義'와 民族運動論」, 『역사문제연구』 1, 1996 ; 방기중, 「일제하 李勳求의 農業論과 經濟自立思想」, 『역사문제연구』 1, 1996.

면, 운동의 기독교적 이념성과 실천 성격을 담지한 것은 배민수를 리더로 한 농촌부 教役者 그룹이었다. 따라서 장로교 농촌운동이 갖는 이념성·정치성을 종합적으로 파악하기 위해서는 농학과 그룹과 더불어 배민수 등 이들 교역자 그룹의 농촌운동관에 대한 분석이 필요하다.[4]

다른 하나는 상술한 문제의식과도 관련하여 음미할만한 그의 개인 경력 때문이다. 1910년대 기독교 민족주의의 세례와 항일운동, 1920·30년대 복음주의 농촌운동, 해방 후 이승만노선에 따른 국가건설운동, 1950년대 금융조합연합회 농촌부흥사업의 주도와 좌절, 1950·60년대 기독교 농촌교육운동 등 그의 생애는 한국근현대사의 정치경제 현실과 사상적 추이에 밀착된 열정적 실천으로 점철되었다.[5] 이는 물론 현실문제에 늘 적극적이었던 그의 기질과 종교관을 반영한 것이다. 그러나 이는 또한 일제하 해방 후 한국사회의 과제에 대응하여 기독교 진영이 견지하고 관철시키고자 했던 의식구조와 행동양식의 한 전형을 보여주는 것이기도 하다. 개인 사례이자 일제하 농촌운동론으로 소재가 제한된 만큼 본고에서 이러한 의식구조와 행동양식의 전체상이 검토될 수 있는 것은 아니지만, 이에 접근하는 데 유용한 일단의 단서를 얻을 수 있으리라 생각된다.[6]

---

4) 양 그룹의 차이가 갖는 의미에 대해서는 후술하겠지만, 이러한 점에서 본 연구는 李勳求를 다룬 필자의 위의 글과 상호 짝을 이루는 것이라 하겠다.

5) 裵敏洙의 경력과 사상에 대해서는 노치준, 「배민수목사와 한국기독교 민족운동」, 『신학이해』 11, 호남신학대학교, 1993 ; 方基中, 「年譜」 및 「일제하 裵敏洙의 農村運動과 思想」(연세대학교 교육연구소 주관 '제2회 배민수기념강좌' 발표 요지문, 1994.10.25) ; 노치준, 「배민수목사의 기독교 사회사상」(대한예수교 장로회 총회 주최 '고 배민수목사 탄생 100주년 기념예배와 강연회' 발표 요지문, 1996.9) 등 참조. 노치준 교수의 연구는 기독교사 입장의 접근이지만 필자에게 많은 교시를 주었다.

6) 여기에 자료에 관한 문제를 간략히 첨언해 둔다. 裵敏洙의 기독교 사상과 농촌운

2. 1920년대 민족운동관과 基督教農村研究會

1) 민족문제 인식과 실천관의 전환

배민수가 농촌·농민문제에 관심을 갖고 농촌운동이 민족현실을 극복하고 기독교 이상을 실현할 수 있는 주요한 실천활동이라 생각한 것은 1920년대 중엽 숭전 재학 중이었다. 그런데 이러한 생각은 일제 강점 이래 민족문제에 대해 그가 견지한 실천관이나 활동 경력과 비교해 볼 때 대단히 큰 변화로서, 여기에는 3·1운동을 전후한 민족운동의 추이와 사상동향이 그대로 응축되어 있었다. 이 점에서 우선 3·1운동기까지 그가 견지한 민족운동의 실천관과 함께 이후 농촌운동에 투신하게 된 계기와 논리를 확인할 필요가 있다.

배민수는 1896년 10월 8일 충북 청주에서 청주감영 진위대 육군보병 副校인 裵昌根의 독자로 태어났다. 배창근은 乙巳條約과 丁未軍隊解散에 저항하여 이 지역 의병항쟁을 주도하다 체포되어 1908년 서대문교도소에서 처형된 항일열사였다. 이러한 특별한 성장 환경은 소년기 의식형성에 절대적인 영향을 미쳐, 배민수는 일찍 항일의식과 애국주의

동론은 1951년 탈고한 自敍傳 *Who Shall Enter the Kingdom of Heaven?*(대한예수교장로회 영인, 1993. 이하 자서전으로 약칭)과, 특히 1958년에 간행한 저서 『그 나라와 韓國農村』(大韓예수教長老會總會 農村教育部)에 체계적으로 피력되어 있다. 일제하 그의 사상과 농촌운동론 가운데 많은 부면이 1950년대까지 관통하고 있지만, 이 자료들은 해방 후 특히 韓國戰爭을 겪으면서 집필된 것이기 때문에 일제하 그의 생각을 그대로 반영하고 있지 않다. 따라서 특별한 경우 외에 1958년도 저서의 활용은 별도로 준비하고 있는 '裵敏洙研究'에 割愛하였다. 다만 자서전은 1930년대 전반까지 그의 활동과 생각을 알 수 있는 유일한 것이기 때문에 기본 자료로 활용하였다. 가능한 한 資料批判을 의도하였지만, 이것이 본 연구의 구조적 한계가 될 수 있다는 것을 미리 밝혀둔다.

에 눈을 떴다.[7] 여기에 성장기 배민수의 의식형성에 큰 영향을 끼친 또다른 요소는 기독교 생활환경이었다. 그는 어려운 경제형편 속에서 미국인 선교사가 운영하는 기독교 학교에 진학하여 소년기부터 봉건적 전통관습을 탈피한 근대적인 미국식 기독교 생활관을 체득하며 비교적 자유분망하게 성장하였다.[8]

청소년기 조숙하게 형성된 항일의식은 1912년 평양 숭실중학에 진학하여 기독교 민족주의의 세례를 받는 가운데 민족해방에 대한 실천의식으로 성장하였다. 특히 그는 金亨稷, 盧德淳 등 여러 기독청년들과 동지적 교류를 나누며 민족독립의 의지를 다지고 운동방안을 모색하였다.[9] 이들이 주로 구상한 것은 해외 민족운동 세력과 조직적으로 연계한 지하조직운동이었다.[10] 이는 1915년 하와이에서 귀국한 조선국민회 회원 張日煥과 연계되면서 1917년 朝鮮國民會 朝鮮支會 결성으로 구체화되었다. 서기 · 통신원으로서 주요 직책을 수행한 배민수는 이 조직사건으로 첫 번째 투옥생활을 하였다.[11] 출감 후에도 그의 항일의식은 식지 않아, 성진에서 3 · 1운동을 맞은 그는 이곳 만세시위운동을 주도

---

7) 배민수, 자서전, 43~50쪽.

8) 배창근은 원래 불교신자였으나 1906년 선교사 밀러(F. S. Miller)를 통해 기독교에 입문하였고, 배민수도 1906년 청남 기독교학교에 입학하여 10대부터 기독교 교육을 받았다(배민수, 자서전, 25쪽, 41~42쪽, 58~59쪽).

9) 배민수, 자서전, 88~97쪽. 배민수가 김형직, 노덕순과 함께 평양 箕田에서 조국독립을 위해 몸을 바칠 것을 血書로 맹서한 것은 잘 알려진 사실이다.

10) 배민수, 자서전, 98쪽, 108쪽.

11) 朝鮮國民會 朝鮮支會에 대해서는 강영심, 「朝鮮國民會 硏究」, 『한국독립운동사 연구』 3, 1989 ; 배민수, 자서전, 95~125쪽 참조. 조선국민회는 장차 도래할 일본과 구미제국 간의 開戰을 예상하여 根據地 구축과 조직 확대를 꾀하여 해외 운동세력과 연계하고 武力養成과 대중선전운동을 도모했으나, 1918년 일제에 발각되었다. 배민수는 가장 형량이 높은 1년 징역을 선고받았다.

하다 체포되어 다시 투옥되었다.[12)]

이와 같이 1910년대 말까지 배민수가 견지한 기독교 민족주의 실천관은 지극히 비타협적이고 전투적이었다. 이는 일제와의 직접 투쟁을 통해 조속히 민족의 정치적 독립을 쟁취한다는 절대독립론에 입각한 것이었다. 그것은 대한제국 말기 이래 일제 강점을 원천적으로 거부한 의병항쟁·독립군투쟁의 실천관과 일부 민족주의 계몽운동가들의 비타협적 구국운동의 전통을 잇는 것으로서, 곧 그의 실천관은 지사적 애국주의에 바탕을 두고 있었다. 당시 조선국민회 조선지회 조직에 참여한 기독청년들이 공유한 실천관 역시 이와 대동소이하였다. 다만 배민수의 경우, "자유와 정의와 민주주의를 사랑하는 위대한 미국인들에게서 배울 수 있는" 기회를 갖기 위해 늘 미국 유학을 동경한바,[13)] 조선독립에 대한 미국의 역할을 크게 기대하였다. 말하자면 청년기부터 그는 미국이 조선독립을 담지해 줄 수 있는 민주주의국가라는 대미의존적 사고를 가지고 있었다.[14)]

그러나 배민수의 전투적 실천관은 1920년 출옥 후 변화되기 시작하였다. 여기에는 여러 계기가 작용하였지만, 그 근원은 민족현실에 대한 좌절감이었다. 특히 미국에 대한 자신의 신뢰를 확인시켜준 윌슨의 민

12) 그는 1919년 2월 8월 출감과 함께 모친이 移居한 함경도 성진을 방문하던 중 서울의 만세운동 소식을 듣고 이 곳 기독교 지도자인 강학린 목사와 성진만세운동을 주도하다 1년 6개월의 징역형을 언도받았다. 성진만세운동에 대해서는 배민수, 자서전, 142~185쪽 참조.

13) 배민수, 자서전, 108~111쪽. 그는 조선국민회 활동 중 미국으로 가기 위해 중국 상해로 탈출하려는 계획을 세웠으나 체포되는 바람에 도미 계획은 무산되었다.

14) 그것은 소년기 이래 美國宣教師의 영향 아래 적응된 기독교 생활관의 반영으로, 이러한 점에서 보면 그의 청년기 민족의식에는 의병운동의 전투적 민족의식과 함께 한말 親美的 基督教 開化論의 연장에서 세례받은 미국식 近代觀이 공존하고 있었던 셈이다.

족자결주의에도 불구하고 "불가사의한" 결과로 귀결된 3·1운동의 좌절은 그에게 커다란 충격을 안겨 주었다.[15] 고대했던 '미일전쟁'은 커녕, 오히려 세계대전을 통해 강화된 일제의 힘은 거대한 벽으로 다가왔다.

이를 더욱 각인시킨 계기는 해외 민족운동의 동향이었다. 그는 정신적 방황 속에서도 민족운동의 현황을 파악하기 위해 1923년 1월부터 중국 上海에서 개최된 國民代表會議를 참관하였다. 이 대회에서는 臨政 개편과 주도권을 둘러싸고 이념과 노선을 달리하는 운동세력 간의 격렬한 대립이 진행된바,[16] 4개월간 상해와 南京에 체류하며 이를 지켜본 배민수는 크게 실망하였다.

> 나는 상황이 내가 전에 가졌던 희망, 믿음과 전혀 상반된 것이란 사실을 알고 무척 실망하였다. 李東輝 영도 아래 시베리아에서 온 대표들은 유럽, 미국, 중국지역의 대표와 대립하였다. 전자는 共産主義者인 반면 후자는 民族主義者 民主主義者였다. 조국독립을 위한 노력에도 불구하고 독립운동은 분열되고 약화된 반면, 일제의 힘은 더욱 강화되어 세계에서 가장 강력한 국가의 하나가 되었다. 여기에서 나는 장기적이고 고단한 鬪爭을 도모할 수 밖에 없다는 것을 깨달았다. 단지 감정적이고 열정적인 愛國心만으로 그와 같은 敵에 대항해서는 아무 것도 할 수 없었다. 심지어 윌슨 대통령의 14개조 원칙도 실패로 돌아갔다. 우리의 희망은 더욱더 어두워지고 있었다. 동료들은 모두 흩어지고 그들 가운데 많은 이들은 좌절하였다.[17]

---

15) 배민수, 자서전, 299쪽, 302쪽.

16) 國民代表會議의 전개 과정과 노선 투쟁에 대해서는 박윤재, 「1920年代 初 民族統一戰線運動과 國民代表會議」, 『學林』 17, 1996 ; 朴永錫, 「大韓民國臨時政府와 國民代表會議」, 『韓國史論』 10, 1981 등 참조.

17) 배민수, 자서전, 299쪽.

비관적인 정세인식과 좌절감은 그가 견지했던 전투적 실천관이 무모하기 짝이 없는 감정적 애국심에 불과하다는 회의와 반성으로 이어졌고, 나아가 민족문제 해결의 장기적이고 고단한 투쟁을 모색하는 것으로 귀결되었다. 1923년 숭전 진학은 그러한 의미의 결정이었다.[18)]

이러한 실천관의 전환 배경에는 또한 3 · 1운동 이후 전개된 국내 운동계와 기독교계 동향이 밀접히 연관되어 있었다. 주지하듯이 3 · 1운동의 좌절은 그간 민족운동을 주도한 민족 · 자본주의 진영을 크게 동요시켰고, 일제 이식자본주의체제의 확립, '문화정치' 표방 등과 관련하여 개량주의 노선이 전면화되었다.[19)] 진화론적 세계지배 논리가 다시 부각되면서 민족적 열등감에 기초한 精神改造論 · 民族性改造論이 지식계를 풍미하였고, 각종 문화적 경제적 실력양성운동이 전개되었다. 기독교 운동세력은 이 운동을 주도하는 주력부대의 하나였다. 또한 이 시기에는 사회주의사상의 확산과 함께 사회주의자들의 사상운동 · 조직활동이 전면화되었다. 이에 따라 민족운동 전선의 양분화 과정이 급속히 진행되어, 운동의 주도권을 둘러싼 양 진영의 대립이 격렬하게 전개되었다. 특히, 반자본주의 계급해방운동의 중심 과제의 하나로 '宗敎撲滅'을 내세운 사회주의자들은, 부르조아적 개량주의 노선을 주도하는 기독교 진영에 대한 이데올로기 공세를 강화하였다. 반기독교운동이었다.[20)]

---

18) 그는 다시 미국 유학을 추진하다 그것이 여의치 않자 1923년 가을 崇專 예과에 입학하였고, 이듬해 영문학부에 진학하였다(배민수, 자서전, 299쪽).

19) 박찬승, 『한국근대정치사상사연구』, 역사비평사, 1992, 제3장.

20) 反基督教運動에 대해서는 강원돈, 「일제하 사회주의운동과 한국기독교」, 김홍수 엮음, 『일제하 한국기독교와 사회주의』, 한국기독교역사연구소, 1992 ; 이준식, 「일제침략기 기독교지식인의 대외인식과 반기독교운동」, 『역사와 현실』 10, 1993 ; 金權汀, 「일제하 사회주의자들의 반기독교운동에 관한 연구」, 『崇實

이러한 정세 속에 배민수가 기독교 복음주의, 개량적 실력양성운동에 확신을 갖고 농촌운동에 뜻을 둔 주요 계기는 숭전 재학시기 曺晩植과의 만남이었다. 당시 평양 YMCA 총무이자 오산학교 교장이었던 조만식은 서북지역에서 가장 잘 알려진 기독교 민족주의자의 한 사람이었다. 그는 3·1운동 이후 일제에 대한 직접적인 정치투쟁, 절대독립노선을 비현실적인 것으로 비판하고,[21] 독립을 위해서는 장기적인 민족내부 역량의 구축이 필요하다고 주장하면서 각종 경제적 문화적 실력양성운동을 주도하였다.[22] 곧, 그는 평양의 민족·자본주의 진영의 主力인 기독교계의 구심점으로서, 이 지역 개량주의 노선 확산에 주도적인 역할을 하고 있었다.[23]

조만식의 주장은 민족현실과 사회복음 문제에 고민하는 일군의 기독청년에게 큰 영향을 주었고, 배민수 역시 그러하였다. "조선의 링컨이자 간디인 조만식을 만난 시기는 내 이데올로기와 인격이 다시 형성되는 시기였다"고 언급한 바와 같이, 조만식은 그에게 새로운 세계를 발

史學』 10, 1997 등 참조.

21) 배민수, 자서전, 301쪽.

22) 조만식의 활동에 대해서는 古堂傳·平壤誌刊行會, 『古堂 曺晩植』, 平南民報社, 1966 ; 韓根朝, 『古堂 曺晩植』, 太極出版社, 1972 등 참조.

23) 주지하듯이 平壤은 '조선의 예루살렘(聖都)'이라 칭할 정도로 장로교가 치성하였다. 장로교의 주요 사회계층적 기반은 商工人·地主層과 知識層으로서, 이들은 평양 민족·자본주의 진영의 주력부대였다(평양 조선인 자본가와 민족·자본주의 운동에 대해서는 이균영, 『신간회연구』, 역사비평사, 1993, 299~301쪽 ; 오미일, 「1910~20년대 평양지역 민족운동과 조선인 자본가층」, 『역사비평』 28, 1995 참조). 曺晩植은 이 지역 유력 자본가인 金東元, 吳胤善 등과 함께 장로교회의 중심인 山亭峴敎會의 3장로로서, 이들 기독교 상공인층과 YMCA·同友俱樂部·흥사단을 거점으로 하는 安昌浩 계열의 기독교 운동세력, 교육계에 기반을 둔 기독교 지식층 등, 삼자를 결집하는 위치에 있었다.

견하도록 인도한 정신적 스승이자 실천 교사였다.[24] 그는 일제와 "힘으로 싸우는 것이 얼마나 어리석은가"를 재인식하였고, 비타협적 민족의식을 견지하면서도 간디의 무저항주의와 같이 온건한 기독교 사회복음운동이 적극적인 독립운동이 된다고 확신하였다.[25] 조만식을 통해 그는 비로소 개량주의 노선과 복음주의 운동에 대한 자신감을 확보할 수 있었고, 기독교 이상의 실현을 사회현실·빈부문제와 관련하여 바라볼 수 있었다. 이러한 가운데 그가 발견한 사회복음운동이 농촌운동이었다.

2) 농촌운동의 모색과 基督敎農村硏究會

배민수 등 조만식에 동조하는 일군의 기독청년들은 1925년경부터 정기적인 소모임을 구성하였다. 이들은 매주 조만식의 집에 모여 농촌운동 방안을 토론하며 향후 전망을 모색하였다.[26] 이들 기독청년들은 대개 숭전 또는 평양신학교 학생들로서, 비교적 연장자였던 배민수가 그룹의 주도적 역할을 하였다.[27] 이들은 농촌운동이 "독립운동의 가장 효과적이고 적극적인 길"이라고 확신하였다.[28] 곧, 전 인구의 80%를 점하는 농민을 교육하여 농민 스스로 자립할 수 있게 하는 것이 조국을 구하는 가장 효과적인 방책이며, 농촌개혁을 통해 농민의 경제생활이

24) 배민수, 자서전, 300쪽, 306쪽.

25) 배민수, 자서전, 301~302쪽.

26) 배민수, 자서전, 302쪽.

27) 모임 초기 구성원으로는 曺晩植, 裵敏洙, 그리고 배민수와 숭전 동창으로 모임에 주요 역할을 담당했다는 崔文植 밖에 확인할 수 없었다(배민수, 자서전, 310쪽). 최문식에 대해서는 주 37 참조.

28) 배민수, 자서전, 301~302쪽.

회복되면 민족의 자유는 미구에 올 것이라는 믿음이었다.

이들은 평양 근교를 중심으로 농촌계몽 활동을 전개하면서, 농촌운동의 전망을 모색하였다.[29] 당시 이들이 집중 검토한 문제는 농촌운동의 기독교 이념과 실천 목표를 확립하고 독자적인 조직을 모색하는 것이었다. 그러나 상호 긴밀히 연관된 이 과제의 해결은 당시 교계 내외에 형성되어 있는 여건과 관련하여 그리 쉬운 문제가 아니었다.

우선 농민 실생활과 괴리되어 있는 교회 지도층의 보수적 복음관과 선교방침을 극복해야 했다. 당시 교단을 장악하고 있는 미국인 선교사와 교회 지도층은 전통적으로 '贖罪救靈'의 개인복음을 중시하여 정치적 현실문제에 무관심하거나 거리를 두었고, 더욱이 교회가 강단을 벗어나 경제문제 · 빈부문제에 직접 관여하는 것을 물욕을 고취시키는 행위라 터부시하고 민족문제 해결과 사회복음을 중시하는 기독교 민족운동을 경원시하였다.[30] 이러한 보수적 복음주의는 한말 이래 조선에 개신교를 이식한 미국인 선교사들의 극단적 근본주의 신학 전통과 政敎分離論, 부흥회 중심의 탈정치적 내세주의 신앙관 등에 근거한 것이었

---

29) 曺晩植 등은 주로 평양 근교 농촌을 방문하여 농촌 신도를 대상으로 冠婚喪祭의 惡習 교정, 農事改良, 協同組合 등에 대한 계몽강연을 전개하였다(배민수, 자서전, 302~305쪽). 말하자면 이 운동은 조만식이 심혈을 기울인 경제적 실력양성운동, 교육진흥운동의 일환이었다. 이러한 의미에서 배민수 그룹은 다방면의 實力養成運動을 전개한 조만식의 여러 운동 기반 가운데 농촌계몽을 담당한 소규모 사조직의 성격을 띠고 있었다.

30) 閔庚培 교수는 농촌운동에 대한 이러한 교회의 理念的 二分 현상을 교회 전체의 '新 · 舊 충돌'이란 맥락에서 살펴보아야 한다고 지적하였고(閔庚培, 『韓國基督教社會運動史』, 大韓基督教出版社, 1987, 258쪽), 기독교역사연구소는 이를 3 · 1운동 이후 초월적 神秘主義 信仰運動과 현실적 啓蒙主義 信仰運動이라는 한국 기독교의 기본 흐름 속에서 파악하였다(기독교역사연구소, 『한국기독교의 역사II』, 1991, 41쪽).

다.[31] 이는 선교사가 교단 운영을 좌우한 장로교에 심하였고, 신도 기반을 상공인, 지주·부농층에 두고 있는 평양은 더욱 그러하였다.[32]

또한 교계 밖의 문제로서 사회주의의 농촌 침투에 대응해야 했다. 사회주의사상의 영향은 지식층에 국한되지 않고 농민층에게까지 확대되어 사회주의자들과 연계된 농민운동조직이 활성화되었다. 朝鮮勞農總同盟(1924), 朝鮮農民總同盟(1925)이 결성되었고, 농민들은 농민조합을 만들어 소작쟁의를 전개하였다. 그만큼 지주제를 기반으로 한 이식자본주의하의 농민생활은 피폐하였다. 이에 대응하여 1925년 천도교 朝鮮農民社運動, YMCA 농촌계몽운동 등 민족주의 진영의 농민·농촌운동이 시작되었지만 그 영향력은 극히 제한적이었고, 아직 계몽운동 수준에 머무는 것이었다.

배민수 그룹이 조직적 전망을 갖기 위해서는 이러한 교회 내의 보수적 복음주의와 부정적인 농촌운동관을 극복하고, 사회주의의 농촌침투에 대응하지 않으면 안되었다. 그것은 곧 이들의 농촌운동 이념과 목표를 확보하는 작업이기도 하였다. 이들은 이에 대해 당시 보수적 복음주의에 비판적 입장을 취하며 사회주의 반기독교운동 공세에 대응한 두 계통의 기독교 실천관의 흐름을 자신들의 입장에서 재구성하고자 하였다.

하나는 YMCA 운동으로 상징되듯이 오랜 기독교 민족주의 전통 위

---

31) 강원돈, 앞의 글, 42~43쪽.

32) 평양·서북지역을 중심으로 발달한 장로교에 절대적 영향력을 행사한 宣敎師들이 대다수 根本主義者란 점은 이미 주지하는 바와 같지만, 이 사실이 한국기독교사에서 갖는 정치적 함의와 教派 형성 및 신앙체계의 지역적 대립에 미친 의미에 대해서는 강인철, 『한국기독교회와 국가·시민사회』, 한국기독교역사연구소, 1996, 134~137쪽, 140~143쪽 ; 閔庚培, 『教會와 民族』, 大韓基督教出版社, 1981, 362~366쪽 참조.

에 사회적 실천을 추구한 사회복음주의였다.[33] 사회복음주의는 기독교가 개인구원에 그치지 않고 사회구원의 종교로 발전되어야 하며, 따라서 교회의 선교정책 · 복음사업은 사회현실 · 실생활과 밀접히 연결되어야 한다는 진보적 복음관에 기초하였다. 여기에서도 사회적 실천활동과 종교적 복음활동 어디에 더 주안점을 두는가에 따라 실천의 성격과 방향이 달라질 수 있었다. 그러나 일반적으로 사회복음주의 운동론은 부르조아적 개량주의 실력양성운동을 기독교 이념과 논리로 포장한 것이었다. 평양에서는 조만식이 이러한 입장을 선도하고 있었다.[34]

다른 하나는 그 연장에서 李大偉, 金昶濟 등 일부 장로교 소장 교역자들이 주창한 기독교사회주의였다.[35] 이들은 사회주의 확산과 반기독교운동에 자극받는 가운데 그간 기독교가 자본주의와 유산자층을 대변하는 보수적 입장에서 사회 · 빈곤문제를 외면하였음을 비판하고, 기독교는 빈민을 위한 종교로서 궁극적으로 사회주의와 같은 것이라고 주장하였다. 물론 기독교 인도주의 견지에서 조합주의적 사회개량을 주장하는 기독교사회주의는 유물론과 프롤레타리아혁명론에 기초한 맑스주의와 본질적으로 다른 것이었다.[36] 그러나 그리스도정신의 요체를

---

33) 社會福音主義와 특히 YMCA 운동의 기독교 실천관에 대해서는 장규식, 앞의 글 ; 김상태, 앞의 글 참조.

34) 曺晩植, 「基督教와 實生活」, 『青年』 1927.9, 7~10쪽. 그는 금일의 기독교가 睡眠에 빠진 것은 조선교회와 선교사가 實生活의 문제, 經濟觀念의 고양을 도외시한 데에 기인한다고 하여 경제적 토대 위에 교회를 건설하도록 적극적인 經濟策 강구를 주장하였다.

35) 1920년대 基督教社會主義에 대해서는 강원돈, 앞의 글 ; 노치준, 「일제하 한국 YMCA의 기독교사회주의 사상 연구」, 김홍수 엮음, 앞의 책 등 참조.

36) 基督教社會主義는 19세기 급속한 자본주의 발달에 따라 심화된 소유문제, 노농문제, 빈민문제 등을 기독교 인도주의 입장에서 組合主義 또는 공상적 사회주의 방식의 社會改造 · 社會改良을 통해 해결하고자 한 사조로서, 그 사상적 본

자본주의의 모순과 극복이라는 사회체제 문제와 결부시켜 기독교의 사회적 책무와 교회의 각성을 촉구한 점에서 기독교사회주의는 일반적 의미의 사회복음주의와 구별되었고, 일면 보수적 복음주의를 견제하는 역할을 하였다.

배민수 그룹은 이 두 계통의 실천관을 기독주의의 정체성 확립이라는 견지에서 결합시키는 가운데 그 해답을 찾고자 하였다. 기독주의는 농촌의 물질적 경제자립과 정신적 복음화라는 기독교 농촌운동의 두 과제 가운데 반드시 후자의 우위성이 보장되어야 한다는 데 요점이 있었다. 곧, 복음주의 원칙의 관철을 전제한 농촌경제자립론이었다. 그것은 기존 기독교 실천관과 관련하여 두 가지 차별화 의도를 가지고 있었다. 하나는 사회복음주의 운동론이 기독주의 실현보다 지나치게 물질적 경제자립을 중시하고 있고 빈민 우위의 그리스도정신에 불철저하다는 비판의식이었다. 이러한 점에서 이들은 기독교사회주의의 전통에 더 많은 영향을 받고 있었다. 다른 하나는 기독교와 사회주의 사이의 철학적 사상적 대립성을 몰각하거나 애매하게 처리한 기독교사회주의에 대한 비판의식이었다. 기독주의 확립의 관건은 유물론 · 무신론에 대한 비타협적 사상의식의 견지였다.

배민수는 그룹 내에서도 특별히 이러한 사상의식을 강조하며 기독주의의 정체성 확립에 주력하였다. 그것은 그룹 내에도 사회주의 영향이 강하게 침투되고 있었기 때문이었다. 예컨대 그룹의 주요 역할을 담당한

질은 소부르주아적 社會改良主義였다. 서구에서는 주로 톨스토이 · 푸리에 · 러스킨, 오웬 등의 영향이 컸고, 1910~20년대 일본에서는 초기 河上肇, 賀川豊彦, 那須皓 등이 이 사조를 유행시켰다. 강원돈은 조선 기독교사회주의론의 이념적 기조가 공상적 사회주의, 자본가적 온정주의, 개량주의적 민족주의라고 요약한 바 있다(강원돈, 위의 글, 48쪽).

최문식이 대표적인 경우였다.[37] 배민수는 최문식이 사회주의사상에 경사되자 이를 강력히 비판하면서 그룹의 좌경화를 통제하고자 하였다.[38] 배민수의 기독교 민족주의 실천관은, 개량주의로의 경사와 함께 반공적 사상의식을 수반한 강렬한 기독주의·복음주의로 무장되고 있었다.[39]

그러나 기독주의 이념의 실천 방법을 둘러싼 그룹 내부의 이견은 계속되었다.[40] 그룹이 조직으로 발전하기까지 이러한 이질적 경향을 무

37) 崔文植은 1946년 대구민중항쟁의 주동자 가운데 한 사람으로 소위 '빨갱이 목사'로 알려져 있으나, 일제하 경력에 대해서는 불명확하다. 裵敏洙와 劉載奇의 회고에 의하면, 최문식은 대구지역의 가난한 비기독교 집안 출신으로서 온화한 성격과 뛰어난 조직력을 가진 것으로 보인다. 대구 계성학교를 나와 숭전 재학 중인 1926년 일본에 다녀온 뒤 공공연히 社會主義에 공명한 언행을 하여 목사와 선교사들의 주목을 받았으며, 1929년 숭전을 졸업한 후 1930년대 전반 평양신학교를 우수한 성적으로 졸업하고 목사에 장립된 후 간도지역에서 목회활동에 종사하였다. 최문식의 해방 후 활동에 대해서는 연규홍, 「최문식 목사의 정치노선과 신학」, 김흥수 엮음, 앞의 책 참조.

38) 1926년경 배민수는 최문식이 사회주의자가 되었다고 판단하고 "너와 나는 이제 더 이상 아무 것도 같이할 수 없다"고 격하게 비판하여 회개시켰다고 한다(배민수, 자서전, 309~310쪽).

39) 경제자립을 목표로 한 農村改造보다 農村福音의 우위성을 강조하는 그의 이러한 성향은 그가 보수적 복음주의에 대해 강한 비판의식을 지니면서도 또한 이로부터 일정하게 규정당하고 있음을 의미한다. 이는 그가 성장 과정은 물론 당시 생활환경에서도 宣教師와 늘 긴밀한 관계를 맺는 가운데 그들로부터 영향을 받고 있었기 때문이다. 예컨대 그 자신이 "20세기 한국과 세계에서 가장 성공적인 선교사의 한 사람이라고 확신한" 보수적 선교사의 대부이자 당시 평양신학교 교장이었던 마펫(S. A. Moffet)과 대단히 절친한 관계였고, 이 시기 마펫으로부터 생활상의 많은 조력을 받고 있었다(배민수, 앞의 책, 312~314쪽). 요컨대 1920년대 후반 裵敏洙의 信仰觀·福音觀은 근본주의와 기독교사회주의의 중간에 위치하고 있었다.

40) 예컨대 劉載奇에 의하면, 평양신학교 재학기인 1930년 전후에도 최문식은 "예수의 정신을 맑스의 방법으로 구현해 보려는 것이 내 생각"이라고 피력하여 상호 상당한 갈등을 보였다고 한다(朱泰益, 『이 목숨 다 바쳐 – 한국의 그룬트

마하고 조정한 이는 조만식이었다.41) 또한 1927년 新幹會 성립기의 사상 동향과, 12월 평양지회 결성은 이러한 갈등을 유보시키는 요인이 되었다. 사회주의자들은 '정우회선언'과 함께 신간회 결성을 위해 일시 반기독교운동의 예봉을 거두었지만, 특히 조만식이 신간회 평양지회 설립을 주도하고 지회장을 맡아 기독청년의 사회운동 참여를 고무시켰기 때문이기도 했다.42)

배민수 그룹의 조직화에 주요 계기가 된 것은 1928년 4월 개최된 예루살렘 국제선교대회였다. 국제선교협의회가 사회복음주의를 공식 슬로건으로 내걸고 개최한 이 대회에서는 농촌운동이 기독교의 사회화 · 실제화를 위한 주요 과제의 하나로 채택되었다.43) 특히 이 대회에서는 컬럼비아 대학 교수 브루너(E. S. Brunner)가 「朝鮮農村調査報告書(*Rural Korea*)」를 제출하여 조선의 농촌현실과 농민생활의 심각성을 지적하고 기독교의 적극적인 농촌운동 참여를 촉구하였다. 이는 조선 기독교

비히 虛心 劉載奇傳』, 善瓊圖書出版社, 1977, 76~79쪽, 106~110쪽, 140쪽 등 참조).

41) 이는 朱泰益, 위의 책, 110~112쪽을 통해 추찰할 수 있다.

42) 新幹會 평양지회 결성과정과 활동에 대해서는 이균영, 앞의 책, 306~322쪽 참조. 이균영에 의하면, 평양지회 결성에서는 曺晩植과 평양 YMCA, 평양청년회, 大成學友會 소속의 기독청년, 민족주의청년이 주도적인 역할을 했다고 한다. 1929년 복대표대회 이후부터 사회주의자들이 주도권을 장악하기 시작했지만, 이러한 와중에도 조만식은 지회 해소 때까지 위원장직을 유지하였고, 또한 해소를 반대한 점으로 미루어 보아 그는 신간회의 합법적 공간이나 사회주의자들과의 제휴에 상당한 의미 부여를 하고 있었던 것으로 보인다. 그러나 裵敏洙 그룹이 평양지회와 연관된 흔적은 보이지 않는다.

43) 이 대회와 그것이 기독교 농촌운동에 준 영향에 대해서는 장규식, 앞의 글, 218~219쪽 ; 韓圭茂, 앞의 글, 33~34쪽 참조. 당시 조선측 참가자는 申興雨(YMCA, 감리교), 金活蘭(YWCA, 감리교), 梁柱三(감리교), 노블(W. A. Noble, 감리교), 鄭仁果(장로교), 마펫(S. A. Moffet, 장로교) 등 6명이었다.

농촌운동을 활성화시키는 기폭제가 되었다. 보수적인 장로교단 역시 이 방침을 수용하여 1928년 8월 鄭仁果의 건의에 따라 농촌부를 설치하고 농촌운동을 공식사업으로 추진하기 시작하였다.[44)]

이러한 여건을 배경으로 배민수 그룹은 1928년 基督敎農村硏究會를 조직하였다. 12명으로 구성되었다는 창립회원은 모두 파악할 수 없지만,[45)] 주도적 역할을 한 이는 배민수·최문식·유재기 등이었고, 조만식은 고문 위치에 있었다. 배민수는 조만식의 협조 아래 유재기 등을 지도하며 연구회를 관리하였다.[46)] 협동조합이론에 해박하고 전도능력이 뛰어난 유재기는 주로 지방 농촌교회의 전도사 생활을 하면서 基督敎農友會 조직과 농촌계몽에 주력하였다.[47)] 1930년경에는 배민수의 평생 동지가 되는 朴鶴田이 가담하여 연구회 살림살이를 전담하였고,[48)]

---

44) 초기 장로교 농촌부 활동에 대해서는 韓圭茂, 위의 글, 53~55쪽이 참조되므로 중복을 피한다.

45) 배민수, 자서전, 347쪽.

46) 독립운동사편찬위원회, 『독립운동사자료집 12』, 1983, 유재기재판기록, 1226~1227쪽. 추론이지만 장로교 농촌부 부장인 鄭仁果 역시 연구회와 일정하게 연계되었던 것으로 보인다(배민수, 앞의 책, 310쪽 ; 독립운동사편찬위원회, 위와 같음).

47) 劉載奇는 1905년 경북 영주의 극빈한 기독교 가정에서 태어나 대구 嶠南學校를 중퇴한 후 1923년 일본으로 건너가 고학으로 東京日進高等學校를 졸업하고 日本大學 전문부 사회과에 입학했다가 중퇴하였다. 이때 河上肇, 賀川豊彦 등의 저술에 공명하여 기독교사회주의에 심취하였고, 귀국 후 숭전 재학 중인 1927년 그룹에 참여하였다. 강서군 요촌교회, 경북 하양교회, 신령교회 등지에서 전도사 생활을 하며 農友會 조직에 주력하였고, 1934년 평양신학교 졸업 후 목사에 장립되었다. 1938년 의성농우회 사건으로 체포되어 1년 징역형을 받았고, 해방 후 홍국형제단, 홍국시보, 농민복음학교 등을 운영하다 1948년 사망하였다(朱泰益, 앞의 책 ; 독립운동사편찬위원회, 『독립운동사자료집 12』, 1983, 유재기재판기록, 1226~1228쪽).

48) 1905년 평남 안주의 기독교 집안에서 태어난 朴鶴田은 숭실중 재학 중 부친이

또 수원고농 출신인 金聲遠이 참여하여 농업기술 분야의 전문가로 활동하였다.[49] 이들은 과거 항일운동의 경험을 가지고 있거나 비타협적 민족의식을 견지한 기독청년들로서, 김성원을 제외하고 모두 사회복음의 실천을 위해 교역자의 길을 선택한 전형적인 기독주의자들이었다.

농촌연구회가 내건 활동 목적은, ①조선농촌에 대한 일반 문제의 연구, ②기독주의적 농촌사업의 실현, ③회원 양성과 실제사업에의 투신 등 세 가지였다.[50] 기독주의 농촌운동 이념이 전면에 표방되었고, 특히 농촌운동의 궁극적 목표가 농민층의 경제적 자립에 기초한 '예수촌' 건설에 있음을 천명하였다. 곧, 일종의 '地上天國論'으로서의 기독교 농촌공동체의 건설이었다.

> 예수의 주의는 … 빈민에게 복음을 전하며 사로잡힌 자를 노하주며 소경을 보게 하며 죽은 자들을 살니려고 오셧다. 그런고로 우리 신자들은 한 손에 주의 말슴(福音)을 들고 한 손에는 쟝기(農具)를 들고 농민을 구원코

3·1운동에 참여하다 사망하고 본인 역시 투옥되는 등 청소년기부터 항일의식이 강한 기독교 민족주의 환경에서 성장하였다. 숭인상업학교를 졸업하고, 1930년 평양신학교에 재학 중 배민수를 만나 연구회에 참여하였으며, 졸업 후 목사에 장립되었다. 1938년 農友會 사건으로 劉載奇와 함께 검거된 그는 정신이상에 걸릴 만큼 혹독한 고문을 받았고, 해방 후에는 미군정 서울시 상임고문, 서울시 사회국장, 대한금융조합연합회 교육이사 등을 역임하였다.

49) 1906년 함남 함주의 기독교 가정에서 태어난 金聲遠은 수원고등농림학교 재학 중 1928년 건아단 및 조선개척사 사건으로 검거되었고(박환, 「1920년대 수원고등농림학교 학생비밀결사」, 『吉玄益敎授停年紀念史學論叢』, 1996), 출옥후 평양으로 들어와 연구회에 참여하였다. 해방 후 농업기술원 원예과장, 건국대학교 학장 등을 역임하였다.

50) 劉載奇, 「예수촌 건설의 삼대리론(예수村 建設의 三大理論)」, 『農民生活』 3-9, 1931.9, 32쪽.

져 딤후 203 — 4절의 말슴대로 스사로 나아가 그리스도의 정병이 되어 예수촌 건설을 위하야 순교자(殉敎者)가 되여지자고 나가는 자마다 좌기에 세가지 니론을 가지고 십년식만 뇌력한다면 반다시 예수촌은 건설되리라고 믿는다.[51]

아직 논리체계가 다듬어지지 않았지만, 배민수 등이 1933년 이후 장로교 농촌부를 전담하면서 제시한 '예수촌' 건설론의 기본 골격은 이때 이미 정리되고 있었다.[52]

농촌연구회는 장로교 농촌부 운동의 후원조직 성격을 갖고 있었으나, 인적 연관관계를 갖지 않은 독자 조직이었다.[53] 그러나 연구회 활동은 그다지 성공적이지 못하였다. 연구회는 농촌사업에 필요한 인적 재정적 구조를 갖추지 못한 채, 주로 지방 농촌교회와 연계되어 '예수촌' 건설 방침과 농우회 조직론에 대한 선전활동에 머무르고 있었다.[54] 배민수 역시 "평양에서의 7년간 나는 기독교도로서 내 이데올로기를 구축하고 운동을 위한 조직을 만들기 위해 노력하였다. 그러나 성공적인 것은 아무 것도 없었다"는 회고와 같이,[55] 이러한 활동 성과에 크게 실망하였다.

더욱이 대공황기 조성된 운동정세 · 사상동향은 농촌운동의 의미를 재삼 번민하게 만들었다. 이때에는 이식자본주의 모순의 심화에 따른

51) 劉載奇, 위의 글, 32~33쪽.

52) 농촌연구회의 '예수촌' 건설론과 농촌사업 방침의 내용과 성격에 대해서는 다음 장에서 총괄 정리한다.

53) 배민수, 자서전, 310쪽 ; 劉載奇, 앞의 글, 32쪽.

54) 유재기가 자신들의 이론에 따라 農友會 조직에 힘쓰는 곳이 전국 30여곳이 된다고 한 것은 이를 의미하는 것이라고 생각된다(劉載奇, 위의 글, 33쪽).

55) 배민수, 자서전, 315쪽.

노농운동의 격화, 민족주의 진영의 개량주의 운동의 확산, 사회주의 진영의 계급주의 노선 대두, 신간회 지도부의 개량화와 해소론의 등장 등 여러 요인이 중첩되는 가운데, 민족주의 진영과 사회주의 진영 간의 대립이 고조되었고,[56] 사회주의자들의 반기독교운동도 재개되었다.[57] 특히 사회주의와 연계된 소작쟁의, 농민항쟁은 기독교 농촌운동을 압도하였고, 이러한 가운데 사회주의자들의 개량적 농촌운동에 대한 비판도 거세졌다.[58] 농민문제가 악화될수록 농촌·농민에 대한 기독교의 영향력은 위축되었다. 이 시기 집중 거론된 농촌교회의 피폐 양상은 이러한 농촌현실의 반영이었다.[59]

배민수는 이러한 사회주의의 공세에 무기력하게 대응하고 있는 기독교 교단에 대해 크게 우려하였다. 그의 눈에는 “공산주의자와 무정부주의자들이 도전하고 있음에도 불구하고 기독교인 가운데 어느 누구도 이에 대답할 필요를 깨닫지 못하고 있는 것”으로 보였다.[60] 그러나 교단의 보수주의 입장은 여전히 강고하였고, 농촌부 교역자들은 농촌개선 문제, 물질적 경제자립에는 열성적이었지만 기독주의 실현에는 관

---

56) 지수걸, 「1930년대 초반기 사회주의자들의 민족개량주의운동 비판」, 『80년대 인문사회과학의 현단계와 전망』, 역사비평사, 1988 ; 서중석, 『한국현대민족운동연구』, 역사비평사, 1991, 137~143쪽 ; 방기중, 『한국근현대사상사연구』, 역사비평사, 1992, 92~96쪽.

57) 金權汀, 앞의 글.

58) 오미일, 「일제시기 사회주의자들의 농업문제 인식」, 『역사비평』 1989년 겨울호 ; 하원호, 「1930년대 사회주의자들의 농업·농민론」, 『일제말 조선사회와 민족해방운동』, 일송정, 1991 ; 金容燮, 『韓國近現代農業史硏究』, 一潮閣, 1992, 428~453쪽.

59) 韓圭茂, 앞의 글, 19~21쪽 ; 趙敏衡, 「農村敎會의 疲弊와 救濟策(1)~(9)」, 『基督申報』 1931년 1월 1일~3월 18일자.

60) 배민수, 자서전, 315쪽.

심이 없어 보였다.[61] 또한 농촌부 운동도 농촌현장과 연계된 실제운동이 되지 못하고 이론적 계몽운동, 즉 문서운동에 그치고 있었다.[62] 1930년 평양신학교에 진학한 그는, 선교사·목사들과 끊임없이 이러한 문제들을 토론했지만 만족을 느낄 수 없었고, 기독주의 농촌운동에 대한 신학적 이념적 무장이 필요하다는 것을 절감하였다.[63] 그가 선택한 해법은 1931년 미국유학의 결행이었다.

3. 1930년대 운동이념의 확립과 장로교 농촌운동

1) 복음주의 이념과 정치경제의식

배민수는 대공황의 와중인 1931년 6월 시카고 매커믹 신학교(McCormick

61) 배민수, 자서전, 347쪽. 농촌운동에 기독주의가 관철되고 있지 못하다는 비판은 기독교 중앙 여론을 통해서도 지적되고 있었다(「農村運動의 一面觀」, 『基督申報』 1929년 2월 27일자 社說).

62) 1928년 장로교 농촌부 설치와 함께 총회에서는 각 노회에도 농촌부를 설치하기로 하는 한편, ①사업전문가 초빙, ②기관지 발행, ③모범농촌 설치, ④농학교 설립 등 4가지 농촌사업 계획을 결정하였는데(『죠션예수교쟝로회총회 데十七회회록』, 1928, 41쪽), 이 가운데 1930년대 초반까지 가장 가시적인 성과를 보인 것은 1929년 5월 창간된 기관지 『農民生活』의 간행이었다.

63) 그는 평양신학교 재학 당시 "정신생활과 실제생활, 현세의 神國과 하늘의 神國, 교회와 사회 등의 상호관계를 어떻게 설정해야 하는가 답을 찾기에 번민하였다. 그러나 목사와 선교사 … 어느 누구도 聖經 말씀대로 사는 경제적 사회적 정치적 삶이 어떠한 것인지 말해주지 못하였다"고 회고하였다(배민수, 자서전, 315쪽). 평양신학교 교수진이 대다수 보수적 根本主義者라는 사실은 오래전에 지적된 바와 같다(金良善, 『韓國基督教 解放10年史』, 大韓예수教長老會總會 宗教教育部, 1956, 235쪽).

Seminary)에 입학하였다. 매커믹 신학교는 장로교 계열의 학교로서, 비교적 온건한 입장의 중도주의 학풍을 견지한 신학교였다. 이 대학 교수들의 일반적인 성향은 기독주의에 충실하여 진보적 자유주의 신학과는 거리가 있었지만 보수적인 근본주의 신학에 대해서도 비판적인 입장을 취하는 중도적 성향의 교수들이 다수 재직하였다.[64] 이러한 성향은 국가와 인종, 교파를 초월하여 전세계의 복음화를 목적으로 기독교 지도자를 양성한다는 이 학교 교육 목표와 밀접한 관련이 있었고, 이에 따라 이 학교에는 장로교 이외의 다른 교파의 학생들도 다수 입학하여 기독주의와 세계복음화 문제를 훈련받고 있었다.

배민수는 이러한 매커믹의 학풍 속에서 기독교 정신의 의미와 기독주의의 사회적 실천에 대한 관점을 재정립해 나갔다. 특히 이 훈련 과정에 큰 도움이 된 것은 1932년 조직된 '基督友愛會'(Cooperative Christian Fellowship)였다.[65] 기독교 지도자로서의 리더쉽 훈련을 위해 결성된 이 조직은 '基督愛'의 실천을 모토로 삼고, ①교리의 화합, ②인종적 형제애, ③공동체적 경제생활 등 세 가지를 실천 과제로 설정하였다. 이들은 극단적인 광신주의나 근대주의 종교관을 모두 거부하고, 특히 유물론을 반대하는 입장에서 정기토론을 통해 인종적 편견과 경제적 갈등에서 비롯된 세계 분쟁에 대한 기독교적 해결방법을 공동 모색하였다.[66]

---

64) 배민수, 자서전, 339쪽. 차성환은 한말 이래 한국 기독교 선교와 긴밀한 관계에 있는 매커믹 신학교의 지배적 신학 성향을 근본주의로 규정한 바 있는데(차성환, 『한국 종교 사상의 사회학적 이해』, 문학과 지성사, 1992, 226쪽), 여기에는 시기적 변화와 교수진 내부의 편차를 고려할 필요가 있을 것이다.

65) '友愛會'는 신학생 연구조직으로서, 배민수는 이 모임의 조직 기초를 위임받은 3명의 준비위원 가운데 하나였다. 이하 이 조직에 대한 설명은 배민수, 자서전, 339~340쪽 참조.

매커믹에서의 지도자 훈련은 기독교농촌연구회에서 정리했던 농촌 운동의 이념과 목표를 신학적으로 재무장하는 과정이었다. 곧, 복음주의 농촌운동 이념의 확립과 '예수촌' 건설의 이론적 심화였다. 복음주의 이념의 확립은 그리스도의 박애와 희생정신에 절대적 실천가치를 부여한 것이었다.[67] 특히 배민수는 기독주의에 대한 이해를 넓히는 가운데 무엇보다도 과거 기독교 민족주의에 근거했던 복음주의 이념에 대한 새로운 관점을 확립하였다. 기독교 보편주의의 자각이었다.

> 미국에 오기 전 나의 근본 이념은 내 조국과 인민을 위한 民族主義的 愛國心이었다. 그러나 이제 나는 全世界的 觀點에서 종교적 정치적 경제적 문제들을 살필 수 있게 되었다. 나는 훌륭한 미국인들로부터 많은 것을 배웠다. 나는 基督教的 同志愛가 무의미하고 이기적인 家族愛나 民族主義보다 훨씬 깊고 좋은 것이라는 사실을 깨달았다.[68]

'기독애'의 실현을 인종 · 민족 · 국가를 초월한 세계주의적 관점에서 파악하게 되었고, 조선에 국한되었던 그의 시야에는 비로소 세계적으로 전개되고 있는 정치경제적 이념적 분쟁이 객관화된 현실로 들어오

---

66) 특히 이들은 세계 분쟁의 유일한 해결을 共同體的 經濟生活의 실현에서 찾고, 이를 어떻게 실현할 수 있는가에 대해 많은 고민을 하였다고 한다.

67) 福音主義 指導原理에 대한 그의 규정은 다음과 같다. "福音主義는 예수께서 오시어 교훈하시고 실현하신 대로 기록한 福音의 말슴을 믿고 그대로 실천하기 위하야 최선을 다하자는 것이니…第一에 자기의 명예와 性癖과 죄악을 정복하고 第二로 자기생명과 所有를 희생하여 神과 人間을 사랑하야 지상에 天國을 임하게 하며 此를 따끝까지 전파함으로 그 誡命을 복종하자는 것이다"(裵敏洙, 「福音主義와 基督教農村運動(1)」, 『農村通信』 1, 1935.3.1).

68) 배민수, 자서전, 342쪽.

기 시작하였다. 인종문제와 계급문제, 자본주의와 공산주의 문제는 단지 조선에 국한된 문제가 아니라 보편적 세계인류의 문제였다.

따라서 기독주의의 실천, 기독교 지도자의 책무는 특정 민족·국가의 구원에 국한된 것이 아니라 "福音主義 十字旗 아래 하나"가 되어 세계교화·세계구원을 달성하는 초민족적·초국가적인 것으로 파악되었다.[69] 동시에 이 자각은 필연적으로 일국적 민족의식이나 민족적 결속보다 세계기독교의 동지애적 결속에 훨씬 더 큰 가치를 부여하게 하였다. 보편주의 관점의 수용은 곧 '기독애' 실현과 복음주의 운동에 절대성을 부여하는 것이었고, 따라서 민족문제 해결이라는 피압박민족의 정치적 과제는 전자의 종속 과제로 조정되지 않을 수 없었다.

보편주의 복음관의 자각과 이에 기초한 세계현실에 대한 개안은 그가 견지해 왔던 '예수촌 = 지상천국' 건설논리의 신학적 인식기반을 심화시켰다. 종말의식과 기독교 경제관의 심화였다. 「黙示錄」에 근거하여 예수 재림과 최후 심판을 확신하는 종말의식은 초대교회 사도들 이래 기독주의에 헌신적인 교역자들의 복음운동, 理想社會運動의 원동력이었다.[70] 배민수 역시 예수 재림과 최후 심판을 굳게 믿었을 뿐 아니라, 나아가 그것은 당장 현실의 문제라고 생각하였다. 그가 새롭게 파악한 현실세계는 이미 "말세의 대환란"기였기 때문이었다.[71] 전 세계

---

69) 裵敏洙, 「福音主義와 基督教農村運動(2)」, 『農村通信』 2, 1935.4.2.

70) 노치준 주 5의 「배민수 목사의 기독교 사회사상」, 29쪽. 또한 한말 이래 西歐優越主義를 뿌리내리고 기독교의 '한국적 발전'을 극도로 기피한 宣教師들의 근본주의적 복음관 역시 이러한 종말론에 기초한 '黙示論的'인 것이었다(강인철, 앞의 책, 146~147쪽). 곧 종말론이 福音主義 일반의식의 기본 동력이 된다는 점에서는 공통되지만, 곧 신앙관·복음관의 입장에 따라 종말론의 인식기반과 종말에 대한 대응방식이 상호 큰 차이를 보이게 된다는 점이다.

71) 裵敏洙, 「福音主義와 基督教農村運動(3)」, 『農村通信』 3, 1935.5.10.

는 "無作法한 경제생활"과 "唯物至上主義의 암흑"에 빠져 물욕에 정복당하고 자유를 상실한 채 "우승열패와 약육강식하는 생존경쟁의 참담한 피비린내"를 풍기고 있으며, 신과 영생을 모르는 무지한 민중들은 빈곤과 기아에 속박당하여 처참한 삶에 놓여 있었다.[72]

현실세계를 이와 같이 이해할 때 "예수 재림을 환영할 준비"로서 지상천국 건설은 절대적 당위성을 갖는 것이었다.[73] 기독교 신앙의 궁극목적이 정신적 내세의 영생, 하늘의 천국으로 들어가는 데 있지만, 그것은 현세에서 그리스도정신에 부합한 지상천국을 이루어 예수 재림을 준비했을 때 가능하였다. "지상천국 건설은 미래 영원한 왕국에 入하는 과정으로 연대적 관계"에 있다고 파악했기 때문이었다.[74] 이는 현세에서 물질 극복의 정신적 신앙생활이 가능하다는 신학적 자기확신이었다. 여기에서 빈민대중의 구원이야말로 지상천국 건설을 위해 기독교 지도자에게 부여된 일차적 책무라는 사실이 재삼 확인될 수 있었다. 기아선상에서 허덕이는 빈곤의 고통 앞에서 영생의 복음설은 아무 효력도 의미도 가질 수 없는 것이었고, 빈민대중을 神國으로 나아갈 수 있도록 하

72) 裵敏洙, 「福音主義와 基督敎農村運動(1)」, 『農村通信』 1, 1935.3.1 ; 裵敏洙, 「基督敎農村運動의 指導論(1)」, 『宗敎時報』 1936년 1월 14일자 ; 裵敏洙, 「基督敎農村運動의 指導原理(2)」, 『宗敎時報』 1936년 1월 21일자.

73) 裵敏洙, 「福音主義와 基督敎農村運動(3)」, 『農村通信』 3, 1935.5.10. 배민수의 종말의식은 1930년대 말 미국에 망명한 이후 신학적으로 더욱 보강되어 1960년대까지 굳건히 견지했던 地上天國 건설론의 강렬한 추동력이 되었다(裵敏洙, 『그 나라와 韓國農村』, 大韓예수敎長老會總會 宗敎敎育部, 1958. 이에 대해서는 노치준, 앞의 글에 잘 정리되어 있다). 다만 1930년대 전반과 1940년대 이후의 종말관 사이에는, 양 시기의 한국 및 세계 정치정세의 차이와 관련하여 종말의 논거와 그 打開의 정치적 주안점을 약간 달리하고 있는데, 이에 대해서는 별도의 검토 기회를 가질 것이다.

74) 裵敏洙, 「福音主義와 基督敎農村運動(1)」, 『農村通信』 1, 1935.3.1.

기 위해서는 우선 그들을 빈곤에서 해방시키지 않으면 안되었다.[75]

그는 지상천국 건설과 불가분의 관련을 갖는 이러한 경제정의 실현의 당위성을 그리스도 경제관에서 찾았다. 예수 박애정신의 근본은 보통사람의 표준 이하의 경제생활, 특히 빈곤한 농어민을 바탕으로 한 것이며, 예수가 십자가를 짊어진 희생정신의 진정한 의미는 이들 빈민에게 천국복음을 전파한 데 있다는 것이었다.[76] 유학기 그가 무장한 복음주의 실천이념의 핵심은 바로 경제적 배분정의의 의미를 부여한 그리스도의 박애와 희생정신을 재발견한 데 있었다. 나아가 이는 강렬한 도덕적 금욕주의와 연결된 지도자의식의 근간을 이루었다.[77] 이로써 그의 복음주의 이념은 빈민문제 해결, 농촌운동이라는 실천 과제와 더욱 강하게 결합되었고, 현실문제를 도외시하고 개인적 '贖罪救靈'만을 추구하는 신비주의와 보수적 복음주의에 대응한 신학적 논거를 확립하였다.

나아가 보편주의 복음관의 확립, 세계현실에 대한 개안과 종말의식의 심화는 기존 사회체제에 대한 강렬한 비판의식을 수반하였다. 말세를 초래한 가장 중요한 "病根"이 자본주의 이윤제도와 개인주의사상이라 파악했기 때문이었다. "金偶像"을 낳은 자본주의 이윤제도와 개인주의 소유욕이 황금만능의 물질주의와 빈부격차를 심화시키고 국가 간의 우승열패적 생존경쟁과 침략주의를 야기함으로써 세계를 대환란으로 이끈 근본 원인이라는 것이었다.[78] 자본주의·개인주의에 대한 비판의

75) 裵敏洙, 위와 같음.

76) 裵敏洙, 「基督教農村運動의 指導論(1)」, 『宗教時報』 1936년 1월 14일자.

77) 裵敏洙, 「福音主義와 基督教農村運動(3)」, 『農村通信』 3, 1935.5.10.

78) 裵敏洙, 「福音主義와 基督教農村運動(2)」, 『農村通信』 2, 1935.4.2 ; 裵敏洙, 「基督教農村運動의 指導論(1)」, 『宗教時報』 1936년 1월 14일자.

식은 심지어 그가 숭배하는 미국에 대해서도 예외가 아니었다.[79] 그것은 자본주의와 개인주의, 침략주의를 확대시키고 세계를 대환란으로 이끈 주체가 결국 기독교인, 기독교국가라는 자기반성과 함께 이에 대한 기독교인의 책무를 환기시키고자 하는 강렬한 염원을 반영하는 것이었다.[80]

한편, 보편주의적 관점의 자각은 자본주의 비판의식과 함께 그의 실천관 기저에 강하게 자리잡고 있던 반공주의 정치의식도 강화시켰다. 전술한바 일국적인 민족문제의 차원을 넘어서서 세계 보편적인 빈곤과 계급문제가 복음주의의 실천 과제로 전면화되었을 때, 기독교와 마찬가지로 초국가적·초민족적 견지에서 노동자 연대와 세계무산혁명을 추구하는 사회주의의 존재를 새삼 다시 발견하게 되고 이와 정면으로 충돌하게 되는 것은 필연적이었다. 그는 사회주의·맑스주의의 출현이 극단의 빈부격차와 민중의 처참한 삶을 낳고 있는 자본주의와 개인주의의 소유욕에 기인한다는 것을 인정하였다. 그러나 신의 존재를 부인하는 사회주의는 "유물지상주의"를 유포시키는 또 다른 대환란의 증거에 불과하였다.[81] 나아가 폭력과 독재의 방법으로 지상천국을 이룰 수 있다고 주장하며 기독교를 공격하는 사회주의는 기독주의의 세계적 실천

---

79) 그는 "米國이 전 세계 富力의 반을 가지고서도 천만 이상의 실업자와 걸인을 산출하고 허덕이는 점을 보면 미국의 生活制度가 당초부터 틀린 것을 증명한다"고 지적하였다(裵敏洙, 「福音主義와 基督教農村運動(3)」, 『農村通信』 3, 1935.5.10).

80) 裵敏洙, 「基督教農村運動의 指導論(1)」, 『宗教時報』 1936년 1월 14일자 ; 裵敏洙, 『그나라와 韓國農村』, 大韓예수教長老會總會 宗教教育部, 1958, 95쪽, 112~113쪽. 그는 특히 부르주아 계층에 기반을 둔 장로교에 이러한 물질주의와 개인주의 경향이 심하다는 것을 누구보다 잘 알고 있었다.

81) 裵敏洙, 「福音主義와 基督教農村運動(1)」, 『農村通信』 1, 1935.3.1 ; 裵敏洙, 「基督教農村運動의 指導論(1)」, 『宗教時報』 1936년 1월 14일자.

에 가장 적대적인 대립물로 인식되었다.[82)]

자본주의 비판의식에도 불구하고 배민수가 지니고 있었던 친미주의 정치의식이 미국 유학을 계기로 더욱 견고해진 것도 이러한 반공의식의 강화와 깊이 연관되어 있었다. 그가 보편주의적 관점에서 파악한 기독교와 공산주의 대립의 본질은 곧 미국을 중심으로 한 기독교 세계와 소련을 중심으로 한 반기독교 세계의 대립이었다. 이는 신의 정의를 지키는 자유민주주의와 악마의 권세를 부여받은 독재체제의 대립이었다. 미국은 기독주의 세계복음운동의 大本營이자, 조선기독교의 모국이라는 사실이 더욱 각인되었다.[83)] 그가 앞에서 최상의 가치를 부여한 '기독교적 동지애'의 본의는 다름아닌 미국과, 미국 기독교인에 대한 동지애였다.[84)] 이러한 의식구조 속에서 기독주의 정신은 미국식 자유민주주의 가치관과 공고히 결합하였고, 기독교와 민주주의 및 미국은 일체화되었다.[85)] 말하자면 그의 복음주의 사상에는 반공주의를 매개로 자본주의 비판의식과 친미주의가 상호 갈등 없이 공존하고 있었다. 이러한 점에서 그의 자본주의 비판의식은 본질적으로 관념적인 것이었고, 반공주의가 강화되면 될수록 그 관념성은 더욱 깊어질 소지가 다분하였다.

---

82) 사회주의에 대한 이 적대의식은, 곧 용이 짐승에게 權勢를 준 것과 같이(黙示錄 13장 1-10), 악마의 권세를 부여받은 '짐승'으로 간주한다는 의미로서(裵敏洙, 『그 나라와 韓國農村』, 127쪽), 이는 귀국 후 사회주의자들과의 대립, 1938년 망명 후 李承晩과의 합류, 해방정국기 李承晩路線에 입각한 국가건설운동을 거치면서 더욱 강화되었다.

83) 배민수, 자서전, 343쪽.

84) "10대부터 미국을 동경한 것은 가치 있는 일 이었다"는 그의 유학 소감은(배민수, 자서전, 342쪽), 이러한 의미의 기독교 보편주의를 깨우쳐 준 미국과 미국기독교에 대한 감사의 표시였다.

85) 배민수, 자서전, 384~385쪽.

미국 유학기를 통하여 배민수가 재무장한 농촌운동의 신학적 인식기반과 정치경제의식은 이러하였다. 여기에서 농촌운동의 실천적 의의가 분명히 설정되었다. 농촌운동은 조선과 전 세계를 교화하여 지상천국을 건설하는 가장 긴요한 복음운동이었고, 복음주의 이념으로 물질세계를 통제하여 빈곤한 농민을 자립화하고 교화시키는 "정신적 물질운동"이었다.[86] 빈민대중에게 경제적 자립화와 정신적 복음화를 동시에 부여하여 지상천국을 건설하는 방법은 자명하였다. 그것은 반공주의 입장을 전제로 자본주의 모순을 극복한다는 사회개조의 의의를 새롭게 부여하여 예수촌 논리를 재구성하는 것이었다. 1933년 5월 매커믹 신학교 졸업 후 "전 세계를 복음화하기 위한 기독교공동체의 한 양식을 만들어보려는 큰 꿈을 가지고" 귀국하였다는 포부와 같이,[87] 기독교 농촌공동체 건설방안이 그것이었다.

2) 장로교 농촌운동과 사상적 성격

배민수는 귀국과 동시에 유일한 조직 기반인 기독교농촌연구회를 재건하고 조만식 및 회원들과 함께 기독교공동체 건설 구상을 중심으로 향후 농촌사업을 모색하였다.[88] 그가 구상한 기독교공동체론은 기본적으로 과거 농촌연구회가 제기한 '예수촌' 건설론을 이념적·논리적으로 보강한 것이기 때문에 이견 없이 수용되었다. 이들의 운동 모색에 전기가 된 것은 이해 여름 장로교 총회가 배민수에게 농촌부 사업을 전담해 달라는 제의를 하게 되면서였다.

---

86) 裵敏洙, 「基督敎農村運動의 指導論(1)」, 『宗敎時報』 1936년 1월 14일자.

87) 배민수, 자서전, 347쪽.

88) 배민수, 위와 같음.

총회의 제안은 당시 일제 파시즘체제 구축 과정에 따른 정세변동에 의해 기독교 농촌운동이 한계에 이른 사정을 반영하고 있었다. 이때에는 병참기지화정책에 의해 농촌경제의 모순과 농민 몰락이 심화되면서 사회주의와 연계된 혁명적 농민조합운동이 광범하게 전개되었다. 이에 대응하여 일제는 농촌진흥운동을 비롯한 관제 자력갱생운동을 추진하여 격화된 농촌의 계급적 모순을 완화하고 사회주의의 농촌침투를 방어하고자 하였다. 또한 개량적 민족주의 실력양성운동에 대한 사회주의의 공세는 더욱 거세졌고, 반종교운동 · 반기독교운동도 정점에 달하였다.[89] 이같은 여러 정세의 조성은 천도교 · 기독교 등 종교단체가 주도하는 개량적 농민 · 농촌운동을 현저히 위축시켰다.[90]

이러한 양상은 농촌운동의 조직 기반이 취약한 장로교에 한층 심각하게 나타났다. 그것은 농촌운동의 하부조직인 농촌교회가 극도의 침체에 빠지고 있는 현실에 잘 드러나고 있었다. 사회주의의 공세와 농촌진흥운동에 따라 농촌교회의 영향력은 크게 약화되었고, 여기에 미국 선교부의 재정 지원 축소에 의한 재정난의 가중, 농촌운동을 여전히 불신시하는 보수주의의 지속적인 견제 등 교단 내부사정과 관련하여 농촌교회의 피폐상은 장로교의 가장 심각한 문제의 하나로 부각되었다.[91] 장로교 총회와 농촌부가 배민수를 영입하여 새로운 활로를 찾고자 한 당시의 사정은 이러하였다. 조직 기반과 활동력을 갖추고 사업에

---

89) 『新段階』 1933년 2~7월호 종교비판 특집호 ; 『批判』 1933년 3월호 종교비판 특집호 ; 金權汀, 앞의 글, 221~226쪽.

90) 趙東杰, 『日帝下 韓國農民運動史』, 한길사, 1979, 272~273쪽 ; 장규식, 앞의 글, 257쪽.

91) 李勳求, 「농촌교회의 재정난과 그 대책」, 『農民生活』 5-5, 1933. 5 ; 장로회 총회 농촌부, 「농촌부 주일을 앞두고」, 『宗教時報』 1933년 10월 1일자 ; 白炳旻, 「農村教化의 難關과 其 對策(2)」, 『基督申報』 1935년 1월 16일자.

전념할 수 있는 인물이 절실히 요구되었다. 여기에 배민수가 미국에서 확보한 운동자금이 그를 영입하려 한 또다른 요인이었다.[92)]

배민수와 농촌연구회는 총회의 제안을 달갑게 받아들이지 않았지만, 재정문제와 관련하여 "떠밀리듯" 총회에 참여하게 되었다.[93)] 1933년 9월 장로회 총회는 농촌부 사무국 신설과 배민수의 총무 선임을 만장일치로 통과시켰고,[94)] 이와 함께 박학전, 김성원, 유재기 등도 모두 농촌부 간사 또는 실무요원으로 진출함으로써 농촌부 핵심은 완전히 농촌연구회 회원으로 재편되었다.[95)]

배민수와 농촌연구회가 총회 참여에 소극적 자세를 취한 것은 총회 지도층의 보수주의에 강한 비판의식을 가지고 있었기 때문이다.[96)] 여기에 또한 농촌부의 기존 운동방침과 사업방식에 대한 비판의식이 존

---

92) 배민수는 유학 중 어느 미국부인으로부터 농촌사업에 대한 상당한 재정 후원을 약속받고 귀국한바, 이 사실을 알고 있는 총회 교역자들이 그의 농촌부 영입을 주도했다는 것이다. 실제 그는 1934년 그 부인에게서 4,000달러의 기부금을 받아 4년간 농촌부 사업을 추진할 수 있었다고 한다(배민수, 자서전, 340~341쪽, 352~356쪽).

93) 배민수, 자서전, 347쪽.

94) 배민수, 자서전, 348쪽. 배민수의 농촌부 영입을 주도한 것은 이 총회에서 다시 농촌부장을 맡게된 鄭仁果였던 것으로 보인다.

95) 배민수는 자신과 농촌부 간사 朴鶴田, 金聲遠 등 3인이 고정 스탭 멤버였다고 회고하였다(배민수, 자서전, 348쪽). 劉載奇는 1936년 농촌부 서기를 맡기까지 주로 농촌강습과 지역 조직활동에 종사하였고, 농촌연구회 핵심 중 하나인 崔文植은 목사 안수 후 만주 龍井지역을 거점으로 목회활동에 종사한 것으로 보인다(劉載奇, 「農村巡廻의 四千里」, 『農村通信』 1, 1935.3.1). 1933년 총회 이후의 농촌부 활동 개요에 대해서는 韓圭茂, 앞의 글에 정리되어 있으므로 중복을 피하고 필요한 한에서만 언급한다.

96) 배민수, 자서전, 347쪽(특히 曺晩植은 총회가 농촌연구회 활동에 도움이 되기보다 오히려 간섭과 방해가 많을 것이란 이유로 농촌부 참여에 반대하였다고 한다) ; 劉載奇, 「基督敎와 協同組合」, 『農村通信』 5, 1935.7.1.

재하였다. 우선 하나는 농촌운동 이념과 목표가 불분명하다는 것이었다. 곧 농촌부 교역자들이 복음주의 원칙에 철저하지 못하여 농촌운동을 농촌개선사업으로 알고 물질적 경제자립에 사업목표를 둠으로써 예수촌 건설의 의의를 깨닫지 못하고 있다는 것이었다.[97] 이러한 이념 무장의 부족은 필연적으로 보수주의자와 사회주의자들의 양면공세에 무기력하게 대처하는 주요 원인으로 간주되었다. 다른 하나는 기존 농촌부 사업방식이 농촌현장과 연결된 조직적 실제운동이 되지 못하고 중앙 기관지 간행에 국한된 지식인 중심의 이론운동·출판계몽운동에 그치고 있다는 비판이었다. 농촌교회 침체도 결국 이에 연유하는 것으로 파악되었다.

농촌부 사업방식에 대한 이러한 진단은 정확한 것이었다. 농촌부 사업이 복음주의에 입각하지 않은 것은 아니지만, 농촌부 '모범농촌' 건설방침에 잘 나타나듯이 농촌부의 현실적 입장은 복음전파보다 경제자립이 우선적 관심사였다.[98] 또한 농촌부가 농촌현장사업을 계획하지 않은 것도 아니지만, 이를 실천에 옮길 수 있는 인적 기반이 결여되어 있었기 때문에 기관지 출간사업이 사실상 가장 큰 비중을 차지하였다. 이러한 두 경향은 숭전 농학과 과장 이훈구가 『農民生活』 간행을 주도하면서 더욱 강화되었다.[99]

---

97) 배민수, 자서전, 347쪽, 351쪽 ; 裵敏洙, 「福音主義와 基督教農村運動(3)」, 『農村通信』 3, 1935.5.10. ; 劉載奇, 위의 글. 배민수는 産業增殖, 小作問題, 組合運動 등이 사업의 일면임에는 틀림없으나 농촌운동의 주된 것이 아니며 주 목적은 教化라고 강조하였다.

98) 이는 『農民生活』 5-9(1933.9)호, 「模範農村을 건설하자」라는 제호의 社說에 잘 드러나고 있다.

99) 李勳求는 1932년부터 기관지 편집에 간여하여 1933년에는 『農民生活』 영업부장을 겸하였다.

이러한 연유로 배민수는 농촌부 사업을 전담하자 바로 자신의 입장과 구상을 전면에 표방하였다. 농촌부의 사업정신은 세계를 지배하고 있는 맑스·레닌의 사상과 히틀러·무솔리니의 사상에 대항하여 예수정신인 기독주의로 돌아가 조선의 백성을 살리고 세계를 구원하는 것임을 천명하고, 농촌운동의 목표는 主의 사명과 행적(복음)을 농촌에 실천하여 영적생활과 물질생활을 동시에 책임지는 예수촌을 건설하여 이 땅에 기독교왕국을 세우고 영원한 천국복음을 누리게 하는 데 있다고 선언하였다.[100] 나아가 쇠퇴하고 있는 농촌교회를 살리고 "조선농촌의 기독화"를 위해 30만 신도의 총궐기를 호소하였다.[101] 이 선언은 기왕의 농촌부 사업방식에 대한 전면적인 비판인 동시에 수세에 처한 기독교 농촌운동의 공세적 자세를 촉구한 것이었다.

1935년에 이르러서야 그 전모가 드러나지만, 배민수가 제창한 농촌공동체·예수촌은 자본주의 이윤제도와 개인주의 소유욕에서 벗어나 "표준적 물질생활"과 "정신적 경제생활"을 영위하는 상호부조적 경제공동체이자 신앙공동체였다.[102] '표준적 물질생활'이란 필요 이상의 이윤, 일용할 식량 이상의 물욕이 억제되고 경제적 배분정의와 道德律이 실현된 자립적 경제생활을 의미하였다. 자본주의 이윤과 물욕을 억제하고 자립화를 실현하는 지도이념은 복음주의—박애주의와 십자가주의—였고, 그 실천원리는 협동조합에 기초한 "조직적 협동생활"이었다.[103]

100) 總會 農村部, 「總會農村部 常設機關 設置에 際하야」, 『宗教時報』 1933년 11월 1일자. 이 선언은 총무 배민수와 서무간사 박학전의 명의로 표명되었다.

101) 總會 農村部, 위와 같음 ; 총회 농촌부, 「농촌부 주일을 압두고」, 『宗教時報』 1933년 10월 1일자.

102) 裵敏洙, 「基督教農村運動의 指導論(1)」, 『宗教時報』 1936년 1월 14일자.

103) 裵敏洙, 「福音主義와 基督教農村運動(1)」, 『農村通信』 1, 1935.3.1 ; 裵敏洙,

그는 이러한 예수촌 건설안에 대해 "전 세계가 아즉도 발견치 못한 창조적 사업"이라 크게 자부하였으며,[104] 나름대로 그러한 농촌상을 제시하기도 하였다.

> 약 百餘戶의 농촌을 單位로 하고 각 농가에서 약 五六千坪의 토지를 自作하고 副業을 장려하며 消費 信用 購買 及 利用組合을 조직하여서 경제적 시설의 圓滿하여서 매 호 年產 六百圓 가량 수입이 되고, 전 洞民이 教會에 참석하여 신실한 信者가 되고, 자녀 교육기관이 완비되어 義務教育을 실시하고, 목욕탕 이발소 상점 及 일반 社會的 施設이 경제적 균형을 형성하여 全體가 一人을 위하여 최선을 다하고 一人이 全體를 위하여 충성을 다하여 일반 民衆의 生死가 오즉 主 예수 그리스도의 뜻대로 되어간다고 하여 보자. 그러타면 彼等의 생활이야말로 매일 時時로 희열에 넘치는 만족한 살림을 하게 될 것이다.[105]

즉, 예수촌은 100호 정도의 自作하는 농촌부락을 협동조합과 농촌교회를 매개로 공동조직한 자립적인 기독교 신앙촌이었다. 이는 광신주의 종말론에 입각하여 흔히 나타나는 신앙촌과 구별되는 것이었다. 광신주의 신앙촌이 본질적으로 개인 贖罪救靈意識에서 출발하여 내세의 영생을 찾기 위해 현실사회와 격리된 소우주적 세계를 추구하는 것과 달리, 예수촌은 보편주의적 복음관에 기초하여 농촌현실의 경제적 모순을 타개하고 빈농을 구제한다는 사회연대의식과 보편적 사회개조의식 위에서 제론된 것이었다.

「協同」, 『農村通信』 5, 1935.7.1.

104) 裵敏洙, 「基督教農村運動의 指導原理(2)」, 『宗教時報』 1936년 1월 21일자.

105) 裵敏洙, 위와 같음.

따라서 배민수와 농촌부가 예수촌 건설의 관건으로 간주한 것은 농촌의 "조직적 협동생활"을 구축하는 농촌조직화사업이었다.[106] 이는 예수촌 건설의 기초사업이자 그 자체 예수촌을 완성시켜 가는 작업이었다.[107] 사업의 요체는 기독교 협동조합의 조직이었다. 배민수는 기독교 협동조합을 "맑스의 폭력적 방법이 아니라 그리스도의 愛의 방법"으로 자본주의 이윤제를 극복하고 신앙을 생활화할 수 있는 "유일한 비법"으로서, 복음주의와 공동체적 경제생활을 유기적으로 결합시키는 유일한 통로라고 생각하였다.[108] 배민수 그룹이 농촌연구회 시절 예수촌 건설의 기초사업으로 추진한 기독교농우회 역시 같은 의미의 협동조합으로,[109] 농촌부 사업에 재삼 활용되었다. 곧, 예수촌의 경제이념은 기독교 협동조합주의였다.

---

106) 裵敏洙, 「福音主義와 基督敎農村運動(1)」, 『農村通信』 1, 1935.3.1.

107) 배민수는 농촌복음화, 예수촌 건설은 社會的 連帶關係를 갖고 있기 때문에 개인적으로는 실현 불가능하며 반드시 경제생활의 협동적 조직화를 요구한다고 주장하였다(裵敏洙, 「基督敎農村運動의 指導原理(2)」, 『宗敎時報』 1936년 1월 21일자).

108) 裵敏洙, 「福音主義와 基督敎農村運動(1)」, 『農村通信』 1, 1935.3.1. 劉載奇 또한 이를 자본주의 이윤제를 극복하고 신앙을 현실 속에서 생활화하는 "有機的 組織體"이자 "天國運動의 유일한 愛의 施設"이라 주장하였다(劉載奇, 「基督敎와 協同組合」, 『農村通信』 5, 1935.7.1 ; 劉載奇, 「愛의 社會的 施設과 産業組合(1)」, 『基督申報』 1935년 1월 1일자).

109) 劉載奇, 「예수촌 건설의 삼대리론」, 『農民生活』 3-9, 1931.9, 33쪽. 농우회는 1920년대 중반 기독교 농촌운동의 시작과 함께 출현한 개량적 농촌사업 조직이었다(韓圭茂, 앞의 글, 126쪽). 일례로 1930년 결성된 평북 중화군 영삼리 기독농우회 규칙을 보면 협동조합과 전혀 달리 농촌계몽, 생활개선을 주 목적으로 하는 矯風組織이었다(「新興農村欄」, 『農民生活』 2-5, 1930.5, 33쪽). 이에 반해 이들이 전개한 農友會는 협동조합 형식과 기능을 갖춘 기독농민조직이자 농민복음조직이었다.

협동조합은 농촌교회를 거점으로 조직되었다. 농촌교회와 협동조합이 유기적인 연관성을 가질 때 협동조합운동의 복음주의 원칙이 담보될 수 있었다. 그것은 동시에, 침체한 농촌교회를 회생시키는 작업이었다. 농촌부 농촌운동이 활성화되기 위해서는 그 하부조직인 농촌교회가 회복되어야 했다.[110] 특히, 농촌교회 유지방안의 하나로 일반적으로 주장된 敎會田의 설치와 공동경작도 협동조합을 통해서만 실현성을 갖는 것이었다.[111] 이에 '1교회 1조합주의'가 주창되는 가운데,[112] 전국 여러 곳에 기독교 협동조합이 조직되었다.[113]

농촌조직화사업과 더불어 예수촌 건설을 위해 추진된 사업은 교육사업과 선전사업이었다. 교육사업은 농촌지도자 양성과 농촌청년 교육 등 두 방면에서 추진되었다. 주안점은 이들이 농촌부 '前衛'로 생각한 기독교 농촌지도자 양성에 있었다. 지도자는 농촌 현장에서 농촌조직사업을 수행하고 농민의 복음화와 경제자립을 지도할 "복음주의의 정예"였다.[114] 따라서 "협동운동의 極精銳를 총집중하여 훈련시킬 本營"

110) 배민수 그룹이 "農村敎會運動"을 농촌부의 일차 사업목표로 정한 것도 이러한 이유에서였다(장로회 총회 농촌부, 「농촌부 주일을 압두고」, 『宗敎時報』 1933년 10월 1일자).

111) 이는 미국에서 시행하는 농촌교회 유지 방안의 하나로, 이른바 '主의 田'을 마련하여 교인이 共同耕作하고 그 수입 전액을 교역자 생활비 등 교회재정에 충당하는 것이다(劉載奇, 「愛의 社會的 施設과 産業組合(3)」, 『基督敎報』 1935년 1월 30일자). 共同耕作 사례 및 실태에 대해서는 韓圭茂, 앞의 글, 146~153쪽 참조.

112) 劉載奇, 위와 같음.

113) 여기에는 칠곡, 의성을 거점으로 활동한 劉載奇의 역할과 후술하는 高等農事學院 졸업생들의 활동이 컸던 것으로 보인다(韓圭茂, 앞의 글, 134쪽, 171~172쪽).

114) 裵敏洙, 「福音主義와 基督敎 農村運動(3)」, 『農村通信』 3, 1935.5.10. 지도자는 학자나 이론가가 아니라, 투철한 복음주의자로서 농업전문지식을 겸비한 실천적 품성과 戰士意識이 요구되었다(裵敏洙, 「우리가 요구하는 農村의 指導

으로서의 지도자양성기관 설치가 무엇보다 시급하였다.[115] 그런데 신농촌부가 구성되기 직전 이훈구의 책임 아래 高等農事學院이 개원되었기 때문에 이들은 이훈구와 합작하여 학원을 운영하였다.[116] 고등농사학원은 여름방학 중 숭전 건물을 이용한 비상설기관이었기 때문에 배민수는 서울에 별도의 상설 高等農事福音學院을 설립하고자 하였으나 자금난으로 성사되지 못하였다.[117]

농촌청년 교육은 매년 11월부터 익년 3월까지 전개된 동절기 농촌수양회를 통해 이루어졌다.[118] 직접 농촌 현장을 순회하며 전개된 농촌수양회는 장로교 신도가 많은 북한, 만주, 영남지역을 대상으로 각 老會 농촌부와 연계하여 실시된 복음주의 농사강습회였다. 여기에는 농학과 교수들이 동참한 경우도 있었으나 대개 농촌부 그룹을 중심으로

者」, 『農村通信』 6, 1935.8.1).

115) 裵敏洙, 「咸慶一巡記」, 『基督敎報』 1936년 7월 28일자.

116) 李勳求, 「高等農事學院 開設에 對하야」, 『實生活』 4-7, 1933.7, 12~13쪽. 이에 배민수는 학원 기획과정과 첫 해 교육과정에는 참여하지 못하였고, 1934년 하기강습부터 주무 책임을 맡았다.

117) 배민수는 고등농사학원 운영 중에도 총회에 조속히 상설 "高等福音農民學院"을 설립할 것을 촉구하고(裵敏洙, 「福音主義와 基督敎農村運動(3)」, 『農村通信』 3, 1935.5.10), 나아가 학원 설립 자금(3만원) 마련을 위해 고등농민복음학원후원회를 조직하여 각 老會의 참여를 촉구하는 한편, 스스로 전재산 5,000원을 희사하기도 했다(『農村通信』 9, 1935.12.1 ; 裵敏洙, 「咸慶一巡記」, 『基督敎報』 1936년 7월 28일자). 상설 교육기관 설치의 필요성은 이훈구에 의해서도 제기되었지만(李勳求, 「高等農事學院 第二回事業 一斑」, 『農民生活』 6-9, 1934.9, 556쪽), 결국 배민수의 이러한 주장과 일련의 행동은 고등농사학원 운영 내용을 포함한 구농촌부 사업방식에 대한 비판의식을 반영한 것이다. 학원의 운영 개요와 졸업생에 대해서는 李勳求, 위의 글 ; 『農村通信』 7, 1935.9.1 ; 韓圭茂, 앞의 글, 166~172쪽 참조.

118) 「長老會 總會 農村部의 活動」, 『基督申報』 1934년 7월 25일자.

진행되었다. 배민수는 농촌복음, 유재기는 협동조합론, 김성원은 농사지도, 배민수 부인인 최순옥이 여성문제 등을 강습하였다.[119] 농촌수양회는 보통 100명에서 400명 정도가 참여했는데, 배민수는 농촌 청년신도들에게 농촌사업에서의 투철한 복음정신의 고양, 봉건적 생활방식과 악습개선 등을 강의하였다.[120]

선전사업은 배민수 그룹의 농촌운동관과 관련하여 특별한 의미를 갖는 것이었다. 농촌 교회를 회생시키고 예수촌 건설의 정당성을 확보하기 위해서는 기독교 농촌운동계에 복음주의 원칙을 환기시키고 보수주의와 사회주의에 대해 적극 이념투쟁을 수행할 필요가 있었다. 그러나 이들은 『농민생활』을 이러한 작업에 적합한 선전매체로 간주하지 않았고, 별도의 "우리 잡지"를 원하였다.[121] 재정 부족으로 잡지 발간이 여의치 않자 이들은 1935년 3월 월간신문 『農村通信』을 농촌부 기관지로 간행하였다. 배민수는 기관지 발간과 함께 복음주의 농촌운동론과 예수촌건설론을 연이어 발표하며 농촌부의 운동이념과 목표를 파상적으로 천명하였고,[122] 주의가 다르면 협동할 수 없다 하여 "우리 주의" — 박애주의와 십자가주의 — 의 확립과 이념적 결속을 촉구하였다.[123]

---

119) 농촌수양회 실시 내용에 대해서는 韓圭茂, 앞의 글, 118~120쪽 참조.

120) 배민수, 자서전, 350~351쪽. 특히 그는 미국 생활양식의 좋은 점과 婦人解放의 중요성을 강조하였다.

121) 배민수, 자서전, 352쪽. 더욱이 1934년 『農民生活』 경영권이 완전히 숭전 李勳求 그룹으로 이관되어 농촌부와 분리되었기 때문에 별도의 농촌부 기관지가 요구되었다.

122) 裵敏洙, 앞의 「福音主義와 基督教農村運動 (1)·(2)·(3)」; 「協同」; 「우리가 요구하는 農村의 指導者」; 「基督教農村運動의 今後」; 「基督教農村運動의 指導論 (1)·(2)」

123) 裵敏洙, 「協同」, 『農村通信』 5, 1935.7.1.

동시에 사회주의에 대한 격렬한 공세가 취해졌다. 농촌부 간사 박학전은 배민수의 입장 천명에 뒤이어, "반종교운동자들의 화염같은 약동"과 "반대편의 쥐죽은 듯 침체한 기독청년의 무기력"이라는 대조적인 사상동향, 사회주의의 농민 장악에 대한 기독교 진영의 열세를 환기시키고,[124] 기독청년의 분발과 사회주의와의 전면전을 촉구하였다.

> 저들을 향해 멧번이나 義忿을 가저 보앗는가? 辨證해 보앗는가? 우리는 이 主義者들을 政治的 勢力으로 高壓하고 投獄하는 것만으로 만족을 늣기고 靜視할 것 뿐인가? … 하나님을 욕하고 救主를 짓밟는 狼의 무리가 어대로 드러오는지 무슨짓을 하는지 모르고 放心한다는 것은 怪現象이다. 오날에 이 無神論的 反宗教者들을 政治機關 외에 또 누가 抗爭하는 이가 잇는가! 반성하고 각자 自省하자. 기독청년아! … 저 反宗教運動者 無神論黨을 향해 의분과 투쟁을 선언할 때 … 기독용사들아. 새벽에 教堂에 올나가 기도를 드리고 惡魔와 싸울 결심을 가지고 福音을 들고 … 나가자. 나가자. 農場으로! 싸우자. 싸우자. 無神論者들로![125]

반기독교운동을 주도하고 농민을 말세의 대환란으로 이끌고 있는 사회주의자들은 이제 묵시록이 경고한 '짐승'이자 '악마'로 규정되었다. 그리고 사회주의자로부터 농촌·농민을 구하려면 "無方案的 氣分的" 운동방식에서 벗어나 사회주의자와 같이 "조직화하고 지구전적" 투쟁전략을 연구 실시하고, 복음을 무기로 농촌 현장에 뛰어들어야 할 것을 강조하였다.[126]

---

124) 朴鶴田, 「福音을 들고 나가자, 싸우자」, 『農村通信』 4, 1935.6.1.

125) 朴鶴田, 위와 같음.

126) 朴鶴田, 위와 같음.

배민수가 조선에 기독교왕국을 세우고 세계를 감화시키고자 추진한 복음주의 농촌사업의 기본 개요는 이러하였다. 이렇게 보면 그가 구상한 예수촌은 '耕者有田'의 원리가 실현된 자작농체제의 성립을 전제한 것으로, 본질적으로 자본주의 사적 소유관계를 부정한 것은 아니었다. 다만 복음주의 이념에 입각한 경제적 도덕률로써 '표준적 소유관계'를 창출하고,[127] 협동조합을 통해 농촌부락의 유통구조와 소비생활을 공동조직화하여 자본주의의 농촌수탈을 방지하고 농민의 자립을 꾀한다는 것이었다. 반이윤 · 반독점 · 반봉건 경제관념을 반영한 '표준적 소유관'은 이미 확인한 것처럼 자본주의 이윤추구 · 소유관계에 대한 강한 비판의식과 빈농 중심의 기독교 경제관에 바탕을 둔 것이었다. 이것이 그가 광신주의 종말론에 빠지지 않고 사회연대의식을 견지한 지상천국 건설을 확신할 수 있었던 인식기반이었다.[128] 배민수와 농촌부 그룹은 이러한 복음주의 농촌운동관에 대해 이념적으로나 실천적으로 지극히 배타적이고 전투적인 자세를 견지하였다. 투철한 복음주의 이념의 관철과 통일을 요구하였고, 이를 바탕으로 한 운동의 조직화와 '전위'의 역할, 농촌현장 중심적인 실천을 중시하였다.[129]

127) 주 105의 인용문과 같이, 그가 예시한 標準的 所有關係 규모는 자작지 5, 6천평, 연수입 600원 정도였다.

128) 배민수가 자신의 주장이 基督教社會主義로 오해될 소지가 있다고 본 것도 이러한 농촌운동관의 특성 때문이었다(裵敏洙, 「基督教農村運動의 指導原理(2)」, 『宗教時報』 1936년 1월 21일자). 그의 복음주의 이념과 예수촌론이 기독교사회주의적 전통을 바탕에 깔고 있는 것은 분명하지만 비타협적 反共主義 입장과 관련하여 1920년대 기독교사회주의와는 결합되기 어려운 間隙이 존재한다.

129) 그가 복음전파보다 경제자립을 중시하는 李勳求와 화합하지 못하고 장로교 농촌운동의 분리를 의도한 주요한 요인은 이러한 복음주의 이념에 대한 배타적 확신 때문이었다.

그러나 배민수와 농촌부 농촌운동의 정치사상적 성격, 계급적 · 민족적 성격 또한 이러한 복음주의 운동관에 강하게 규정받지 않을 수 없었다. 자본주의에 대한 비판의식이나 '표준적 소유관'의 도덕률 강조에도 불구하고, 예수촌 건설론은 현저히 관념적이고 개량주의적인 농촌운동론이었다. 예수촌의 조합주의 경제이념이 지향하는 사회체제는 기본적으로 북구라파식 기독교 사회민주주의에 접근한 것이었다. 그러나 이들은 예수촌의 경제이념과 사회연대의식을 조선의 민족해방 · 신국가건설과 연관된 사회체제론 · 국가건설론으로 발전시키지 못함으로써, 예수촌론은 관념적인 이상촌건설론으로 귀결되었다.[130]

예수촌 건설론의 개량주의적 성격은 무엇보다 이들의 토지문제 대책과 농촌구제책의 성격에 잘 반영되고 있었다. 전술한바 예수촌 건설의 대전제는 지주제의 해체, 농민적 토지소유의 실현이었다. 실제 전 농민의 80%를 차지하고 있는 소작농민의 자립은 무엇보다 경작할 적정한 규모의 토지가 주어질 때에만 가능성을 갖는 것이었다. 그러나 배민수는 토지문제 해결에 대한 구체적인 개혁방안을 제시하지 못하였다. 그가 가진 경제적 배분정의와 도덕률의 실현 방법은 지주 · 자본가의 희생적 · 자선적인 복음정신을 강조하는 것 뿐이었다.[131] 농촌부 그룹에서는 유재기가 신용조합을 이용한 자작농 창출 방안을 제론한 바 있지

---

130) 배민수가 예수촌을 북구라파식 기독교 사회민주주의 방식으로 정리해 가는 것은 1938년 미국으로 망명한 이후의 일이다.

131) "우리 農村運動은 우리가 먼저 貧寒하여지려 힘쓰는 운동으로, 만일 우리가 所有 전부를 매각하여 희생함으로써 大衆의 死活問題가 해결된다면 우리는 주저없이 단행할 것"이라는 주장과 같이(裵敏洙, 「基督教農村運動의 今後」, 『農村通信』 7, 1935.9.1), 배민수가 제론한 유일한 대책은 부유한 신도와 교역자들이 복음주의 이념에 따라 자발적으로 物慾을 억제하고 재산을 내놓아 '표준적 소유', '표준적 물질생활'을 실천하기를 촉구한 것이었다.

만, 이 또한 자작농창정안 가운데에서도 극히 소극적인 방안이었을 뿐 아니라 현실적으로는 신용조합의 지주제 운영론에 불과하였다.[132]

농촌부 운동의 개량주의적 성격은 토지문제에 한정된 것이 아니라 농촌사업 일반에 걸친 것이었다. 그들이 사활을 걸고 있는 협동조합운동은 주로 유통구조 개선을 통해 자본주의의 농촌수탈을 최소화하고자 하는 소비조합·신용조합이 중심이었고, 농업구조의 개혁을 도모하는 생산과 노동의 공동조직, 생산조합에 대해서는 주의를 기울이지 않았다.[133] 그들이 각별히 강조한 공동경작론도 '敎會田' 경영에 한정된 것으로, 주로 농촌교회의 재정난 타개가 목적이었다.[134] 협동조합과 연계하여 추진된 농촌사업 역시 농사개량, 다각농업과 부업 장려, 생활개선, 폐풍교정 등 개량주의적 생산력증대운동, 생활개선운동에 그치고 있었다.[135] 곧, 농촌부 운동은 소작문제의 근본적 대책, 생산관계의 구조적 조정 방안이 수반되지 않은 소극적인 당면이익 획득운동이었다. 이들의 농촌운동이 체제내적 경제자립운동이 되는 이유였다.

이러한 성향은 농촌부 사업이 농민의 주체적 힘을 바탕으로 한 것이

---

132) 劉載奇, 「愛의 社會的 施設과 産業組合(2)」, 『基督申報』 1935년 1월 16일자. 곧 신용조합에서 전답을 매입하여 조합원의 경제형편에 따라 소작지를 차등 분배하되 장기적으로 소작지를 自作地化하기 위해 소작료를 일반 소작료보다 높게 받아 그 차액을 地價償還金으로 적립하는 개량적인 自作農創定 방안이었다. 유재기는 이 방안을 토지회수의 유일한 방법으로 강조했지만, 이는 李勳求가 제론한 '協同組合式 土地會社' 설립을 통한 자작농창정론(방기중, 앞의 글, 150~151쪽)보다도 훨씬 소극적인 방안이다.

133) 農業打開策의 성격과 관련한 일제하 민족·자본주의 계열의 協同組合論 추이에 대해서는 金容燮, 앞의 책, 443~445쪽 참조.

134) 韓圭茂, 앞의 글, 149~150쪽.

135) 裵敏洙, 「基督敎農村運動의 指導原理(2)」, 『宗敎時報』 1936년 1월 21일자 ; 劉載奇, 「愛의 社會的 施設과 産業組合(3)」, 『基督申報』 1935년 1월 30일자.

아니라 교역자 중심의 계몽운동이라는 사실에서 더욱 부각되었다. 배민수가 강조한 빈민에 대한 희생적 사랑은 철저히 愚民觀에 기초한 것이었고, 농민층 피폐와 농촌교회 침체의 한 원인도 빈농의 무지와 문맹에 있었다.[136] 복음교화운동에 일차적 목표가 있는 한 배민수와 농촌부 운동은 본시 농민대중의 주체적 역량에 기초한 농민운동이 될 수 없는 것이었지만, 이들이 끊임없이 주장한 협동적 조직은 결국 지주와 일제 농정에 저항하는 농민조직이 아니었다. 그것은 독점자본에 소극적으로 대처하는 신도들의 농촌복음조직이었다. 그러나 이 시기 농촌·농민문제는 본질적으로 정치성을 내포한 계급문제이자 민족문제였다. 따라서 농촌·농민문제는 체제내적 농촌운동이나 복음주의 구호로 치유될 수 있는 것이 아니었고, 예수촌 건설운동에 정치성을 배제한다고 해서 민족적 긴장감이 해소되는 것도 아니었다. 일제 식민지 강점과 지주제의 긴박이 계속되는 한 농민대중의 경제자립은 근원적으로 불가능하였다.

요컨대 기독교 지상천국 건설에 절대성을 부여한 보편주의적 복음주의 이념과 실천관이 이들 농촌운동의 정치경제적 성격을 강하게 규정하였다. 그것이 바로 이들이 강한 사회연대의식과 사회개조의식을 가지고 있음에도 불구하고 경제자립 문제를 계급문제, 국가권력, 사회제도 등과 유기적으로 연관된 체제개혁의 차원에서 접근할 수 없었던 이유였고, 기독교왕국 건설을 신조선의 국가건설 문제와 연관하여 사고하지 못하게 하는 요인이었다.[137] 또한 민족해방의 장기적 방안으로

136) 裵敏洙, 「福音主義와 基督敎農村運動(1)」, 『農村通信』 1, 1935.3.1. 이러한 民衆觀은 빈농들이 복음과 영생을 깨닫지 못하고 있다는 종교적 愚民觀의 차원뿐 아니라 조선의 생활관습과 제도 일반을 前近代的이고 야만적인 것으로 간주하는 뿌리깊은 미국식 近代觀의 반영이다.

출발한 기독교 농촌운동, 예수촌 건설의 본래 의미가 점차 변질되고 종내 민족해방과 맺고 있는 상호 연관성마저 애매하게 되는 내면적 배경도 여기에 있었다. 반공노선의 강화, 사회주의와의 전면전 선언은 이러한 과정의 필연적 산물이었다. 사회주의자들은 더 이상 민족해방전선의 경쟁세력으로서가 아니라 지상천국 건설의 가장 위험한 적대세력으로 규정되었다.[138]

그러나 농촌부 농촌운동은 여타 민족·자본주의 진영의 농민 농촌운동과 달리 일제의 농촌통제정책에 가장 늦게까지 견디고 있었다.[139] 결국 일제 파시즘체제가 확립되는 1937년 여름, 배민수와 농촌부 그룹은 파쇼적 정세와 재정문제 때문에 더 이상 "합법적 농촌사업"이 어렵다고 판단하여 농촌부 해체를 결정하였다.[140] 그러나 이들은 일제에

---

137) 裵敏洙의 복음주의 농촌운동론과 李勳求의 사회개량주의 농촌운동론이 모두 체제내적 경제자립론으로서 실상 거의 차이가 없는 자립 방안을 논하면서도 기본적으로 구분되는 점은 여기에 있었다. 기독교 普遍主義 관점에 서있는 배민수가 예수촌 건설과 농촌경제 자립의 동력을 福音理念에서 구했다면, 기독교 民族主義 관점을 견지한 이훈구는 國家統制와 制度改革에서 건전한 자본주의국가 건설과 농촌경제 자립의 동력을 구하였다.

138) 더욱이 주 125의 인용문과 같이, 이들이 사회주의자에 항쟁하는 유일한 세력이 日帝라는 사실을 반성하고 일제의 사회주의 탄압에 만족하는 소극적 자세를 버리고 사회주의와 전면 항쟁하자고 주장하기에 이르렀을 때, 이미 分斷을 예고하는 이념적 적대감이 이들의 보편주의 복음이념과 농촌운동의 성격을 강하게 규정하고 있음을 살필 수 있다.

139) 주지하듯이 천도교 농민운동, YMCA 농촌운동 및 기타 민족주의 계열의 經濟自立運動은 1935년경 전후하여 전반적으로 일제 農村振興運動과 統制經濟政策에 편입되고 있었다.

140) 裵敏洙는 1937년 여름 曺晩植, 농촌부 간사들과 토론 끝에 좋은 시기가 올 때까지 사업을 중지할 것을 결정하였고, 9월 총회에 재정문제를 이유로 농촌부 해체를 건의하여 토론없이 통과되었다(배민수, 자서전, 356쪽).

투항하지 않았다. 배민수는 1938년 6월 미국으로 망명하였고, 같은 시기 유재기·박학전 등은 기독교농우회 사건으로 검거되었다.[141] 역설적으로 말해 이들이 일제 파시즘에 굴복하지 않는 추동력 역시 배타적 복음주의·기독주의 이념의 견지였다.

4. 결론

일제하 농촌·농민문제는 단순한 경제문제가 아니었다. 그것은 식민지 강점과 이식자본주의의 전개 속에서 형성된 당시 한국의 기본적인 모순구조와 사회성격을 집약해서 보여주는 사회체제의 문제였다. 따라서 이 시기 다양하게 제기된 농촌·농민문제에 대한 인식구조와 해결방식은 해방 후 한국사회의 체제적 전망과 국가건설의 방향 설정이라는 정치적 문제, 민족적 과제와 유기적으로 연관되지 않을 수 없었다. 1930년대 장로교 농촌운동을 이끈 배민수의 실천이념과 농촌운동론은 이러한 과제에 대응한 기독교 진영의 해결방식과 정치경제사상의 한 단면을 보여주는 것이었다. 이하 검토 결과를 간략히 정리하고 그것이 갖는 한국현대정치사상사적 의미를 음미하는 것으로 결론에 대신하고자 한다.

배민수가 기독교 농촌운동에 뜻을 둔 것은 1920년대 중엽 조만식의 영향 아래 민족운동의 새로운 방법을 모색하면서였다. 여기에는 3·1운동을 전후한 시기의 정치정세·운동정세와 관련하여 1910년대 전투적 비타협적 항일의식을 바탕으로 절대독립론을 추구했던 기독교 민족

141) 독립운동사편찬위원회, 『독립운동사자료집 12』, 1983, 유재기재판기록, 1226~1228쪽.

주의자의 좌절감과 이에 이은 실천관의 변화가 깊이 연관되어 있었다. 그는 기독교 농촌운동이 민족문제 해결의 적극적 방안이 된다고 간주했지만, 그것은 1920년대 민족·자본주의 진영이 전개한 개량적 실력 양성운동론의 기독교적 해결 방식이었다. 반면 이러한 전환을 계기로 그는 비로소 식민지 강점과 지주제의 질곡 아래 신음하는 농촌현실과 농민의 고통을 현실로 바라보고, 민족문제의 해결을 기독교 사회복음과 빈곤문제의 상호 연관성 속에서 사고할 수 있었다.

배민수의 농촌운동론은 두 단계를 거치면서 확립되었다. 1928년 결성된 기독교농촌연구회를 중심으로 농촌운동의 논리와 방법을 모색한 시기가 첫 단계였다. 이 시기 그가 견지한 기본적인 문제의식은, 교단 내외의 보수적 복음주의와 사회주의에 대응하면서 기존 기독교 농촌운동과는 다른 양식의 농촌운동론을 창출하는 데 있었고, 그것은 기독정신의 실현을 강조한 복음주의 농촌운동론으로 정리되었다. 일종의 지상천국론으로서, 농촌 복음전도와 경제자립의 동시실현을 추구한 예수촌 건설론의 제창이었다. 그러나 이때의 예수촌 건설론은 신학적 인식기반과 논리가 불충분하였을 뿐 아니라, 전통적 기독교 민족주의 관점 위에 제론된 것이기 때문에 추구하는 실천목표도 정합성을 결여하고 있었다.

배민수가 복음주의 농촌운동, 예수촌 건설의 이념과 논리를 확립한 것은 미국유학기 기독교 민족주의 관점을 반성하고 보편주의적 관점의 기독교 실천관을 체득하면서였다. 기독교 보편주의의 수용은 종말의식과 기독교 경제관에 대한 이해를 심화시켰고, 이를 바탕으로 그는 지상천국 건설의 인식기반과 논리를 새롭게 확보할 수 있었다. 보편주의적 복음주의 인식과 함께 조선 민족문제의 기독교적 해결이라는 농촌운동 투신의 근본적 동기 부여는 부차적·종속적인 문제로 전환되었고, 농촌운동의 의의는 말세로 파악된 세계자본주의체제의 초민족적 초국가적 계급문제 · 빈민문제를 해결하는 세계복음운동의 일환으로 조정되었다. 이러한 실천관의 전환은 자본주의 경제원리와 독점적 소유관념에 대한 비판의식을 심화시킨 반면, 무신론을 유포하며 계급문제의 세계적 해결을 주장하는 사회주의 · 맑스주의에 대한 이념적 적대의식을 전면화시켰다.

1933년 9월에서 1937년까지 배민수가 주도한 장로교 농촌운동, 예수촌 건설론의 신학적 정치경제적 인식기반은 이러한 것이었다. 그가 구상한 예수촌은 그리스도의 박애와 희생정신으로 무장한 복음주의 이념에 입각하여 표준적 토지소유관계를 실현한 자립적 기독교공동체로서, 그 조직원리는 협동조합주의였다. 빈민구제의 사회연대의식과 반이윤 · 반독점 · 반봉건 경제관념을 지향한 점에서 예수촌은 농민적 농업타개의 성격을 지니고 있었다. 그러나 이는 이상촌건설운동이 보여주는 관념적 현상적 측면에 불과하였다. 예수촌 건설론은 개량적 체제내적 경제자립론이었고, 장로교 농촌운동은 우민관에 기초한 교역자들의 농촌계몽 · 농민교화운동이었다. 여기에 복음주의 운동이념의 배타적 강조는 민족문제 해결과 연관된 농촌운동의 의의를 왜소화시켰고, 이념적으로는 다른 어떠한 농촌운동보다도 사회주의 · 맑스주의에 대한 적대적 입장을 견지하게 만들었다.

요컨대 1930년대 배민수의 농촌운동관에는 빈민구원과 지상천국 건설이라는 기독교 보편주의 실천관과 관련하여 자본주의 비판의식과 사회주의에 대한 적대의식이 공존하고 있었다. 그러나 자본주의 체제극복의 논리를 조선 민족해방의 과제와 연관시켜 예수촌 건설논리에 구체화하지 못하는 한 그의 비판의식은 자본주의체제에 구속될 수밖에 없었고, 예수촌 관념의 추동력인 보편주의적 빈민구제의식도 종내 사회주의에 대한 적대의식에 종속될 수밖에 없었다. 특히 오랜 성장과정을 통해 형성된 친미적 성향과 함께 그의 복음주의 이념이 미국식 자유민주주의 가치관과 결합되어 있는 이상, 이러한 이념적 배타성은 조선을 둘러싼 정치정세의 변동과 관련하여 더욱 강화되지 않을 수 없었다. 그리고 이는 1938년 미국으로 망명하여 李承晩의 정치노선과 합류하는 가운데 현실화되었다. 해방 후 그가 미군정 통역관으로 귀국하여 이승만 반공 단정노선을 지상천국 건설의 유일한 경로로 간주하고 남한 자본주의국가건설운동에 비타협적 '전위' 활동을 전개할 수 있었던 것은 이러한 기독교 실천관에 기반을 둔 것이었다. 기본적으로 자본주의국가건설이라는 동일한 레일을 달리면서도 장로교 농촌운동의 두 지도자인 배민수의 복음주의 농촌운동론과 이훈구의 사회개량주의 농촌운동론이 상호 구분되는 점은 여기에 있었다.

(출전: 『東方學志』 99, 연세대학교 국학연구원, 1998.)

편자 서문

— 福音主義와 基督教 農村運動 —

한국 기독교 민족운동사에 이채를 띠고 있는 裵敏洙 목사의 생애는 그야말로 극적인 인생역정과 열정적인 실천으로 점철된 것이었다. 그는 대한제국 말기 의병운동에 참여한 부친이 일제에 학살당하는 역경을 겪으며 일찍이 항일의식에 눈을 뜨고 1910년대 민족해방운동에 투신하여 두 차례나 투옥되는 전투적인 청년기를 보냈다. 1920년대부터 曺晩植 선생의 영향 아래 농촌운동에 뜻을 두어 기독교농촌연구회를 조직하고 1930년대 장로교 농촌운동을 지도함으로써 일제하 기독교 농촌운동사에 한 획을 그었다. 일제 말기 미국에 망명한 그는, 해방 후 미군정 통역관으로서 남한 정부수립운동에 매진하였고, 6 · 25전쟁 직후에는 금융조합연합회 회장으로서 농촌부흥사업을 주도하였으며, 사업이 좌절된 후 타계할 때까지 기독교 농업교육운동에 전념하면서 농촌지도자 양성과 농민복음운동에 헌신하였다.

이 책은 격동의 한국근현대사의 현장 한 가운데에서 평생을 농민구원 · 농촌복음에 헌신한 배민수 목사의 신념과 고뇌를 담은 저작집으로서, 연세대학교에서 진행하고 있는 배민수기념사업의 일환으로 기획된 것이다. 주지하듯이 연세대학교는 1993년 이래 배민수 목사의 업적과 유지를 기리는 각종 기념사업을 추진하고 있다. 배민수 목사가 타계 직전 설립한 경기도 일산 소재의 三愛農業技術學院 재단이사회가 1976년 연세대학교에 재단을 기증하여 연세대학교 발전에 크게 기여한 특별한 인연 때문이다. 그 기념사업의 일환으로 편자는 수년간 배민수 목사의 농촌운동과 기독교 사상에 대한 학술연구를 수행하였으며, 작년 그 성과를 마무리하여 『裵敏洙의 農村運動과 基督敎 思想』을 연세대학교 출판부에서 간행하였다. 편자는 이 연구를 진행하는 과정에서 그간 잘 알려져 있지 않았던 배민수 목사의 각종 논설과 적지 않은 분량의 미간행 친필 유고를 수집할 수 있었다. 그리고 이를 정리하여 편자의 연구서와 서로 짝이 되는 저작집으로 간행하면 배민수 목사의 업적과 유지를 기념하는 특별한 사업이 될 수 있겠다는 생각에서 기획안을 학교당국에 건의한 바 흔쾌히 승낙을 받았으며, 이에 연구처 주관의 총장정책연구사업으로 간행 작업을 시작하게 되었다.

편자가 이와 같이 배민수기념사업의 일환으로 저작집 간행의 필요성을 절감한 데에는 배민수 목사의 위업과 유지를 기린다는 뜻과 함께 특별히 두 가지 내면적인 동기가 작용하였다. 하나는 배민수 목사의 저술이 갖는 학술적 가치가 대단히 크다는 학문적 요구에서였다. 배민수 목사의 실천활동과 농촌운동사상은 헌신적인 한 교역자의 개인적 복음활동에 그치는 것이 아니라 일제하 해방 후 기독교 농촌운동의 지도적인 위치를 점하는 역사적 중요성을 지니고 있다. 여기에 또한 그의 활동과 사상은 종교적 범주를 넘어서서 민족문제 · 계급문제 · 분단문제라고 하는 한국근현대사의 가장 기본적인 모순구조와 긴밀히 결합된 사회성과 역사적 현실성을 가지고 있다. 이러한 의미에서 그의 논설들은 한국근현대사의 전개에 주요한 위치를 점하는 기독교 정치경제사상의 역사적 추이와 성격을 이해하는 데 소중한 자료를 제공하고 있다.

그러나 아쉽게도 그간 학계 차원에서는 배민수 목사의 활동과 사상에 대한 체계적인 정리와 소개가 없었던바, 편자는 차제에 학계에 전혀 알려지지 않은 미간행 유고를 포함하여 그의 저술을 체계적으로 소개할 필요를 절감하였다. 이러한 학문적 동기가 이 책을 편집하게 된 주요한 이유이자 목적이다.

다른 하나는 한국 농민·농촌문제가 지니는 역사적 현실적 의의에서였다. 한국근현대사의 지난한 역경 속에서 가장 어려운 삶을 영위한 이들은 농민이었고 그 현장은 농촌이었다. 농민·농촌문제는 일제강점과 남북분단이라는 민족사적 질곡 아래 대다수 일반 민중의 삶이 어떠했고 그것이 함의한 민족적 사회적 모순의 본질이 무엇인지 적나라하게 보여주는 핵심 사안이었다. 한국근현대사에서 농민·농촌문제가 언제나 가장 심각한 사회 현안이 되고, 민족의 장래와 민중적 삶의 방향을 고민하는 이들이 열정적으로 농민·농촌운동에 투신하였던 배경이 여기에 있었다. 그리고 이는 농산물 전면개방을 맞아 농업의 존립 자체가 기로에 서 있는 현재에도 여전히 지속되고 있는 현실의 문제이다. 편자는 농사를 지어본 경험이 없는 사학도에 지나지 않지만 늘 확신하는 삶의 신조가 있다. 그것은 농업·농촌의 자립과 농민의 인간적 삶이 전제되지 않는 한 어떠한 민족적 번영이나 국가적 발전도 기대하기 어렵다는 것이다. 아무리 첨단과학의 혜택과 산업사회의 부를 누리더라도 농민·농촌이 피폐한 사회는 근원적으로 미래와 희망이 없는 사회이다. 편자는 배민수 목사의 농촌운동론에서 그 타개의 해법을 찾고 있는 것은 아니지만 이 책 전편에 흐르는 진지한 愛農思想이 현 단계 농업개혁·농민자립 문제의 중요성을 환기시키는 인식 전환의 계기가 되기를 기대하였다.

이러한 의도에서 기획 당초에는 배민수 목사의 저작을 총망라해서

일관된 체계를 갖춘 세 권 분량의 저작집 발간을 구상하였다. 곧, 1951년 10월 미국 웨스트버지니아 휠링에서 탈고한 자서전(*Who Shall Enter the Kingdom of Heaven?*)과 1958년 5월 대한예수교장로회총회 농촌교육부에서 간행한 『그 나라와 韓國農村』 등 배민수 목사의 두 주요 저서를 이 책과 함께 하나의 저작집 체계로 묶을 수 있다면 그것보다 더 좋은 기념사업은 없겠다는 생각이었다. 특히 英文 遺稿인 자서전은 배민수 목사의 인생역정과 사상을 알 수 있는 유일한 자료일 뿐 아니라 한국 기독교 민족운동사 · 정치사상사 연구와 관련해서도 자료 가치가 대단히 큰 귀중한 문헌임에도 불구하고 오랫동안 미간행 상태에서 일부 학자에 의해서만 이용되는 아쉬움이 있었기 때문에 차제에 이를 번역하여 저작집의 한 권으로 소개하고자 하였다. 그러나 학교 당국에 기획안을 제출하는 과정에서 편자는 뒤늦게 박노원 목사에 의해 별도의 자서전 번역작업이 추진 중임을 알게 되었다. 이에 배민수 목사의 논설과 자서전 이외의 친필 유고를 묶어 한 권의 저작집을 간행하는 것으로 당초 기획을 수정하였고, 이제 『福音主義와 基督敎 農村運動』이라는 표제로 그 작업 성과를 마무리하게 되었다.

이 책은 크게 네 편으로 구성되어 있다. 첫째 편은 일제하 논설을 모은 것으로서, 모두 1930년대 장로교 농촌부 농촌운동 시기에 작성된 것이다. 분량은 많지 않으나 기독주의 이념과 예수촌(지상천국) 건설로 집약되는 배민수 목사 특유의 기독교 농촌운동론이 체계적으로 제시되어 있어 장년기 정치경제사상의 특질과 신학적 입장을 잘 파악할 수 있다. 둘째 편은, 6 · 25전쟁 발발 후 농촌운동을 재개하면서 1950 · 60년대에 작성한 논설을 모은 것이다. 크게 금융조합연합회의 殖産契復興事業을 주관하면서 작성한 글과 대전기독교농민학원 운영 등 기독교 농촌운동 재개와 관련한 글로 대별할 수 있는데, 구성에서는 이를 별도 구분하지 않고 발표시기에 따라 일괄 편집하였다. 셋째 편은 일산 배민수기념관에 소장되어 있는 미간행 친필 유고를 정리한 것이다. 이는 1952년 미국에서 귀국한 후 타계 직전까지 여러 권의 메모지나 노트에 기록해 둔 원고들인데, 편자 임의로 「메모」와 「노트」로 분류하고 각 권마다 일련번호를 붙인 것이다. 원고들은 농촌운동 재개에 대한 구상과 계획, 강연 및 강의 초안, 논설 집필을 위한 구상, 삼애농업기술학원 설립 경위에 대한 진술 등 다양한 내용으로 구성되어 있는데, 농촌운동·천국복음에 대한 생각이나 당시 공개할 수 없었던 주변 사실과 정서 등을 가식없이 드러낸 기사들이 많기 때문에 학술적 가치가 높은 귀중한 자료이다. 본 편의 「영문서신」은 국사편찬위원회 소장 휘치문서철에 들어있는 배민수 목사의 영문서신이다. 말미의 부록은 배민수 목사의 활동과 사상을 이해하는 데 특별히 중요하다고 판단되는 주요 자료를 첨부한 것이다. 이 가운데 세 편의 식산계부흥사업 자료는 문서의 성격상 관계 자료로 처리하였지만 배민수 목사가 직접 작성하거나 깊이 관여한 점에서 저술로 보아도 무방하다.

간행 작업을 마무리하기까지에는 여러분의 후원과 수고가 있었다. 우선 배민수목사저작집 간행을 흔쾌히 수락해 주신 김병수 총장께 감사드리며, 이 기획 작업이 가능하도록 물심양면으로 도와주신 박준서 교무부총장과 한상완 연구처장께 다시 한번 심심한 감사의 말씀을 드린다. 그리고 편자를 도와 자료의 수집·정리·입력·교정 등 작업 전반을 건사하며 수고를 아끼지 않은 정용서 박사생과, 자료 입력과 교정에 고생한 정진아 박사생, 유동훈·이상훈·김지민 석사생에게 깊은 감사의 마음을 전한다. 이들의 노고가 없었다면 아마 작업을 마무리하기 어려웠을 것이다. 끝으로 이 책을 모양있게 만들어 주신 연세대학교

출판부 여러분께 진심으로 감사를 드린다.

2000년 6월 30일
남북정상회담을 보름 지내며
방기중

(출전: 방기중 편, 『福音主義와 基督教 農村運動 : 裵敏洙牧師著作集』, 연세대학교출판부, 2000.)